Das Alte Land
von A bis Z

Lexikon einer Elbmarsch

In Zusammenarbeit mit Robert Gahde und Susanne Höft-Schorpp
herausgegeben von Horst Dippel und Claus Ropers

Husum

Publikationen der Kulturstiftung Altes Land, Bd. 6

Umschlaggestaltung unter Verwendung von Motiven aus dem Buch
Vorsatz: Digitale Topographische Karte 1:50.000, verkleinert (Bundesamt für Kartographie und Geodäsie)
Nachsatz: Karte des Alten Landes von C. G. Gasschütz, um 1750 (NLA Stade, Karten Neu Nr. 11465)

Bibliografische Information der Deutschen Nationalbibliothek

Die Deutsche Nationalbibliothek verzeichnet diese Publikation in der Deutschen Nationalbibliografie;
detaillierte bibliografische Daten sind im Internet über http://dnb.dnb.de abrufbar.

Herausgegeben von der Kulturstiftung Altes Land

bei weiterer großzügiger Förderung durch den Verein zur Förderung und Erhaltung Altländer Kultur Jork e.V.,
den Kulturverein Steinkirchen und Umgebung e.V. und den Rotary Club Altes Land Jork

Gesamtherstellung: Husum Druck- und Verlagsgesellschaft
Postfach 1480, D-25804 Husum – www.verlagsgruppe.de
ISBN 978-3-89876-919-8

Inhaltsverzeichnis

Vorwort der Kulturstiftung Altes Land

Das Alte Land erstreckt sich über 30 km an der Elbe von den Toren der alten Hansestadt Stade bis nach Francop, heute ein Stadtteil von Hamburg, als ein einzigartiger Kulturraum. Schwinge, Lühe und Este, drei Nebenflüsse der Elbe, gliedern das Alte Land auf natürliche Weise in drei Bezirke, die entsprechend dem historischen Gang der Kolonisierung bis heute Erste, Zweite und Dritte Meile genannt werden. Die Kulturlandschaft blickt auf über 700 Jahre Obstbautradition zurück.

Die Kulturstiftung Altes Land, 1990 durch den Landkreis Stade, die Gemeinde Jork, die Samtgemeinde Lühe und die damalige Altländer Sparkasse gegründet, hat sich die Erhaltung, Erforschung und Vermittlung der Zeugnisse dieser einzigartigen Kulturlandschaft zur Aufgabe gemacht. In einer eigenen Schriftenreihe „Publikationen der Kulturstiftung Altes Land" gibt sie in loser Folge grundlegende Werke zur Geschichte und Landeskunde des Alten Landes heraus.

Als Prof. Dr. Horst Dippel und Claus Ropers 2017 mit der Idee der Herausgabe eines Lexikons zum Alten Land an den Vorstand der Kulturstiftung herantraten, war sich dieser schnell einig, das Werk in seine Schriftenreihe aufzunehmen und die bewährte Zusammenarbeit mit dem Husum Verlag fortzusetzen. Den Herausgebern ist es gelungen, ein umfassendes Nachschlagewerk zur Geschichte, aber auch zur Gegenwart des Alten Landes zusammenzustellen. Ein vergleichbares Buch ist bisher für das Alte Land noch nicht erschienen.

Das Kuratorium und der Vorstand der Kulturstiftung danken Herrn Prof. Dippel und Herrn Ropers für ihre akribische und fundierte Arbeit. Ein großer Dank geht auch an die 60 Autorinnen und Autoren, von Hochschulprofessoren über Mitarbeiter von Archiven, Museen und anderen Einrichtungen bis hin zu engagierten, kompetenten Heimatforschern, die durch ihre Beiträge ein Erscheinen des Lexikons erst ermöglicht haben, und nicht zuletzt geht unser Dank an den Verein zur Förderung und Altländer Kultur e.V., den Kulturverein Steinkirchen und Umgebung e.V. und den Rotary Club Altes Land Jork für die großzügige Unterstützung.

Es ist dem Buch zu wünschen, dass es viele Leser auch außerhalb des Alten Landes findet.

Vorstand der Kulturstiftung Altes Land

Susanne Höft-Schorpp, Hans-Heinrich Quast, Robert Gahde

Vorwort der Herausgeber

Dass dieses Lexikon rund zweieinhalb Jahre nach der Geburt seiner Idee erscheinen kann, erfüllt uns mit ebenso großer Freude wie Dankbarkeit, Freude über das Erreichte, das sich nun den kritischen Blicken der Öffentlichkeit präsentiert, Dankbarkeit über die uneigennützige Mitarbeit so vieler, die sich für die Idee dieses Lexikons begeistern ließen. Sechzig Autoren, nicht allein aus dem Alten Land, sondern aus dem gesamten norddeutschen Raum – wenn unsere finnische Autorin Outi Tuomi-Nikula aufgrund ihres Wohnortes Rostock gestattet, sie dazuzuzählen –, haben ihre Zeit geopfert, ihre Kenntnisse zur Verfügung gestellt und ihren Beitrag dazu geleistet, dass ein Werk entstehen konnte, das in dieser Form bislang für das Alte Land nicht existiert und das von dem Bestreben getragen ist, das vorhandene Wissen zur Geschichte und Gegenwart dieser Elbmarsch, seiner Kultur und seiner Lebenswelten möglichst zuverlässig zusammenzufassen.

Entstanden ist das Panorama einer besonderen Landschaft, das nicht allein dem Fachkundigen als hilfreiches Nachschlagewerk dienen mag, sondern ebenso den Akteuren in Politik und Gesellschaft eine verlässliche Grundlage in Sachen Altes Land bietet und nicht zuletzt der interessierten Öffentlichkeit, dem wissbegierigen Touristen das Alte Land näher zu bringen bemüht ist. Unser besonderes Anliegen war es dabei, das Alte Land in seinem gesamten Umfang zu präsentieren und seiner heutigen Aufteilung unter zwei Bundesländer entgegenzuwirken, die nur zu oft dazu beiträgt, in dem größeren (niedersächsischen) Teil den kleineren (Hamburger) Teil aus dem Blick zu verlieren, während umgekehrt im Hamburger Alten Land die Perspektive tendenziell eher auf die Stadt insgesamt gerichtet ist und darüber der übrige Teil des Alten Landes aus dem Blickfeld zu geraten droht. Diese Gefahren potenziert eine Zeit, in der dank ihrer Mobilität nur noch eine Minderheit der Altländer Bevölkerung hier seit ihrer Geburt ansässig ist, so dass jenes historische und kulturelle Erbe, für das wir uns bemühen, den Blick zu öffnen, um es unabhängig von Landesgrenzen zu würdigen und zu bewahren, vielfach erst ins Bewusstsein gerufen werden muss.

Der darin zum Ausdruck kommende Anspruch des hiermit vorgelegten Werkes war das Leitmotiv aller, die an ihm in den zurückliegenden Monaten und Jahren mitgearbeitet haben. Es begann mit der Auswahl der zu behandelnden Stichworte, deren Zahl sich mit der fortschreitenden Arbeit ständig erhöhte. Dabei ist uns bewusst, dass die getroffene Auswahl von genau 409 Artikeln ein eher zufälliges Ergebnis ist und zwangsläufig nicht jeden zufrieden stellen kann und wird. Dennoch war es unser Bestreben, die großen Themenfelder des Alten Landes auf dem Niveau eines derartigen Lexikons möglichst umfassend in den Blick zu nehmen, wenngleich der Zwang zur Kürze keine ins Detail gehenden Darstellungen zuließ. Dieses Bemühen setzte sich fort in der Auswahl der Autoren, die die gebündelte Kompetenz in Sachen Altes Land zum Ausdruck bringen soll, was dadurch ungemein erleichtert wurde, dass Anfragen zur Mitarbeit, von verschwindend wenigen, meist im privaten Bereich begründeten Ausnahmen abgesehen, in aller Regel positiv beantwortet wurden. Das ist umso bemerkenswerter, als wir mit so manchem Thema in Felder vorstießen, in denen die Forschungslage höchst unbefriedigend bis kaum existent ist, was nicht ohne Rückwirkungen auf den einen oder anderen Artikel bleiben konnte.

Um ungeachtet dieser Problematik und der naturgemäß großen Heterogenität seiner sechzig Autoren ein insgesamt vergleichbares Niveau an Qualität und Zuverlässigkeit gewährleisten zu können, sind alle Artikel von einem Redaktionsausschuss begutachtet worden – gegebenenfalls unter zusätzlicher Hinzuziehung externer Fachkompetenz. Diesem Redaktionsausschuss gehörten neben den beiden Herausgebern Robert Gahde (Archivar am Niedersächsischen Landesarchiv – Standort Stade) und Susanne Höft-Schorpp (Leiterin des Altländer Archivs in Jork) an. Angesichts dieser kritischen Bewertung wurden daraufhin gegebenenfalls erforderliche Eingriffe in die Texte stets mit den Autoren abgestimmt und sicherten so, nicht zuletzt in Abgleichung der einzelnen Artikel innerhalb des Gesamtwerkes, die Solidität und inhaltliche Geschlossenheit des Lexikons.

Es ist daher den Herausgebern ein aufrichtiges Bedürfnis, diesen beiden Mitgliedern des Redaktionsausschusses sowie allen Autoren des Lexikons ihren tief empfundenen Dank für ihre aufopferungsvolle Tätigkeit zum Gelingen des Gesamtwerks zum Ausdruck zu bringen. Dieser Dank schließt ebenso alle jene ein, die auf andere Weise zu seinem erfolgreichen Abschluss beigetragen haben. Ohne die großzügige finanzielle Unterstützung des Kulturvereins Steinkirchen und Umgebung e.V., des Vereins zur Förderung und Erhaltung Altländer Kultur Jork e.V. und des Rotary Club Altes Land Jork hätte das Werk nicht in dieser Form erscheinen können. Ihnen allen schulden wir herzlichen Dank. Es ist uns eine besondere Freude und Ehre, dass die Kulturstiftung Altes Land unser Lexikon für würdig befunden hat, es in ihre Schriftenreihe aufzunehmen. Für diese Auszeichnung und die damit verbundene Förderung sprechen wir ihr unseren uneingeschränkten Dank aus. Ein besonderer Dank gilt schließlich dem Verlag für die sorgfältige Lektorierung und insbesondere Susanne Jensen für die gelungene Zusammenfügung von Text und Bild zu einem überzeugenden Gesamteindruck.

Horst Dippel, Claus Ropers

Hinweise zur Benutzung

Das Lexikon ist alphabetisch gegliedert, wobei aus mehreren Wörtern bestehende Artikelnamen nach der reinen Buchstabenfolge bzw. Personen gleichen Nachnamens nach dem Alphabet der zugehörigen Vornamen angeordnet sind. Als einzige Ausnahme sind die vier Artikel zu den Sturmfluten vom Mittelalter bis heute chronologisch aufgeführt. Zur Vermeidung langer Auflistungen von Gütern und Siedlungen sind diese unter ihrem jeweiligen Eigennamen eingeordnet. So findet sich entsprechend dem Sprachgebrauch die Siedlung Lühe unter Lühe (Siedlung) und die Einheitsgemeinde Jork unter Jork (Einheitsgemeinde), die Samtgemeinde Lühe hingegen entsprechend der Wortfolge unter S. Gleiches gilt etwa für den Landkreis Stade (unter L) oder das Amtsgericht Jork (unter A).

Die Umlaute ä, ö und ü werden bei der Einordnung wie a, o und u, der Buchstabe ß wie ss behandelt. Innerhalb eines Artikels wird der Artikelname mit dem Anfangsbuchstaben des ersten Wortes abgekürzt, der nicht dekliniert wird. Besteht der Artikelname aus zwei Begriffen, z.B. Hauptleute/Hauptmannschaften, bezieht sich innerhalb des Artikels die Abkürzung inhaltlich allein auf den erstgenannten Begriff. Innerhalb der Artikel werden keine weiteren Abkürzungen verwandt mit Ausnahme sprachlich üblicher Abkürzungen und der Abkürzung Jh. für Jahrhundert. Ferner werden die allgemein üblichen Abkürzungen für Längen- und Flächenangaben (m, km, km², ha) benutzt. Bei mit eigenem Artikel behandelten Persönlichkeiten werden bei deren Lebensdaten die Symbole * (geboren) und † (gestorben) verwandt. Sind die entsprechenden Daten nicht bekannt, steht get. für getauft und begr. für begraben.

Tauchen in einem Artikel Begriffe auf, die in einem eigenen Artikel behandelt sind, wird auf diesen mit dem Pfeil → verwiesen. Jedoch wird der Verweispfeil innerhalb des gleichen Artikels lediglich bei der ersten Erwähnung des entsprechenden Begriffes eingefügt. Eine Ausnahme stellt der Begriff Altes Land dar, der durchgängig als geographischer Terminus verwendet wird und auf den nicht weiter verwiesen wird, obwohl es den Artikel Altes Land gibt, der den Begriff in seinen historischen, politischen und kulturellen Dimensionen behandelt und der durchaus als Einstiegsartikel in das Lexikon dienen kann.

Innerhalb der Artikel werden niederdeutsche oder fremdsprachige Worte oder Bezeichnungen, Schiffsnamen, Buchtitel und Zitate sowie im Titel bei mehreren Vornamen der Rufname der genannten Person *kursiv* gesetzt.

Auf einzelnen Artikeln zugeordnete Quellen- und Literaturhinweise wird zur Erleichterung der allgemeinen Benutzung, der Vermeidung von wiederholten Anführungen gleicher Titel sowie aus Platzgründen verzichtet. Der Fachkundige wird ohnehin die einschlägigen Werke kennen. Als Ausgleich für diesen Verzicht ist dem Lexikon eine ausführliche, von Robert Gahde dankenswerterweise zusammengestellte Aufstellung der weiterführenden Literatur zur Landeskunde und Geschichte des Alten Landes angefügt.

Verzeichnis der Sigel

ad	Prof. Dr. Alexander Deichsel, Jork	*hr*	Dr. Helmut Roscher, Buxtehude
aeh	Dr. Adolf E. Hofmeister, Verden	*hs*	Dr. Heike Schlichting, Stade
ah	Adrian Heinrich, Hamburg	*id*	Inken Dippel, Stade
bcf	Dr. Beate-Christine Fiedler, Stade	*im*	Dr. Insa Meinke, Geesthacht
be	Bernd Eckhoff, Stade	*jb*	Dr. Jürgen Bohmbach, Stade
bf	Dr. Boy Friedrich, Hamburg-Cranz	*je*	Dr. Jürgen Ehlers, Witzeeze
bw	Bernd Wesselhöft, Jork	*jhf*	Jacob-Hinrich Feindt, Jork
cg	Dipl. Bibl. Catrin Gold, Stade	*js*	Jens Stechmann, Lühe
ch	Dr. Christian Hoffmann, Hannover	*ki*	Dr. Klaus Isensee, Harsefeld
cmt	Dr. Carsten Meyer-Tönnesmann, Hamburg	*kk*	Klaus Krummlinde, Jork-Königreich
		km	Klaus Müller, Jork
cr	Claus Ropers, Steinkirchen	*mb*	Matthias Bunzel, Grünendeich
dim	Dieter Meyer, Hamburg-Francop	*me*	Dr. Michael Ehrhardt, Stade
dk	Dieter Kunze, Stade	*mh*	Manfred Hoffmann, Hamburg-Neuenfelde
dm	Doris Marks, Grünendeich		
dn	Daniel Nösler, Stade	*nf*	Prof. Dr. Norbert Fischer, Hamburg
ds	Prof. (em.) Dr. Dirk Schubert, Hamburg-Altona	*nw*	Dr. Norbert Winkel, Hamburg-Rissen
		op	Dr. Ortwin Pelc, Hamburg
dtb	Dieter-Theodor Bohlmann, Stade	*otn*	Prof. (em.) Dr. Outi Tuomi-Nikula, Rostock
fs	Dr. Frank Schlichting, Stade		
gb	Günther Borchers, Sauensiek	*pdc*	Dr. Peter Danker-Carstensen, Stralsund
gf	Dr. Gudrun Fiedler, Stade	*peh*	Peter Heyne, Jork
gr	Dipl. Met. Gudrun Rosenhagen, Hamburg	*pg*	Peter Golon, Stade
		ph	Petra Heinrich, Jork
gt	Gisela Tiedemann, Wingst	*rg*	Robert Gahde, Stade
hd	Prof. Dr. Horst Dippel, Jork	*se*	Silke Ebers, Steinkirchen
he	Helmut Ellmers, Rübke	*shs*	Susanne Höft-Schorpp, Jork
hh	Dipl. Ing. Heinz Haaker, Lübeck	*sm*	Dr. Sebastian Möllers, Stade
hhb	Hans-Hermann Bode, Stade	*tb*	Dr. Thomas Bardelle, Stade
his	Hinrich Stechmann, Mittelnkirchen	*vfd*	Dr. Volker Friedrich Drecktrah, Stade
hk	Prof. Dr. Hansjörg Küster, Hannover	*vm*	Vicco Meyer, Buxtehude
hkm	Henning K. Müller, M.A., Bremervörde	*wu*	Wilhelm Ulferts, Buxtehude
ho	Prof. Dr. Hans Otte, Hannover		

Abthof Im Jahre 1516 erwarb das Kloster Harsefeld vom Stift Bardowick den später sogenannten A. (heute Familie Rademacher, Nincoper Straße 17). Der Hof ist in →Nincop (heute →Neuenfelde) im Neuen Feld gelegen. Er umfasste 1639 70,5 Altländer Morgen (→Maße), auch im Sasseschen, im Bereich der heutigen Tiefenstraße. Nach der Säkularisation 1648 war der Hof kurze Zeit im Besitz des schwedischen Reichsrates Johann Adler Salvius. Spätestens seit 1715 war der Hof Domäne, und seit den 1870er Jahren ist er wieder in bäuerlicher Hand. Die erhöhte Lage des Hauses, die möglicherweise durch eine →Wurt bedingt ist, lässt ein hohes Alter der Hofstelle vermuten, so dass sie nach der Wiedereindeichung der →Dritten Meile Ende des 15. Jh. errichtet worden sein könnte. *bf*

Abwanderung Ob die an der Niederelbe siedelnden Langobarden und →Sachsen bei ihrer A. in der römischen Kaiserzeit auch das, was später das Alte Land hieß, entvölkert haben, ist nicht belegt (→Archäologie und Vorgeschichte). Seit dem frühen Mittelalter kam es eher zur →Zuwanderung in das Alte Land. Doch A. dürfte es in der Folge aufgrund von Naturkatastrophen (→Sturmfluten), Kriegen und Seuchen (→Wüstungen) zumindest als individuelle Reaktion durchaus gegeben haben (→Dreißigjähriger Krieg). So galt die jahrzehntelang ausgedeichte →Dritte Meile über mehr als ein halbes Jahrhundert im 15. Jh. als „wüste Meile", da diejenigen, die die Sturmfluten dieser Zeit überlebt hatten, ihre Höfe aufgegeben und möglicherweise teilweise das Alte Land verlassen hatten. Ähnliches mag sich angesichts späterer Naturkatastrophen bis hin zur →Sturmflut von 1962 wiederholt haben. Auch den weichenden Erben blieb vielfach nichts anderes übrig. Der Hof wurde nach →Altländer Recht, heute nach der Höfeordnung, an einen einzigen Nachkommen, in der Regel den jüngsten Sohn, vererbt. Alle übrigen Kinder mussten und müssen sich eine eigene Existenz aufbauen, für die das Alte Land nicht

immer die Basis bot. Im 19. Jh. war hierfür die wachsende Großstadt →Hamburg vielfach ein beliebter Zielort. Auch das führte nicht zu Massenabwanderungen, vielmehr blieben es eher Einzelfälle. Dennoch ist das Phänomen der Massenauswanderung des 19. Jh. und nachfolgender Jahrzehnte aus Deutschland nicht völlig spurlos am Alten Land vorübergegangen. Zwischen 1850 und 1932 haben allein über den Hamburger Hafen ca. 800 namentlich bekannte Einwohner zumeist in Richtung Vereinigte Staaten von Amerika das Alte Land verlassen. Rechnet man die Auswanderer aus der ersten Hälfte des 19. Jh. hinzu sowie jene, die über Bremer und andere europäische Häfen dem Alten Land den Rücken gekehrt haben, so dürfte die Gesamtzahl der Altländer Auswanderer zwischen 1800 und 1932 vermutlich eher in der Nähe von 1500 als von 1000 Personen liegen. Jenseits der natürlichen Fluktuationen übersteigt hingegen im Alten Land seit den 1970er Jahren die Zuwanderung die A. (→Bevölkerungsentwicklung). *hd*

Ackerbau Seit dem Mittelalter wurde im Alten Land A. betrieben, vor allem seit der Eindeichung (spätestens im 12. Jh.). Die Böden des →Hochlandes mit ihrem hohen Nährstoffgehalt waren dafür gut geeignet. Sie waren als Ablagerungen am südlichen Ufer der →Elbe entstanden. Weniger Sedimente wurden am Südrand des breiten Elbtals deponiert, weswegen dort die Landoberflächen niedriger lagen und mit der Zeit vermoorten. Der Moorgürtel jenseits des →Hinterdeichs des Alten Landes war für A. daher nicht geeignet.
Die Bauern bauten landwirtschaftliche Produkte (Weizen, Hafer, Gerste, Ackerbohnen, Flachs, Hanf und in der →Dritten Meile Meerrettich) an. Eine frühe Marktorientierung war nicht nur möglich, sondern auch erforderlich. Überschüsse an Weizen mussten auf die Märkte gebracht werden, Hanf und Meerrettich wurden nach →Hamburg exportiert, damit die Marschbewohner Güter erwerben konnten, die sie selbst

nicht besaßen. Dazu gehörte in erster Linie Holz; Eichen hat es in den Elbmarschen und auch im Hochland des Alten Landes kaum gegeben.

Der Handel mit den Agrarprodukten bildete die Grundlage des Wohlstandes der Marschen gegenüber der Geest. Dank der Überschüsse der →Landwirtschaft konnte sich weit früher als dort jede Kirche im Alten Land eine →Orgel leisten und Altländer in die eigene →Wohnkultur investieren. Die →Prunkgiebel und →Prunkpforten der Altländer →Hofanlagen verweisen darauf, dass man mit Holz nicht sparsam umgehen musste.

Bis zur Zeit der Agrarmodernisierung im 20. Jh. gab es Getreideäcker im Alten Land, und zwar entweder unter Obstbäumen als „Unterkultur" oder auch auf separaten Flächen. Nach der →Sturmflut von 1962 wurde der A. weitgehend aufgegeben, weil für die modernen Maschinen (Traktoren, Pflüge, Mähdrescher) die Parzellen zu klein und ungeeignet waren. Nun erst ermöglichte das wirtschaftliche Umfeld mit seinen vielfältigen Austauschsystemen eine alleinige Konzentration auf Spezialkulturen wie den →Obstbau.   *hk*

Adel Bei der Kolonisation des Alten Landes spielten Ministerialen der Stader Grafen (→Grafschaft Stade) sowie machtvolle Neusiedler als →Lokatoren eine bedeutende Rolle. Aus den Lokatorengeschlechtern ging zum Teil der spätere erzstiftische A. im Alten Land hervor, der in der Neuzeit das politische Leben des →Erzstifts bzw. Herzogtums Bremen mitbestimmte. Als bedeutendste Vertreter des Altländer A. sind die Familien →Schulte von der Lühe, von →Zesterfleth, Marschalck von Bachtenbrock oder von Düring zu nennen.

Der A. stellte im Spätmittelalter die Gerichtsherren in den meisten →siedesten Gerichten. In der Frühen Neuzeit waren Angehörige des A. vielfach →Gräfen des Alten Landes. Im Alten Land bestanden folgende adlige →Patrimonialgerichte, die sich bis in die Mitte des 19. Jh. erhalten ha-

ben: →Bergfried, Brobergengericht in →Hove-Leeswig, →Francop, →Nincop, →Rübke und →Wischgericht. In diesen Distrikten übte der adlige Gerichtsherr die niedere Gerichtsbarkeit aus, in Francop und Rübke auch die höhere.

A.familien verstanden sich ähnlich wie Herrscherdynastien als exklusive Sippe mit eigenem →Wappen und Siegel. Die Mentalität des adligen Standesbewusstseins war geprägt durch endogame Partnerwahl, militärische Karriere, akademische Studien, Verteidigung adliger Privilegien sowie strikte Abgrenzung gegen die bäuerliche und unterbäuerliche Bevölkerung. Das war im Alten Land nicht immer so. Bis in das 14. Jh. gab es hier neben den genannten Rittern niederadlige Knappenfamilien, die sich von den →Hausleuten außer durch den Rossdienst kaum unterschieden. Mit der Erhebung der Hauptleute gliederten sie sich in die →Landesgemeinde ein (z.B. die von →Jork) oder wurden verdrängt. Im 16. Jh. schloss sich der A. gegenüber (bäuerlichen) Aufsteigern ab. In der →Schwedenzeit kamen Auswärtige hinzu (→Adlersburg, von →Haren). Noch heute sichtbare Relikte adliger Lebensweise sind mitunter repräsentative Gutshäuser, Ausgestaltung von Gutsgärten, Schenkungen an Kirchen (Altäre, Kanzeln), kostspielige →Möbel, Luxusgüter sowie aufwendig gestaltete Kirchenstühle, →Grabmäler und Epitaphe. Genossenschaft der adligen Gutsbesitzer äußerte sich im 16. Jh. im Zusammenschluss zur Ritterschaft; dort wurde politische Macht als Gegenpol zum Landesfürsten ausgeübt.

Der A. war durch Stand und Geburt mit größeren wirtschaftlichen und finanziellen Ressourcen ausgestattet als andere Altländer; er verfügte über jahrhundertealten Grundbesitz und ererbte Kapitalien. Der A. unterlag zwar nicht der Steuerpflicht, er hatte aber der Landesherrschaft Kriegsdienste zu leisten. Einen Großteil seiner Einkünfte erzielte der A. aus den Zins- und Zehntleistungen seiner Meier und der Verpachtung seiner Ländereien. Der A. im Alten Land hat den ökonomischen, politischen und sozialen Wandel im 19. und 20. Jh. nicht überlebt und spielt heute praktisch keine Rolle mehr. *me/aeh*

Adlersburg Die A. in →Grünendeichs Zentrum zwischen der Quappenhuk an der →Lühe und St. Marien war keine Burg im eigentlichen Sinne, sondern eine großbäuerliche →Hofanlage ohne Zinnen und ständige Besatzung. Drei Zugbrücken führten über 8 m breite Gräben.

Die A. war benannt nach Johann Adler Salvius, Königlich Schwedischem Gesandten und Legat der Schwedischen Regierung während des →Dreißigjährigen Krieges. Er fungierte als Berater und Mittler zwischen Schweden und Erzbischof Johann Friedrich von Bremen und war zudem Anfang der 1630er Jahre schwedischer Resident in →Hamburg. Seiner Einflussnahme war es zu verdanken, dass die Kaiserlichen Bremen-Verden verließen: Im Sommer 1631 schloss der abgesetzte Bremer Administrator Johann Friedrich (Onkel des schwedischen Königs Gustav II. Adolf) einen Bündnisvertrag mit Salvius. Mit schwedischer Unterstützung gelang Johann Friedrich 1631/32 die Rückeroberung der Territorien Bremen und Verden, er wurde wieder Administrator und damit Erzbischof von Bremen. Als Dank für die Unterstützung schenkte er Salvius 1632 einige Güter, darunter den →Neßhof in →Guderhandviertel sowie das Gut →Brook in →Hollern.

Die spätere A. in Grünendeich kaufte Salvius im Jahr 1640 von Garleff Dietrich Plate, dessen „adelig-freier Wohnhof" zuvor in →Zesterfleth'schem Besitz gewesen war. Ihren Namen erhielt die A. nach 1640 und vermutlich vor Salvius' Tod 1652. Für Salvius, der 1648 u. a. den Osnabrücker Teilfrieden unterschrieb, war sie ein Prestigeobjekt, das ihm als „Burgherrn" noch größere Bedeutung verlieh. Nach 1652 ging die A. an Salvius' Erben über (v. Müller, v. Brandt etc.). Schon Ende des 17. Jh. soll die A. zusammengebrochen sein, Ende des 19. Jh. endgültig. Überreste ihrer Burggräben sowie die Flurbezeichnung „Zur Adlersburg" und „Burgstraße" weisen noch heute auf sie hin. *dm*

Airbus →Dritte Meile, →Süderelbe

Altenschleuse A. ist sowohl ein Ortsteil als auch eine Straßenbezeichnung von →Neuenkirchen, zwischen Neuenkirchener →Muddweg und Dorfstraße (1,8 km lang), östlich der oberen →Lühe am Lühebogen. Die Altenschleusenbrücke (nur für Fußgänger) und die *Neubrück* verbinden von A. die →Zweite Meile mit der →Ersten Meile (→Neuhof, →Guderhandviertel). 1524 gab es auch in Guderhandviertel einen Ortsteil A.

Der Name A. stammt vermutlich von der 1585 als alt und beinahe zerfallen beschriebenen Schleuse, die bereits rund hundert Jahre zuvor in den achtziger Jahren des 15. Jh. in den Lauf der Lühe bei Horneburg gelegt worden war.

2017 zählte A. 156 Einwohner. *dm*

Altenteil Unter dem A. werden die Regelungen zur Altersversorgung verstanden, die sich der bisherige Inhaber eines landwirtschaftlichen Betriebes beim Abschluss des Hofübergabevertrages gegenüber seinem Erben und Nachfolger ausbedingt. Im Alten Land wird das bäuerliche Erbrecht nach Anerbenrecht geregelt. Danach wird der Familienbesitz ungeteilt an einen privilegierten Erben weitergegeben. Das dient der Sicherung des Familienbesitzes für kommende Generationen und als Basis für Familieneinkommen sowie durch weitere Regelungen der Versorgung der weichenden Erben und der alten Familienangehörigen. Gemäß dem seit dem 16. Jh. bis heute gebräuchlichen Vertrag räumen der Erbe oder die Erbin den Eltern ein generelles Wohnrecht ein und sichern die Versorgung mit Nahrungsmitteln sowie „Hege und Pflege" in alten und kranken Tagen zu. In der Regel nutzten die Eltern eine Altenteilerwohnung mit eigener Kochstelle an der „Schattenseite" des Kammerfaches (→Fachhallenhaus, →Wohnkultur), da in der hausinternen Hierarchie die am höchsten stehende Betriebsfamilie das Recht auf die wärmere und hel-

Altenteiler: Catharina (1821–1924) und Michael (*1825) Hauschildt, 1900

lere Wohnung an der „Sonnenseite" des Hauses hatte. Nur die reichsten Bauern konnten sich in früheren Jahrhunderten ein separates Altenteilerhaus leisten. Zu ihnen gehörte etwa Heinriche thom Velde, der sich 1587 in →Guderhandviertel ein Altenteilerhaus bauen ließ. Das später als Speicher benutzte Gebäude gilt heute als ältestes Fachwerkhaus im Alten Land. Ein separates A. garantierte den alten Leuten ein autarkes Leben und verminderte das Konfliktpotential zwischen den Generationen. Diesem Zweck dienten auch die im Haupthaus ausgebauten Altenteilerwohnungen, die seit Mitte des 20. Jh. mit eigener Küche, Bad und Hauseingang ausgestattet wurden. Seit den 1980er Jahren werden Altenteilerhäuser meist als Klinkerhäuser mit Satteldach errichtet. *otn*

Altes Land Der Name „Altes Land" wirkt vertraut und verständlich, dennoch wirft seine Entstehung und Bedeutung Fragen auf. Er hat mehrere Aspekte: 1. der Geltungsbereich bei seiner Entstehung, 2. die Übertragung auf die politische →Landesgemeinde und deren Gebiet, 3. die daran anknüpfende Tradition der Kulturland-

Siegel Altes Land

schaft, 4. der Markenname des →Obsthandels und des →Tourismus.

Der Name erscheint zuerst im 13. Jh. als Herkunftsname von Personen: 1267 ist in →Hamburg ein *Heinricus de Oldenlande* genannt, 1298 in Holstein ein *Thymmo dictus Oldeland*. 1306 nahm das Alte Land (*Antiqua Terra*) an einem Krieg der Bewohner der Elbmarschen gegen die Grafen von Holstein und den Erzbischof von Bremen teil. Es war damals bereits ein politischer Verband, eine Landesgemeinde. Das war aber nicht seine ursprüngliche Bedeutung, denn damals bestand das Alte Land bereits aus einem altbesiedelten „sassischen" Teil (→Sachsen) am hohen Elbufer und einem während der →Hollerkolonisation im 12. Jh. neu besiedelten Teil im niedrigen →Sietland. Der Name „Altes Land" setzt das neue Land voraus. Er wurde auf das ganze Land erst übertragen, als sich die alten Siedler auf dem →Hochland mit den Neusiedlern politisch zusammenschlossen.

Der Zusammenschluss erfolgte vor allem aufgrund des gemeinsamen Interesses am Schutz der →Deiche und an der →Entwässerung der →Marsch im 13. Jh. Seitdem war das Alte Land eine fest umgrenzte politische Gemeinde zwischen →Elbe und dem →Hinterdeich am Geestrandmoor, zwischen der →Schwinge bei Stade und der →Süderelbe vor Altenwerder. Es setzte sich zusammen aus Deichrichterschaften mit Geschworenen in den drei →Meilen, aus „sassischen" und „hollerschen" Gerichten und aus zumeist zehn →Kirchspielen, seit dem 14. Jh. auch aus zwölf →Hauptmannschaften, deren Hauptleute das Land nach außen vertraten und das Landessiegel führten, das Siegel der Gemeinde Alte Land (*S. COMMUNITATIS VETERIS TERRE*) mit Petrus als Landespatron. Das Zentrum war von jeher →Jork als Ort der Landesversammlung und des wichtigsten Gerichtes mit dem Dreigeschworenenrat. Die Autonomie des Landes unter der Herrschaft des Erzbischofs von Bremen wurde im 16. Jh. beschränkt, doch blieb die →Verfassung erhalten. Seit dem 15. Jh.

vertraten →Gräfen die herrschaftlichen Interessen im Land. Die Grenzen des Landes veränderten sich, abgesehen von Landverlusten an der Elbe, bis ins 19. Jh. kaum. 1852 erhielt das Alte Land amtlich den Namen →Amt Jork. Mit der Bildung des →Kreises Jork 1885 wurde die Stadt Buxtehude politisch mit dem Alten Land verbunden. Mit der Kreisreform von 1932 und dem →Groß-Hamburg-Gesetz von 1937 verlor das Alte Land schließlich seine politische Einheit. Verschwand so das Alte Land nach 600-jährigem Bestehen von der politischen Landkarte, lebt es doch in der Tradition als Kulturlandschaft in seinen alten Grenzen weiter. Heute umfasst das Alte Land mit der Einheitsgemeinde →Jork und der →Samtgemeinde Lühe im →Landkreis Stade, mit den Hamburger Stadtteilen →Neuenfelde, →Francop und →Cranz und mit →Rübke im →Landkreis Harburg rund 150 km², auf denen rund 30.000 Einwohner leben. Seit der Hollerkolonisation bestimmen Deiche, lineare Wasserläufe und →Deich- und →Marschhufensiedlungen die Landschaft. Altländer Bauernhäuser, →Möbel und →Tracht haben ein eigenes Gepräge. Geschichte und Kultur des Alten Landes werden besonders seit dem 20. Jh. geschätzt, erforscht und gepflegt. Das →Museum Altes Land und das →Altländer Archiv sowie Vereine wie der →Verein zur Förderung und Erhaltung Altländer Kultur, der →Kulturverein Steinkirchen und Umgebung, der Verein für die Anerkennung des Alten Landes als →Welterbe der UNESCO, die →Kulturstiftung Altes Land fördern den Zusammenhalt. Besonders bekannt ist das Alte Land seit dem Mittelalter durch seinen →Obstbau, der hier im 20. Jh. seine größte Ausdehnung erreichte und sich weit über seine Grenzen ausdehnte. Der Name Altes Land wurde zum Markennamen. In den Vermarktungsstrategien des Obsthandels und des Tourismus schließt die Marke „Altes Land" heute oft das gesamte niederelbische Obstbaugebiet bzw. den ganzen Landkreis Stade mit ein. *aeh*

Alte Süderelbe →Süderelbe

Altklostergericht A. (im 19. Jh. auch Hove-Finkenreich) war ein →Patrimonialgericht und eine →Vogtei in der →Dritten Meile, die vom späten Mittelalter bis ins 19. Jh. existierte und aus zwei etwa 4 km voneinander entfernten Teilen, nämlich Groß →Hove und →Finkenreich, bestand. Hier hatte im späten Mittelalter das Alte Kloster die Gerichtsbarkeit erworben und ein klösterliches Patrimonialgericht etabliert, das die Zivil- und Kriminalgerichtsbarkeit beanspruchte. Das Kloster setzte einen Vogt als Richter ein, der auch die örtliche Verwaltung führte. Nach der Säkularisation des Klosters und der Wiedereinziehung der zunächst verschenkten Klostergüter ging A. um 1680 in landesherrlichen Besitz über und war als herrschaftliches Patrimonialgericht mit dem Amt Alt- und Neukloster verbunden. Dieses übte nur noch die zivile Gerichtsbarkeit aus, während die Kriminalgerichtsbarkeit durch das Gräfengericht ausgeübt wurde. Bei der Auflösung des Amtes Alt- und Neukloster zum 1. Juli 1823 ging auch die zivile Gerichtsbarkeit in A. an das Gräfengericht über. Als Gemeinde bestand A. noch bis zur Aufteilung 1879, als Groß Hove der neugegründeten Gemeinde Hove, Finkenreich aber der Gemeinde →Moorende zugeschlagen wurde. 1845 zählte die Vogtei 47 Wohngebäude und 291 Einwohner. *rg*

Altländer Archiv Das A. wurde 1930 von dem Schulrektor Hans Peter →Siemens zur Sicherung des privaten und kommunalen Archivguts des Alten Landes gegründet. Jede →Gemeinde des Alten Landes zahlte zur Pflege und Unterhaltung des Archivs, so erklärt es sich, dass aus allen drei →Meilen Bestände im Archiv vorkommen. 1935 wurde Siemens als sogenannter Archivpfleger bestellt. Nachdem er einige Jahre die Bestände in seiner eigenen Wohnung gelagert hatte, wurde das Archiv um 1940 in größere Räume umquartiert, die die Altländer Sparkasse zur Verfügung gestellt hatte. 1952 ging das Archiv, das bis dahin im Grunde eine private Einrichtung Siemens' war, in die Trägerschaft der Gemeinde →Jork über. Nach weiteren Umzügen fand das Archiv im Gebäude Osterjork 17 eine Unterkunft. 1996 wurde ein ehemaliges Sparkassengebäude in →Ladekop zu Archivzwecken umgebaut.

Nach dem Tod Siemens' versuchten der ehemalige Bürgermeister Hinrich Schleßelmann und Postmeister Julius →Quast in den 1960er Jahren, die Schriftstücke zu ordnen, was aber wegen der Fülle des Materials nicht endgültig gelang. Am 1. September 1979 übernahmen der pensionierte Gemeindedirektor Kurt Kleinert und der ehemalige Sparkassendirektor Heinz Heerenklage in ehrenamtlicher Tätigkeit die Weiterführung des Archivs. Seit 1990 wird das Archiv hauptamtlich geleitet.

Der überwiegend von Siemens zusammengetragene Altbestand des A. umfasst überwiegend historische Unterlagen des 17. bis 19. Jh. aus Altländer Familien, ferner vereinzelt Akten des →Gräfengerichts, des →Amtes Jork, des →Kreises Jork, des →Amtsgerichts Jork und der →Hauptmannschaften des Alten Landes. Einen relativ großen Bereich machen die sogenannten Deich-, Siel- und Wasserakten aus.

Seit 1990 hat das A. zusätzlich die Funktion des Gemeindearchivs der Einheitsgemeinde →Jork übernommen und umfasst damit alle Bestände der vor 1972 sieben selbständigen Gemeinden Jork, →Borstel, Ladekop, →Königreich, →Estebrügge, →Moorende und →Hove. Jährlich erscheint seit 1994 das *Jahrbuch des Altländer Archivs* mit Beiträgen zur Ortsgeschichte.   *shs*

Altländer Morgen →Maße

Altländer Recht Aufgrund der Einwanderung von Holländern im 12. Jh. im Zuge der →Hollerkolonisation war das Alte Land zunächst in zwei Rechtsgebiete geteilt, nämlich in die Zone sächsischen Rechts im →Hochland und die Zone mit holländischem Recht im →Sietland. Die Teilung machte sich bis in das 19. Jh. besonders in der Gerichtsverfassung mit den sassischen Gerichten und den (hollerschen) →siedesten Gerichten bemerkbar. Die Besetzung der siedesten Gerichte mit örtlichen Schöffen als Urteilern sorgte für die Erhaltung von Elementen holländischen Rechts; auch das →Landgräfting als Berufungsgericht war fast vollständig mit Urteilern aus dem Sietland besetzt. Trotz dieser Teilung entstand früh das Bewusstsein von einem gemeinsamen Recht im Alten Land. Schon im 14. Jh. berief man sich vor Gericht des Öfteren auf das Gewohnheitsrecht des Alten Landes (1342 *consuetudo Terre Antique*), ohne Abweichungen in Landesteilen (wie →Hasselwerder) zu ignorieren.

Schriftlich aufgezeichnet wurde das A. erst im 16. Jh.: 1517 setzte Erzbischof Christoph als Landesherr nach Beratung mit den →Hausleuten (*Erbexen*) des Alten Landes und Abgeordneten der Städte Stade und Buxtehude eine Landesordnung für das ganze Alte Land in Kraft, die das Gewohnheitsrecht des Landes berücksichtigte, aber auch die Stellung der →Gräfen als landesherrliche Beamte gegenüber den →Hauptleuten stärkte. Ein Rechtsbuch (*Des Olden Landes Ordeninge und Rechteboeke*), das in mehreren Redaktionen seit 1580 überliefert ist, enthält neben der Landesordnung Formeln für die Prozessführung vor den Gerichten des Alten Landes und Spruchsammlungen des Landgräftings sowie des →Fünfdörfergerichts und der Gräftinge in →Borstel, →Cranz und Hasselwerder aus den Jahren 1550 bis 1575 und auch des Obersten Deichgerichts von 1571 (→Deichrecht). Änderungen und Ergänzungen zur Landesordnung enthält die *Reformatio sive Additio* (1585), die allerdings ohne landesherrliche Bestätigung blieb.

Aus den Abweichungen dieser Rechtsquellen vom sächsischen Recht und Übereinstimmungen mit holländischem Recht wurde der Einfluss des holländischen Rechts rekonstruiert. Als holländisch erwiesen sich im Erbrecht besonders die eheliche Gütergemeinschaft mit

Halbteilung beim Tode eines Ehegatten und die Gleichstellung von Söhnen und Töchtern im Erbfall. Um eine zu starke Verschuldung und Zersplitterung der Höfe zu vermeiden, wurde der Hof bei der Erbteilung allerdings nur zu einem Teil des Wertes (oft bis zu einem Drittel) angesetzt. Nicht sächsisch war auch das Erbrecht unehelicher Kinder am mütterlichen Nachlass. Im Sachenrecht gelten als holländisch die Frist von Jahr und Tag bei Klagen um Liegenschaften und das Beispruchsrecht (Retraktrecht) der Verwandten und auch der Nachbarn beim Verkauf von Grundstücken. Manche Gewohnheitsrechte, z. B. Altenteilsverträge sowie Deich- und Siellasten, blieben noch nach 1900 (Einführung des BGB) relevant.   *vfd/aeh*

Altländer Zeitung Zum 1. April 1894 erschien die erste Nummer der A. mit einem Umfang von vier Seiten. Das Blatt erschien zunächst dreimal wöchentlich. Johannes →Dittmann war Verleger und Redakteur in einer Person. Unter der Rubrik „Aus der Provinz und den Nachbargebieten" fand man auf der ersten Seite kurze Artikel sowie Berichte über politische Ereignisse, die die Region im weitesten Sinne betrafen. Die politische Rundschau mit Nachrichten aus aller Welt und Nachrichten aus anderen Blättern folgten auf der zweiten und dritten Seite. Neben einem Fortsetzungsroman gab es ebenfalls nützliche

Hinweise für Garten und Haushalt. Die Verkehrsverbindungen wurden in Form von Fahrplänen bekannt gemacht. Die sonntägliche Beilage enthielt heimatgeschichtliche Artikel. Die Rückseite bestand aus Anzeigen und den amtlichen Bekanntmachungen. 1899 hatte die Zeitung über 300 Abonnenten, 1915 bereits 1200. Vom 1. Oktober 1913 an kam die Zeitung viermal wöchentlich heraus, bis sie am 1. Juli 1937 zur Tageszeitung wurde. Zwei gekreuzte Schwanenköpfe zierten nun den Titel. 1934 war der Begründer verstorben, und seine Tochter Wenka Maria Dittmann führte die Zeitung bis 1943 weiter. Am 1. April 1943 musste der technische Betrieb der Druckerei in →Jork kriegsbedingt stillgelegt werden. Schriftleitung und Druck gingen auf das *Buxtehuder Tageblatt* über. Erst 1949 konnte der Betrieb noch einmal eröffnet werden, musste dann aber 1953 ganz aufgegeben werden. Die Verlagsrechte wurden an den Verlag des *Stader Tageblattes* verpachtet. Die A. wurde nun in Stade gedruckt. Wenka Maria Dittmann übernahm das Anzeigengeschäft und den Vertrieb im Alten Land. Sie starb 1963. Mit dem Tod ihrer Schwester Maria Wenka Haeger 1983 gingen die Verlagsrechte endgültig an den Krause-Verlag. Seit dem 15. September 1995 erscheint unter dem Titel *Altländer Tageblatt* täglich eine Zeitung im Alten Land, die bis auf den Titel mit dem *Buxtehuder Tageblatt* identisch ist. Sie hat eine Auflage

Amt Jork

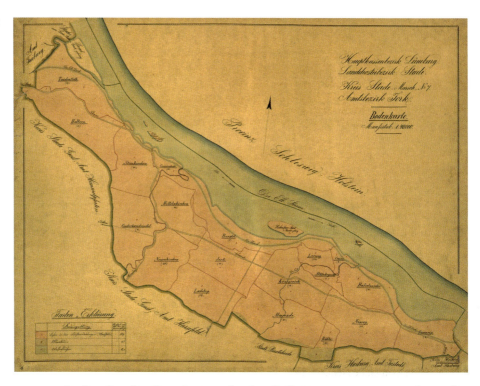

von 9000 Stück und wird in der →Ersten und →Zweiten Meile vertrieben. *shs*

Altona Der ungewöhnliche Name wird gedeutet als *all to nah* (allzu nah), was sich darauf beziehen könnte, dass es die westlichste Hofstelle in →Speersort 199/201 (→Hollern) nahe Stade ist, erstmals 1555 mit Johan von Stemmen genannt. In seiner wechselvollen Geschichte befand sich Hof A. zeitweise in gleichem Besitz wie das Gut →Melau bzw. das Gut →Brook. 1912 brannte das atypisch mit der Langseite zur Straße stehende Altländer →Fachhallenhaus restlos nieder, worauf noch im gleichen Jahr ein mehrgeschossiges, pfannengedecktes Wohnhaus errichtet wurde. Gisela Meyer-Stuhr übergab 2005 den von ihr seit 1978 geführten Hof A. an ihren Sohn. Zudem entstand auf gleicher Hofstelle 2009 ein zeitgemäßes Fachwerkhaus mit Buntmauerwerk, Altländer Symbolen und dem Sinnspruch *Wissen ehrt – Können nährt* im →Prunkgiebel. Auf Hof A. werden 50 ha bewirtschaftet. *dm*

Amtmann
Adolf Meyer

Amt Jork Das A. war eine von 1852 bis 1885 bestehende untere staatliche Verwaltungsbehörde zunächst des Königreichs Hannover, ab 1866 des Königreichs Preußen, die ihren Sitz im Amts- und Gerichtsgebäude in →Jork hatte und für das Alte Land in seinen historischen Grenzen zuständig war. Als Nachfolger des Gräfengerichts Alten Landes wurde das A. neben dem →Amtsgericht Jork im Zuge der hannoverschen Verwaltungsreform vom 1. Oktober 1852 gegründet, bei der Verwaltung und Justiz getrennt und eine einheitliche Amtsverwaltung eingeführt wurden. Als Behörde der allgemeinen Verwaltung hatte das A. eine umfassende Zuständigkeit über alle Bereiche der inneren Verwaltung, soweit nicht andere staatliche Fachbehörden zuständig waren, mit denen es zusammenarbeitete. Im Unterschied zum früheren Gräfengericht war es auch für die Domänenverwaltung zuständig. Die Zuständigkeit für die Steuer- und Militärverwaltung gab es 1867 an den neugebildeten Stader Marschkreis ab, dessen Bezirk sich über die Ämter Jork und Freiburg erstreckte.

Vorgesetzte Behörde war die Landdrostei in Stade.

Personell war das A. von hoher Kontinuität geprägt: Die gesamte Zeit von 1852 bis 1885 leitete der Amtmann Adolf Meyer (1806–1893) die Amtsverwaltung. Für den Amtmann wurde 1855 vom hannoverschen Staat ein Wohngebäude (Westerjork 19) errichtet, das später dem Jorker Landrat als Dienstwohnung diente. Während der Zeit des A. wurde die Infrastruktur des Alten Landes modernisiert und ausgebaut. Hervorzuheben ist der Bau der Stade-Francoper Chaussee und anderer Landstraßen (→Straßen- und Wegebau), die Errichtung der →Seefahrtschule in →Grünendeich, die Einrichtung von Postspeditionen in →Steinkirchen und Jork (→Post) sowie die Gründung der Altländer Sparkasse (→Sparkassen und Banken). Mit der hannoverschen Kreisordnung, die am 1. April 1885 in Kraft trat, wurde das A. aufgelöst und mit der Stadt Buxtehude und der Gemeinde Neuland zum →Kreis Jork zusammengeschlossen.   *rg*

Amtsgericht Jork   Mit der Trennung von Verwaltung und Justiz wurden zum 1. Oktober 1852 im gesamten Königreich Hannover die Amtsgerichte neugebildet. Für das Alte Land wurde das A. gegründet, dessen Sprengel mit dem →Amt Jork identisch war. Berufungsinstanz war zunächst das Obergericht Stade, ab 1879 das Landgericht Stade. Infolge des →Groß-Hamburg-Gesetzes von 1937 gingen →Cranz, →Neuenfelde und →Francop in die Zuständigkeit des Amtsgerichts Hamburg-Harburg über. Aufgrund der Kriegsereignisse wurde das A. von 1942 bis 1949 geschlossen und nach Stade verlegt. Durch Gesetz vom 30. September 1966 wurde das kleine A. aufgehoben, bestand als Nebenstelle des Amtsgerichts Buxtehude aber im bisherigen Gerichtsgebäude zunächst noch fort, bis Ende 1971 der Erweiterungsbau in Buxtehude fertiggestellt wurde. Danach war der letzte Rest einer eigenständigen Justiz im Alten Land erloschen. Der Amtsgerichtsbezirk wurde aufgeteilt auf die Amtsgerichte Stade und Buxte-

Amtsgericht
Jork 1852–1971

hude, zunächst mit der →Lühe als Grenze. 1974 wurden →Neuenkirchen und →Mittelnkirchen vom Amtsgericht Buxtehude an das Amtsgericht Stade übertragen, sodass seitdem die ganze →Samtgemeinde Lühe zum Amtsgericht Stade gehört, die Gemeinde →Jork aber zu Buxtehude. →Rübke ging mit der Gemeinde Neu Wulmstorf 1982 vom Amtsgericht Buxtehude zum Amtsgerichtsbezirk Tostedt über. *vfd/rg*

Anlegestellen →Häfen und Anlegestellen

Apfelanbau Äpfel wurden wohl schon im Mittelalter im Alten Land angebaut. Früheste Angaben über angebaute Sorten stammen aus dem Jahr 1639. Damals kannte man den Paternoster- und den Roten Eiserapfel. 1773 kultivierte man mindestens zehn Sorten, darunter den vermutlich aus Sachsen stammenden Borsdorfer und den vielleicht an der Niederelbe erstmals gezogenen Rotfranch. Zu Anfang des 20. Jh. hatte der A. an der Niederelbe noch längst nicht die

Apfelanbau
(Sorte
Red Prince)

Bedeutung, die er heute hat. Im →Kreis Jork hatten Apfelbäume 1913 nur einen Anteil von über 20% an den insgesamt angebauten Obstbäumen. Mit den sich im Laufe des 20. Jh. stetig verbessernden Möglichkeiten für →Obstlagerung und den Transport zu den Märkten und Abnehmern sowie von Verarbeitungsobst (Brände, Moste, Mus, Fruchtkonzentrate, Schäl-, Back-, Dekoobst u. a.) wuchs die Bedeutung des A. immer weiter an, so dass er heute rund 89% des Baumobstes im Alten Land ausmacht.

Damit einher ging die größte Veränderung des Landschaftsbildes des Alten Landes. Seit den 1950er Jahren verschwand sukzessive der große Hochstammapfelbaum auf Sämlingsunterlage, und an seine Stelle trat über Zwischenformen der 2,50 m hohe Spindelbaum auf schwach wachsender Unterlage (M 9), der schließlich noch durch einen Drahtrahmen stabilisiert wurde. Statt 300 Bäumen stehen seither um die 3000 Bäume auf einem Hektar, wodurch sich die Hektarerträge deutlich erhöht haben, wäh-

rend das Erscheinungsbild der Apfelplantage ein ganz anderes geworden ist. Seit 2016 wirkt sich das holländische Beispiel aus, indem die ersten Obstbauern dazu übergehen, die Spindelbäume auf etwa 3,00 m hochzuziehen.

Damit sind zugleich die alten Apfelsorten aus dem Erwerbsobstbau verschwunden, und angesichts der Tatsache, dass heute rund 80% der Äpfel durch Discounter und Supermärkte abgesetzt werden, findet eine fortschreitende Konzentration auf marktgängige Sorten statt, darunter Elstar, Jonagold, Boskoop, Holsteiner Cox, Topaz u. a., während durch neue Züchtungen, Anbaurichtungen (integrierter, →ökologischer Obstbau) und Vermarktungsstrategien (Clubsorten) neue Käuferschichten gewonnen werden sollen. Eine weitere Rolle spielt der →Klimawandel, durch den Apfelsorten im Alten Land Fuß fassen (etwa der sich inzwischen immer größerer Beliebtheit erfreuende Braeburn), die hier zuvor keine ihnen entsprechenden klimatischen Bedingungen vorfanden.   *hk*

Apotheken Die Versorgung der Bevölkerung mit Arzneimitteln erfolgte bis Ende des 18. Jh. durch die A. in Stade, Buxtehude und Horneburg. 1813 wird erstmals der Apotheker Hermann Ludewig Klingenmeyer in →Jork erwähnt, dessen *Altländer Apotheke* über viele Besitzerwechsel in ungebrochener Kontinuität bis heute besteht.

Die Jorker A. eröffnete 1859 eine Filiale in →Cranz, die 1871 nach →Neuenfelde verlegt wurde. Nach Inkrafttreten des →Groß-Hamburg-Gesetzes 1937 durfte diese Zweigapotheke nicht mehr von Jork aus versorgt werden und wurde als Filiale zunächst der Falken-A. in Neugraben, dann 1942 der Alten Blankeneser A. angegliedert. 1947 wurde diese A. in Neuenfelde unter dem Besitzer Franz Brückner als Vollapotheke konzessioniert. Nach ihrer Schließung 2004 betreibt die Altländer A. seit 2007 wieder eine Filiale in Neuenfelde.

In →Steinkirchen gründete 1864 der Apotheker Johann Heinrich Hoppe, zunächst als Filiale der

Alte Apotheke in Jork

Horneburger A., die bis heute bestehende *Hirsch-Apotheke*.

Zu diesen drei Apotheken mit langer Tradition kamen erst seit den 1980er Jahren mit der *Leuchtturm-Apotheke* in →Grünendeich, der *Apotheke am Estedeich* (jetzt *Apotheke 2. Meile*) in →Königreich und der *Gräfen-Apotheke* in Jork zusätzliche Einrichtungen hinzu.   *rg*

Archäologie und Vorgeschichte Die Vorgeschichte im →Elbe-Urstromtal lässt sich nur schwer rekonstruieren. Dies ist auf die stetige Ablagerung von Marschensedimenten in den vergangenen Jahrtausenden zurückzuführen, wodurch potentielle archäologische Relikte unter mehrere Meter mächtigen Erdschichten verborgen sind. Eine kontinuierliche Besiedlung des Alten Landes in vorgeschichtlicher Zeit ist nicht anzunehmen, da in Perioden eines stark steigenden Meeresspiegels nur eine temporäre Anwesenheit des Menschen möglich war. Im Niederelbegebiet entdeckte Importgüter lassen vermuten, dass die Elbe schon in der Prähistorie eine wichtige Kommunikationsader gewesen ist.

Feuersteinartefakte, die vom Rand des Elbe-Urstromtales stammen, zeigen die dortige Anwesenheit der Urmenschen und Neandertaler bereits während der Altsteinzeit. Spätestens seit dem Ende der letzten Eiszeit wurde das Elbtal regelmäßig von Rentierjägern durchzogen. Aus der nachfolgenden Mittelsteinzeit wurden Flintgeräte und bei →Hahnöfersand ein ca. 8.000 Jahre altes Schädelfragment geborgen. Damit stammt aus dem Alten Land eines der ältesten Menschenfossilien Norddeutschlands.

Aus der Jungsteinzeit und der nachfolgenden Bronzezeit liegen größtenteils Einzelfunde vor. Bei diesen Objekten ist es schwierig zu entscheiden, ob es sich um Grabbeigaben, rituelle Deponierungen oder Anzeichen für Siedlungen handeln könnte. Eine Fundstelle mit Keramik der Trichterbecherkultur am Elbstrand bei →Borstel lässt eine jungsteinzeitliche Ansiedlung vermuten. Für die vorrömische Eisenzeit wird aufgrund einer Regression des Meeresspiegels mit einer zunehmenden Besiedlung der →Marschen gerechnet. Funde von der Mündung der →Lühe verdeutlichen, dass das →Hochland bereits in dieser Epoche bevölkert gewesen ist.

In der römischen Kaiserzeit lebten im Niederelbegebiet die germanischen Stämme der Chauken und Langobarden und in den folgenden Jahrhunderten die →Sachsen. Spuren ihrer Dörfer fanden sich auf dem →Hochland zwischen →Schwinge und →Este. Der Übergang von der Völkerwanderungszeit zum Frühmittelalter ist im nordwestlichen Deutschland eine „dunkle" Epoche. Schriftliche und archäologische Quellen fehlen fast vollständig, denn viele der auch an der Niederelbe lebenden →Sachsen scheinen nach England abgewandert zu sein. Archäologische Funde deuten dennoch darauf hin, dass einige der sassischen Orte Wurzeln aus der Zeit vor der →Hollerkolonisation besitzen. *dn*

Archiv →Altländer Archiv

Archiv der Samtgemeinde Lühe Aufgrund des zum 1. Januar 2009 in Kraft getretenen neuen Personenstandsgesetzes sah sich die →Samtgemeinde Lühe veranlasst, ein eigenes Archiv einzurichten, das seit Juni 2010 von einer hauptamtlichen Mitarbeiterin in einem Nebengebäude des Rathauses in →Huttfleth betreut wird. Wichtigste Bestände sind die historischen Verwaltungsunterlagen der 1971 gegründeten Samtgemeinde Lühe und ihrer Mitgliedsgemeinden sowie deren Personenstandsunterlagen seit 1874 und vereinzelte bis in das 19. Jh. zurückreichende Bestände. Des Weiteren werden mittlerweile auch Depositalbestände von Vereinen und Privatpersonen, Sammlungen von Fotografien, Plakaten, Broschüren, Zeitschriften, Zeitungsausschnitte, Postkarten und der Bestand der Archivbibliothek verzeichnet. Mit dem Neubau des Rathauses in →Steinkirchen wird dem A. ab Ende 2018 mehr Raum zur Verfügung stehen. *se*

Ärzte →Krankheiten und Seuchen

Archäologische Funde aus dem Alten Land

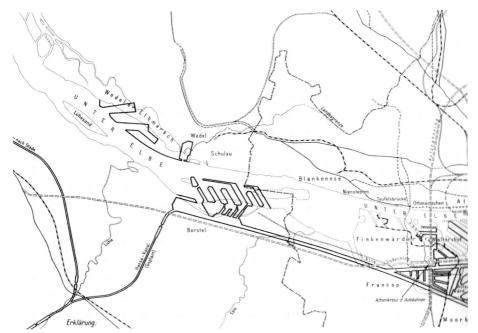

Autobahn-
planung laut
Generalbebau-
ungsplan von
1941

Autobahn Erste Planungen einer A. im Alten Land gab es um 1940, als erwogen wurde, den Hansa-Kanal durch das Gebiet zu führen und nördlich von →Borstel Hafenbecken anzulegen. Die Trasse sollte von Stade kommend die →Lühe in →Hohenfelde queren, dann zwischen →Neuenschleuse und →Gehrden, nördlich von Borstel und →Leeswig sowie durch →Cranz verlaufen, dort über die →Este und weiter nördlich von →Neuenfelde und →Francop zu einem Autobahnkreuz bei Waltershof führen. Da der Hansa-Kanal nie gebaut wurde, entstand auch die A., die zusammen mit dem Kanal das Alte Land zerstört oder zumindest nachhaltig verändert hätte, nicht.

Als infolge der verstärkten Motorisierung in den 1960er Jahren der Verkehr auf der Bundesstraße 73 stetig zunahm, begann die Planung einer A. von Stade nach →Hamburg unter der Bezeichnung A 26. Nach der am 17. Oktober 1973 und am 9. Januar 1979 festgelegten Linienbestimmung sollte die Trasse zunächst südwestlich der B 73 auf der Geest verlaufen, dann bei Nottensdorf die Bundesstraße kreuzen und im östlichen Bereich durch die Marsch führen. 1980 wurde das Plan-

feststellungsverfahren für den Abschnitt Landesgrenze–Horneburg und 1984 weiter bis Stade eingeleitet. Aus Gründen des Landschafts- und Naturschutzes wurde die Planung 1987 bis 1990 aber dahingehend geändert, dass nun auch der Abschnitt Horneburg–Stade nördlich der B 73 entlang der Südgrenze des Alten Landes verlaufen sollte. Am 6. Juni 1990 wurde die Linienbestimmung für diese sogenannte „Hinterdeichtrasse" festgelegt; 1997 erging der Planfeststellungsbeschluss für den Abschnitt Stade – Horneburg und 2004 für die Weiterführung bis östlich von Buxtehude. Der 1. Bauabschnitt Stade–Horneburg wurde am 23. Oktober 2008 eröffnet; der 2. zwischen Horneburg und →Jork folgte am 28. November 2014 zunächst nur in Richtung Stade für Pkw, da im Planfeststellungsbeschluss ein vorläufiges Ende an dieser Stelle nicht vorgesehen war. Nach heftiger Kritik an der ungenutzten „Geisterautobahn" wurde die A 26 am 17. Juli 2015 auch in der Gegenrichtung von Horneburg bis Jork freigegeben – ebenfalls nur für Pkw. Die weiteren Abschnitte befinden sich bis Neu Wulmstorf im Bau und weiter bis zur A 7 in Hamburg in der Planung.   *km*

B

Bachenbrock Siedlung in der →Ersten Meile auf einem größeren Keilstück zwischen →Hollern und →Steinkirchen, das bei deren Besiedlung „übrigblieb", da die einheitlich 2,25 km langen Steinkirchener →Stücke nicht durchgehend bis an die Hollerner Flur heranreichten. Die Straße, die von →Sietwende nach Süden abzweigt und nach rund 3 km an der Steinkirchener Moorwettern endet, bildet die Gemeindegrenze, so dass die westliche Häuserreihe zu Hollern, die östliche zu Steinkirchen gehört. B. wurde bereits 1225 als *Bathinbroc* urkundlich erwähnt, 1326 als *Bachtenbroke*, 1397 als *to deme Bachtenbroke*.

Nach B. nannte sich die zu den →Lokatoren (→Hollerkolonisation) zählende adlige Familie von Bachtenbrock, die seit dem 15. Jh. das erzbischöflich-bremische Hofamt des Marschalls innehatte und den Namen (von) Marschalck annahm. Ihr Stammsitz war bis ins 20. Jh. durch einen breiten Wassergraben besonders hervorgehoben (heute Bachenbrock 17, Pape).

2017 lebten im Hollerner Teil von B. 95 Einwohner, im Steinkirchener Teil 83. *dm*

Banken →Sparkassen und Banken

Bardesfleth Im Dorf B. (1156/57 *Bertesfleit*, 1257 *Bardesvlete*) stand 1257 eine Kapelle, die der Wilhadikirche in Stade unterstand und angeblich

schon 1137 vorhanden war. 1315 war B. ein selbständiges →Kirchspiel, zu dem auch das benachbarte →Halstenfleth gehörte. 1156/57 besaß der Stader Vogt Ricbert in B. fünf →Hufen vom Stift Kemnade (an der Oberweser) zu Lehen. Erzbischof Hildebold bestätigte 1267 bei B. der Stadt →Hamburg ihr (gefälschtes) Kaiserprivileg von 1189. 1268, als Stade mit Hamburg im Streit lag, gestattete Hildebold den Hamburgern die Zahlung des Elbzolls in B. statt in Stade. Das Kloster Harsefeld erwarb 1320 den Zehnten von B. von den von Borch. Die genaue Lage von B. war lange ein Rätsel, meist wurde es nach →Bassenfleth verlegt. Nach Aufarbeitung der mittelalterlichen Quellen konnte bewiesen werden, dass es identisch ist mit →Grünendeich an der Mündung der →Lühe. Das Kirchspiel B. ist 1432 zuletzt erwähnt, 1449 erscheint es als *Gronendike*, wahrscheinlich nach Landverlusten an der →Elbe und Verlegung des Kirchplatzes weg vom Elbdeich.

Nach B. hieß ein bereits 1217 erwähntes bremisches Ministerialengeschlecht, das sich seit dem 15. Jh. Plate nannte und noch 1580 für zwei Höfe in Grünendeich eigene Gerichtsbarkeit beanspruchte. *aeh*

Bassenfleth Ortsteil von →Twielenfleth, urkundlich erstmals 1255 in einer Urkunde für das Kloster Himmelpforten genannt. B. liegt an der →Elbe und grenzt an Stade, →Melau, →Wöhrden und Twielenfleth. Die unregelmäßige Fluraufteilung B. weist auf eine frühe Besiedlung durch die →Sachsen hin. B. gehörte bis in die frühe Neuzeit zum sächsischen →Fünfdörfergericht, zudem zur →Hauptmannschaft Twielenfleth. Für den Bau von Industrieanlagen ging ein Teil des Bassenflether Außendeichlandes an die Stadt Stade (das Ölkraftwerk Schilling und sein 220 m hoher Schornstein von 1962 bis 2006 sowie das Kernkraftwerk Stade, Bassenfleth 1 A, von 1972 bis 2003, seit 2005 Rückbau). Zusätzlich erfuhr B. durch die neue Deichlinie nach der →Sturmflut von 1962 eine starke Veränderung.

Hof Kolster Bassenfleth, Straßenseite

Ansässig wurde in B. auch die →Elbe-Obst-Er-
zeugerorganisation.

Die Struktur B. spiegelt sich in den hinter dem
→Deich liegenden Obsthöfen und ihren Altlän-
der →Fachhallenhäusern wider. Von großem
Erholungswert ist der 2 km lange sehr beliebte
Sandstrand von B. vor dem Elbdeich zwischen
Twielenfleth und der Bassenflether Spundmau-
er. Dort hat man einen Blick auf die Twielenfle-
ther Reede, die kleineren Schiffen die letzte
Möglichkeit vor Hamburg bietet, bei Bedarf
auf einen Liegeplatz im Hamburger Hafen zu
warten. Heute sind die wichtigsten Wirtschafts-
zweige von B.: →Obstbau, →Schifffahrt,
→Tourismus. 1959 gab es 95 Hausstellen mit 292
Personen. 2017 zählte B. 165 Einwohner.   *dm*

Bäuerin Die Ehen innerhalb der gleichen
Schicht (→Hochzeit) führten im Alten Land zur
außergewöhnlichen Gleichstellung der Eheleute. Durch eine reiche Mitgift und die Geburt eines Erben konnte die B. ihren Status und ihre
Macht noch erheblich stärken. In der Regel wurden nach der Eheschließung bzw. dem Generationswechsel im Haus Modernisierungsmaßnah-
men durchgeführt. Üblich war die eheliche Gütergemeinschaft nach dem →Altländer Recht
bis zur Einführung des BGB im Jahr 1900 – während der kurzen Geltungsdauer des Code Civil
in der →Franzosenzeit musste sie ausdrücklich
vereinbart werden. Nur das sogenannte ‚Leibzeug‘, d.h. Textilien aller Art und wertvoller
→Schmuck, galten als persönliches Eigentum
der B. (→Möbel). Danach konnte der Ehemann
ohne die Unterschrift der Ehefrau gemeinsame
Immobilien nicht verkaufen. Die B. war auch
meist zuständig für die Geldwirtschaft des Hofes. Hinzu kamen persönliche Freiheiten. So
konnte z.B. eine B. ohne männliche Begleitung
→Gastwirtschaften besuchen, Tabak rauchen
oder alleine zu →Visiten gehen. Frühe Beweise
für die starke Stellung der B. liefern auf dem
→Prunkgiebel oder auf →Prunkpforten eingra-
vierte Namen der beiden Eheleute.   *otn*

Bäuerliche Familie Bis Anfang des 20. Jh.
stellte die B. im Alten Land eine patriarchalische
große Haushaltsfamilie (auch Wirtschaftsfami-
lie genannt) dar, in der drei Generationen, unverheiratete Geschwister des Erben sowie ein
oder mehrere Knechte und Mägde unter einem
Dach wohnten und arbeiteten. Während die
Betriebsfamilie und die alten Leute in eigenen
Wohnungen im warmen Kammerfach (→Fach-
hallenhaus, →Wohnkultur) schliefen, stand den
Mägden eine unbeheizte Kammer in der Diele
zur Verfügung. Die Knechte schliefen oft auf
Stroh oberhalb der Pferde. Gegessen wurde gemeinsam im Flett nach strenger Sitzordnung.
Die Arbeiten der Knechte wurden vom Hausva-
ter genau festgelegt, die der Mägde von der

Bäuerin bei
der Arbeit

Familie vor
ihrem Haus
in der Nincoper
Straße

→Bäuerin. Nach dem Übergang von der traditionellen →Landwirtschaft zum →Obstbau wurden Hausangestellte durch →Erntehelfer und Saisonarbeiter ersetzt, die nicht mehr der Familie angehörten. Die Individualisierung und Auflösung einer Haushaltsfamilie zur Dreigenerationen- bzw. Kernfamilie erfolgte in der Regel erst nach dem →Zweiten Weltkrieg durch den Bau separater Altenteilerhäuser oder -wohnungen (→Altenteil) und durch die Erweiterung der Wohnung der Betriebsfamilie Richtung Diele, in der nun die Eltern und jedes Kind ein eigenes Zimmer hatten. *otn*

Bauernhäuser →Fachhallenhaus, →Wohnkultur

Baumschulen Kultivierte Obstbäume bestehen üblicherweise aus zwei Teilen, einer im Boden wurzelnden Unterlage und einer Edelsorte, die darauf veredelt wird. Unterlagen werden aus Samen gezogen (z.B. Grahams Sämling) oder vegetativ vermehrt. Diese Unterlagen werden in den B. veredelt, um vor allem die Stärke des Wachstums, aber auch Pflanzengesundheit, Obstqualität u. a. zu beeinflussen. Im →Apfelanbau im Alten Land werden überwiegend Klone der schwachwüchsigen Unterlagensorte M 9 verwandt. In der Praxis werden ein- oder zweijährige Bäume gepflanzt. Heute nutzen B. gerne leichtere Böden zwecks besserer Wurzelbildung.

Die ersten B. im Alten Land sind in der zweiten Hälfte des 17. Jh. nachweisbar. Heute werden jährlich rund 1 Million Obstbäume im Alten Land gepflanzt, wo für B. entsprechender Größenordnung längst kein Platz mehr ist. Daher kommen die Jungbäume inzwischen aus den Niederlanden, Belgien, Schleswig-Holstein und von der nahegelegenen Geest. Lizenzen für neue Sorten liegen zum Teil im Alten Land. In der Regel werden heute Obstbäume für Neuanpflanzungen über Baumhändler bezogen. *hk*

Baustile Die norddeutsche Stilgeschichte gliedert sich in Romanik (750–1220), Gotik (1220–1530), Renaissance (1530–1650), Barock (1650–1780), Klassizismus (1780–1830), Historismus (1830–1918), Heimatschutz (1910–1945), Modernes Bauen (1945 – heute). Aus der Zeit vor dem →Dreißigjährigen Krieg hat sich nur wenig Bauliches erhalten, so z.B. einige Kirchenausstattungen aus der Gotik und der Renaissance sowie Fachwerkbauten von 1587 bzw. 1618 in →Guderhandviertel und →Steinkirchen aus der Renaissance und die Durchfahrtsscheune von 1590 des →Museums Altes Land. Nach 1650 wurden die Schäden des Dreißigjährigen Krieges beseitigt. Es entstanden große →Fachhallenhäuser mit prunkvollen barocken Fachwerkgiebeln (→Prunkgiebel) sowie →Prunkpforten, die die Auffahrten zu den Hofstellen wohlhabender Bauern schmückten. Auch die Kirchen wurden wiederhergestellt und u. a. mit kostbaren →Orgeln von Arp →Schnitger ausgestattet. In der Stilepoche des Klassizismus baute man nur noch sehr schlicht gehaltene Fachwerkfassaden ohne Vorkragungen und Schnitzwerk. Im Historismus kam die Massivbauweise auf. Jetzt entstanden Bauwerke mit steinernen Applikationen, die u. a. an die Renaissance erinnern sollten. Jugendstil und Neue Sachlichkeit fanden im Alten Land keine Verbreitung. Es setzte sich der Heimatschutzstil durch, der die traditionelle Backsteinbauweise und die Formensprache des Prunkgiebels neu belebte. Nach dem →Zweiten Weltkrieg veränderte das Moderne Bauen die Ortsbilder und die Siedlungsstrukturen. Es wuchsen neue Wohnviertel und Gewerbeansiedlungen heran mit Gebäuden, die keinen Bezug mehr zur gewachsenen Architektur haben. *dtb*

Benzler, Georg Samuel, *1.4.1757 in Neuhaus (Oste), †9.8.1813 in Stade Über Kindheit und Jugend des Neuhäuser Advokatensohnes B. ist nichts bekannt. In unmittelbarer Nähe zu den Elb- und Ostedeichen aufgewachsen, dürfte B.

früh mit dem Deichwesen vertraut gewesen sein. Die erste Station seiner Karriere in kurhannoverschen Diensten führte B. 1781 als Deichkondukteur nach Harburg. 1787 wurde B. zum Oberdeichgräfen im Alten Land befördert. Sein Tätigkeitsbereich mit Dienst- und Wohnsitz in Campe bei Stade erstreckte sich auf das Alte Land, tatsächlich aber kam B. überall in den Herzogtümern Bremen und Verden zum Einsatz.

In aufklärerischer Tradition stand sein 1792 in zwei Bänden veröffentlichtes *Lexikon der beym Deich- und Wasserbau, auch beym Deich- und Dammrecht vorkommenden fremden und einheimischen Kunstwörter und Ausdrüke wobey der Gebrauch der Sachen selbst erkläret und zugleich Anleitung zum praktischen Deich- und Wasserbau gegeben wird.* „Mit dazu nöthigen Kupfern" (technischen Abbildungen) erläutert es zahlreiche Begriffe des Deichwesens. In den folgenden Jahren publizierte B. weitere Zeitschriftenbeiträge. Seine Dienstgeschäfte scheinen unter der wissenschaftlichen Tätigkeit gelitten zu haben. Mehrfach mahnte die Stader Regierung die Einsendung von Deichkatastern und Gutachten an. Als

B. 1800 wegen Vernachlässigung der Dienstpflichten die Entlassung angedroht wurde, sandte er die Unterlagen mit der Bemerkung ein, dass die →Deiche im Alten Land sich in einem hervorragenden Zustand befänden.

Im Jahre 1812 berief die französische Besatzungsmacht B. zur Oberaufsicht über die Deiche im Elbdistrikt. Für die im März 1813 nach dem Abzug der Franzosen nach Stade zurückgekehrte hannoversche Regierung galt B. als Kollaborateur und wurde nicht wieder in sein Amt eingesetzt. B. starb am 9. August 1813 in Stade. Mit seinen wissenschaftlichen Veröffentlichungen und seinem Wirken als Deichbautechniker im Alten Land hat sich B. große Verdienste bei der Weiterentwicklung des allgemeinen Deichwesens erworben.   *me*

Beregnungsbecken   B. wurden seit den 1980er Jahren angelegt, um eine ausreichende Wassermenge für die Beregnungsanlagen in den Obstplantagen vorhalten zu können. Um die Apfelbaumanlagen flächendeckend an Beregnungsanlagen anschließen zu können, sind seit

Beregnungs-
becken

2002 zusätzlich zahlreiche Neuanlagen eingerichtet worden, so dass allein die →Dritte Meile
heute über mehr als 200 B. verfügt. Die B. werden durch Oberflächenwasser gefüllt. Zusätzlich kann gegebenenfalls Wasser aus den →Flee-
ten und →Wettern entnommen werden. Das
Einsickern von Grundwasser ist konsequent zu
verhindern.

Sinn der B. ist die Bereitstellung von Wasser, das
in Frostnächten stundenlang über die Apfelbäume gesprüht wird, um die Blüten vor dem Erfrie-
ren zu schützen (→Spätfrost). Bei der Eisbil-
dung wird Wärme freigesetzt, die die Temperatur an den Blüten in Gefrierpunktnähe hält (Er-
starrungswärme), während sie in der Umgebung auf bis zu -8° C zurückgehen kann: Die Ap-
felblüten überstehen dann den Frost. Für andere
Obstarten ist dieses Verfahren nicht geeignet.

Außer zur Frostschutzberegnung werden B.
mitunter auch in den Sommermonaten zu einer
anfeuchtenden Beregnung zumal von Neuanlagen eingesetzt. Wichtig ist in beiden Fällen die
Wasserqualität, so dass Grenzwerte des Eisen-
und Salzgehaltes nicht überschritten werden
dürfen und das Wasser der →Elbe in nur sehr
begrenztem Maße genutzt werden kann. Für die
Reinhaltung des Wassers haben sich in den letzten Jahren Graskarpfen als besonders geeignet
erwiesen. Belangen des →Naturschutzes wird
durch die Anlage von Flachwasserzonen in den
B. und eine entsprechende Uferbepflanzung
Rechnung getragen. *hk*

Bergfried Ehemaliges adliges Rittergut in
→Guderhandviertel, das vom 14. Jh. bis 1848 der
Sitz der Familie von →Zesterfleth war. 1325 erwarb die Familie von Zesterfleth das Freigericht
an der →Lühe und errichtete im 14. Jh. dort ihren Adelssitz mit dem namengebenden B., wohl
einer Turmhügelburg auf einer runden wasser-
umgebenen Anlage, die in Resten noch erkennbar ist (1377 *hof tho der Lü, dar de berchvrede ynne
steyt*). Es handelte sich um die einzige mittelalterliche Befestigung im Alten Land.

Das große Gutshaus brannte am 22. Juni 1846 ab.
Beim Wiederaufbau übernahm sich der Eigentümer Christian von Zesterfleth (†1848) finanziell,
so dass der Bau nach einem Drittel unvollendet
liegen blieb. Das hochverschuldete, 94$\frac{1}{2}$ Altländer Morgen (ca. 70 ha, →Maße) große Gut erbte
sein Schwiegersohn Graf Eduard von Kielmannsegg, der 1849 zunächst 38$\frac{1}{2}$ Altländer Morgen
Moorländereien, 1856 die Bauruine auf Abbruch
und schließlich 1861 die übrigen Flächen des Gutes an verschiedene Käufer verkaufte.

An der Stelle des Gutshauses, die bis heute von
breiten Gräben umgeben ist, wurde 1863 das Ar-
menhaus der Armenverbände →Steinkirchen,
→Mittelnkirchen, →Neuenkirchen und →Grü-
nendeich errichtet, das als Versorgungsheim
1925 in die Trägerschaft des →Kreises Jork überging und heute als Seniorenheim B. in der Trägerschaft des →Landkreises Stade besteht.

Die umliegenden Häuser bilden den Ortsteil B.
in Guderhandviertel und Steinkirchen. Das kleine →Patrimonialgericht B., das mit dem Gut
verbunden war, umfasste bei der Aufhebung
1852 nur noch zwei Häuser in Steinkirchen. *rg*

Bevölkerungsentwicklung Es ist davon auszugehen, dass sich sächsische Siedler (→Sach-
sen) im frühen Mittelalter in dem, was später das
Alte Land hieß, niederließen und nach und nach
das →Hochland besiedelten. Mit der →Holler-
kolonisation des →Sietlands im 12./13. Jh. fand
eine holländische Einwanderung statt, die nach
heutigen Schätzungen rund 200 Bauernfamili-

*Gut Bergfried
1852*

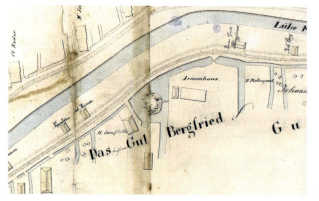

en umfasst haben dürfte. Die Urbarmachung des Sietlands zog eine weitere →Zuwanderung von Arbeitskräften ins Alte Land namentlich von der Geest nach sich. Diese mittelalterliche Bevölkerungszunahme fand im 14. Jh. ihr Ende, als die spätmittelalterliche Agrarkrise das Alte Land ebenso in Mitleidenschaft zog wie die verheerenden →Sturmfluten des 14. und 15. Jh., die zu einem spürbaren Bevölkerungsrückgang führten, der sich in den spätmittelalterlichen →Wüstungen besonders am Elbufer bemerkbar machte und in der Ausdeichung der →Dritten Meile, die für Jahrzehnte im 15. Jh. als „wüste" Meile bezeichnet wurde.

Den ungeachtet wiederholter, mitunter dramatischer Einbrüche insgesamt zu verzeichnenden Bevölkerungsanstieg des späten 15. und 16. Jh. machten der →Dreißigjährige Krieg und in ihm die Pestjahre um 1628 (→Krankheiten und Seuchen) weitgehend zunichte. Allein letztere Seuche soll einem Drittel der Altländer Bevölkerung das Leben gekostet haben. Der zweiten Hälfte des 17. Jh. und dem 18. Jh. mit ihren Mortalitätskrisen aufgrund von Kriegen, Epidemien (Pocken), Sturmfluten und Missernten dank der sogenannten „kleinen Eiszeit" (→Klimageschichte) gelang es nur aufgrund der Zuwanderung insbesondere von landwirtschaftlichen Arbeitskräften von der Geest, die demographische Katastrophe der ersten Hälfte des 17. Jh. einigermaßen auszugleichen, so dass die Bevölkerungszahl im Alten Land von 10.695 (1740) auf 17.547 (1845) anstieg.

Die nachfolgenden 100 Jahre stellten neue Herausforderungen dar. Indem die Industrialisierung, anders als in den an der Weser gelegenen Kreisen des Landdrosteibezirks Stade, am Alten Land im Wesentlichen vorbeiging, fiel das weitere Bevölkerungswachstum deutlich geringer aus als in jenen Kreisen. Dadurch konnten die auf das Alte Land wenn auch nur abgeschwächt übergreifende Massenauswanderung (→Abwanderung), die wiederholten Cholera-Epidemien, aber auch Masern und Scharlach, der

→Erste und der →Zweite Weltkrieg ihre Spuren hinterlassen. Rein rechnerisch dürften sie insgesamt einen Bevölkerungsverlust von vermutlich 15–20 % der Gesamtbevölkerung mit sich gebracht haben. Dieser wurde praktisch gemildert durch den nach 1900 einsetzenden deutlichen Rückgang der Säuglings- und Kindersterblichkeit und den damit einhergehenden Anstieg der durchschnittlichen Lebenserwartung. Dennoch lag die Einwohnerzahl an der →Este einschließlich →Rübke, aber ohne →Cranz, mit der Ausnahme von →Königreich, und in →Ladekop, →Mittelnkirchen und →Neuenkirchen 1939 unter der von 1821.

Die demographische Wende brachten die Jahre ab 1945. Mit dem massenhaften Zuzug von Vertriebenen, wenige Jahre später ergänzt durch die Flüchtlinge aus der SBZ/DDR, verdoppelte sich in manchen Orten die Bevölkerungszahl, so dass diese 1961, als etliche von ihnen das Alte Land wieder verlassen hatten, im niedersächsischen Teil des Alten Landes um gut 20% über den Zahlen von 1939 lag.

Ein weiterer Bevölkerungsanstieg erfolgte in den Jahren ab 1970 durch die einsetzende Stadtflucht und den Zuzug von Pendlern zumal aus →Hamburg und in deutlich geringerem Umfang aus Stade und Buxtehude. 2017 zählte das Alte Land mit rund 30.000 Einwohnern den historisch höchsten Stand seiner Bevölkerung. Als Folge der demographischen Umbrüche des 20. Jh. und der hohen Mobilität leben von den 12.789 Einwohnern von →Jork (2017) lediglich ein Viertel hier seit ihrer Geburt.   *hd*

Bewässerung Neben der seit Jahrhunderten praktizierten →Entwässerung spielt zumal seit der massiven Ausweitung des →Obstbaus im Alten Land in der Folge der →Sturmflut von 1962 die B. eine zunehmend wichtige Rolle sowohl als Frostschutzmaßnahme (→Spätfrost) im Frühjahr als auch zum Schutz von Neuanlagen im Sommer gegen anhaltende Trockenheit und extreme Hitze. Das dazu benötigte Wasser zur Beregnung oder Tröpfchenbewässerung stammt in der Regel aus →Beregnungsbecken, seltener aus einem der ohnehin nicht sehr zahlreichen Brunnen, da das Grundwasser aufgrund eines oft zu hohen Eisengehalts nicht benutzt werden kann, und notfalls aus →Fleeten, →Wettern oder – in der →Dritten Meile – aus der alten →Süderelbe. *nf*

Bibliotheken Das Alte Land verfügt über insgesamt sechs Bibliotheken. Als öffentliche Bibliotheken sind die Gemeindebücherei →Jork mit ihrer Außenstelle in →Königreich und die Büchereien →Steinkirchen-Grünendeich und →Hollern-Twielenfleth zuständig für die allgemeine Literatur- und Informationsversorgung vor Ort sowie für Leseförderung und Vermittlung von Medien- und Informationskompetenz in Zusammenarbeit mit Schulen und Kindertagesstätten. Darüber hinaus fungieren sie als Kulturzentren ihrer jeweiligen Gemeinden. Während im niedersächsischen Teil des Alten Landes mit diesen drei Bibliotheken feste Einrichtungen vorhanden sind, wird dessen Hamburger Teil durch den Bücherbus der Hamburger Bücherhallen versorgt, der seit 1961 als mobile Bibliothek regelmäßig →Neuenfelde und →Cranz

Eröffnung der Bücherei Jork, 1982

ansteuert. Als wissenschaftliche Fach- und Spezialbibliotheken stehen die Bibliothek des →Altländer Archivs, die Bibliothek des →Archivs der →Samtgemeinde Lühe sowie die Obstbau-Bibliothek Dr. Tiemann des →Esteburg–Obstbauzentrums Jork in →Moorende – eine bedeutende wissenschaftliche Spezialbibliothek für den →Obstbau – Studierenden, Wissenschaftlern und allen Interessierten zur Verfügung.

In bibliotheksgeschichtlicher Hinsicht relevant sind die heute nicht mehr existierende Volksbücherei →Estebrügge, aufgegangen in der heutigen Außenstelle Königreich der Gemeindebücherei Jork, und die Kreisbibliothek in Jork, die von den ersten Jahren nach Kreisgründung im Jahre 1885 bis zur Gebietsreform 1932 eine weitergehende Literaturversorgung im ländlich geprägten damaligen →Kreis Jork sicherte. Darüber hinaus entsprachen die Bestände kleiner Schulbüchereien sowie nicht öffentlich zugänglicher Pfarrbibliotheken und privater Büchersammlungen einem speziell schulisch, dienstlich bzw. individuell geprägten Lese- und Informationsbedürfnis. *cg*

Bioobstbau →Ökologischer Obstbau

Birnenanbau Der Anbau von Birnen spielte im Alten Land nie eine große Rolle. Die klimatischen Bedingungen, aber auch die tiefgründigen, feuchten Böden sind für den B. nicht so günstig wie für die Kultivierung von Äpfeln. Außerdem sind keine idealen Unterlagen (Wildlinge) verfügbar, auf die man solche Edelreiser setzen kann, die zu relativ kleinen, bald Erträge liefernden Bäumen heranwachsen. In einigen Gegenden verwendet man Quittenpflanzen als Unterlagen; sie sind aber wegen ihrer Frostgefährdung nicht ideal für das Alte Land. Der Anbau von Birnen im Alten Land ist seit 1787 belegt. 1913 waren aber nur 6,4 % der im →Kreis Jork gezogenen Obstbäume Birnen. In den 1930er Jahren stieg der Anteil an Birnen in den Anbaugebieten der →Marschen südlich der →Elbe auf mehr als das Doppelte an, nämlich auf etwas über 13 %, und auch 1951 waren noch 11,7 % der Obstbäume in diesem Gebiet Birnen. Dann aber nahm der Anbau dieser Früchte erheblich ab. 1992 waren nur noch 4,3 % der Obstbäume Birnen, danach sank ihr Anteil auf etwas über 3 % ab.   *hk*

Bistum Verden Die Anfänge des B. werden auf ein Missionsbistum in Verden um 814/15 zurückgeführt, das anfangs von Äbten des Klosters Amorbach im Odenwald geleitet wurde, mit einer Diözese, die sich von der Weser über die Lüneburger Heide unter Einschluss des Missionsstützpunkts Bardowick bis an die →Elbe erstreckte. 848 wurde die Diözese auf Kosten des →Erzbistums Bremen nach Norden erweitert, so dass das B. der Grenzbeschreibung aus dem 11. Jh. zufolge bis zur →Lühe reichte. Als um 1140 die →Hollerkolonisation östlich von Stade über die Lühe vorstieß und der Bremer Erzbischof die Elbmarschen für die Diözese Hamburg-Bremen beanspruchte, beharrte Bischof Hermann (1148/49–1167) auf der Lühegrenze und setzte sich 1160, unterstützt von Herzog Heinrich dem Löwen, durch. Ihm fielen damit die Kirchen der →Zweiten und →Dritten Meile und die Vergabe des Zehnten von den landwirtschaftlichen Erträgen dieses Gebietes zu. Mit den Zehnten belehnten die Bischöfe größtenteils den Herzog und seine Vasallen, die Grafen von Schwerin und von Wölpe. Die Kirchen wurden der Aufsicht des Archidiakons von Hollenstedt unterstellt, dessen Amt Bischof Iso (von Wölpe) 1221 mit der Propstei des von ihm gegründeten Andreasstiftes in Verden verband, wobei er dem Stift die Einkünfte der Kirchen in →Eschete, →Zesterfleth, →Jork und →Lu (→Mittelnkirchen) zuwies, soweit sie nicht zum Unterhalt des vom Propst eingesetzten Pfarrers benötigt wurden. Papst Gregor IX. bestätigte 1237 die Übertragung der Kirchen auf das Andreasstift. 1197 hatte Bischof Rudolf die Gründung des Klosters Buxtehude (Altkloster) genehmigt,

das den Besitz und das →Kirchspiel der Kirche von (Alt-)Buxtehude übernahm, zu dem auch Orte an der Estemündung gehörten (→Nienhusen). 1388/89 wurde dem Kloster mit päpstlicher Genehmigung die Kirche von Eschete inkorporiert und damit vom Andreasstift gelöst. 1270 genehmigte der Verdener Bischof die Gründung der Kirche von →Neuenkirchen und ihre Loslösung von Mittelnkirchen. 1274 wurde bei der neuen Kirche die Gründung eines Klosters gestattet, das 1286 auf den Geestrand nach Bredenbeck (Neukloster) verlegt wurde. Die Kirche von Neuenkirchen blieb im Besitz des Neuen Klosters. Als Archidiakon von Hollenstedt war der Propst des Andreasstiftes auch für die Besetzung der Pfarren von →Hasselwerder und →Nincop zuständig. Die Kirche von Nincop ging infolge der Überflutung der Dritten Meile im 15. Jh. ein (→Sturmfluten im Mittelalter), das Kirchspiel wurde mit dem von Hasselwerder (→Neuenfelde) vereinigt. Unter dem Eindruck der Ausbreitung der →Reformation bestätigte Erzbischof Christoph als Administrator des B. dem Andreasstift 1529 den Besitz der Kirchen Jork, Mittelnkirchen und →Borstel (früher Zesterfleth). 1567 erhielt das B. einen evangelisch-lutherischen Bischof. Das Andreasstift hielt an seinen Rechten zur Besetzung der Pfarrstellen (auch in Hasselwerder), zur Jurisdiktion bei Streitigkeiten auf kirchlichem Grund und zur Einziehung der Abgaben vom Kirchenland fest. Der sogenannte „Verdener Hof" in Jork erinnert daran, dass vom Jorker Kirchenland weiterhin Abgaben (die „Hauer") an das Andreasstift abzuführen waren. Das B. wurde infolge des Westfälischen Friedens von 1648 aufgehoben. Die Schweden als neue Landesherren (→Schwedenzeit) hoben auch das Andreasstift 1651 auf und verteilten seine Einkünfte neu.   *aeh*

Blumensand Der Werder B. liegt in der Alten →Süderelbe vor dem Francoper Außendeichsland im Stromspaltungsgebiet der →Elbe. Seine

Birnen

Blumensand

durch das →Groß-Hamburg-Gesetz Teil der Hansestadt geworden war. Nach der →Sturmflut von 1962 veranlasste der Hamburger Senat die Abdämmung der Alten Süderelbe in Moorburg und in →Neuenfelde, auch um Flächen für die Aufspülung von Hafenschlick zu gewinnen. Nach Abbruch der Domäne wurde seit Beginn der 80er Jahre der Hauptteil von B. für die Entwässerung des Baggerguts aus dem Hafen und eine kleinere Fläche für die Entmischung von Schlick und von Sandgemischen angelegt.

1988 begann die Stadt mit Profilierungs- und Dichtungsarbeiten am Spülfeld B. und bereitete so die Umnutzung zur →Francoper Schlickdeponie vor, deren Westteil B. heute bildet. 1991 wurde mit dem aktiven Deponiebetrieb begonnen, dessen Ende für 2019 vorgesehen ist, wenn die Kapazität der Deponie erschöpft sein wird.   *mh*

Blütenfest →Feste, →Tourismus

Borstel Der Ort ist mit einer Ost-West-Ausdehnung von 14,2 km die längste Ortschaft im Alten Land. Sie umfasst, von der Estemündung (→Cranz) abgesehen, das gesamte →Hochland bzw. den sächsischen Siedlungsbereich (→Sach-

ringförmige Eindeichung war der erste Siedlungsschritt auf diesem Areal.

Der ca. 150 ha große B. wurde größtenteils als Grünland genutzt. Bis Mitte des 19. Jh. gehörte er zum Gut Francop II (→Francoper Güter). 1846 wurde er an den hannoverschen Staat verkauft, der ein Wohn- und Wirtschaftsgebäude errichtete und B. als Domäne verpachtete. Mit der Domäne waren eine →Gastwirtschaft und eine Fähre nach Finkenwerder verbunden. Die Eigentumsrechte wurden 1938 von Preußen an →Hamburg übertragen, nachdem das Gebiet

Wappen der
Gemeinde
Borstel

Große Seite
in Borstel

sen) der →Zweiten Meile. Zu ihr gehören von West nach Ost die Ortsteile →Höhen, →Lühe, →Wisch, →Neuenschleuse, das eigentliche B.,→Kohlenhusen und →Hinterbrack sowie die Elbinsel →Hahnöfersand. Sie sind mit dem gleichnamigen →Kirchspiel identisch und waren ursprünglich ein Teil des Kirchspiels →Zesterfleth.

Die Ersterwähnung datiert aus dem Jahr 1392 (eine in der Literatur zitierte Erwähnung aus dem Jahr 1275 ist auf ein B. in der Nähe→Hamburgs zu beziehen), nachdem die Kirche von Zesterfleth zwischen 1381 und 1400 als →St.-Nicolai-Kirche an den heutigen Standort verlegt wurde. Die Bebauung entwickelte sich östlich und westlich des →Fleets (Große bzw. Kleine Seite) sowie entlang des alten Elbdeichs. Dieses Prinzip der Reihensiedlung wurde erst in den 1960er Jahren mit der flächenmäßigen Aufsiedlung der Flur zwischen dem Struckweg und der Grenze zu Westerjork durch Einzelhausbebauung aufgegeben.

Das Fleet, mitunter auch →Zesterfleet genannt (möglicherweise die kanalisierte Bredenbeck), diente nicht nur der →Entwässerung →Ladekops, →Jorks und eines Teils B., es diente auch als Verkehrsweg. 1857–59 wurde der parallel verlaufende Borsteler →Muddweg zur Chaussee ausgebaut und der Vordeich entwickelte sich zu einem wichtigen →Hafen mit →Werften. Ende des 18. Jh. waren hier 59 Schiffe beheimatet, 1750 wurde eine Schiffergenossenschaft gegründet und von 1879 bis 1952 existierte eine Dampferverbindung nach Hamburg (→Elbfähren). Der Ausflugsverkehr intensivierte sich, →Gastwirtschaften wurden gegründet. Diese Entwicklung endete spätestens mit dem Bau der neuen Deichlinie in Folge der →Sturmflut von 1962. Im Mittelalter und Früher Neuzeit bildete B. eine →Hauptmannschaft, seit 1852 eine Landgemeinde und ist seit 1972 Teil der Einheitsgemeinde →Jork.

Herausragende Baudenkmale sind neben der Kirche →St. Nicolai die →Borsteler Windmühle und der →Wehrtsche Hof. Die heutige wirtschaftliche Basis von B. sind neben →Obstbau und →Tourismus Kleingewerbe und Handwerksbetriebe. 2017 hatte B. 1594 Einwohner. *bf*

Borsteler Windmühle Der Bau der B. am Elbdeich wurde 1605 dem Adligen Dietrich →Schulte vom Bremer Erzbischof genehmigt. 1633 bereits verfallen, verlieh der Erzbischof zum Wiederaufbau das Recht des „freien Windes" an Nicolaus Dehmel. Verursacht durch ein tödliches Unglück in der Mühle, verfiel sie dem Landesherrn. Neuer Besitzer wurde die Familie Königsmarck, die die Mühle verpachtete. Anschließend übernahm die hannoversche Regierung die erneut verfallene Mühle. Um die Reparaturkosten zu sparen, wurde die Mühle nun auf Erbzins vergeben. Damit musste der neue Müller alle Baukosten übernehmen, was den Müller Wöhlckens überforderte. So kam es 1781 zum Zwangsverkauf. Als Folge der Sturmflut 1825 (→Sturmfluten der Neuzeit) und der nötig gewordenen Erhöhung der →Deiche wurde die bisherige Bockwindmühle von der Deichkappe versetzt und als Holländermühle wieder aufgebaut (→Mühlen). Im neuerlichen Zwangsverkauf 1831 erwarb der vermögende Kaufmann

Windmühle
Aurora, Borstel

Peters die Mühle und errichtete sie 1855 neu. 1881 wurde eine Bäckerei angegliedert. Ein Dieselmotor machte sie 1911 unabhängig vom Wind. Durch einen Bombenangriff im →Zweiten Weltkrieg wurden die Flügel stark beschädigt. 1956 kam es zum dritten Zwangsverkauf. Der Mahlbetrieb wurde noch bis 1961 fortgeführt. Dann verfiel die Mühle 20 Jahre lang, bis der →Landkreis Stade 1981 das Anwesen erwarb und renovieren ließ. Unter dem Namen „Aurora" (von Königsmarck) kann die gastronomisch genutzte Mühle besichtigt werden.   *gt*

Heinrich
Borstelmann

Borstelmann, Heinrich, *28.7.1872 in →Mittelnkirchen, †27.3.1956 in Lüneburg   B. wuchs als Sohn eines →Eigenwohners in Mittelnkirchen auf und wurde auf dem Seminar in Bederkesa zum Volksschullehrer ausgebildet. Nach beruflichen Stationen in →Borstel, Schleswig-Holstein und Dannenberg legte er die Mittelschullehrerprüfung in den Fächern Englisch und Französisch ab und wurde 1913 Lehrer an der Mittelschule in Lüneburg. 1931 trat er vorzeitig in den Ruhestand, nahm aber während des →Zweiten Weltkriegs seine Unterrichtstätigkeit wieder auf.
Nach dem →Ersten Weltkrieg begann B. mit der Erforschung seiner Altländer Vorfahren. Sein genealogisches Interesse verband sich dabei mit dem sprachwissenschaftlichen, so dass bald die Namenkunde, die Bedeutung, Entwicklung und Verbreitung der →Familiennamen in den Regierungsbezirken Stade und Lüneburg im Mittelpunkt seiner Forschungen stand. 1927 erschien die *Familienkunde des Alten Landes*, die wegen ihrer breiten Quellenbasis bis heute ihren Wert als Grundlagenwerk behalten hat. Es folgten *Familienkunden* des Landes Kehdingen und der alten Ämter Harsefeld, Zeven, Scharnebeck, Lüne, Dannenberg und Hitzacker. Im Ruhestand wurde er ehrenamtlicher Mitarbeiter im Stadtarchiv Lüneburg sowie des Niedersächsischen Wörterbuches. Bis ins hohe Alter war B. als Familien- und Heimatforscher im Lüneburger Raum aktiv,

wo er zur Geschichte der Mühlen und der Lüneburger Zünfte publizierte. Im Februar 1956 wurde B. für die Verleihung des Verdienstordens der Bundesrepublik Deutschland vorgeschlagen. Da er im März verstarb, kam es nicht mehr zu dieser Ehrung.   *rg*

Brack   B., auch Braken, Wehle, Kolke oder Kuhlen sind noch heute in Form von oft kreisrunden und tiefen Teichen in der Nähe von →Deichen vorhandene Ausstrudelungslöcher, die bei Grundbrüchen, aber auch bei Kapp- oder Kammstürzen der Deiche entstanden sind. Dabei höhlt der sturzartig eindringende Wasserstrom nicht nur den Deichkörper komplett aus, sondern er wühlt ein tiefes Loch an die Stelle des Deiches. Einen Deich bei einem eingetretenen B. zu schließen, war stets das größte Problem für die Deichbauer. Da das tiefe B. nur selten zugeschüttet und der Deich an derselben Stelle wiedererrichtet werden konnte, musste das B. halbkreisförmig umdeicht werden. Wenn ein B. ausgedeicht wurde, füllte die tägliche Flut es wieder mit →Schlick und →Kleierde auf, so dass es im Laufe der Zeit wieder verschwand. Wurde der Deich aber außen um das B. gelegt, und die Gezeiten hatten keinen Zugriff mehr darauf, blieb es bestehen. Noch heute vorhandene B. im Alten Land sind das →Große Brack zwischen →Kohlenhusen und →Hinterbrack, das B. in der →Ersten Meile in →Grünendeich, mehrere B. am Estedeich der →Dritten Meile sowie sechs B. auf dem Hamburger Gebiet der Dritten Meile.   *me*

Brackenburg   Das Areal der B. in →Francop (→Hinterdeich 8) in der →Dritten Meile wurde bis zum Anfang des 17. Jh. nach dem Namen seines Besitzers von Weyhe und eines sich dort befindlichen Speichers Weihenspieker (*Weyhenspieker*) benannt. Der Speicher selbst diente lange Zeit als Zollhaus, in dem der Zoll im Namen des damaligen Landesherrn für das →Erzstift Bremen erhoben wurde. Von Weyhe verkaufte seinen Besitz, der schließlich 1624 in den Besitz der

Familie von Düring gelangte und die ihm den Namen B. gab. Vermutlich waren die ursprünglich vier →Bracks, deren genaue Entstehungszeit heute nicht mehr mit Gewissheit festzustellen ist, deren Anfänge jedoch wahrscheinlich vor 1600 (→Sturmfluten der Neuzeit) lagen, der geographische Namensgeber.

Die B. war bis zur Mitte des 19. Jh. eines der vier adeligen Güter in Francop. Eine Burg als Wehrbau ist sie zu keiner Zeit gewesen. Im Laufe der Zeit wurde das Gut immer wieder unter den Erben aufgeteilt. 1851 verkauften die letzten adeligen Besitzer von dem Bussche die B. an die Familie Harms, die das Gut seit 1786 gepachtet hatte und in deren Besitz es sich bis heute befindet. *mh*

Bramstedt →Hollern

Brände/Brandschutz   Aufgrund der Holzbauweise des niederdeutschen →Fachhallenhauses war das Risiko von B. ehemals wesentlich größer als heute. Durch die weiche Dachdeckung konnte das Feuer sich bei ungünstigen Windverhältnissen rasch über mehrere benachbarte Gebäude ausbreiten, so dass sich immer wieder große Ortsbrände ereigneten, etwa in →Twielenfleth (1697), →Ladekop (1698, 1788), →Hasselwerder (1732), →Jork (1757, 1758, 1846), →Estebrügge (1760, 1814), →Hollern (1762), →Borstel (1846) und →Mittelnkirchen (1879).

Für die eng bebauten →Bürgereien von Jork, →Steinkirchen und Estebrügge wurden schon Mitte des 17. Jh. Feuerordnungen erlassen. Im Sinne des vorbeugenden Brandschutzes trafen sie Bestimmungen über den vorsichtigen Um-

Großfeuer
Mittelnkirchen
Ort 2015

gang mit Feuer, über die in jedem Haus vorzu-
haltenden Feuerlöschgerätschaften (Feuerleiter,
Feuerhaken, Ledereimer) und die Tätigkeit der
Feuergeschworenen, die die Einhaltung der Feu-
erordnung in allen Häusern kontrollierten.
Auch die Statuten der Brandgilden, die zwischen 1726 und 1745 in allen →Kirchspielen zur
gegenseitigen Unterstützung im Brandfall entstanden (→Feuerversicherung), waren meist
gleichzeitig lokale Feuerordnungen mit Vorschriften zur Brandvermeidung und zu den Feuerlöschgerätschaften. Erst in der zweiten Hälfte
des 19. Jh. wurde mit staatlichen Bauordnungen
auf eine größere Brandsicherheit der Bauweise
hingewirkt.

Seit der zweiten Hälfte des 18. Jh. wurden auf
Wagen montierte Feuerspritzen eingeführt, mit
denen eine wirkungsvollere Brandbekämpfung
möglich war. Die Spritzen enthielten einen
Wasserkasten, in den das Wasser von Hand ein-
gefüllt wurde. Erst im ausgehenden 19. Jh. wur-

den Feuerspritzen mit einem Saugwerk üblich,
die Löschwasser gleichzeitig ansaugen und
spritzen konnten. Zu einer Feuerspritze gehörten in der Regel vier angestellte Spritzenleute,
die darauf angewiesen waren, dass sich eine genügend große Anzahl Freiwilliger zum Drücken
der Spritze einfand. Die erste Feuerspritze im
Alten Land kaufte 1777 das Kirchspiel Jork. 1811
wurden zwei Feuerspritzen für das Kirchspiel
Estebrügge beschafft. Es folgten Feuerspritzen
in Borstel (1826), Mittelnkirchen (1829), Steinkirchen (1836), Hasselwerder (1844), Hollern und
Twielenfleth (1858), →Grünendeich (1882),
→Rübke (1884), →Francop (1889), →Nincop
(1889) und →Cranz (1897).

Mit den Freiwilligen Feuerwehren verbreitete
sich seit Ende des 19. Jh. eine neue Organisationsform, deren Struktur und Auftreten sich am Mi-
litär orientierte. Als gut ausgebildete, diszipli-
nierte Mannschaft ersetzten sie die früheren
Spritzenleute und freiwilligen Helfer. Die erste

Freiwillige Feuerwehr wurde 1891 in Hollern und Twielenfleth gegründet, die nächste 1895 in Jork. Weitere Gründungen folgten im 20. Jh., bis in den zwanziger und dreißiger Jahren die Freiwilligen Feuerwehren sich allgemein durchsetzten. Das 20. Jh. stand im Zeichen einer Motorisierung und technischen Weiterentwicklung eines leistungsfähigen Feuerlöschwesens.   *rg*

Brauttür Einige der erhaltenen Niederdeutschen →Fachhallenhäuser des Alten Landes weisen in der straßenseitigen Giebelwand eine ursprünglich in die Vordiele des Wohnteils führende, meist mit Schnitzereien verzierte und mit einem Oberlicht versehene Tür auf – ohne außenseitigen Türgriff –, die den repräsentativen Charakter des Giebels noch unterstützt. Die häufig kolportierte Bezeichnung dieser Tür als B. lässt sich erst seit dem 20. Jh. nachweisen. Der bisher früheste Beleg stammt aus einem Schulaufsatz von 1918, der auf einen Besuch des Stader →Freilichtmuseums auf der Insel zurückgeht. In Klaus Kösters Schilderung einer Altländer

→Hochzeit (*Altländer Skizzen*, 1923) wird die Tür schlicht als „Stratendör" bezeichnet, in älteren Darstellungen auch als „Nottür". Gedacht ist dabei vor allem an einen Brand des Hauses, bei dem wertvolles Gut, das in Schränken und Truhen in der Vordiele lagerte, noch rasch durch diese Tür hinausgeschafft werden konnte, während die Benutzung der traufseitigen *Blangendören* zu gefährlich oder wegen des bereits vom Dach herabgerutschten brennenden Reets nicht mehr möglich war.

Möglicherweise war es ein kombinierter Schreib- und Lesefehler des Wortes „Brandtür", der zur Übertragung der ansonsten für das Portal an der Nordseite mittelalterlicher Kirchen gebräuchlichen Bezeichnung B. auf die Altländer Häuser führte. Die damit verbundene Vorstellung, dass die Tür nur bei zwei Gelegenheiten – beim Einzug der Braut in das Haus und beim Heraustragen der Toten – geöffnet wird, ist aber offenbar so reizvoll, dass diese Legende schnell Verbreitung fand.   *fs*

Bredenfleth →Twielenfleth

Brook (Gut) Das Gut B. in →Hollern, →Speersort Nr. 167, ist ein ehemaliger Adelssitz. Das T-förmige Bauwerk ist kurz nach 1700 errichtet worden. Es besteht aus einem 1988 wieder errichteten, massiv gemauerten Wirtschaftsteil mit Satteldach und einem Querbau mit Walmdach und zwei Vollgeschossen, der über eine Lindenallee von der Straße zugänglich ist. Sein Fachwerk weist bis auf die schwach ausgeprägte Vorkragung keinerlei Schmuck auf.

Das über eine fünfstufige Treppe erreichbare Erdgeschoss beherbergt u. a. die große Diele, von der rechter Hand eine Wendeltreppe in das Obergeschoss mit dem Rittersaal als größtem Raum führt. Dieser besitzt noch eine spätbarocke Stuckdecke.

Das Gut gehörte im Mittelalter dem Stader Marienkloster (1336 Ersterwähnung als *Broke*). Im →Dreißigjährigen Krieg gelangte es in das

Brauttür
Peter Heinrich,
Guderhand-
viertel

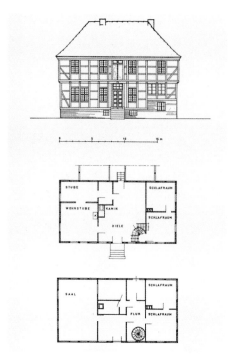

Gut Brook, Ansicht und Grundrisse des Wohnhauses (1943)

Eigentum des schwedischen Reichrats Salvius (→Adlersburg) und dessen Nachkommen (von Brandt, von Cronhelm, von Uckermann). 1829 wurde der Besitz von Balthasar Schacht ersteigert. Dessen Nachfahren bewirtschaften das 61 ha große Gut bis heute.   *dtb*

Brunshausen →Twielenfleth

Bullenhof Ehemaliger städtischer Pachthof der Stadt Stade mit einem Altländer →Fachhallenhaus aus dem 17. Jh. als Hauptgebäude, gelegen vor dem Salztor, östlich der Stadt, binnendeichs auf der Altländer Seite der →Schwinge. Der B. grenzte an die Altländer Straße, den Schwingedeich, Apfelstieg und Wöhrdener Wettern und gehörte zum →Kirchspiel →Twielenfleth. Erstmals erwähnt 1137 als *Bolenhusen*, später als *Bullenhausen* (19. Jh.) sowie als *Bullenhof* (20. Jh.). Seit dem späten Mittelalter war mit dem 43 Altländer Morgen (→Maße) großen B. die Hoch- und Niedergerichtsbarkeit (Galgen), später auch die freie Geleitsgerechtigkeit verbunden. Ab Mitte des 17. Jh. kam es immer wieder zu Auseinandersetzun-

gen zwischen den →Gräfen des Alten Landes und dem Stader Rat, da der B. zu Stade gehörte, aber im Alten Land lag. Im 18. Jh. bestand das Anwesen aus dem großen B. und dem als Wirtshaus mit nur wenigen Ländereien beschriebenen kleinen B. Die Eingemeindung des B. nach Stade erfolgte 1848. Von 1959–1969 war Gustav-Adolph Heinrich letzter Pächter des historischen B. mit Apfel-, Birnen- und Erdbeeranbau. In der Folge fiel das Gelände der Ausdehnung des Stader Gewerbegebietes zum Opfer.   *dm*

Bürgerei B., seltener auch Bürgerschaft, ist die historische Bezeichnung für die Ortszentren in →Steinkirchen, →Jork und →Estebrügge. An den verkehrsgünstig gelegenen Brückenorten entstanden dichtbebaute Siedlungen der Handwerker, Kaufleute, Schiffer und Gastwirte, die sich durch ihre gewerbliche Struktur grundlegend von der landwirtschaftlichen Struktur der meisten Dörfer unterschieden und den Flecken auf der Geest vergleichbar sind.
Der Umfang der historischen B. wich von den heutigen amtlichen Straßennamen in Steinkirchen und Jork ab. In Steinkirchen umfasste die B. den Bereich von der Brücke bis zur Kirche. In Jork reichte die B. vom heutigen Breiten Ort im Westen bis zum ehemaligen Haus Osterjork 17 bzw. auf der Südseite bis zur ehemaligen →Post im Osten, umfasste sieben Häuser an der Borsteler Reihe (heute Am Gräfengericht) im Norden und im Süden die Schützenhofstraße (früher Hinterstraße) mit den Häusern an der Kirche und dem Umweg. In Estebrügge wurde die gesamte B., die bis dahin auf die →Hauptmannschaften →Königreich und →Moorende aufgeteilt war, 1879 zur eigenständigen Gemeinde.
Wegen der großen Feuersgefahr gab es für die drei B. seit dem 17. Jh. eigene Feuerordnungen und Feuergeschworene, und die B. stellten eigene Nachtwächter an. Ansonsten bildeten die B. keinen eigenen Rechtsbezirk. Eine ähnliche Siedlungsverdichtung mit der umgangssprachlichen Bezeichnung B. findet sich in →Neuenfelde.   *rg*

Gruß aus Steinkirchen

Bürgermeister →Hauptleute/Hauptmann-
schaften,→Oberbürgermeister

**Bürgervertretung Neuenfelde-Francop-
Cranz** Die B. ist eine lokale Interessenvertretung der Bürgerinnen und Bürger aus den Hamburger Ortsteilen →Neuenfelde, →Francop und
→Cranz, die 1976 nach der durch die Verwaltungsreform bedingten Schließung der →Orts-
dienststelle Neuenfelde gegründet wurde. Angesichts des Rückzugs der städtischen Verwaltung
vor Ort soll der zivilgesellschaftliche Zusammenschluss die Interessen des Hamburger Teils
der →Dritten Meile des Alten Landes sowie von
Cranz in der →Zweiten Meile artikulieren.
Die B. setzt sich aus Bürgern aus den örtlichen
Vereinen, Verbänden und Parteien sowie den
Ortsteilen zusammen. In der Regel sind es zwölf
ständige Teilnehmer, die einmal im Monat im
Gasthaus *Zur alten Eiche* in Neuenfelde tagen. Die
B. ist überparteilich, konfessionell unabhängig
und vertritt keinerlei wirtschaftliche Interessen.
Sie sieht sich nicht als Konkurrenz zu örtlichen

Vereinen, Verbänden und politischen Parteien,
sondern versteht sich als mitgestaltende Kraft
der lokalen Zivilgesellschaft.
Die B. ist bemüht, die Vorbereitung und Umsetzung städtischer Planung kritisch zu begleiten.
Wesentliche Ziele sind dabei der Erhalt der vom
→Obstbau geprägten Kulturlandschaft, eine
ortsbildverträgliche, behutsame Siedlungsentwicklung und eine Verbesserung der Lebensverhältnisse der Bewohner. Ihre Stimme wird von
Verwaltung und Politik durchaus wahrgenommen, und dank des Einsatzes der B. konnten in
der Vergangenheit sinnvolle Veränderungen
und Verbesserungen für die Ortsteile erreicht
werden, darunter in der Siedlungsentwicklung
und im Öffentlichen Nahverkehr. *mh*

Busverkehr Erste Versuche mit motorbetrie-
benen Omnibussen wurden 1895 auf der Strecke
Siegen–Netphen–Deuz gemacht. Im Alten Land
wurde die erste Verbindung am 1. Dezember
1906 zwischen →Jork und Stade eingerichtet.
Betreiberin war die Stade-Altländer Automobil-

Bürgerei
Steinkirchen,
Markt mit
Kirche um 1900

gesellschaft m.b.H., deren Anteilseigner überwiegend Geschäftsleute aus Stade waren. Ab 16. Dezember 1913 gab es außerdem eine Personenkraftwagenlinie von Jork nach Neukloster. Beide Verbindungen mussten in den ersten Monaten des →Ersten Weltkrieges eingestellt werden.

Nach dem Krieg richtete die Deutsche Reichspost am 8. Juli 1920 zwei Buslinien von Jork nach Stade und Buxtehude ein. Hierbei wurde sie vom →Kreis Jork unterstützt, der in Jork eine Wagenhalle bauen ließ und sie der →Post für zehn Jahre mietfrei zur Verfügung stellte. Als dritte wichtige Verbindung kam am 1. Dezember 1928 die Linie Jork–Harburg hinzu. Diese wurde mit Beginn des →Zweiten Weltkrieges im Herbst 1939 eingestellt, während der Betrieb auf den Strecken von Jork nach Stade und Buxtehude notdürftig aufrechterhalten wurde.

Nachdem die wirtschaftlichen Probleme der Nachkriegszeit überwunden waren, erweiterte die Post das Fahrtenangebot deutlich, da vermehrt Pendler nach →Hamburg, Stade und Buxtehude zu befördern waren. Am 1. April 1967 wurden die Postbuslinien im niedersächsischen Teil des Alten Landes auf die Kraftverkehr Stade GmbH (KVG), damals eine Tochtergesellschaft der Deutschen Bundespost, übertragen. Bei der Post verblieb lediglich die Linie Jork–Harburg (1950–1967 mit einzelnen Fahrten bis Hamburg ZOB), die am 1. Oktober 1967 unter der Nummer 157 in den Hamburger Verkehrsverbund (HVV) einbezogen wurde. Sie ging erst im Rahmen einer allgemeinen Neuordnung der Bundesbusdienste zum 1. Oktober 1982 auf die KVG über. Wegen der zunehmenden Motorisierung und des damit verbundenen Rückgangs der Fahrgastzahlen wurde das Fahrtenangebot auf den KVG-Linien ab 1968 abends und am Wochenende reduziert: 1968 entfiel der Spätverkehr auf der Strecke Stade–Jork; zwischen Buxtehude und Jork wurden 1980 der Sonntags- und 1989 der Spätverkehr aufgegeben.

Seit dem 12. Dezember 2004 sind alle Autobuslinien im Alten Land in den HVV einbezogen. Heute sind die wichtigsten Verbindungen die Linien 150 Altona—→Cranz, 257 Neugraben–Jork bzw. Cranz, 2040 Jork—→Estebrügge–Buxtehude und 2050 Stade–Jork–Cranz. *km*

Reichspostbus um 1930

Cooper, Luise, *3.4.1849 in Oppeln/Oste, †1.12.1931 in Hildesheim C. wuchs in →Borstel auf, wo ihr Vater 1857 die Pastorenstelle übernommen hatte. Von ihrem Vater unterrichtet und von ihrem frommen Elternhaus geprägt, sah die tiefreligiöse Frau in der christlichen Mission ihre Lebensaufgabe. 1884 ging sie als Missionarin der Berliner Mission nach Hongkong, musste aber schon nach zwei Jahren wegen einer schweren Erkrankung nach Deutschland zurückkehren. In China war sie auf das Schicksal der verachteten und verstoßenen blinden Mädchen aufmerksam geworden, denen zu helfen fortan ihre ganze Energie galt. Auf ihr Betreiben hin wurde 1890 in Hildesheim ein Missionsverein gegründet, der 1896 die erste Schwester nach China aussandte und dort eine Blindenschule gründete. Selbst durch ihre schwache Gesundheit an der aktiven Missionsarbeit im Ausland gehindert, widmete sie sich mit aller Kraft dem Aufbau und der Leitung der Hildesheimer Blindenmission, deren Arbeit sich heute auf sechs asiatische Länder erstreckt. In Hildesheim ist nach ihr eine Straße benannt. *shs*

Cordes, Johann Jacob, *2.3.1880 in →Steinkirchen, †1.5.1976 in Bremervörde Als Sohn des →Hausmanns Claus Cordes in Steinkirchen aufgewachsen, wurde C. nach dem Besuch des Bederkesaer Lehrerseminars im Jahr 1904 Lehrer an einer Volksschule in Bremerhaven, wo er bis unmittelbar vor seinem Tod lebte. 1934 wurde er als Freimaurer und Gegner der Nationalsozialisten in den Ruhestand versetzt, nach Kriegsende aber von der amerikanischen Militärregierung von 1945 bis 1947 dort zum Rektor einer Volksschule ernannt. Der Heimatbewegung lebenslang verbunden, gehörte sein besonderes Interesse der Volkskunde. In Bremerhaven war er 1945–1952 Vorsitzender des Heimatbundes der Männer vom Morgenstern und 1945–1948 Mitbegründer und Vorsitzender des Bauernhausvereins Lehe. Zu seinen Verdiensten zählen der Wiederaufbau und die Neukonzeption des kriegszerstörten Morgensternmuseums in Bremerhaven. Nie verlor C. seine Verbindungen zum Alten Land. Fast ein halbes Jahrhundert lang hat er sich seit den frühen zwanziger Jahren in zahlreichen Veröffentlichungen mit der Kulturgeschichte des Alten Landes befasst. Sein Buch *Altes Land – Alte Kultur* (1966) ist ein Grundlagenwerk der Altländer Volkskunde. *rg*

Cranz C. liegt in der →Zweiten Meile an der Mündung der →Este und erstreckt sich etwa 2 km esteaufwärts bzw. elbeabwärts. Der Kern des Ortes befindet sich an der Este. Eine erste Erwähnung des Ortes datiert von 1341, wobei die Deutung des Namens offen bleiben muss. C. trat nach 1400 an die Stelle und Funktion von Urenfleth als Fährort (→Elbfähren, →Elbübergänge), das untergegangen war. Landverluste, Deichverlegungen und der Verlauf der Estemündung dieser Zeit lassen sich nicht sicher rekonstruieren. C. wie Urenfleth gehörten bis ins 15./16. Jh. zum →Kirchspiel Altbuxtehude (Altkloster), seitdem zu →Estebrügge und ist damit heute der einzige Hamburger Stadtteil in der Evangelisch-Lutherischen Landeskirche Hannover. C. war im

C

Links:
Luise Cooper

Johann Jacob
Cordes

Mittelalter und in der Frühen Neuzeit eine →Vogtei, ab 1852 selbständige politische →Gemeinde und ist seit 1937 (→Groß-Hamburg-Gesetz) Teil der Freien und Hansestadt →Hamburg, Bezirk Harburg.

Die Ecksituation von C. ließ keinen Raum für ein Bauerndorf. Neben →Katen hat es nie mehr als zwei, drei Höfe gegeben, und die beidseitige Bebauung entlang des Estedeichs, den →Bürgereien vergleichbar, ist heute im Kern gründerzeitlich. Vielmehr war die Este die wirtschaftliche Basis. C. war Fährort und Ausgangsort der Altländer →Hochseefischerei, von Nord- und Ostsee-Schifffahrt und Überseeschifffahrt im 19. Jh. Seit 1845 betrieb hier Peter Porath eine Seefahrt-

Blick von der Mühle in Cranz auf die Este

schule, die jedoch schon 1850 nach →Grünendeich umzog. 1881 wurde der Assecuranzverein gegründet. Ferner hatten sich kleine →Werften auf der Este angesiedelt. Mit der Dampfschifffahrt auf der Este 1853 wurde die Ausrichtung auf Hamburg verstärkt. So wurde nach dem Stadtbrand von 1842 die erste →Ziegelei gegründet, mit dem Bau der Speicherstadt zwei weitere. Schlachtereien produzierten verstärkt für den Hamburger Markt (u. a. „Schwarz Cranz", Altländer Katenrauchschinken, Mettwurst). Mit bäuerlichem Kapital wurden Schweinemästereien gegründet (→Genossenschaften). Im Gegenzug wurde C. Ausflugsziel der Hamburger. →Gastwirtschaften mit Saalbetrieb entstanden. Die Buxtehuder Dampfer, später die Hamburg-Blankenese-Este-Linie (HBEL, seit 1920 GmbH, die in C. ihre Liegeplätze hatte und den Ort prägte) waren die Transporteure. Mit dem Bau des neuen →Sperrwerks an der Estemündung – ein erstes war 1958/59 etwa 1 km stromaufwärts (heute Inneres Estesperrwerk) errichtet worden – nach der →Sturmflut von 1962, die C. schwer geschädigt hatte, und der Straßenverbindung nach Finkenwerder änderten sich die Verkehrsströme. C. wandelte sich zu einem Schlafdorf, dies noch verstärkt nach dem Bau der Siedlung Estebogen Anfang der 1970er Jahre. Heute zählt C. knapp 800 Einwohner.

Der C. gegenüber liegende Teil von →Liedenkummer wird dort C. genannt (*Neefeller Cranz*, →Neuenfelder Cranz), gehörte aber stets zu →Hasselwerder bzw. →Neuenfelde. *bf*

Cranz-Neuenfelde →Neuenfelder Cranz

D

Deichpflege

Deich Ein D. ist ein künstlicher Erdwall, der bei →Sturmfluten Überschwemmungen vom tiefliegenden Marschland abhalten soll und dem existenziellen Schutz von Mensch, Tier, Land und Sachwerten dient. In der Gegenwart sorgen die Elbdeiche im Verein mit den →Sperrwerken an →Schwinge, →Lühe und →Este für die Deichsicherheit des Alten Landes. Die D. an Schwinge, Lühe und Este werden als zweite D.linie weiterhin unterhalten. In der Vergangenheit bildete jede der drei →Meilen einen von Deichen umgebenen →Polder mit den Hauptdeichen am Elbufer im Norden, den Flussdeichen an Schwinge, Lühe und Este, und den →Hinterdeichen gegen Süden hin.

Die ersten D. sind im Rahmen der →Hollerkolonisation seit etwa 1135 von Stade ausgehend in west-östlicher Richtung gebaut worden. Jede Bauerschaft wurde mit relativ niedrigen D. umgeben, so dass das Alte Land zunächst kammerartig in Kleinpolder zergliedert war. Die Feldmarksdeiche (Sietwenden) verloren noch im Mittelalter ihre Funktion zugunsten der Hauptdeiche an den Flüssen und den Hinterdeichen. Die mittelalterlichen D.linien lagen in der →Ersten und →Zweiten Meile deutlich weiter in

Richtung →Elbe als in späterer Zeit. Mit der Ansiedlung mehrerer Industriebetriebe an der Schwingemündung wurden nach 1962 größere Flächen früheren →Vorlandes in den D.schutz einbezogen. In der Zweiten Meile wurden zwischen 1969 und 1973 das bisherige Borsteler Außendeichsland sowie die Insel →Hahnöfersand eingedeicht. In der →Dritten Meile spielt die alte D.linie auf weiter Strecke gar keine Rolle mehr, da der D. von der →Francoper →Süderelbe nach Finkenwerder vorverlegt wurde (→Deiche und Deichwesen in der Dritten Meile).

Der D. bestand früher aus fester →Kleierde. Die heutigen technischen Möglichkeiten erlauben es, Sand direkt aus der Elbe abzupumpen und als D. aufzuschichten, der mit einer Kleischicht bedeckt wird. Das D.profil, d. h. Höhe, Breite und Neigung eines D., war in der Vergangenheit uneinheitlich. Die D. waren niedriger, sie hatten eine stärkere Neigung und waren nicht so breit wie heute. 1736 hatte der Elbdeich bei →Hinterbrack auf 5,26 m Höhe eine Grundfläche von 16,35 m und eine Binnenböschung von 1:0,88 und eine Außenböschung von 1:1,67. Nach 1955 wurden die D. auf 6,60 m NN erhöht und nach 1976 auf 8,00 m NN bei einer Innenböschung von 1:3 und einer Außenböschung von mindestens 1:4.

Zur Sicherung wurden einzelne D.abschnitte früher mit unterschiedlichen Materialien versehen. →Schardeiche schützte man durch Faschinen und ein Flechtwerk aus Pfählen, Weiden oder Erlen (sogenannte Fleckendeiche) oder durch Bestickung mit Stroh oder Reet (Stickdeiche). Ansonsten waren die D. mit Grassoden bedeckt. Besonders gefährdete Stellen wurden mit Feldsteinen belegt und durch →Stackwerke geschützt. Heute können Schardeichlagen mühelos mit Beton gesichert werden. *me*

Deiche und Deichwesen in der Dritten Meile In der Deichgeschichte des Alten Landes hat die →Dritte Meile teilweise eine besondere Entwicklung genommen. Die schweren Sturmfluten um 1400 (→Sturmfluten im Mittelalter) führten hier zu so verheerenden Zerstörungen des →Deiches, dass eine unmittelbare Wiederherstellung nicht realisierbar war und die gesamte Dritte Meile jahrzehntelang ausgedeicht blieb und regelmäßigen Überflutungen ausgesetzt war. In vielen Urkunden des 15. Jh. wird sie daher als „wüste Meile" bezeichnet, bis ab der zweiten Hälfte des 15. Jh. eine Wiedereindeichung erfolgte. Hinzu kamen schließlich Sommerdeiche, welche die Beweidung des Deichvorlandes zuließen. Mit der →Sturmflut von 1962 änderten sich das Deichwesen und der Deichverlauf in der Dritten Meile radikal. Die alte Deichlinie wurde aufgegeben und neue Deiche mit einer Höhe von über 8,00 m, zum Teil sogar von 9,00 m über NN, entstanden unmittelbar entlang der Uferlinie der →Elbe – und mit einem neuen →Sperrwerk an der Este-Mündung. Die Alte →Süderelbe wurde abgedämmt und Finkenwerder in die neue Deichlinie einbezogen. Damit stieg zwar generell die Sturmflutsicherheit, aber es gingen notwendige Überflutungsräume verloren. Durch diese Maßnahmen hat die Dritte Meile einen großen Teil ihres ursprünglichen Charakters verloren – auch wenn der alte Elbdeich, eher

als Kulturdenkmal, fortbesteht, aber seine eigentliche Funktion eingebüßt hat.

Seit dem Hamburgischen Deichordnungsgesetz von 1964 stehen die neuen Elbdeiche in der Dritten Meile im öffentlichen Eigentum der Stadt →Hamburg. Der →Deichverband der Dritten Meile wurde 1976 aufgelöst. →Hove, →Moorende und →Rübke kamen an den Deichverband der Zweiten Meile. Im Hamburger Teil des Alten Landes wurde damit das traditionelle genossenschaftliche Element im Deichwesen aufgehoben (→Genossenschaften), und die Deichunterhaltung ging als staatliche Aufgabe ganz an die Freie und Hansestadt über. Heute liegt die Aufsicht über den öffentlichen Hochwasserschutz, die Deichverteidigung sowie die Unterhaltung beim Geschäftsbereich des Hamburger Landesbetriebes Straßen, Brücken und Gewässer in enger Zusammenarbeit mit der Hamburg Port Authority (HPA). *mh*

Deichgeschworene →Deichrichter/Deichgeschworene

Deichhufendorf Ein D. stellt eine Form des Straßen- oder Reihendorfes dar, das der gewundenen Deichlinie der Flüsse folgt. Wie das →Marschhufendorf hat sich das D. in seinen wesentlichen Elementen als Folge der systematischen Kolonisierung und Eindeichung bis zur Mitte des 13. Jh. herausgebildet. Zu den D. im Alten Land gehören die Ortschaften an der →Lühe und →Este sowie →Hinterdeich. Die Hofstellen sind giebelseitig zur Straße (→Hofanlage) und dem ihr folgenden →Deich eingereiht. Anschauliche Beispiele für D. sind →Mittelnkirchen und →Neuenkirchen. Durch ihre Lage am Deich waren D. in besonderem Maße von →Sturmfluten gefährdet; →Bracks und Deichverschwenkungen als Folge von Deichbrüchen zeugen bis heute davon. An der Este und Lühe wurden die Deiche schon früh mit kleinen Häusern von Handwerkern und Kätnern bebaut, seit dem 20. Jh. auch mit modernen Einfamilienhäusern. Erst eine Verständigung der →Deichverbände in Abstimmung mit der unteren Deichbehörde konnte diese landestypische Bebauung mit dem niedersächsischen Deichgesetz von 2004 (→Deichrecht) kompatibel gestalten. Seit den 1960er Jahren mussten einige →Fachhallenhäuser wegen des Baus breiterer Asphaltstraßen verkürzt oder ganz abgerissen werden (so z. B. in Mittelnkirchen, Neuenkirchen). Trotz dieser Maßnahmen sind die D. in ihren Grundzügen bis heute erhalten geblieben.   *otn*

Deichlasten Jeder Landeigentümer im Alten Land war Zwangsmitglied in einem →Deichverband. Die zeitintensiven und kostspieligen D. waren umfassend: Die individuell zu verrichtenden ordentlichen D. umfassten den Deichbau über dem Maifeld (natürliches Niveau des Bodens, auf dem der →Deich errichtet wird) und die Erhaltung des schaufreien Zustands der Deichstrecken (Pfänder oder Kabeln), d. h. das Ausfüllen von Löchern und Spuren im Deich, das Reinigen von Treibsel, das Abmähen des Grases, die Beseitigung von Unkraut und Buschwerk, kleinerer Wasserschäden und die bestickmäßige Bedeichung (nachbargleiche Höhe, Breite und Dossierung des Deiches). Die gemeinschaftlichen außerordentlichen D. beinhalteten die Nothilfe bei Grundbrüchen, d. h. die Bewachung und Sicherung des Deiches sowie Hand- und Spannarbeiten zur Ausfüllung von Grundbrüchen bis zur Höhe des Maifeldes. Die außerordentlichen D. mussten nicht nur die Deichinteressenten, sondern alle Einwohner des Alten Landes tragen.

Die Übernahme der hohen D. war den Altländer Deichern nur aufgrund der intensiven Landwirtschaft möglich, die sie auf dem fruchtbaren Marschboden betreiben konnten. Der lukrative Handel mit den landwirtschaftlichen Erzeugnissen erlaubte ihnen, die D. und die Steuerlasten zu tragen und außerdem ein Leben im Wohlstand zu führen. Dennoch wandten sich die Altländer bis weit in das 20. Jh. hinein vehement

Deichhufendorf Hohenfelde

und erfolgreich gegen eine Monetarisierung der D., d. h. gegen die in Niedersachsen 1963 schließlich realisierte Einführung der genossenschaftlichen Kommunionsdeichung. Seither hat jeder Grundstückseigentümer und Erbbauberechtigte im Alten Land einen festgesetzten jährlichen Deichbeitrag zu zahlen. Im hamburgischen Teil der →Dritten Meile werden die Deichbeiträge direkt von der Stadt eingezogen, und die →Deichverbände wurden 1976, da funktionslos geworden, aufgelöst.   *me*

Deichrecht / Deichordnung / Deichverfassung Um einen organisierten Deichbau zu gewährleisten, bedurfte es bestimmter Regeln und Gesetze, die im Deichrecht festgeschrieben und im Deichgericht angewendet wurden. Das nicht fest umrissene Altländer Deichrecht wurde zunächst mündlich tradiert und erwuchs aus Einzelurteilen von Deichgerichten. Am Ende des 17. Jh. sammelte Jodocus Hackmann fünfzehn dieser Grundregeln des Altländer Deichwesens und fixierte sie schriftlich. Diese Rechtsprinzipien wurden 1692 in der →Schwedenzeit durch eine allgemeine Deichordnung für die Herzogtümer Bremen und Verden abgelöst, in die Passagen aus den lokalen Deichrechten der einzelnen Marschregionen eingeflossen waren und die damit Erkenntnisse aus den vielzähligen Deichverbänden des Gebietes bündelte. Sie wurde 1743 noch einmal geringfügig modifiziert und blieb bis 1963 gültig.

Bereits bei der →Hollerkolonisation des Alten Landes dürfte der bis in die Gegenwart gültige wichtige Grundsatz der Deichverfassung „Kein Land ohne Deich, kein Deich ohne Land" stammen. Derjenige, der Landbesitz hatte, musste sich also auch um die Deiche kümmern. Zunächst war jeder Kolonist für das Deichstück zuständig, das an seine Parzelle anschloss. Dieses Anschlussprinzip wurde jedoch bald aufgegeben, weil einige Deicher eine hohe Deichlast zu tragen, andere, weiter im Landesinnern Wohnende aber gar keine Deiche zu unterhalten hatten. Bei der im Laufe des Spätmittelalters eingeführten Pfand- oder →Kabeldeichung bekam jeder Bauer, dessen Land vom Deich geschützt wurde, je nach Größe und Qualität seines Landes eine oder mehrere Deichstrecken zugeteilt. Die Kabel lagen in einer zunehmend chaotisch werdenden Gemengelage, weil die Deichkataster nur nachlässig aktualisiert wurden. Ein wesentlicher Grund für die Ablösung des Kabeldeichwesens nach 1963 war neben dem technisch eher ineffizienten individuellen Deichen die extreme Verteuerung der Herstellungskosten für den Deich, die nun vom Land Niedersachsen bzw. der Stadt →Hamburg und vom Bund getragen werden. Während die Hamburger Deichordnung von 2003 keine Irritationen hervorrief, hat die Umsetzung des heute für den niedersächsischen Teil maßgebenden Deichgesetzes von 2004 in Fragen der Bebauung und Bepflanzung der Elbenebenflussdeiche zeitweise für erhebliche Aufregung gesorgt. Doch das Bekenntnis der Deichverbände, in Abstimmung mit der unteren Deichbehörde sowohl für Deichsicherheit als auch den Erhalt der Kulturlandschaft einzutreten, dürfte zukünftig einen weitgehenden Bestandschutz sichern, zumal wenn der Hochwasserschutz oberhalb der Tidegrenze an →Lühe und →Este realisiert werden wird. *me/wu*

Deichrichter / Deichgeschworene   Neben den hochmittelalterlichen Siedlungsgemeinden im →Sietland des Alten Landes, aus denen sich die Gerichtsbezirke und →Kirchspiele entwickelten, gab es davon zu differenzierende, meist kleinere gemeindliche Einheiten, die Aufgaben im Deich- und Entwässerungswesen wahrnahmen. Diesen Deichgenossenschaften oder Schwarenschaften stand jeweils ein Kollegium von Deichgeschworenen (Schwaren) vor. Mit der weiteren Herausbildung des Deichwesens und dem Bau größerer Elb- und Flussdeiche schlossen sich diese kleinsten →Deichverbände noch im Mittelalter zu größeren Deichrichterschaften zusammen, denen jeweils ein Deichrichter vorstand. Ebenfalls noch im Spätmittelalter fusionierten die Deichrichterschaften in einer →Meile zu den drei Meildeichverbänden zusammen, wobei einer der Deichrichter das Amt eines Oberdeichrichters bekleidete. Im Laufe der Frühen Neuzeit nahm der Einfluss der Landesherrschaft und ihres Behördenapparates auf diese Deichgenossenschaften und ihre Organe zu.

Die innere Struktur der Deichrichterschaften war nicht genossenschaftlich, sondern hierarchisch und trug oligarchische Züge. Wahlen der bäuerlichen Deichbeamten fanden nicht statt, sondern die Ämter gingen ausschließlich unter den begüterten →Hausleuten reihum, sie wechselten in der Regel jedes Jahr. Minderbemittelte Deicher hatten keine Chance, Deichbeamte zu werden. Ohnehin wurden diese Ämter nicht als Privileg, sondern eher als Bürde betrachtet. Die Deichrichter und Geschworenen waren gegenüber der Obrigkeit persönlich für die Deichsicherheit verantwortlich, sie führten bei gemeinschaftlichen Deicharbeiten die Aufsicht und hatten insbesondere die Pflicht, die Deiche zu schauen, und nutzten dabei die einzige wirkliche Einnahmequelle ihres Amtes, das Pfändungsrecht gegenüber nachlässigen Deichern, aus. Faktisch konnten die Deichbeamten zwar mangelnde Sorgfalt und nachlässige Deichung

anprangern und willkürliche Pfändungen vor-
nehmen, sie vermochten Mängel aber nie wir-
kungsvoll abzustellen (→Deichverbände).   *me*

Deichverbände Das Deichverbandswesen im
Alten Land gliederte sich ursprünglich in drei
D., den der „→Ersten Meile Alten Landes", be-
grenzt vom rechten Schwingedeich und vom
linken Lühedeich, mit ca. 6.300 ha und 25,7 km
→Deichen, den der „→Zweiten Meile Alten
Landes" vom rechten Lühedeich bis zum linken
Estedeich sowie dem der „→Dritten Meile Alten
Landes" vom rechten Estedeich bis →Francop.
Mit dem →Groß-Hamburg-Gesetz von 1937
wurde der größte Teil dieses Verbandes der Frei-
en und Hansestadt →Hamburg zugeschlagen,
die Pflege und Schutz der Deiche schließlich in
eigener Regie organisierte, so dass 1976 der D.
Dritte Meile aufgelöst und der in Niedersachsen
verbliebene Teil dem Verband der Zweiten Meile
zugeschlagen wurde (→Deiche und Deichwesen in der Dritten Meile).

Heute verantwortet der D. der Zweiten Meile mit
beiden Estedeichen von der Marschtorschleuse
in Buxtehude bis zur Hamburger Landesgrenze,
dem rechten Lühedeich von der Eisenbahnbrü-
cke in Horneburg bis zum Lühesperrwerk und
dem Elbdeich zwischen der Hamburger Landesgrenze und der Lühemündung insgesamt eine
Deichlinie von 12,1 km Elbdeich und insgesamt
36,7 km Schutzdeichen. Sein Verbandsgebiet
umfasst damit ca. 12.000 ha und reicht geographisch bis an die 7-m-Höhenlinie (über NN) und
damit an die Geest heran. In diesem Gebiet sind
etwa 16.000 Verbandsmitglieder erfasst bzw. beteiligt, und es werden etwa 50.000 Menschen
durch dessen Deiche vor →Sturmfluten und
Hochwasser geschützt.

Der Charakter der Verantwortung dieser D. hat
sich seit der Umwandlung von →Kabeldeichun-
gen in Kommunionsdeichungen seit 1963 sehr
stark verändert, so dass heute dank der Kommunionsdeichung sämtliche Pflege- und Instand-
haltungsarbeiten durch den D. durchgeführt

bzw. beauftragt und in gemeinsamen Deich-
schauen durch die Vertreter der unteren Deichbehörde beim Landkreis abgenommen werden.
Die dafür erforderlichen Mittel werden jährlich
von den Mitgliedern in Form eines Deichbeitra-
ges aufgebracht (→Deichlasten). Deichbau-
maßnahmen, welche über die Unterhaltung hi-
nausgehen, werden über Mittel aus der Gemein-
schaftsaufgabe Küstenschutz durch die Länder
Hamburg und Niedersachsen und den Bund
finanziert (→Deichrecht).

Die Festlegung der Beitragshöhe wie auch alle anderen wichtigen Entscheidungen werden durch
die gewählten Vertreter der Mitglieder, die Deichgeschworenen, getroffen. Die Deichgeschworen-
nen werden in den einzelnen Deichrichterschaften direkt gewählt. Die aus diesen Deichgeschworenen gebildete Meilversammlung wählt
wiederum das Oberdeichamt, bestehend aus den
Deichrichtern und dem Oberdeichrichter samt
seinen Stellvertretern (→Deichrichter).   *wu*

Denkmalschutz Das Alte Land ist besonders
reich an Kulturdenkmalen. Allein im →Land-
kreis Stade sind insgesamt 374 Objekte (Stand 11.
Mai 2017) in der Denkmalliste aufgeführt; hinzu
kommen noch 61 Objekte in den Hamburger
Stadtteilen des Alten Landes →Neuenfelde,
→Francop und →Cranz sowie 6 in →Rübke.
Dazu gehören Kirchen, charakteristische Alt-

Deichschau
1953

länder →Hofanlagen (manchmal auch nur einzelne Bestandteile wie Haupthaus oder Scheune), die →Mühlen in →Twielenfleth bzw. in →Borstel, aber auch lineare Elemente wie die →Deiche beiderseits von →Lühe und →Este und in Neuenfelde und Francop. Für diese Kulturdenkmale ist im niedersächsischen Teil des Alten Landes überwiegend der Landkreis Stade die zuständige Untere Denkmalbehörde, für Rübke der →Landkreis Harburg zuständig. Obere Denkmalschutzbehörde ist das Niedersächsische Landesamt für Denkmalpflege. Für Cranz, Neuenfelde und Francop ist das Denkmalschutzamt →Hamburg zuständig. Angesichts neuer Anforderungen z. B. aus der landwirtschaftlichen Produktion, der zunehmenden Verkehrsbelastung oder aufgrund von sich wandelnden Wohnbedürfnissen sind viele Kulturdenkmale einem Veränderungsdruck ausgesetzt. Denkmalschutz und Denkmalpflege können sich dabei nicht in der bloßen Festschreibung eines bestimmten Zustandes erschöpfen. Es geht darum, den typischen Charakter und Aussagewert eines Denkmals unter Berücksichtigung der neuen Anforderungen zu erhalten.

Dieses ist für die Denkmalschutzbehörden eine Beratungsaufgabe, bei der für jedes Objekt eine individuell angemessene Lösung gesucht wird. Schon in den 1930er Jahren wurden auf Veranlassung des Landeskonservators die →Kate von 1587 in →Guderhandviertel und das Portausche Haus in →Jork durch Verschieben gerettet, während als großes denkmalpflegerisches Projekt der →Gräfenhof in Jork in den Jahren 1973–1980 saniert wurde.

Angesichts der finanziellen Mehrbelastung durch eine denkmalgerechte Bauausführung kommt den Fördermitteln des Denkmalschutzes eine besondere Bedeutung zu. Aus den Mitteln, die dem Landkreis Stade für direkte Zuwendungen im Bereich des Denkmalschutzes zur Verfügung stehen, sind in den Jahren 2012 – 2016 rund 120.000 Euro in das Alte Land geflossen. Vielfach sind es kleinere Einzelmaßnahmen wie die Erneuerung eines Reetdaches oder bauhistorische Untersuchungen, die mit diesen Mitteln unterstützt wurden. Gerade für größere Objekte mit hohem baulichem und finanziellem Aufwand gelingt es glücklicherweise immer wieder, Fördermittel aus unterschiedlichen Quellen zusammenzuführen, um eine Gesamtmaßnahme zu realisieren. *hhb*

Ditkerskop →Hollern

Dittmann, *Johannes* Christian, *17.11.1866 in Bredstedt; †21.4.1934 in →Hamburg D. war als Drucker nach →Jork gekommen und sprach schon bald von der Gründung einer neuen Zeitung. Es war ein Zeitalter der Existenzgründungen, und D. besaß als Unternehmer genügend Tatkraft und Wagemut, um seine Vision zu realisieren. Am 1. April 1894 erschien die erste Ausgabe der →*Altländer Zeitung.* Aus der zunächst großen Zurückhaltung der Jorker wurde schnell Zustimmung, denn D. bediente dreimal wöchentlich das Informationsverlangen der Altländer. Der erst 28-jährige Drucker hatte es von früher Jugend an gelernt, Lokalseiten zusam-

Umsetzung des Portauschen Hauses in Jork

menzustellen, später für größere Blätter Nachrichten zu recherchieren. Verleger, Redakteur, Drucker, Korrektor und Verkäufer von Anzeigen und Abonnements in einer Person, das forderte eine gewaltige Energieleistung. Die eigene Recherche, Beobachtungen und Berichte von einzelnen Vereinsversammlungen führten dazu, dass D. immer teil hatte am gesellschaftlichen Leben in Jork und dieses zu Papier brachte. D. war seit 1894 mit Catharina Finkernagel verheiratet. Seine drei Kinder Wenka Maria (1895–1963), Karl Jakob (1896–1916) und Maria Wenka (1899–1983) kamen in Jork zur Welt. Die Familie lebte und arbeitete im Verlags- und Druckhaus Osterjork 17. Seinem Erfolg als Drucker war es zuzuschreiben, dass D. bereits 1902 mit der Verlegung der *Hannoverschen Feuerwehrzeitung* beauftragt wurde. Ab 1926 druckte er auch das kirchliche Monatsblatt *Altländer Heimatbote*. 1899 hatte die *Altländer Zeitung* über 300 Abonnenten, 1915 waren es bereits 1200, 1913 gab es vier Ausgaben pro Woche, 1937 wurde aus der *Altländer Zeitung* eine Tageszeitung. Der Tod seines Sohnes traf D. schwer, Karl Jakob fiel als Kriegsfreiwilliger im →Ersten Weltkrieg. Mit seiner Tochter Wenka Maria erhielt D. eine starke Unterstützerin. Als D. am 21. April 1934 nach schwerer Krankheit starb, übernahm sie das Verlagshaus.   *shs*

Dränung →Gräben, →Polderung

Dreigeschworenenrat   →Altes   Land, →Landgräfting

Dreißigjähriger Krieg (1618–1648) Die kriegerischen Auseinandersetzungen im Elbe-Weser-Raum waren geprägt durch die Rivalität der Monarchien Dänemark und Schweden. Beide richteten im Streben nach der Vorherrschaft in Nordeuropa ihre Blicke auf die geistlichen, im Zuge der Reformation lutherisch gewordenen Reichsfürstentümer Bremen und Verden. Verglichen mit vielen anderen Gebieten Deutsch-

lands blieben die Bistümer weitgehend verschont von größten Verwüstungen und ärgster Not, allerdings traf es das Alte Land innerhalb der Region besonders hart.

Der Krieg begann mit dem ersten Einfall der Dänen im Jahr 1619. Alle festen Orte wurden mit dänischen Truppen besetzt. 1627 schloss sich der Bremer Erzbischof Johann Friedrich von Schleswig-Holstein-Gottorf (1596–1634) dem Kaiser an. Es begann der Vormarsch des kaiserlichen Generals Graf Tilly im →Erzstift, seit Mai 1628 besetzten die Kaiserlichen alle entscheidenden Punkte im Land. Gemäß kaiserlichem Restitutionsedikt vom März 1629 nahmen kaiserliche Kommissare die Rekatholisierung im Erzstift vor. Gleichzeitig dezimierte die Pest die Bevölkerung im Alten Land.

Der Eintritt des schwedischen Königs Gustav II. Adolf in den D. im Juli 1630 veränderte die Lage entscheidend. Der Bremer Erzbischof stellte sich auf die Seite Schwedens, das unter Feldmarschall General Åke Tott 1632 die befestigten Plätze im Erzstift eroberte. Die Kaiserlichen waren vertrieben, allerdings hatten am Ende der kaiserlichen Besetzung noch große Plünderungen unter General Pappenheim erhebliche Schäden im Alten Land hinterlassen und zahlreiche Gebäude zerstört.

Nachdem der Sohn des dänischen Königs, Friedrich, 1634 zum Bremer Erzbischof gewählt worden war, wurde das Erzstift 1636 neutralisiert. Einquartierungen und Kontributionserhebungen waren seitdem verboten. Die Neutralität endete mit der schwedischen Eroberung des Elbe-Weser-Raums durch den Generalleutnant Hans Christoph von Königsmarck, die ihren Anfang im Februar 1645 im Alten Land in →Cranz nahm. Wieder waren hohe Geldzahlungen zu leisten. Damit begann im Alten Land die etwa 70 Jahre dauernde →Schwedenzeit. *bcf*

Dritte Meile   Die →Este im Westen und das seit 1375 zu →Hamburg gehörige Moorburg im Osten begrenzen die D. Im Süden ist es der

Johannes
Dittmann

→Hinterdeich und im Norden weitgehend die →Süderelbe. Damit schiebt sich die D. wie ein Keil in das vormalige Herzogtum Braunschweig-Lüneburg. Diese Grenzziehung ist Ergebnis des Ausgleichs des →Erzstifts Bremen mit Herzog Otto dem Kind um die →Grafschaft Stade im Jahre 1236 und gilt als maßgebliches Indiz dafür, dass die drei →Meilen bereits als Einheit angesehen wurden – lange bevor das Alte Land als handelnde Einheit Anfang des 14. Jh. in Erscheinung trat – und die →Hollerkolonisation des →Sietlandes zu einem gewissen Abschluss gekommen war. Die Kreisreform von 1932 – und das damit verbundene Ende der politischen Einheit Altes Land –, das →Groß-Hamburg-Gesetz von 1937 und die niedersächsische Gemeindereform von 1972 bewirkten, dass die D. heute der politisch am stärksten zergliederte Teil des Alten Landes ist mit →Francop und →Neuenfelde als Stadtteile der Freien und Hansestadt Hamburg im Bezirk Harburg, →Rübke als Ortsteil Neu Wulmstorfs im →Landkreis Harburg sowie →Hove und →Moorende als Teile der Einheitsgemeinde →Jork im →Landkreis Stade.

Die heutigen Deichlinien lassen sich nicht mit Sicherheit in die Zeit der Kolonisation zurückführen, sondern sind nach der weitgehenden Zerstörung der D. durch die Sturmfluten um 1400 (→Sturmfluten im Mittelalter), die ihr den Namen der „wüsten Meile" einbrachten, das Ergebnis der Neueindeichungen in der 2. Hälfte des 15. Jh., als die D. als „neue Meile" bezeichnet wurde (→Deiche und Deichwesen in der Dritten Meile). Anders als in den beiden anderen Meilen grenzen weite Teile des Sietlandes (→Vierzigstücken, Francop) – das zugehörige →Hochland ist auf den vorgelagerten Elbinseln Finkenwerder und Altenwerder zu suchen – direkt an den alten Elbdeich, und das Alte Land findet hier mit rund 2 km seine geringste Nord-Süd-Ausdehnung. Mit dem →Blumensand findet sich hier neben der Schwingemündung vor →Bassenfleth der einzige Zuwachs an Land im Verlauf der Altländer Uferlinie.

Der aktuell auf der Kulturlandschaft Altes Land lastende Veränderungsdruck ist erheblich. Während es in der →Ersten und →Zweiten Meile schwerpunktmäßig die Ausweisung von Wohngebieten sind, sind es hier insbesondere Infrastrukturmaßnahmen der nahen Großstadt, so die Ausweisung von Teilen Francops als Hafenerweiterungsgebiet, die Umwandlung Blumensands in eine Deponie für Hafenschlick, die Aufgabe großer Teile von →Rosengarten für die Verlängerung der Airbus-Landebahn und der Bau der Umgehungsstraße Finkenwerder im ehemaligen Francoper/Neuenfelder Außendeich sowie die Trasse der →Autobahn A26 nahe des Hinterdeichs. *bf*

Druckenmüller, Christoph Wolfgang, *28./ 29.12.1687 in →Borstel, †10./11., begr. 12.1.1741 in Verden/Aller D. war Mitglied einer ursprünglich aus Schwäbisch-Hall stammenden Organisten-Dynastie. Seine Grundausbildung erhielt D. bei seinem Vater in Ratzeburg und Norden. 1708 wurde er als Organist und Küster an die Schnitger-Orgel in →Jork berufen. Die Vorliebe D. für kunstreiche Orgelmusik im Gottesdienst stieß laut Bemerkungen anlässlich der Visitation des Jahres 1716 auf den Unwillen der Geistlichkeit. So mag die *seiner bekandten Geschicklichkeit halber* im Juni 1731 verfügte Einweisung in das Organistenamt am Verdener Dom vielleicht Folge weiterer nicht belegter Streitigkeiten gewesen sein. Zeitlebens begleitete D. die Klangwelt der Orgeln Arp →Schnitgers (Norden, Jork, Verden). Anzunehmen ist, dass schon in der Jorker Zeit die von D. überlieferten Orgelkonzerte entstanden, mit denen D. neben Johann Gottfried Walther der älteste Komponist ist, von dem solche Konzerte für Orgel solo als Originalkompositionen überliefert sind. D. nimmt mit diesem Werktypus und dessen Verbreitung eine Schlüsselstellung in der norddeutschen Orgelkultur zur Zeit Johann Sebastian Bachs ein. *pg*

Eggers, Richard, *24.9.1905 in Wilster, †14.6. 1995 in →Jork Aus einer Klavierbauerfamilie stammend, fand E. in den zwanziger Jahren in →Hamburg und München zur Malerei und verlegte 1935 seinen Wohnsitz ins Alte Land, zunächst nach →Borstel und nach dem Krieg nach Jork (Westerjork 97), wo er sich ein provisorisches Atelier einrichtete. Bei seinen Arbeiten in der Jorker Festhalle stürzte er 1965 vom Gerüst und erlitt eine Querschnittslähmung. Nach zweijährigem Krankenhausaufenthalt war er an den Rollstuhl gefesselt, so dass er seine bisherige Wohnung aufgeben musste und 1967 mit privater und öffentlicher Unterstützung in ein eigenes Haus (Osterjork, Auf dem Kamp) zog. Trotz seiner Behinderung konnte E. weiter malen, und seine Frau fuhr ihn jeweils zu den gewünschten Orten.

Durch ein reiches Spektrum „sauberer" Farben, direkt aus der Tube oder als Halbton gemischt, erzielen seine Werke eine klare und starke Farbigkeit und erschließen eine große Weite, obwohl der Bildausschnitt oft eng ist. So ist immer ein gewisser Spannungsreichtum zu entdecken. Diese Malweise und alljährliche Verkaufsausstellungen in der Altländer Sparkasse trugen zu seiner Be-

kanntheit bei und halfen, den Lebensunterhalt mühselig zu bestreiten. Insgesamt hat E. über 6000 Gemälde, zahlreiche Linolschnitte und Werke im öffentlichen Raum geschaffen, darunter Aufträge aus der staatlichen Kunstförderung. Über „Kunst am Bau" fertigte er nicht nur einige Sgrafitti, sondern sogar ein echtes Fresko an.

Das Alte Land nahm E. mit seiner besonderen Landschaft und ihrem Licht gefangen, und seine daraus entstandenen Werke machten ihn zu einem der bekanntesten und produktivsten Maler des Alten Landes im 20. Jh.   *dk*

Eigenwohner Im Alten Land wurden die Inhaber jener Stellen, die über wenig oder gar kein Land verfügten und von den Ämtern der Altländer Selbstverwaltung ausgeschlossen waren, als E. bezeichnet. In anderen Gegenden ist für diese ländlichen Kleinstellenbesitzer, deren Zahl in der Frühen Neuzeit zunahm, der Begriff Kätner (oder Kötner) üblich, der etwa in den Steuerlisten des 16. und 17. Jh. auch im Alten Land synonym gebraucht wurde. E. besaßen eine eigene →Kate, wohnten also nicht zur Miete. Unterschieden wurden große und kleine E. Große E. besaßen mehr als 4 Morgen Land (→Maße), diese nahmen zwar an den Beratungen der Altländer Selbstverwaltung teil, wurden aber nur in Einzelfällen auch in Ämter gewählt. Erst infolge der politischen Bewegung von 1848 wurden sie 1849 politisch gleichberechtigt und konnten auch generell öffentliche Ämter übernehmen, die bisher den →Hausleuten vorbehalten waren. Der Übergang vom großen E. zum Hausmann war möglich, aber nicht exakt fixiert. Er war einzig vom Umfang des Grundbesitzes abhängig und war wohl dann gegeben, wenn eindeutig mehr als 4 Morgen vorhanden waren. Zudem mag das Ansehen des Einzelnen in der Gemeinschaft eine Rolle gespielt haben.

Der geringe Landbesitz reichte nicht, um mit traditionellem →Ackerbau eine Familie zu ernähren. Sonderkulturen wie der →Obstbau, dessen Wegbereiter die E. waren, boten ein bes-

E

Richard Eggers, Selbstbildnis

seres Auskommen, und vielfach diente ein →Handwerk oder Gewerbe (z. B. →Gastwirtschaft oder Handel) als Haupt- oder Nebenerwerb. Auch die Schiffer rekrutierten sich aus dieser Gruppe. Über die wirtschaftliche Lage sagte ihr Status nichts aus. *bf*

Einheitsgemeinde Jork →Jork (Einheitsgemeinde)

Eisenbahnplanungen Nach Eröffnung der Eisenbahn →Harburg–Stade am 1. April 1881 entstand auch im Alten Land der Wunsch nach einer Bahnverbindung, um Personen und Güter schneller befördern zu können. Bei einer Besprechung über die Entwicklung des Kleinbahnwesens im Regierungsbezirk Stade am 17. November 1893 wurden als im →Kreis Jork geplante Strecken die Verbindungen Buxtehude—Estebrügge—Jork–Stade und Jork—Cranz–Neugraben bzw. Harburg vorgestellt. Die Projekte kamen aber nicht zur Ausführung. Hierfür waren v. a. technische Probleme ausschlaggebend: Die Bahn hätte neben den Straßen verlaufen sollen, doch die Ortsdurchfahrten waren für das Gleis an vielen Stellen zu schmal. Durch eine Führung der Kleinbahn um die Ortschaften herum wären wiederum nicht nur die Wege zu den Stationen verlängert, sondern auch zahlreiche Brücken über →Gräben und →Fleete erforderlich geworden, was die Baukosten stark erhöht hätte. Das 1901 erörterte Projekt einer elektrischen Kleinbahn (Hollenstedt–)Buxtehude–Jork—Steinkirchen wurde aus ähnlichen Gründen ebenfalls nicht realisiert. 1905 wurde erwogen, zumindest den Kreisort Jork über Neukloster an das Eisenbahnnetz anzubinden; eine Begutachtung durch das Landesdirektorium Hannover ergab jedoch, dass der Betrieb dauerhaft hätte bezuschusst werden müssen, so dass auch von dieser Planung Abstand genommen wurde. 1912 waren eine Bahnverbindung Neugraben—Francop–Finkenwerder und 1914 eine elektrische Kleinbahn von

Stade an die →Lühe im Gespräch – beide kamen aber ebenfalls nicht zustande. Da keine Eisenbahnverbindung durch das Alte Land gebaut wurde, erhielten die Bahnstationen Daerstorf (ab 1969 Neu Wulmstorf), Neukloster und Dollern in den Jahren 1910/11 Güterabfertigungen. Im Gegensatz zu Kehdingen, wo 1899 eine Kreisbahn in Betrieb genommen wurde, war der Handlungsdruck im Alten Land offenbar geringer: Da die →Häfen nahe an den Ortschaften lagen und Hamburg auf dem Wasserweg relativ günstig zu erreichen war, wurden die Bahnprojekte nicht mit dem notwendigen Nachdruck vorangetrieben.

Im Rahmen der Hansa-Kanal-Planung von 1940 mit der Anlage von Hafenbecken nördlich von →Borstel war auch deren Anschluss an die Eisenbahn bei Fischbek vorgesehen. Diese Strecke hätte aber vermutlich wie die Hamburger Hafenbahn ausschließlich dem Güterverkehr gedient. *km*

Elbdeich (Siedlung) E. ist ein Ortsteil sowie eine Straßenbezeichnung, überwiegend zu →Grünendeich (zwischen →Mojenhörn und →Lühedeich) gehörig, mit einem kleineren Teil in →Steinkirchen (zwischen →Wetterndorf und →Huttfleth).

Der Ortsteil ist heute geprägt von Kleinbauern und -händlern sowie Kapitäns- und Lotsenhäusern und dem Sitz der →Maritimen Landschaft Unterelbe im Gebäude der ehemaligen →Seefahrtschule Grünendeich, die postalisch zum Grünendeicher Kirchenstieg gehört. →Obstbau und →Tourismus sind daher die zentralen Wirtschaftszweige. Der meistfrequentierte Ort ist der angrenzende Lüheanleger, von dem die →Lühe-Schulau-Fähre ablegt. Von 1946 bis 1954 war er sowie das Deichvorland bis Mojenhörn mit einer Fläche von 60 ha durch Aufschüttung gewonnen worden.

Durch die Katharinenflut vom 25. November 1685 (→Sturmfluten der Neuzeit) entstand in E. das sogenannte „Schillingsbrack" (→Brack), das nach der →Sturmflut von 1962 im Rahmen der Erneuerung der →Deiche und der Veränderung des Straßenverlaufs teilweise verfüllt wurde. E.-Grünendeich zählte 2017 198 Einwohner, E.-Steinkirchen 13.   *dm*

Elbe Die E. ist ein 1094 km langer Fluss und mit einem Einzugsgebiet von 148.300 km² der achtgrößte Fluss Europas. Das Alte Land liegt an der Unter- bzw. Niederelbe. Definiert wird dieser Flussabschnitt durch die Gezeitenabhängigkeit: Früher reichte sie von Lauenburg, seit dem Bau der Staustufe im Jahr 1960 von Geesthacht bis zur Kugelbake in Cuxhaven. Bedingt durch die Gezeitenabhängigkeit ist der Schutz vor den (→Sturm-)Fluten durch →Deiche von existenzieller Bedeutung. Stromabwärts von →Hamburg ist die hier 1–2 km breite E. durch etliche Flussinseln geprägt, darunter u. a. →Hahnöfersand und →Lühesand. Im Alten Land münden die linksseitigen Nebenflüsse →Este und →Lühe in die E., die bei Stade mündende →Schwinge bildet die historische Grenze des Alten Landes zum Land Kehdingen. Als Verkehrsweg hatten die E. und ihre Nebenflüsse in der Zeit vor Eisen-

bahn und Automobil eine zentrale Bedeutung, da die Wege in der →Marsch in den nassen Jahreszeiten häufig nicht genutzt werden konnten. Kleine, heute meist verschlickte und nun vor allem von Sport- und Freizeitbooten genutzte →Häfen im Alten Land (z.B. →Neuenschleuse) sorgten früher für einen regen Handel vor allem mit Hamburg. Im Borsteler Hafen waren Ende des 18. Jh. 59 Schiffe mit Liegerecht gemeldet. Neben Agrarprodukten wurden vor allem im 19. Jh. auch die aus der →Kleierde der Marsch gewonnenen Ziegel mit den elbtypischen, den Gezeiten angepassten flachbodigen →Ewern transportiert. Heute hat die →Lühe-Schulau-Fähre eine große touristische Bedeutung und verbindet vor den Toren Hamburgs das südliche und nördliche Elbufer. Die E. war und ist als Transmissionsriemen für Wirtschaft und Handel vor allem für Hamburg von zentraler Bedeutung. Aber immer wieder kollidieren im Fall der E. die Interessen Hamburgs mit denen der Marschenländer. Hamburg ist am Ausbau und der Sicherung des Stroms als Fahrwasser interessiert, die Anrainer an Uferschutz (→Stackwerk) und sicheren Deichen. Ein bis heute aktueller

Großcontainerschiff auf der Elbe

Konflikt betrifft die →Elbvertiefungen. Die maritime Geschichte und Kultur der Unterelbe wird im Haus der →Maritimen Landschaft Unterelbe in →Grünendeich präsentiert, das in der ehemaligen, 2002 geschlossenen →Seefahrtschule ansässig ist.   *nf*

Elbe-Obst In den 1960er Jahren erfuhr der regionale →Obstbau wie überhaupt die Obstwirtschaft einen Verfall der Erzeugerpreise und gleichzeitig das Erstarken der Konkurrenz durch die Einführung des Europäischen Agrarmarktes. Es wurde sichtbar, dass die vorhandenen Gebietsstrukturen nur unzureichend auf die Zukunft vorbereitet waren. Die örtlichen Gemeinschaftseinrichtungen (Obstgenossenschaften) boten keine Lösung an, da sie den vorhandenen Gebietsgroßhandel ausschlossen.
Der →Obstbauversuchsring, die →Obstbauversuchsanstalt, die Behörden und Vertreter aus Politik und der Gebietsgroßhandel unterstützten die Gründung einer Erzeugergemeinschaft, die 1968 unter dem Namen „Obsterzeugerorganisation Niederelbe" ins Leben trat und sich 1972 in „Elbe-Obst Erzeugerorganisation" umbenannte. Seither sind über 50 % der Obstproduzenten aus dem Alten Land, seiner Umgebung und der nördlichen Elbseite dieser Erzeugerorganisation angeschlossen, die in der Folge Vereinbarungen mit den Gebietsgroßhändlern traf.

Elbe-Obst Station Guderhandviertel

Weitere Ursache für diese Gründung waren die europäischen Förderrichtlinien.
1994 gründete die E. mit einem Teil der Gebietsgroßhändler die „Elbe-Obst-Vertriebsgesellschaft", was von einigen Altländer Händlern und ihren Lieferanten mit der Gründung der →Marktgemeinschaft Altes Land beantwortet wurde.
1998 übernahm die E. die Obstverwertung Stader Geest e.G. und installierte in Apensen einen eigenen Vertrieb. 2009 wurde FHN (Fruchtverarbeitungs- und Handelsgesellschaft Niederelbe mbH) übernommen. Großzügige Fördermittel haben der E. den Bau von heute neun Sortierstationen und einer Geschäftszentrale in →Bassenfleth ermöglicht. Auch wenn die E. als Erzeugerorganisation heute die Mehrheit der Obstproduktion im Alten Land an sich bindet, setzt sie als Vertriebsorganisation nur einen Teil der Erzeugung selbst direkt am Markt ab und ist auf Großhändler, Verarbeitungsbetriebe u. a. als Marktpartner angewiesen.
Das ursprüngliche Ziel einer völligen Verhinderung innergebietlicher Konkurrenz konnte die E. hingegen nie erreichen. Da die wachsende Marktmacht der Filial- und Discountunternehmen zusätzlich die Kräfteverhältnisse längst zuungunsten von Erzeugern und →Obsthandel verschoben hat, dürfte sich die E. in Zukunft großen Herausforderungen gegenübersehen. *cr*

Elbe-Urstromtal Ein Urstromtal ist ein eiszeitlicher Abflussweg von Schmelzwässern, der mehr oder weniger parallel zum Eisrand verläuft; es beginnt an der derzeitigen (europäischen) Hauptwasserscheide und hat seinerzeit den gesamten zugehörigen Sektor des Inlandeises entwässert. In der letzten Eiszeit (Weichsel-Eiszeit) sind drei große nach Westen gerichtete Urstromtäler entstanden, die in das E. entwässerten und Richtung Nordsee abflossen: das Glogau-Baruther Urstromtal, das Warschau-Berliner Urstromtal und das Thorn-Eberswalder Urstromtal. Der Meeresspiegel war damals

um mehr als 100 m niedriger als heute, so dass die Elbmündung nördlich der Doggerbank lag. Die Basis der weichselzeitlichen Sande und Kiese liegt im Alten Land meist bei -15 bis -30 m. Die Ablagerungen sind rinnenartig in die älteren Schichten eingetieft. Der Sedimentkörper der weichselzeitlichen Aufschüttung ist zweigeteilt. Beide Schüttungen beginnen mit grobem →Sand und Kies, aus dem z. B. das Wasserwerk Süderelbmarsch einen Teil seines Grundwassers fördert. Tief liegende Vorkommen von Torf aus der Eem-Warmzeit in den Nebentälern der →Elbe in →Hamburg (Seeve, Alster) belegen, dass das Elbtal bereits damals als Vorfluter zur Verfügung stand. Diese Abflussbahn ist von den Schmelzwässern der Weichsel-Eiszeit benutzt und erheblich ausgeweitet worden. Die hoch liegenden Eem-Torfe am Elbhang bei Schulau und Lauenburg belegen, dass sich das Elbtal in der Weichselkaltzeit stark verbreitet hat, während in Hamburg und von Harburg bis Stade die steilen Abhänge des Geestrandes an diesen Stellen noch heute die Grenzen des Urstormtales erkennen lassen. Im Alten Land sind die weichselzeitlichen Sande und Kiese des E. vollständig von jüngeren Ablagerungen bedeckt (Sand, Torf, →Kleierde). Dazu gehört generell die Untergliederung des Alten Landes in →Hochland und →Sietland, aber auch die sich von Wilhelmsburg durch die →Dritte Meile über →Neuenfelde bis →Hove ziehende Dünenreihe (→Höppel).   *je*

Elbfähren Die Fährewer aus Stade, Buxtehude und dem Alten Land garantierten seit dem Mittelalter den Austausch mit dem Raum →Hamburg. Wind- und tideunabhängige fahrplanmäßige Verbindungen waren erst seit der Dampfschifffahrt im 19. Jh. möglich. Zahlreiche →Reedereien wurden gegründet. Die Passagierfahrt genauso wie der Fracht-, Vieh- und Obsttransport, dazu vermehrt auch der Ausflugsverkehr zur Blütezeit garantierten ihren wirtschaftlichen Erfolg. Der Strukturwandel nach dem

Fähre Cranz–
Blankenese
Baurat Bolten

→Zweiten Weltkrieg, Konkurrenz des Autoverkehrs und neue Wegeverbindungen nach den Sperrwerksbauten nach 1962 führten zur Aufgabe dieser E., so dass nur die →Lühe-Schulau-Fähre und die Fähre →Cranz–Blankenese als reine Flussquerungen erhalten blieben.

Am 19. September 1840 nahm der Raddampfer *Gutenberg* den Verkehr zwischen Stade und Hamburg über →Twielenfleth, →Neuenschleuse und Cranz auf. 1847 wurde die „Altländer Dampfschiffahrts-Gesellschaft" in Twielenfleth gegründet. Beide fusionierten 1853 zur „Vereinigten Stade-Altländer Dampfschifffahrts-Gesellschaft" (ab 1905 „Hamburg-Stade-Altländer Linie"), die 1929 von der staatlichen Hamburger Hafen-Dampfschifffahrt AG (HADAG) übernommen wurde. Ab Herbst 1957 fuhr man nur noch von April bis September und ab 1985 lediglich zwischen Hamburg und →Lühe. Nach der Saison 2013 wurde der Betrieb eingestellt, nachdem er 2010 wieder bis Stadersand verlängert worden war.

1853 begann mit dem Raddampfer *Primus* die Dampfschifffahrt auf der →Este. Weitere Dampfer folgten, genannt die Buxtehuder Dampfer. 1920 wurde die Hamburg-Blankenese-Este-Linie gegründet, die mit später zwölf Schiffen über viele Jahre der einzige private Mitbewerber der HADAG auf der Niederelbe war. Cranz wurde zum Liegeplatz der Schiffe, sie prägten den Ort. 1963 wurde die Gesellschaft an die HADAG verkauft.

Der Dampfer *Borstel I* verkehrte ab 1879 zwischen dem Borsteler →Hafen und den Hamburger St. Pauli Landungsbrücken, morgens hin und nachmittags zurück. Lediglich an Sonntagen und in der Zeit der Obstblüte wurde häufiger gefahren. 1952 wurde der Verkehr beendet.

Nach mehreren Versuchen gab es ab 1886 eine regelmäßige Dampferverbindung von →Neuenfelde nach Hamburg, Ausgangspunkt war das Gasthaus Kösterburg am Ausfluss des Neuenfelder Schleusenfleths. Mit dem Bau des neuen Hauptdeiches in den 1960er Jahren wurde diese Fährverbindung aufgegeben.

Der Elbe-City-Jet war eine mit Katamaranen betriebene Schnellfähre zwischen Stadersand und Hamburg via Lühe. Ab 1996 sollte er vor allem Berufspendlern eine schnelle und bequeme Alternative zum Auto bieten. Da die Schiffe aus Leichtmetall gebaut waren, musste schon bei geringem Eisgang der Betrieb ruhen, so dass er entgegen seinem ursprünglichen Zweck im Winter gänzlich eingestellt wurde. Folglich verkehrten sie seit 2001 ausschließlich im touristischen Verkehr von April bis Oktober, bis der Betrieb 2007 vollends aufgegeben und die Schiffe im folgenden Jahr verkauft wurden.   *km/bf*

Elbfischerei Die E. aus dem Alten Land konnte sich in der Vergangenheit nie mit der von Blankenese, Altenwerder und Finkenwerder messen, selbst wenn quantitative Informationen über die Altländer Fischerei bis ins 18. Jh. kaum vorhanden sind. Der Absatz des Fanges erfolgte über Fischaufkäufer aus Blankenese. Mitte des 19. Jh. lebten im Alten Land 30 bis 35 Elbfischer. Nicht berücksichtigt sind hierbei die zahlreichen Nebenerwerbsfischer, die auch →Fleete, →Wettern, →Gräben und →Bracks befischten. Auf →Elbe, →Lühe und →Este wurde mit Aaljollen, Buttjollen (→Lühejollen) und kleineren Fischer-Ewern, den sogenannten Hamen-Ewern, gefischt (→Ewer). Diese Fahrzeugtypen waren mit wasserdurchspülten Fischkästen ausgerüstet, in denen der Fang frisch gehal-

ten zum Markt transportiert wurde. Hauptabsatzmärkte der Altländer Fischer waren Altona und →Hamburg. Von der Blütezeit der E. seit dem letzten Drittel des 19. Jh. profitierten auch die Altländer Fischer. 1888 zählte man zwölf Ewer und Kutter, die auf der Unterelbe fischten. Jedes Fahrzeug war in der Regel mit zwei Mann, dem Fischer und seinem Gehilfen, besetzt. 1899 werden neun Elb- bzw. Küstenfischer aus →Lühe, →Cranz und dem benachbarten →Neuenfelde genannt, die mit einer Ausnahme mit Kuttern fischten. Die Fischer aus dem Alten Land schlossen sich 1889 zur „Fischereigenossenschaft →Kreis Jork" zusammen, aus der später der Fischereiverein Lühe-Este e.V. hervorging. Unter den Fischereiarten auf der Unterelbe nahm die Butt- und Schollenfischerei jahrzehntelang nach Umfang und Umsatzerlösen den ersten Platz ein. Seit den 1920er Jahren vollzog sich auch in der Altländer Fischerei der Übergang von der Küstenfischerei zur →Hochseefischerei mit Fischdampfern. In den 1930er Jahren ging die E. wegen der starken Wasserverschmutzung durch die im Harburger Raum angesiedelte petrochemische Industrie deutlich zurück und viele Berufsfischer gaben ihr Gewerbe auf. Während des →Zweiten Weltkriegs ruhte die Berufsfischerei gezwungenermaßen fast vollständig. Seit den 1960er Jahren spielt die E. keine wirtschaftliche Rolle mehr. 1999 gab es noch acht Fischer auf der Unterelbe, darunter Lothar Buckow aus →Wisch, der letzte Elbfischer aus dem Alten Land, dessen Fischereibetrieb, auf Selbstvermarktung in einer Fischgaststätte umgestellt, bis heute existiert.   *pdc*

Elbübergänge Mit E. sind die bezüglich der topographischen Gegebenheiten geeignetsten Möglichkeiten, das →Elbe-Urstromtal in seiner gesamten Breite im Raum des Alten Landes zu queren, bezeichnet.

Die Mündungen von →Schwinge, →Lühe und →Este waren dazu prädestiniert, so dass sich →Bardesfleth / →Grünendeich bzw. Urenfleth /

→Cranz als Fährorte von europäischer Bedeutung möglicherweise schon in der Bronzezeit, konkret fassbar wohl 804, durch Gesandte Karls d. Gr. auf dem Weg von Hollenstedt in den Raum Itzehoe, herausbildeten.

Die Fährgerechtigkeit war landesherrliches Lehen und umfasste ausschließlich den Verkehr vom Süd- zum Nordufer, zunächst im Besitz der Familie von →Zesterfleth, später von Düring, das an örtliche Fährpächter weitergereicht wurde, wie etwa in Cranz über mehrere Generationen an die Familie Bröhan, die auch die geeigneten Fahrzeuge unterhalten musste.

Urenfleth / Cranz war im Mittelalter Treffpunkt von Vertretern →Hamburgs mit jenen von Stade, Buxtehude, den Altländern selbst, aber auch dem Verdener Bischof oder dem Erzbischof von Bremen. Der Amsterdamer Bote oder die →Post Richtung Westen kreuzten hier die Elbe. In der Frühen Neuzeit fanden hier schwedische, dänische, napoleonische Truppenlandungen statt. Besonders Grünendeich rückte im Zusammenhang mit den Ochsentransporten im 16. und 17. Jh. in den Fokus. Im 18. Jh. verlagerte sich der überregionale Verkehr hingegen nach Harburg, so dass die E. im Alten Land in der Folgezeit lediglich von regionaler Bedeutung waren (→Elbfähren, →Lühe-Schulau-Fähre).   *bf*

Elbvertiefungen Die Niederelbe zwischen →Hamburg und der Nordseeküste war ursprünglich ein ziemlich seichtes Gewässer. Natürlicherweise weist es bei Hamburg nur eine Tiefe von drei bis vier Metern auf. Im Ästuar treten Gezeitenströmungen auf; außerdem fließt Flusswasser ab. Starke Strömungen führen →Sand mit sich; treffen sie aufeinander, schwächen sie sich ab, und der Sand bleibt liegen. An immer wieder anderen Stellen wird Sand von den Strömungen aufgenommen und wieder abgelagert. Die erste systematische Elbvertiefung fand von 1818 bis 1825 statt. Anlass waren die nach dem Wiener Kongress aufblühende Schifffahrt und die immer größeren Schiffe. Ab den

1850er Jahren folgten weitere, immer größere Elbvertiefungen, um eine gleichmäßig tiefe Fahrrinne zu erzeugen. Seit 1999 wird die Fahrrinne der Niederelbe auf einer Tiefe von knapp 15 m gehalten.

Seit 2002 wird die mittlerweile 9. E. geplant, und das Planfeststellungsverfahren läuft seit 2006 mit der Folge langwieriger Klageverfahren. Träger der Maßnahme sind die Bundesrepublik Deutschland und das Bundesland Hamburg. Ziel ist es, dass Containerschiffe der sogenannten neuen Generation mit einem Tiefgang von 14,50 m den Hamburger Hafen tideabhängig anlaufen können.

Die E. ist keine einmalige Maßnahme, sondern eine Daueraufgabe. Denn die natürlichen Sandbewegungen im Ästuar führen immer wieder zur Bildung von neuen Untiefen. Daher sind mehrere Bagger in der Fahrrinne der Niederelbe im Dauereinsatz. Würde ihr Einsatz abgebrochen, würde sich die Tiefe der →Elbe wieder auf das Niveau vom Anfang des 19. Jh. verringern.

Die E. dient der Erreichbarkeit des Hamburger Hafens durch die sich stetig vergrößernden Schiffe des weltweiten Handelsverkehrs. Zu ihren hydrologischen Folgen zählen allerdings die deutliche Vergrößerung des Tidenhubs und die Erhöhung der Fließgeschwindigkeit in der Niederelbe. Die Brackwassergrenze hat sich als Folge der E. bereits vom Raum Glückstadt bis an die Hamburger Stadtgrenze verlagert. Als negative Folgen einer weiteren E. werden Auswirkungen auf die Deichsicherheit, den Hochwasserschutz, die Wasserwirtschaft und die Ökologie befürchtet sowie ein verstärkter Eintrag salzhaltigen Wassers in die Niederelbe, was im Alten Land zur Folge haben könnte, dass das Elbwasser für die Frostschutzberegnung (→Beregnungsbecken) in Zukunft ausscheidet.   *hk*

Entwässerung Das von →Deichen umgebene, zum Teil unterhalb des Meeresspiegels liegende Marschland bildete →Polder, die bei intakten Deichen vom Regen- und Grundwasser sowie nach Deichbrüchen vom Wasser der Überschwemmung befreit werden müssen. Binnenwasser war also permanent durch die Deiche nach außen abzuleiten. Das System der E. wird aus →Gräben, Kanälen, →Wettern und →Fleeten sowie aus →Sielen, →Schleusen und →Schöpfwerken gebildet.

Eine ständige E. zieht langfristig nachteilige Folgen nach sich. Durch den Abfluss des Binnenwassers setzt sich immerfort →Schlick in den Wasserzügen ab. Ohne Eingriff würden sich die Ablagerungen so hoch aufschichten, dass gar kein Wasser mehr abfließen könnte und der Wasserlauf verschlammen würde. Aus diesem Grund muss jeder E.graben in regelmäßigen Abständen gekleit werden. Des Weiteren führte die mittelalterliche E. des Marschlandes zu einem allmählichen Absinken des Grundwasserspiegels. Die Klappen der Siele öffneten sich dadurch nur noch kurze Zeit und das Binnenwasser blieb im Land zurück. Folglich wurden in der Neuzeit kleinere Siele aufgehoben und durch größere Schleusenwerke ersetzt, die das Wasser aus verlängerten Abzugskanälen ableiteten. Die verbesserte E. verstärkte den Effekt der Absenkung des Grundwasserspiegels, so dass selbst größere Schleusen seit Ende des 19. Jh. Schwierigkeiten hatten, Binnenwasser abzuführen. In dieser Zeit wurde mit dem Bau von motorisierten Schöpfwerken begonnen, die Wasser unabhängig vom Außen- und Binnenwasserstand ableiten konnten. *me*

Entwicklung seit 1945 In den letzten Monaten des →Zweiten Weltkriegs und den Jahren nach der Kapitulation musste das Alte Land eine große Zahl von Vertriebenen aufnehmen. Am Jahresende 1945 belief sich ihre Zahl in einzelnen Gemeinden auf 80–90 % der eingesessenen Bevölkerung. Darüber hinaus wurde das Alte Land von den Nahrung suchenden Bewohnern der angrenzenden Regionen zeitweise überschwemmt und daher ab 1. Juni 1947 von den Behörden zum „Sperrgebiet" erklärt. Der „Erzeu-

ger-Verbraucher-Verkehr" war bereits ab 1945 verboten, eine Abgabestelle für Gartenbauerzeugnisse in →Jork eingerichtet. Die Bewirtschaftung endete mit der Währungsreform.

Nach dem traumatischen Erlebnis der →Sturmflut von 1962 und dem damit verbundenen Viehsterben sowie der verbesserten →Entwässerung vollzog sich die komplette Umstellung der →Landwirtschaft auf den →Obstbau, der sich nach der großen Krise Ende der 1960er Jahre umfassend wandelte. Zugleich setzte man auf den Ausbau des →Tourismus. 1969 wurde der Fremdenverkehrsverein Altes Land gegründet. Unterstützt durch die gemeinsame Landesplanung von →Hamburg und Niedersachsen konnte sich der Tourismus als bedeutender wirtschaftlicher Faktor etablieren. Der verbreitete Verlust traditioneller Bausubstanz und Ortsbilder ließ sich dennoch nur zum Teil verhindern.

Seit der Gebietsreform des Jahres 1972 besteht der niedersächsische Teil des Alten Landes aus der Einheitsgemeinde →Jork, der →Samtgemeinde Lühe und dem zur Einheitsgemeinde Neu Wulmstorf gehörenden Ortsteil →Rübke. Im Gegensatz zu anderen ländlichen Regionen in Deutschland hat das Alte Land weniger mit →Abwanderung und Überalterung zu kämpfen – zumal die →Zweite Meile als Zuzugsgebiet von Hamburg insbesondere für das nahe gelegene Airbus-Werk gilt. Den wirtschaftlichen und strukturellen Vorteilen der Nähe Hamburgs stehen aber die Auswirkungen des Siedlungsdruckes, des zunehmenden Straßenverkehrs (→Autobahn), der Errichtung neuer Gewerbe- und Industriegebiete oder der Erweiterungspläne des Hamburger Hafens in der →Dritten Meile auf die traditionellen Strukturen gegenüber. Nicht nur →Gaststätten und traditionelles →Handwerk sind weitgehend verschwunden, sondern auch die vormals bedeutenden →Ziegeleien; durch die Betriebsaufgabe zahlreicher bäuerlicher Kleinbetriebe ist die agrarische Struktur vieler Dörfer auf dem Rückzug. Das

→Vereinswesen hat sich vielerorts nachhaltig verändert. Die Schifffahrtskrise seit 2008 hat darüber hinaus den verbliebenen →Reedereien im Alten Land ebenso wie der →Sietas-Werft arg zugesetzt.

Gegenüber einer ungesteuerten Modernisierung hat sich 2002 die Arbeitsgemeinschaft →Welterbe Altes Land gegründet, seit 2008 als Verein. Ihr Ziel ist es, das Alte Land unter den Schutz der UNESCO-Welterbe-Konvention stellen zu lassen, um so den Erhalt dieser einzigartigen Kulturlandschaft zu sichern.   *jb*

Erntehelfer Solange ein Hof neben dem →Obstbau noch traditionelle →Landwirtschaft betrieb, konnte der Arbeitsbedarf in der Erntezeit weitgehend mit Hilfe des hauseigenen →Gesindes und mit →Tagelöhnern sowie mit Menschen aus der näheren Umgebung gedeckt werden. Zu Letzteren zählten u. a. Verwandte, Beamte, Hafenarbeiter, Lehrer und Schüler, die in ihrer Urlaubszeit etwas dazuverdienen wollten. Bis 1945 wurden zusätzlich saisonale Kräfte aus der Bewirtschaftung von Moor und Geest vermittelt. Nach 1945 wurden Vertriebene aus den Ostgebieten über mehrere Jahre für die Obsternte eingesetzt. Mit dem Übergang zur Monokultur des Obstbaus und der zunehmenden Motorisierung der damit verbundenen Arbeiten sank der Bedarf an ganzjährig verfügbarer Handarbeit, so dass ständig verfügbare Mitarbeiter überflüssig wurden. Damit entstand das bis heute bestehende Problem der saisonalen E. Um den wachsenden Arbeitsbedarf zu stillen, kamen bereits in den 1960er Jahren E. aus Italien, mit dem 1955 das erste bilaterale Anwerbeabkommen abgeschlossen worden war. Ihnen folgten in den 1970er Jahren zahlreiche türkische Staatsbürger illegal, d. h. ohne Arbeitserlaubnis, was zu polizeilichen Kontrollen und Geldstrafen führte. Seit den 1990er Jahren machten ihnen polnische E. Konkurrenz. Zuerst konnten sie nur auf Antrag, seit 2011 können sie uneingeschränkt zur Obsternte eingestellt werden. Beschäftigt werden daneben E. weiterer osteuropäischer Länder, die der EU angehören. Jährlich arbeiten rund 4.000 E. in der Obsternte. Sie kommen meist ohne Familien und pflücken das Obst für Akkordlohn, obgleich wegen der hohen Anforderungen an die Schonung der

Erntehelfer bei der Apfelernte

Früchte heute oft im Stundenlohn abgerechnet wird. Probleme entstehen bei der Einhaltung von Vorschriften bezüglich der Bereitstellung von Unterkünften durch die Obstbauern, der Einhaltung des Lohnniveaus oder der Erwartung, heimische Arbeitslose zu beschäftigen. Auch erwachsen mitunter Konflikte im Kontakt mit unterschiedlichen Kulturen.   *otn*

Erste Meile   →Schwinge und →Lühe begrenzen die E. im Westen bzw. Osten. Die Grenze im Süden bildet der →Hinterdeich, dessen Verlauf aber mehrmals vor- bzw. zurückverlegt wurde. Die Grenze im Norden, zur →Elbe, hat die größten Veränderungen erfahren. Eine Folge von schweren →Sturmfluten um 1400 führte zu massiven Landverlusten und Deichrückverlegungen; im Bereich →Wetterndorf zum Verlust des gesamten →Hochlandes, so dass die Gemarkung von →Bardesfleth (→Grünendeich) zweigeteilt wurde und die Steinkirchener Flur unmittelbar an den Elbdeich grenzt. Die ursprüngliche Uferlinie ist unbekannt, verlief „in der Elbe" und umfasste Teile von →Lühesand. Die Kirchen von →Twielenfleth und Bardesfleth wurden ein- oder zweimal zurückverlegt.

Der Beginn der →Hollerkolonisation des →Sietlandes liegt nach einheitlicher Auffassung in der E. Urkundlich erstmals belegt ist dies für Ditkerscop (→Hollern) um 1140. Schwerpunktmäßig im westlichen Teil der E. befinden sich unregelmäßige Flurformen sowie eine Ausrichtung der Wirtschaftsgiebel zur Straße. Beides wird als Relikt der sächsischen Zeit (→Sachsen) interpretiert.

Die E. gehörte bis zum →Dreißigjährigen Krieg sowohl weltlich als auch geistlich zum Herrschaftsbereich des Bremer Erzbischofs. Dies war möglicherweise ein Grund dafür, dass die Lühe auch für jedwede Binnengliederung des Alten Landes die Grenze bildete. So sollte jeweils ein →Gräfe aus der E. und der andere aus der →Zweiten bzw. →Dritten Meile stammen. Ebenso lassen die Altländer Stühle sich eindeu-

tig der E. bzw. Zweiten / Dritten Meile zuordnen, während die weiße Stirnbinde der →Tracht hier Scheiddok hieß, ansonsten Flöbben.   *bf*

Erster Weltkrieg   Am Nachmittag des 1. August 1914 wurde die Generalmobilmachung verkündet, am Abend erklärte Deutschland Russland den Krieg. Auch im Alten Land begannen die Einberufungen. Im Laufe des Krieges mussten geschätzt nahezu 4.000 Männer aus dem Alten Land Kriegsdienst leisten, davon starben fast 700 im Kampf oder an den im Krieg erlittenen Verwundungen.

Die Stimmung in der Bevölkerung war insbesondere auf dem Land wohl weniger von Kriegsbegeisterung als eher von Sorge geprägt. Die →Landwirtschaft musste für die Versorgung der Truppe sorgen. Weil man mit einem schnellen Kriegsende rechnete, fehlte es an Vorbereitungen für die einsetzende Kriegswirtschaft. Ab 1915 wurde Brotgetreide bewirtschaftet, Brot rationiert und die Brotkarte eingeführt. Ein Höhepunkt der Nahrungsmittelknappheit war der berüchtigte „Steckrüben"- oder „Hungerwinter" 1916/17.

Die Einführung der sogenannten Familienunterstützung bei Kriegsbeginn, die den Verlust an Geldeinkommen ausgleichen sollte, den die Einberufung der Männer für die „Kriegerfamilien" bedeutete, machte Staat und Gemeinden zur zentralen Quelle des Familieneinkommens. Auf diese Familienunterstützungen wurden in wachsendem Maße noch Zulagen für besonders Bedürftige geleistet, so dass der →Kreis Jork dafür knapp 175.000 Mark aufbringen musste. Darüber hinaus beteiligte er sich an der „Ostpreußenhilfe" für die vom Krieg besonders betroffene Provinz. Die dem Kreis und den Gemeinden auferlegten Kriegslasten konnten nur noch durch Anleihen aufgebracht werden, die über die Altländer Sparkasse vertrieben wurden.

Der →Obstbau geriet im Laufe des Krieges trotz zunehmender Motorisierung in eine schwere Krise, die vorwiegend durch Schädlingsbefall infolge der Monokultur hervorgerufen wurde.

Die zunehmende Regulierung durch Erzeugerhöchstpreise und Bewirtschaftung, die Mängel in der Rohstoffversorgung, die englische Wirtschaftsblockade und der zunehmende Arbeitskräftemangel, der teilweise durch den Einsatz von Kriegsgefangenen ausgeglichen wurde, sorgten für wachsende Unruhe und Kriegsmüdigkeit. Auf →Hahnöfersand richtete →Hamburg 1915 ein Lager für russische Kriegsgefangene ein, die die Insel urbar machen sollten. Zunächst wurden 1.200 Gefangene eingesetzt, ihre Zahl reduzierte sich durch Krankheiten und Abzug schnell auf etwa 400, im Jahr 1917 waren es noch um 100. Westliche Kriegsgefangene waren in Hotels und Familien untergebracht. *jb*

Erzbistum Bremen Karl der Große ließ 787 den angelsächsischen Missionar Willehad zum Bischof im nördlichen →Sachsen weihen und teilte ihm u. a. Wigmodien zu, so hieß im weiteren Sinne das Land zwischen Unterweser und Unterelbe. In Bremen errichtete Willehad 789 die Bischofskirche. Die Mission nördlich der →Elbe vertraute der Papst 831/32 dem Corveyer Mönch Ansgar an und ernannte ihn zum Missionserzbischof für die nordischen Länder mit dem Stützpunkt →Hamburg. Als Hamburg 845 von den Wikingern überfallen wurde, zog sich Ansgar nach Bremen zurück und erhielt das dortige Bistum. Teile der Bremer Diözese, darunter wahrscheinlich auch die Landschaft Moswidi zwischen →Lühe/Aue und Seeve, musste Ansgar 848 an das →Bistum Verden abtreten, wogegen Verden auf Ansprüche auf das Hamburger Gebiet verzichtete. 864 bestätigte der Papst die Vereinigung des Bistums Bremen mit dem Missionserzbistum Hamburg, so dass Bremen Sitz eines Erzbischofs wurde, der sich aber noch oft (bis 1223) nach Hamburg nannte. In der Grenzbeschreibung der Diözese Bremen aus dem 11. Jh. ist die Grenze gegen Verden an der Lühe festgeschrieben. Unklar blieb die Zugehörigkeit der Elbinseln zwischen Stade und Hamburg: Erzbischof Adalbert verfügte 1059 nicht nur über den Zehnten von →Twielenfleth, sondern auch über den von →Hasselwerder. Die Bemühungen von Erzbischof Hartwig I., während der →Hollerkolonisation seine kirchlichen Rechte, insbesondere die Aufsicht über die Kirchen und die Verteilung der Zehnten, auf die Elbmarschen östlich der Lühe zu erweitern, scheiterten 1160 am Fürstenspruch zu Pavia. Dem E. blieb die kirchliche Zuständigkeit nur für die →Erste Meile: Die Holländerkirchen von

Ditkerskop (→Hollern) und →Lu (→Steinkirchen) wurden als Sendkirchen der geistlichen Gerichtsbarkeit des Dekans des Bremer Domkapitels unterstellt, die Bewohner von Twielenfleth und →Bardesfleth (→Grünendeich) gingen zum Sendgericht in Stade. Die Zehnten von Hollern erhielt das Bremer Domkapitel, die von Lu größtenteils das Kloster Harsefeld. Durch Erwerb von Höfen und →Hufen, Immunitätsprivilegien (Befreiung ihrer Besitzungen von der Herzogs- und Grafengewalt), durch Forstverleihungen und Landesausbau sowie durch den Erwerb gräflicher Rechte konnten die Erzbischöfe sich auch eine weltliche Landesherrschaft, das →Erzstift Bremen, aufbauen, die sie durch den Erwerb der →Grafschaft Stade, die das Gebiet des Alten Landes einschloss, nach langen Kämpfen (1144–1236) wesentlich erweiterten. Kirchlich blieb das Alte Land aber an der Lühe geteilt mit Auswirkungen bis zur →Reformation und bis zur Säkularisierung des Erzstifts durch die Schweden (→Schwedenzeit). Das E., dessen Erzbischöfe seit 1567 evangelisch-lutherisch waren, wurde 1648 infolge des Westfälischen Friedens aufgehoben.   *aeh*

Erzstift Bremen Das E. war das weltliche Territorium des Bremer Erzbischofs, das große Teile des Elbe-Weser-Dreiecks, darunter auch das Alte Land, umfasste. In kirchlicher Beziehung gehörten dazu Teile des →Erzbistums Bremen und des zum Erzbistum Mainz gehörenden →Bistums Verden. Während die geistliche Macht des Bremer Erzbischofs im Alten Land an der →Lühe endete und die Zweite und Dritte Meile zum Bistum Verden gehörten, erstreckte sich seine weltliche Landesherrschaft über alle drei →Meilen des Alten Landes. Daraus ergab sich ein kompliziertes Beziehungsgeflecht zwischen dem Alten Land und seinem Landesherrn. Am Beginn der Beziehung steht die →Hollerkolonisation des →Sietlandes und die Formierung der →Landesgemeinde. Während die Frühphase bis zum Tod des letzten Stader Grafen 1144 ge-

hörte der Raum Altes Land zur →Grafschaft Stade. Erst mit dem Ausgleich zwischen den Lüneburger Herzögen und dem Bremer Erzbischof im Jahre 1236 kann das Alte Land verbindlich als Teil des E. angesehen werden. Die Grenzziehung (die →Dritte Meile ragt wie ein Keil in das Herzogtum Braunschweig-Lüneburg hinein) lässt vermuten, dass das Alte Land bereits als Einheit gesehen wurde. Auch die Gründung der Stadt Buxtehude im Jahre 1285 im Nordosten des E. diente neben dem Landesausbau und der militärischen Sicherung des neuen Territoriums auch der Wahrung landesherrlicher Interessen gegenüber der jungen Landesgemeinde in Person des Stadtvogts und späteren Amtmannes. Die Sicherung der Autonomierechte gegenüber dem Erzbischof blieb die Konstante im politischen Agieren der Altländer. Aber nachweislich nur ein einziges Mal beteiligten sie sich mit den Kehdingern und holsteinischen Marschen an kriegerischen Auseinandersetzungen (1306). Das Bestreben der Altländer, das Amt der Vertreters des Landesherrn (→Gräfen) im Lande mit eigenen Kandidaten zu besetzen oder die Steuern in Eigenregie zu erheben, spiegelt diese Auseinandersetzung beispielhaft wider. Zum einen waren der Fährort →Cranz oder die →Graft Orte politischer Zusammenkünfte erzbischöflicher Vertreter mit auswärtigen Abgesandten. Zum anderen diente das Alte Land aber auch als Spielball erzbischöflicher Politik (Kirschenkrieg, →Kirschenanbau). Das E. endete mit der Säkularisierung am Ende des →Dreißigjährigen Krieges. Aus dem E. wurde mit der →Schwedenzeit das Herzogtum Bremen.   *bf*

Eschete/Este (Siedlung) Den Namen E. (1197 *iuxta Eschedam*, 1221 *Eschete*, 1305 *Eskete*, 1376 *Eschede*, 1417 *to der Este*) trugen im Mittelalter die Reihensiedlungen im Bereich der →Hollerkolonisation des 12. Jh. beiderseits der →Este, die heute die Ortsteile →Estebrügge, →Königreich, →Hove und →Moorende in der Einheitsgemeinde →Jork bilden. Die Siedlung E. reichte vom Altländer →Hinterdeich rechts der Este bis →Nienhusen und links bis →Leeswig oder Urenfleth (→Cranz). Der Name bezeichnete auch das →Kirchspiel (der →St.-Martini-Kirche in Estebrügge) und das →siedeste Gericht an der Este. Das Kirchspiel schloss auch Leeswig und →Rübke ein, nicht aber die nahe der Estemündung gelegenen Orte Urenfleth/Cranz und Nienhusen, die bis in das späte 15. Jh. zum Kirchspiel des Alten Klosters Buxtehude gehörten. Vom siedesten Gericht waren nicht nur das Gräfengericht Cranz und Nienhusen (→Altklostergericht) sowie Rübke ausgenommen, sondern auch Leeswig mit dem Gut →Hove (Gericht →Hove-Leeswig) und die Höfe →Finkenreich und →Vogelsang (seit dem 15. Jh. im Besitz des Alten Klosters). In der ersten Hälfte des 14. Jh. erscheinen als neue Namen für den nördlichen Teil von E. Königreich und für den südlichen Moorende, die zu Namen der Mitte des 14. Jh. gebildeten politischen Bezirke, der →Hauptmannschaften, wurden. Der Name Estebrügge (belegt seit 1335) bezeichnete zunächst nur das Zentrum bei der Kirche und an der Estebrücke, wurde aber besonders seit Ende des 15. Jh. auch für das ganze Kirchspiel verwendet, nun einschließlich Nienhusen und Cranz. Für das siedeste Gericht blieb der Name „zur Este" bzw. „an der Este" bis zu seiner Aufhebung im 19. Jh. üblich.   *aeh*

Esskultur Die bäuerliche E. war einfach und eintönig, aber nahrhaft. Beinahe alle Lebensmittel stammten aus der eigenen Produktion. Nur Genussmittel wie Kaffee, Schnaps und Tabak mussten gekauft werden. Einmal in der Woche kam die *Stutenfrau* ins Haus und verkaufte Zwieback, Kaffeebrot sowie *Schicken und Muulschellen.* Kaffee wurde nur getrunken, wenn →Visiten stattfanden. Das Gesinde bekam keinen Bohnenkaffee, sondern Ersatzkaffee aus Erbsen, Gerste, Weizen, Roggen oder Zichorie. Gemüse, Eier-, Mehl- und Milchspeisen sowie Obst wurden relativ wenig gegessen, geräuchertes oder gesalzenes Fleisch dagegen fast täglich. Frisches Fleisch gab es nur an Schlachttagen. Gelegentlich schlachtete man Geflügel oder aß Fisch, den man aus Flüssen und →Gräben fangen konnte. Da das offene Feuer vor allem für das Zubereiten von Eintöpfen und Suppen prädestiniert war, begann der Tag mit einer Kohlsuppe, die für eine Woche im Voraus gekocht wurde. Mittags gab es meist Schwarz- oder Weißsauer aus Schweine-, Rinder- oder Gänsefleisch, oder *Gropenbroden,* d. h. ein Gericht mit Speck und Rüben. Abends gab es häufig Kohlsuppe und gebratene Klöße. Im Anschluss löffelte man warme Milch mit eingebrocktem Brot. Jeder hatte einen eigenen Löffel, womit aus dem gemeinsamen Topf gegessen wurde. Das Messer diente dazu, den vom Hausherrn aufgeschnittenen Schinken auf dem Holzbrett klein zu schneiden und mit der Messerspitze in den Mund zu stecken. Mit der Einführung des eisernen Sparherdes (→Wohnkultur) und entsprechender Bratpfannen wurden nun die Bratkartoffeln zum alltäglichen Essen. Auch die Individualisierung des Essens mit eigenem Geschirr wurde üblich. An besonderen Festtagen gab es vielseitiges und reichhaltiges Essen (*Vullbuksdag*). Meist hat die Betriebsfamilie mit →Gesinde an einem großen Tisch im Flett die Mahlzeiten gemeinsam zu sich genommen. Nur die großen Höfe hatten ein separates Gesindezimmer im Dielenbereich, wo die Knechte und Mägde unter sich aßen. Die Altenteiler hatten einen eigenen Esstisch und Herd (→Altenteil).   *otn*

Este Die E. ist ein 62 km langer Nebenfluss der →Elbe, der bei Welle in der nördlichen Lüneburger Heide entspringt, in Buxtehude in das →Elbe-Urstromtal eintritt, das →Kirchspiel →Estebrügge durchfließt und bei →Cranz in die Elbe mündet. Er teilt die →Zweite von der →Dritten Meile des Alten Landes. Von der Mündung bis Buxtehude ist die E. eine schiffbare Bundeswasserstraße I. Ordnung. Dem Unterlauf der E. fließen zahlreiche →Wettern zu, die zur →Entwässerung der →Marsch dienen.

Während die →Lühe historisch die Kirchenge-

Estezugbrücke
in Estebrügge
um 1916

meinden und Hauptmannschaften bzw. Gemeinden beiderseits des Flusses trennte, bildete die E. vormals keine ähnlich scharfe Grenze. Vielmehr verbindet das Kirchspiel Estebrügge die Dörfer auf beiden Seiten der E. miteinander. Bis 1879 lagen die Hauptmannschaft →Königreich und die Vogtei →Hove-Leeswig auf beiden Seiten der E., bis 1932 auch die Gemeinden Estebrügge und →Moorende. Erst als die E. von 1932 bis 1972 Grenzfluss zwischen dem →Landkreis Harburg und dem →Landkreis Stade war, bildete sie eine scharfe Grenzscheide durch das Alte Land.

Die →Schifffahrt auf der E. nach Buxtehude war bis in die Mitte des 20. Jh. von großer Bedeutung, die Dampfer hielten an zahlreichen Anlegestellen beiderseits der E. (→Elbfähren). In den Altländer Dörfern entlang der E. siedelten sich zahlreiche Schiffer auf oder am →Deich an, wo sie einen direkten Zugang zum Wasser hatten. Im 19. Jh. bestanden entlang der E. mehrere kleine →Werften, von denen die →Sietas-Werft als bedeutendste bis heute besteht.

Von der Mitte des 19. Jh. bis zum →Ersten Weltkrieg wurde lange der Bau einer Schutz- und Spülschleuse in der Mündung diskutiert, der die Schiffbarkeit der Este verbessern sollte, aber letztlich nicht realisiert wurde. Der Hochwas-

serschutz wurde erst mit dem Bau des alten oder Inneren Estesperrwerks 1958/59, für das die E. bei Cranz teilweise verlegt wurde, und des Äußeren Estesperrwerks 1964–1968, das 1996–2000 erneuert wurde, hergestellt.

Jahrhundertelang war die Brücke in Estebrügge die einzige befahrbare Estequerung. 1875 kam im Zuge der Stade-Francoper Chaussee die Hovebrücke mit dem hohem Brückendamm hinzu. Über die beiden Sperrwerke in Cranz führen seit den 1960er Jahren eine Fußgängerbrücke und eine Autobrücke. Als jüngste Brücke über die E. entstand 2016/17 auf Höhe von Buxtehude-Neuland die Brücke im Zuge des Baus der →Autobahn A 26. An der unteren E. im Bereich von →Leeswig und Cranz bestanden bis um 1960 mehrere kleinere Fähren über den Fluss. *rg*

Estebrügge E. ist der Hauptort des gleichnamigen →Kirchspiels, das E., →Königreich, →Cranz, →Hove, →Moorende und den überwiegenden Teil von →Rübke umfasst und im Wesentlichen auf die hochmittelalterliche Großsiedlung →Eschete beiderseits der unteren →Este zurückgeht. Das im →Sietland gelegene Kirchdorf links der Este wird mit der →Hollerkolonisation im 12. Jh. entstanden sein; ebenso –

Wappen der
Gemeinde
Estebrügge

trotz des Martinspatroziniums – die Kirche: Bereits um 1200 wird ein Pfarrer urkundlich erwähnt. In verkehrsgünstiger Lage an der bis 1875 einzigen Brücke über die Este unterhalb Buxtehudes, die dem Ort den Namen gab (1335 *Eschedebrugge*), bildete sich eine typische Brückensiedlung, in der sich zahlreiche Kaufleute, Schiffer, Handwerker, Gewerbetreibende und Gastwirte ansiedelten. Es entstand die sogenannte →Bürgerei mit einer fast kleinstädtisch anmutenden verdichteten Bebauung auf und am Deich mit Ausläufern bis auf die rechte Esteseite „über der Brücke" und am Steinweg zur Kirche hin. 1584/85 unterhielt der Erzbischof Heinrich III. von Bremen in E. kurzzeitig eine Münzstätte. Eine lange Tradition hat der bereits 1595 erwähnte, jährlich im September stattfindende Estebrügger Markt, und ebenso alt ist die Estebrügger Schützengilde von 1612.

E. war jahrhundertelang aufgeteilt auf die →Hauptmannschaften →Moorende und →Königreich, wobei der Steinweg die Grenze bildete. Weil die Gewerbetreibenden aus E. sich in den von den bäuerlichen →Hausleuten dominierten Hauptmannschaften schlecht vertreten fühlten, wurde seit 1852 über die Bildung einer eigenen politischen →Gemeinde E. verhandelt, die zum 1. April 1879 aus Teilen der ehemaligen Hauptmannschaften Königreich und Moorende und einigen Häusern aus der ehemaligen Vogtei →Hove-Leeswig (→Seltenfriede) geschaffen wurde. Sie umfasste die eng bebaute Bürgerei beiderseits der Este. Als bei der Kreisreform 1932 die Este zum Grenzfluss wurde und die →Dritte Meile zum →Landkreis Harburg kam, mussten zwangsläufig auch die Gemeindegrenzen angepasst werden: aus dem Gemeindeteil links der Este wurde zusammen mit Westmoorende (mit dem →Münchhof) die Gemeinde E. im →Landkreis Stade gebildet, der Gemeindeteil rechts der Este bildete mit Ostmoorende die Gemeinde Moorende im Landkreis Harburg. Bei der kommunalen Gebietsreform 1972 wurde E. in die Einheitsgemeinde →Jork eingemeindet.

Bereits in den 1970er Jahren wurde E. durch eine Umgehungsstraße (Buxtehuder Straße) vom Durchgangsverkehr entlastet. Durch den wirtschaftlichen Konzentrationsprozess und fehlende Nachfolger haben in den letzten Jahrzehnten zahlreiche kleine Gewerbebetriebe in E. geschlossen, das seinen historischen Charakter als gewerbliches Zentrum verliert. Seit 1992 zeigt das →Museum Estebrügge am Steinweg die Privatsammlung von Gerd →Matthes zur Kulturgeschichte des Alten Landes. Die Einwohnerzahl von E. entwickelte sich von 680 (1939) über 1.215 (1950) und 840 (1967) auf 980 (2017). rg

Esteburg Die E. ist ein ehemaliges Rittergut der adligen Familie →Schulte in →Moorende (Moorende 55). Das Gut wurde Anfang des 17. Jh. gebildet, als der Horneburger Burgmann Dietrich Schulte (1564–1616), der seit 1601 das Amt des →Gräfen des Alten Landes innehatte und an der →Este, insbesondere in →Rübke, umfangreiche Ländereien besaß, verschiedene Landstücke in Streulagen erwarb, zum Gut vereinigte und seinen Sitz hierher verlegte. Die Bezeichnung des Gutes als „Burg" folgt einer damaligen Mode (→Adlersburg), eine mittelalterliche Burg im eigentlichen Sinne hat hier nicht bestanden. Die Besitzer waren bis ins 19. Jh. Gerichtsherren

Esteburg

des Gerichts Horneburg sowie Inhaber des →Patrimonialgerichts Rübke, dessen Sitz die E. war. Die E. mit mehreren dazugehörigen Wohnhäusern gehörte bis 1926 zur Gemeinde Rübke, seitdem zu Moorende. Einschließlich der Moorländereien in Rübke soll das Gut ehemals etwa 160 ha groß gewesen sein.

Der Bauherr Dietrich Schulte stammte aus einer der begütertsten Adelsfamilien des →Erzstifts Bremen. Die reichen wirtschaftlichen Grundlagen ermöglichten ihm den Bau eines herausragenden, repräsentativen Gutshauses, das unter den Adelssitzen im Alten Land einzigartig ist und zu den bedeutenden ländlichen Backstein-Profanbauten seiner Zeit in Nordwestdeutschland gehört. Bereits 1607 wurde das sogenannte Vorwerk errichtet, ein 38 m langes →Fachhallenhaus ohne Wohnteil, das 1983 abbrannte und durch ein neues Wirtschaftsgebäude ersetzt wurde. 1609–1611 wurde daran anschließend das zweigeschossige, massive Wohnhaus, die eigentliche E., erbaut, dessen Baustil des niederländisch geprägten Nordischen Manierismus offenbar Fassadengestaltungen in Bremen zum Vorbild hat. Die Backsteinfassade des blockförmigen, massig wirkenden Herrenhauses ist durch Sandsteinornamente wie Gesimse, Sandsteinquader oder Schießscharte verziert. Die äußere Gestalt ist durch Umbauten insbesondere im Dachbereich verändert, wo vermutlich ursprünglich Ziergiebel mit reicher Sandsteinor-

namentik bestanden. Der wehrhafte Eindruck, der durch breite Wassergräben, ein Torhaus und ehemals eine Zugbrücke noch verstärkt wurde, unterstreicht den adligen Stand des Bauherrn. Von der ursprünglichen Innenausstattung hat sich nur wenig erhalten. Ein reich skulptierter Sandsteinkamin mit dem Wappen der Familie Schulte wurde an das Bremer Roselius-Haus verkauft und ging 1944 bei der Zerstörung des Gebäudes verloren.

Bis 1911 gehörte das Gut über neun Generationen der Familie Schulte, nur unterbrochen von wenigen Jahren um die Mitte des 17. Jh., als Helmuth Otto von Winterfeld als Ehemann der Gertrud Schulte das Gut besaß. Nach dem Tod Alexander von Schultes 1899 verkaufte die Witwe das noch rund 50 ha große Gut 1911 an Heinrich Buchholtz aus →Hove. Seit 1964 sind die Flächen von der →Obstbauversuchsanstalt →Jork gepachtet, die dort ihren Versuchsbetrieb unterhält und im Jahr 2000 zusammen mit dem →Obstbauversuchsring und dem ÖON (→ökologischer Obstbau) ihren Sitz in einen dort errichteten Neubau verlegte (→Esteburg-Obstbauzentrum Jork).   *rg*

Esteburg-Obstbauzentrum Jork Das E. ist das Kompetenzzentrum für den →Obstbau in Norddeutschland auf rund 41 ha Fläche der →Esteburg und beherbergt den Versuchsbetrieb, das Ausbildungszentrum und die Dienstgebäude für das Fachpersonal der →Obstbauversuchsanstalt (OVA), des →Obstbauversuchsrings (OVR), des im Öko-Obstbau Norddeutschland Versuchs- und Beratungsring e.V. (ÖON) organisierten →Ökologischen Obstbaus und seit 2008 die Fachschule Obstbau, an der Lehrkräfte der Berufsbildenden Schulen III Stade die Integrierte Betriebsleiterausbildung durchführen (→Obstbauschule Jork).

Das E. entstand im Jahr 2000, als die OVA ihr altes Dienstgebäude in →Jork verkaufte und zusammen mit dem OVR einen Neubau auf dem seit 1964 bestehenden Versuchsbetrieb Esteburg

Esteburg-Obstbauzentrum Jork

in →Moorende bezog, der 2008 um einen Erweiterungsbau vergrößert wurde. Der stetig wachsende Bereich Öko-Obstbau bekam eine eigenständige Beratungseinheit. Die Beratung für
Kernobst, Steinobst, Beerenobst und →Obstla-
gerung wird für den norddeutschen Raum von
dem E. aus koordiniert. Es gibt länderübergreifende Zusammenarbeit mit Niedersachsen,
→Hamburg, Schleswig-Holstein, Mecklenburg-
Vorpommern und Sachsen-Anhalt. Mit der Errichtung eines Themenpfads „Schaufenster
Obstbau" (2017) wendet man sich an Schulen, Interessenverbände, Vereine und gesellschaftliche
Gruppierungen, die sich dort über den modernen Obstbau informieren können.

Seit der Errichtung des E. hat es sich zu einem in
der Fachwelt bekannten Forschungs- und Ausbildungszentrum entwickelt. Die Wirkung auf
die regionale Obstwirtschaft ist von großer Bedeutung, da räumliche Nähe zu Anbau, Handel,
Spezialfirmen für Obstbautechnik und Obstlagerung den raschen Austausch neuer Erkenntnisse und deren Umsetzung in die Praxis ermög-
lichen.   *cr*

Ewer In dem durch ausgedehnte Wattbereiche
gekennzeichneten Nordseeraum von Flandern
bis Dänemark war der E. vom Mittelalter bis in
das 20. Jh. hinein mit zeitbedingten und lokalen
Varianten das ideale Fluss- und Küstenschiff
zum Transport von Obst, Gemüse, Getreide
und Ziegelsteinen auf →Elbe, →Lühe und →Es-
te. Während auf Kiel gebaute Boote zum Anlaufen der →Häfen und Anlegestellen des Alten
Landes nicht geeignet waren, da sie nicht trockenfallen konnten und einen zu großen Tiefgang hatten, war der E. in Länge, Breite und Tiefgang den Gegebenheiten angepasst. Er war
meistens 13 bis 18 m lang und 3,50 bis 4,50 m breit
und ging 1,50 m tief. Gebaut wurden die breiten
und bauchigen E. aus solidem Eichenholz, nur
der flache Boden, der das Trockenfallen erlaubte, bestand aus gewachsenem Nadelholz. Alle E.
hatten einen oder zwei Masten, die leicht gelegt

Obstewer
Hans Walter
auf der Lühe

werden konnten, wenn eine Brücke zu passieren
war. Getakelt waren die E. als Gaffelsegler. Große Seitenschwerter erleichterten das Kreuzen
und Fahren am Wind. Achtern in der etwas größeren Kajüte wohnte der Schiffer, der auch der
Eigner war, während der Schiffsjunge ganz vor-
ne in einem beengten Logis lebte. See-E., die im
19. Jh. aufkamen zur Fahrt auf Nord- und Ostsee,
konnten bis über 20 m Länge und 6 m Breite auf-
weisen und verfügten über eine größere Besege-
lung, während Fischerei-E. in ihren Baulichkeiten spezifisch auf den Fischfang angepasst waren und ab der zweiten Hälfte des 19. Jh. auch mit
Winden zum Einholen der Netze ausgerüstet
waren. Die im Alten Land genutzten E. wurden
häufig auf den →Werften Sietas und Rathjens in
→Grünendeich, bei Hartje in →Borstel oder bei
der →Sietas-Werft in →Neuenfelde gebaut. Ab
etwa 1900 wurden E. zunehmend aus Stahl gebaut. Als der LKW und die Eisenbahn schnellere
und billigere Transporte ermöglichten, kam un-
vermeidlich das Ende der E. Im Jahr 1961 gab es
die letzte →Obstfahrt eines E. von der Lühe
nach →Hamburg. Den letzten hölzernen Ewer
kann man im Hamburger Hafenmuseum be-
sichtigen.   *hk/vm*

F

Fachgruppe Obstbau im Hamburger Bauernverband Die F. ist eine Arbeitsgemeinschaft der Obstbauern im Hamburger Teil des Alten Landes. Sie repräsentiert rund 80 Mitglieder und vertritt Hamburger Obstproduzenten in der Bundesfachgruppe Obstbau im Zentralverband Gartenbau und dem Deutschen Bauernverband. Ihre vorrangige Aufgabe sieht sie in der Beratung und Unterstützung ihrer Mitglieder sowie in der Vertretung obstbaulicher Interessen gegenüber Verwaltung und Politik in →Hamburg. Wichtige Themen der F. sind Infrastrukturmaßnahmen, insbesondere Straßenbauvorhaben, Verbesserung der Agrarstruktur, z.B. der Wasserwirtschaft, →ökologischer Obstbau, Saisonarbeitskräfte (→Erntehelfer), Pflanzenschutz und Erzeugerpreise.

dim/mh

Fachhallenhaus, Grundriss

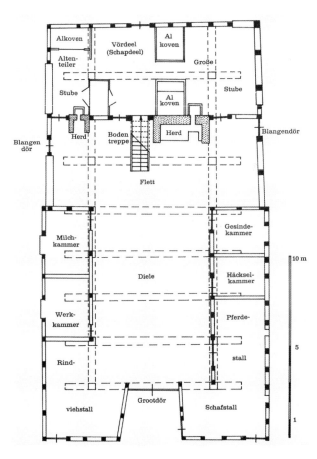

Fachgruppe Obstbau im Landesbauernverband Niedersachsen Die Fachgruppe Obstbau im Stader Landvolkverband wurde als Nachfolgeorganisation der damaligen berufsständischen Vertretung der Obstbauern, des Bundes der Niederelbischen Obstbauern e.V. (Dr. Rudolf →Stechmann), der 1980 Konkurs anmelden musste, von den Obstbauern aus dem Alten Land, Kehdingen und der Stader Geest 1980 in →Hollern gegründet. Hieraus konstituierte sich die F. Damit wurde eine landesweite berufsständische Vertretung unter dem Dach des Landesbauernverbandes erreicht. Der erste Vorsitzende war Karl-Horst Meyer zum Felde, Hechthausen. Ihm folgten Heinz-Theodor Wahlen, →Jork, Gerd Beckmann, Hollern, und Ulrich Buchterkirch, Krummendeich (seit 2013). Der Vorstand der F. repräsentiert die niedersächsischen Obstbauregionen Altes Land, Kehdingen, Stader Geest, Hadeln, Winsen und Vechta/Cloppenburg. Die Arbeitskreise und Themen in der Bundesfachgruppe Obstbau (Pflanzenschutz, Vermarktung, Arbeitskräfte, Züchtung, Öffentlichkeitsarbeit) werden aktiv durch Vertreter aus den hiesigen Obstbauregionen beraten. Die Geschäftsführung der F. liegt im Stader Landvolkhaus. *be*

Fachhallenhaus Das Altländer F. ist durchweg in Zweiständerbauweise errichtet. Zwei durch das ganze Gebäude laufende Ständerreihen tragen die Dachbalken, auf denen das mit Reet gedeckte Dach ruht. Die Außenwände haben keine tragende Funktion. Ihr Fachwerk besteht aus der Fundamentschwelle, den darauf stehenden Ständern und Stielen, die durch waagerechte Riegel miteinander verzapft sind. Der Rähm bildet den oberen Abschluss und ist in den Giebeln zugleich das Fundament für die Vorkragung, auf der das nächste Geschoss liegt. Das bis zu 40 m lange Gebäude besteht aus einem Wirtschaftsteil mit großer Diele und seitlich angeordneten Ställen für das Vieh sowie dem deutlich kürzeren Wohnteil, in dem sich die Stuben und Kammern sowie die mittig angeordnete Kofferkammer befinden. Auf dem riesigen Dachboden wurden das Heu für das Vieh, das geerntete Korn sowie ungenutzte Möbel gelagert. Von der Kofferkammer führte die →Brauttür ins Freie. Zwischen Kofferkammer und Wirtschaftsdiele befand sich das Flett, in dem gekocht, gearbeitet und gegessen wurde. Im 19. Jh. wurde der Wohnteil infolge der gestiegenen Wohnansprüche vergrößert. Die Brauttür wurde zur Haustür mit Schloss und Drücker umgebaut. Der zur Straße zeigende Giebel ist in der Regel prunkvoll gestaltet mit Schnitzwerk, bunter Ausmalung, Buntmauerwerkausfachung und Giebelzierden (→Prunkgiebel). Der Hofgiebel mit der *Grootdör* ist abgewalmt. Nach Vorbildern städtischer Architektur wurde die Fassade oft durch einen pompösen Säuleneingang umgestaltet. Solche Modernisierungen erfolgten am intensivsten von 1880 bis 1930. Die günstige wirtschaftliche Lage der 1930er Jahre (→Nationalsozialismus) ermöglichte Erneuerungen wie den Bau zusätzlicher Kammern oder die Installation von Zentralheizungen und sanitären Einrichtungen. Häufig erfolgten bauliche Veränderungen beim Generationswechsel bzw. der Hofübergabe (→Bäuerin). Heute sind in vielen F. die Dachböden zu Wohnzwecken umgestaltet worden.   *dtb*

Familie →Bäuerliche Familie

Familiennamen Die im Alten Land historisch vorkommenden F. bilden die regionale →Bevölkerungsentwicklung vom Mittelalter bis heute ab. Sie entstanden bei →bäuerlichen Familien im Alten Land ab dem 14. Jh., bei Adelsfamilien auch schon vorher. Obwohl in keiner Altländer Bauernfamilie lückenlose Ahnenreihen dokumentiert sind, deutet eine Häufung regionaler Namen auf eine lange Familientradition hin. Die relativ frühe Erwähnung *zum Felde* (1322 *de Campe*) lässt eine Entstehung des Namens im Alten Land vermuten, wie auch die Namen *Somfleth, Schuback, Stechmann, Pape, Moje, Köpcke, Quast,*

Mohr, Daberhahl, Feindt, Garrn, Bey und etliche andere. Einige Namen finden sich bereits vor der ersten Altländer Erwähnung in der Umgebung des Alten Landes, so dass man eine frühe →Zuwanderung aus dem Umland vermuten kann, z. B. *Ropers*. Namen mit *von* weisen auf geographische Herkunft (*von Bremen, von Bassenfleth*) oder auf Adelsherkunft hin, in manchen Fällen auf beides (*von Zesterfleth, von Borch, von Bachtenbrock*). Grund für die Ähnlichkeit heutiger holländischer Namen mit Altländer Namen ist die enge Sprachverwandtschaft im Mittelalter, was kaum Vermutungen über holländischen Namensursprung zulässt. Weil gleiche oder ähnliche Namen an unterschiedlichen Orten zeitgleich entstanden sein können, lässt sich daraus keine Familienzugehörigkeit ableiten.

Von der Namensbildung an gibt es inzwischen mehr als 800 Altländer Namen, von denen der überwiegende Teil heute nicht mehr im Alten Land vorkommt. Große Ereignisse wie die Pest, der →Dreißigjährige Krieg, →Sturmfluten (besonders in der →Dritten Meile) und die Kriege des 20. Jh. verursachten das Aussterben oder die →Abwanderung von Familien. Durch den Zuzug von Flüchtlingen und Heimatvertriebenen nach 1945 ebenso wie durch die zunehmende Mobilität in den letzten Jahrzehnten sind zahlreiche Familiennamen aus anderen Regionen zugewandert.

Mehr als 100 Namen sind heute noch typisch im Alten Land, in der →Dritten Meile *Plaaß, Diercks, Stehr, Quast, Blohm, Benitt, Gahde, v. d. Beck, Sietas* u. a., in der →Zweiten Meile *Schuback, Somfleth, Köpcke, Hauschild(t), Dehmel, Palm, Lüders, Lefers, Behr(ens), Garrn, Feindt* u. a., in der →Ersten Meile *Eckhoff, Pape, Cordes, Ropers, z. Felde, Stechmann, v. Benten, Vollmer, Wahlen, Kolster* u. a. Etliche der Namen kommen in zwei, nur wenige in allen drei →Meilen vor.   *cr*

Fauna Für viele Tierarten hat das tidegeprägte Elbeästuar mit den Elbinseln und Unterläufen der Nebenflüsse besondere Bedeutung. Durch

Schwarzkopf-
und Sturm-
möwen auf der
Pionierinsel

Schwarzkopf-
und Sturm-
möwen auf der
Pionierinsel

den Zugang zu den Meeren tauchen hier immer wieder Seehunde und sogar Schweinswale auf. In der Alten →Süderelbe gibt es wieder Biber und erste Sichtungen des Fischotters. Vor allem die Rauhautfledermäuse kommen während der Zugzeiten in Frühjahr und Herbst in großen Artenzahlen vor. Das Ästuar ist hoch bedeutsamer Korridor für die Wanderfischarten wie Aal, Lachs, Forelle, Finte sowie für die Rundmäuler: Fluss- und Meerneunauge, deren Erhaltungszustand mittel bis schlecht ist. Besondere Verantwortung trägt die Region für den Erhalt der Finte, deren Laich- und Jungaufwuchsgebiete in der strömungsberuhigten Hahnöfersander Nebenelbe und im Mühlenberger Loch liegen. Eine geschützte Art, die bevorzugt schlammige Marschgräben besiedelt, gibt es auch in →Gräben und →Wettern im Alten Land: den Schlammpeizger. Nicht zur heimischen Fauna gehören hingegen die zahlreichen zur Pflanzenvertilgung in →Beregnungsbecken eingesetzten Gras- und Glaskarpfen, was das Artenrepertoire in diesen Gewässern stark begrenzt.

Auch für Brut- und Rastvögel ist die Unterelbe mit ihren Inseln herausragend. Ca. 60 Vogelarten brüten auf Neßsand. Sehr bedeutsam sind dort die Brutvorkommen des Seeadlers und die

Brutgebiete von Sturm-, Schwarzkopf- und unregelmäßiger Lachmöwen auf der Pionierinsel. Für zahlreiche Zugvögel wie Löffel- und Krickente, Zwerg- und Sturmmöwe, Brandgans und Lachmöwe gibt es zwischen Hanskalbsand und Mühlenberger Loch Rastplätze von internationaler Bedeutung.

Von untergeordneter Bedeutung ist das Alte Land für Amphibien und Reptilien. Lediglich im Randbereich gibt es noch einige Moorfrösche, ansonsten kommen in den Gräben und Becken nur die häufigen Arten wie Gras- und Teichfrosch und Teichmolch vor, die wegen der intensiven Bewirtschaftung keine großen Artenzahlen erreichen.

Rehe und Hasen finden im Alten Land reichlich Nahrung und Verstecke. Und auch Füchse, Marder, Iltisse und Hermeline sind trotz Bejagung in guten Mäusejahren mit Feldmäusen, Rötel- und Schermäusen zahlreich.   id

Feindt, Hans, *3.10.1920 in Tocopilla, Chile, †12.6.2012 in →Jork F. war Sohn eines gebürtigen Altländer Kaufmannes, der in Südamerika lebte. 1927 kehrte die Familie nach Jork zurück und erwarb einen Obstbaubetrieb, den F. nach Kriegsteilnahme und Meisterprüfung (1951) in

Hans Feindt

der Folge bis 1980 mit seiner Familie selbständig bewirtschaftete. Von 1960 – 1965 war er Vorsitzender des →Obstbauversuchsringes. Er war Mitbegründer und später Vorsitzender des CDU-Ortsverbandes Jork. 1967 gewann er das Direktmandat für den Niedersächsischen Landtag, dem er ohne Unterbrechung bis 1982 angehörte. Er wurde Mitglied des NDR-Rundfunkrates und von 1978-1982 stellvertretender Vorsitzender der CDU-Landtagsfraktion. Von 1968-1974 war F. Vorsitzender der Bundesfachgruppe Obstbau, der berufsständischen Interessenvertretung aller deutschen Obstbauern.

In der Politik wie in den berufsständischen Organisationen genoss F., den man aufgrund seines Geburtsortes kurz „Chile-F." nannte, dank seines unermüdlichen Einsatzes für den Obstbau große Anerkennung, zumal er bei seinen vielfältigen Aufgaben stets verantwortungsvoll und mit politischem Geschick agierte. 1980 erhielt er für sein Wirken das Große Bundesverdienstkreuz des Verdienstordens der Bundesrepublik Deutschland.   *js*

Feste In der Gegenwart werden die größeren F. im Alten Land wie andernorts meist von örtlichen Vereinen getragen (→Vereinswesen). Zum Teil stellen sie – wie etwa das jährliche Blütenfest in →Jork – auch Elemente der Tourismusförderung und des Marketings dar und ziehen ein größeres auswärtiges Publikum an (→Tourismus). Noch in der zweiten Hälfte des 19. Jh. spielte sich das gesellschaftliche Leben der bäuerlichen Bevölkerung überwiegend in der privaten Sphäre von Verwandtschaft und Nachbarschaft, häufig im Rahmen gegenseitiger →Visiten, ab. Höhepunkte bildeten die großen Gabenhochzeiten mit bis zu mehreren Hundert Gästen (→Hochzeit), die nur auf den großen Dielen der Bauernhäuser (→Fachhallenhaus) gefeiert werden konnten. Das bei diesen Festen – selbst bei „Beerdigungsfesten" – häufig beobachtete Übermaß wurde von der Obrigkeit durch Verordnungen einzudämmen versucht. Lustbarkeiten auf den Tanzsälen am Sonntagabend wurden dagegen auch oder vor allem von den „einfachen Leuten" aufgesucht. Äußerst beliebt waren auch

Schützenfest
Steinkirchen
1958

die Jahrmärkte in Jork, Horneburg und →Steinkirchen sowie der seit 1595 nachweisbare Estebrügger Markt zum Herbstbeginn, für deren Besuch dem →Gesinde ein Teil des vereinbarten Lohnes bar ausgezahlt wurde.   *fs*

Feuerversicherung Als früher Vorläufer der F. bildeten sich im Alten Land die schon im 17. Jh. nachzuweisenden regelmäßigen Unterstützungszahlungen an „abgebrannte" Hausbesitzer (→Brände, Brandschutz) aus der gemeinsamen Landesrechnung der →Landesgemeinde heraus, die von allen kontributionspflichtigen Einwohnern gemeinsam finanziert und 1826 nach einem Beschluss der →Landesversammlung eingestellt wurde.

Nach schleswig-holsteinischem Vorbild gründeten sich im 18. Jh. flächendeckend im Alten Land örtliche Brandgilden, also kleine Versicherungsvereine auf Gegenseitigkeit. 1726 wurde die Brandgilde für das →Kirchspiel →Jork gegründet, es folgten die Brandgilde für das Kirchspiel →Neuenfelde (1729), das Kirchspiel →Estebrügge (1734), die Brandgilde der vier →Hauptmannschaften →Steinkirchen, →Mittelnkirchen, →Neuenkirchen und →Guderhandviertel (1738), die Brandgilde für die Hauptmannschaften →Hollern und →Twielenfleth (1741) und für das Kirchspiel →Borstel (1745). Nach Schadensfällen war von den Gildemitgliedern ein vorher festgelegter Geldbetrag als Unterstützung zu zahlen. Allein die Neuenfelder Brandgilde funktionierte nach dem Umlageverfahren, indem sie den geschätzten Wert des abgebrannten Gebäudes auf alle Gildemitglieder umlegte. Große Bedeutung hatte in den Gilden auch das gesellige Element; in der Regel wurde einmal jährlich ein Gildefest gefeiert. Zwischen 1789 und 1850 wurden diese Brandgilden nach und nach aufgehoben oder lösten sich auf.

Als öffentlich-rechtliche F. wurde 1754 in Stade die Bremen-Verdensche Brandkasse in der Trägerschaft der Landschaft der Herzogtümer Bremen und Verden gegründet. Während auf der Geest 1758 die Zwangsversicherung eingeführt wurde, konnten die Marschländer auf dem Landtag erreichen, dass die Mitgliedschaft hier freiwillig blieb. Im Alten Land wurde erst seit den 1790er Jahren die Mitgliedschaft allgemein üblich. Die Bremen-Verdensche Brandkasse war eine reine Gebäudeversicherung, die in der zweiten Hälfte des 19. Jh. verstärkt die Konkurrenz privater Versicherungsgesellschaften zu spüren bekam. Sie fusionierte 1882 mit der Vereinigten landschaftlichen Brandkasse in Hannover, die 1913 in Landschaftliche Brandkasse Hannover umbenannt wurde und seit 1957 unter dem Dach der VGH am Markt aktiv ist.

Erst im letzten Drittel des 19. Jh. wurde im Alten Land auch die Mobiliarversicherung bei überregional tätigen privaten Versicherungsgesellschaften allgemein üblich.   *rg*

Feuerwehr →Brände/Brandschutz

Finckh, Christian Daniel von, *9.9.1765 in Zeven, †10.4.1813 in Bremen F. wurde als Sohn des Pastors Georg Clemens von F. in Zeven geboren und verbrachte seine Jugend ab 1776 im Pfarrhaus in →Steinkirchen, wo sein Vater 1802 starb. Nach dem Jurastudium war F. zunächst als Advokat und Stadtsyndikus in Stade, dann als hannoverscher Obervogt im Land Wursten tätig, bis er 1808 in den oldenburgischen Dienst wechselte. Nach der Einverleibung Nordwestdeutschlands in das Kaiserreich Frankreich wurde er 1810 Tribunalrichter in Oldenburg. Historische Bedeutung erlangte er durch seine Rolle in der Endphase der →Franzosenzeit und durch seinen tragischen Tod. Als sich die französischen Beamten im März 1813 für einige Tage aus dem unruhigen Oldenburg zurückzogen, ernannten sie zur Aufrechterhaltung der staatlichen Ordnung eine fünfköpfige Administrativkommission unter dem Vorsitz von F. Ihren Auftrag konnte diese angesichts einer revoltierenden Bevölkerung jedoch nur unvollkommen erfüllen. Nach der Rückkehr der Franzosen wurden die Kommissionsmitglieder, denen Verrat vorgeworfen wurde, verhaftet. Von einem französischen Kriegsgericht wurde F. zusammen mit dem Departementsrat von Berger am 9. April 1813 in Bremen zum Tode verurteilt und am folgenden Tag erschossen. In Oldenburg wurde ihnen, die von einer nationalen Erinnerungskultur als „Märtyrer" idealisiert wurden, 1823 ein Denkmal errichtet. Später wurde in Oldenburg die Von-Finckh-Straße nach F. benannt.   *rg*

Finkende   F. ist die nicht mehr gebräuchliche Bezeichnung für den heute →Ort genannten Ortsteil von →Mittelnkirchen nördlich der Breiten Brücke. Er wurde auch für einen angrenzenden Teil von →Höhen verwendet. Der Name erscheint seit dem 16. Jh. (1592 *up dem Vinkende*). Seit dem späten 19. Jh. wurde er von dem Namen Ort verdrängt.   *dm/aeh*

Finkenreich   F. ist ein Siedlungsname im →Kirchspiel →Estebrügge in der →Dritten Meile, der ursprünglich den Hof F. bei →Rübke bezeichnete und davon auf den gesamten südlichen Teil des →Patrimonialgerichts →Altklostergericht überging, der sich westlich von Rübke bis zum südlichen Teil von Ostmoorende erstreckte. 1469 verkaufte das Hamburger Domkapitel seinen Hof, genannt „*dat Vinkenryck*", an den Buxtehuder Bürger Oltgerd Sterken, nachdem dieser das über 60 Jahre lang wüste Land wieder eingedeicht und kultiviert hatte, gegen die Zahlung einer jährlichen Rente. Auf diese Phase der Rekultivierung nach der jahrzehntelangen Ausdeichung ist die unregelmäßige Fluraufteilung im Bereich des Hofes F. zurückzuführen. Später ist der Hof an das Alte Kloster übergegangen, das die hohe und niedere Gerichtsbarkeit über F. beanspruchte. Der Landbesitz des Alten Klosters in F. gelangte nach dessen Auflösung in Staatsbesitz, bis Preußen die Flächen Ende des 19. Jh. verkaufte. Bei der Aufteilung von Altklostergericht im Jahr 1879 wurde F. der Gemeinde →Moorende zugeschlagen. Der

östliche Teil mit dem eigentlichen Ortsteil F. wurde 1929 von Moorende an die Gemeinde Rübke umgemeindet, als Ausgleich für den Verlust des Ortsteils →Esteburg, der 1926 Moorende zugeteilt worden war. Der Name F. ist heute kein amtlicher Orts- oder Straßenname mehr und gerät zunehmend in Vergessenheit.   *rg*

Fischerei   →Elbfischerei, →Hochseefischerei

Fleet   F. sind neben den Flüssen →Schwinge, →Lühe und →Este die ursprünglichen natürlichen Wasserläufe der →Marsch, die sich in die →Elbe ergossen, bis sie durch Kolonisation, →Entwässerung und Deichbau kanalisiert wurden, verschwanden oder an Bedeutung verloren. Die meisten Namen der wohl zwischen dem 7. und 11. Jh. gegründeten, sehr alten sächsischen Hochlandsiedlungen enden auf -fleth. Das weist darauf hin, dass das Alte Land vor der Kolonisationszeit von F. durchzogen war.

Die Erwähnung von →Twielenfleth und →Hasselwerder in einer Urkunde des Erzbischofs von Bremen von 1059 ist der früheste schriftliche Nachweis für eine Siedlungsaktivität im Alten Land überhaupt. Wahrscheinlich reihten sich im Mittelalter im →Hochland der →Ersten Meile von Westen nach Osten die Orte →Wöhrden, →Bassenfleth, →Martfleth, Twielenfleth, →Halstenfleth und →Bardesfleth aneinander.

Fleet von Ladekop nach Jork

Die Reihe der Hochlandorte setzte sich in der →Zweiten Meile mit →Querenfleth, →Somfleth, →Stockfleth, →Zesterfleth, Bokfleth, Urenfleth und Hochfleth fort.

Die Jorker Hauptwettern in der Zweiten Meile trägt zwischen →Jork und →Borstel schlicht, doch völlig korrekt den Namen „Fleet". *me*

Flickenschildt, *Elisabeth* **Ida Marie,** *16.3.1905 in Blankenese, †26.10.1977 in Stade Ihre große Schauspielzeit hatte F., eine Exzentrikerin, mit ihrer unnachahmlichen rauchigen Stimme, gemeinsam mit Gustav Gründgens u. a. in Berlin und →Hamburg. Sie spielte alle klassischen Frauenrollen der Weltliteratur. Zudem begeisterte F. als Sprecherin in Hörspielen. Nach Gründgens Tod Ende 1963 ging sie keine festen Engagements mehr ein, trat nur noch bei Gastspielen und Tourneen auf, übernahm vermehrt Rollen in Fernsehproduktionen und Edgar-Wallace-Kriminalfilmen. Neben zahlreichen Auszeichnungen wie dem Professorentitel der nordrhein-westfälischen Landesregierung (1965) verlieh ihr Bundespräsident Walter Scheel 1975 für ihre Schauspielkunst das Große Bundesverdienstkreuz.

F. erwarb 1976 ein 1822 erbautes Altländer Fachwerkhaus in →Guderhandviertel, Bergfried 21, um ihren Traum zu leben: als Bäuerin auf dem Lande, gemeinsam mit ihren sechzehn Kühen, neun Kälbern, zwei Pferden und ihren Hunden. Die große Bühnen- und Filmschauspielerin F. lebte nur anderthalb Jahre im Alten Land. Als Bäuerin mit Sonnenbrille und farbigen Schals

Elisabeth Flickenschildt

war sie dort bekannt. Sie starb 1977 an den Spätfolgen eines schweren Autounfalls. *dm*

Flora / Vegetation Die potentiell natürliche Vegetation des Alten Landes hatte vor der Eindeichung von der →Elbe landeinwärts betrachtet folgende Abfolge: Im Tidebereich der Elbe gab es oberhalb der Süßwasserwatten Röhrichte und uferbegleitende Hochstaudenfluren, gefolgt von Auenwäldern mit Weiden, Erlen und Eschen. Sie gingen zum →Hochland hin in Hartholzauen über. Im →Sietland überwogen Bruchwälder mit Erlen und Weiden, die zum Randmoor von Schilf- und Seggenrieden abgelöst wurden. Nebenflüsse, Priele und →Fleete durchzogen diese Wälder und Gebüsche und hatten an ihren Ufern Röhrichte, Hochstaudenflure und Au- und Bruchwälder. Teile dieser natürlichen Vegetation gibt es noch heute in den Schutzgebieten im Außendeich (→Vorland), wo auf vegetationslosen oder -armen, den Tideauenwäldern und -gebüschen vorgelagerten Flächen der nur im Elbeästuar inkl. der Unterläufe von →Este und →Lühe vorkommende, besonders geschützte Schierlings-Wasserfenchel (*Oenanthe conioides*) zu finden ist. Auch andere Arten wie die Elbe-Schmiele haben im Gebiet ihren globalen Verbreitungsschwerpunkt, sind aber nicht vergleichbar gefährdet. Stellenweise bestandsbildend treten heimische Teichsimsen in den Röhrichten am Elbufer auf. Besonders hervorzuheben sind artenreiche Vorkommen auf Hanskalbsand und Neßsand. 20 Arten sehr hoch, hoch und/oder erhöht bedeutsamer Farn- und Blütenpflanzen wachsen dort. Diese für den Schutz von Pflanzen hervorragende Stellung im insgesamt sehr hoch bedeutsamen Elbeästuar ergibt sich auch durch Sandtrockenrasen auf Aufschüttungsflächen. Die meisten Flächen des Alten Landes werden für einen artenarmen Intensiv-→Obstbau genutzt, wobei der →Apfelanbau mit rund 90 % als Spindelbaumkultur dominiert. In den die Anbauflächen durchziehenden →Gräben und →Wettern sind Schwimm- und Tauchblattbestände mit Teichrose (*Nuphar lutea*), Wasserfeder (*Hottonia palustris*), Krebsschere (*Stratiotes aloides*) und Sumpf-Calla (*Calla palustris*) als geschützte Arten bedeutsam oder gar hoch bedeutsam. Dort kommt auch der Froschbiss (*Hydrocharis morsus-ranae*) vor, für dessen Erhalt Deutschland verantwortlich ist. 1958 begann mit der →Polderung aus wirtschaftlichen Gründen die Verfüllung von Gräben und dauert bis heute an, was die Gefährdung dieser Vegetation erklärt. An Böschungen von Gräben und Becken sind regelmäßig blütenreiche Hochstaudenfluren zu finden, die im Hochsommer eine rare Nahrungsquelle für blütenbesuchende Insekten sind. *id*

Flutdenkmäler Die historische Erfahrung von wiederholten katastrophalen →Sturmfluten ist im kollektiven Gedächtnis des Alten Landes tief verwurzelt. Dies zeigt sich unter anderem in so genannten F. Im Alten Land sind lediglich zwei herausragende Beispiele zu nennen: Bei →Francop in der →Dritten Meile befindet sich am Hohenwischer →Brack (Ecke Hinterdeich/Hohenwischer Straße) ein künstlerisch gestaltetes Memorial in Form abstrakter Wellen. Es erinnert an einen 80 m breiten Deichbruch bei der →Sturmflut von 1962. Das Erinnerungsmal stammt vom Moorburger Bildhauer Winni Schaak und wurde 2002 zum 40. Gedenktag der Katastrophe errichtet. Am Betriebsgebäude des →Lühe-→Sperrwerks in →Grünendeich schuf Heinz Meyer-Bruck, Professor an der Buxtehuder Fachhochschule, eine 7 m hohe Betonstele, deren Halbrelief an die Folgen derselben Sturmflut erinnert. Das Memorial wurde im Zusammenhang mit dem Sperrkwerksbau 1964–67 errichtet. Beim Abriss des Betriebsgebäudes wurde es 2011 gesichert und eingelagert. Es ist geplant, es auf der Jorker Seite des Lühesperrwerks wieder aufzustellen. *nf*

Fock, Gustav, *18.11.1893 in →Neuenfelde, †12.3.1974 in →Hamburg Die von Arp →Schnitger in der Neuenfelder →St.-Pankratius-Kirche

Flutdenkmal am Brack in Hohenwisch

erbaute →Orgel sowie dessen Kirchenstuhl neben dem Altar mögen bei dem einer Familie von Schiffern und Seefahrern entstammenden F. schon früh das Interesse für Musik und Musikgeschichte erweckt haben. F. besuchte die Akademie für Kirchen- und Schulmusik in Berlin-Charlottenburg und studierte Musikwissenschaft in Berlin und Kiel, wo er 1931 mit einer Arbeit über *Hamburgs Anteil am Orgelbau im niederdeutschen Kulturgebiet* promovierte. F.s Lebenswerk ist die in seinem Todesjahr posthum erschienene Monographie *Arp Schnitger und seine Schule: Ein Beitrag zur Geschichte des Orgelbaues im Nord- und Ostseeküstengebiet*, die bis heute eine der Grundlagen für die wissenschaftliche Beschäftigung mit dem Orgelbau Norddeutschlands ist. F., der als Studienrat für Musik an verschiedenen Hamburger Gymnasien tätig war, hat u. a. zahlreiche Ersteditionen von Kantaten Georg Philipp Telemanns und Orgelkompositionen Heinrich Scheidemanns herausgegeben. In Neuenfelde war er 1959 als Herausgeber für den Sammelband *900 Jahre Neuenfelde* verantwortlich. *pg*

Francop Der Name dürfte sich vom Personennamen eines →Lokators namens Franko ableiten. F. ist das östlichste Dorf des Alten Landes. Es liegt in der →Dritten Meile, im hollerschen Kolonisationsgebiet (→Hollerkolonisation). Die Kolonisation war 1236 wohl abgeschlossen (ohne →Hohenwisch). Aufgrund der Sturmfluten um 1400 (→Sturmfluten im Mittelalter) lag

Oben:
Ortseingang
von Francop
mit Werbeban-
ner „750 Jahre
Francop", 1985.

Darunter:
Gut Francop II

F. wie die gesamte Dritte Meile in der Folge rund 70 Jahre lang wüst. Als einziges Dorf des →Sietlandes liegt es direkt an der →Elbe. Im Süden wird es durch den →Hinterdeich begrenzt. Im Osten grenzt es an das seit 1375 zu →Hamburg gehörende Moorburg und im Westen an →Nincop. Es hat eine Ost-West-Ausdehnung von knapp 4 km und in Nord-Süd-Richtung zwischen 1.250 und 500 m (Hohenwisch).

Seit dem Mittelalter bildete F. ein eigenes Gericht, das einzige →Patrimonialgericht, dem im Mittelalter unbestritten das Recht zu Todesurteilen zustand, und eine eigene →Vogtei. 1852 wurde F. eine eigenständige Landgemeinde. Mit der Kreisreform von 1932 wurde F. Gemeinde im →Landkreis Harburg, seit dem →Groß-Hamburg-Gesetz 1937 ein Stadtteil Hamburgs, Bezirk Harburg. Die Einwohnerstruktur ist vorrangig bäuerlich. Im Nordosten F. (vor der Eindeichung Hohen-

wischs) befand sich außendeichs eine Fährstelle – →Graft genannt (urkundliche Ersterwähnung 1266). Diese war nicht nur der Übergang zu den vorgelagerten Inseln Alten- und Finkenwerder, sondern im Mittelalter auch Treffpunkt zwischen Vertretern Hamburgs und dem Bremer Erzbischof.

Bis in das 19. Jh. verfügte F. über mehrere adelige Güter, die allgemein als →Francoper Güter zusammengefasst werden, darunter die →Brackenburg.

Mit der Fertigstellung der Stader–Francoper Chaussee 1873 (→Obstmarschenweg, →Straßen- und Wegebau) verbesserte sich die →Verkehrserschließung F.

Im ehemaligen Außendeichbereich auf dem →Blumensand befindet sich heute die →Francoper Schlickdeponie.

2017 hatte F. ca. 710 Einwohner – 1932 waren es noch 780 gewesen –, davon sind etwa 8 % Ausländer, und gehört zum →Kirchspiel →Neuenfelde.   *bf*

Francoper Güter Bis ins 19. Jh. existierten im östlichen Teil →Francops vier adlige Güter, die in die Matrikel der bremischen Ritterschaft eingetragen waren. Die genaue Zuordnung wechselte im Laufe der Jahrhunderte durch Teilungen, Zusammenlegungen, Erbschaften, Kauf oder Tausch. Sie waren verbunden mit den Familien von →Zesterfleth, von Borch, von Düring und von dem Bussche. Ihre Existenz reicht in die Zeit der →Hollerkolonisation, und so ist an Siedlungsführerschaft (→Lokatoren) zu denken (die Zesterfleths waren im Besitz des Gerichts Francop), aber auch an erzbischöfliche Präsenz im Nordosten des Territoriums oder zum Schutz des →Elbübergangs (→Graft). Kern des Gutes Francop I war der heutige Hof Blohm (Hohenwischer Straße 123), 1734 im Besitz des Altländer →Gräfen Johann Dietrich von Düring. Gut Francop II am gleichnamigen →Brack gelegen mit dem im 19. Jh. gebauten zweigeschossigen Fachwerk-Gutshaus war das bedeutendste, 1736 im Besitz des Altländer Oberdeichgräfen Christian Ulrich Hartwig von Düring. Francop III, die sogenannte →Brackenburg – der Name taucht in der ersten Hälfte des 17. Jh. zum ersten Mal auf –, ist seit 1786 mit der Familie Harms verbunden, zuerst als Pächter. Der Name weist auf die schwierige Untergrundsituation mit den zahlreichen Deichbrüchen hin. Gut Francop IV wurde mit der Eindeichung →Hohenwischs um 1600 geschaffen. Heute ist es der Hof Quast (Hohenwischer Straße 39). *bf*

Francoper Schlickdeponie Durch die Verlegung des Hauptdeiches der →Elbe zwischen →Neuenfelde und Finkenwerder nach der →Sturmflut von 1962 wurde im Bereich des Mühlenberger Loches die Alte →Süderelbe abgedeicht, die Verbindung zur oberen Süderelbe am Köhlbrand abgeschnitten und der Tidegang der Elbe ging verloren (→Deiche und Deichwesen in der Dritten Meile). Damit hat sich das Landschaftsbild der →Dritten Meile in diesem Bereich drastisch verändert, zusätzlich noch durch die Ausweitung des Airbusgeländes nach Süden (Verlängerung der Start-und Landebahn) unterstrichen. Zu diesen Einschnitten kam we

nige Jahrzehnte später die Errichtung der F. von ca. 95 ha und 38 m Höhe – der damit höchsten Erhebung im Alten Land – auf dem ehemaligen Spülfeld →Blumensand im Francoper Außendeich an der Alten Süderelbe hinzu.

Mit der Einlagerung von ausgebaggertem Elb und Hafenschlick auf dem ehemaligen Spülfeld Blumensand wurde 1991 durch das Amt Strom und Hafenbau, das 2005 in der Hamburg Port Authority (HPA) aufging, begonnen.

Die Aufnahmekapazität von →Schlick bzw. Baggergut wird voraussichtlich 2019 erschöpft sein. Nach Beendigung der Einlagerung ist eine Rekultivierung zur extensiven Freizeitfläche (z.B. Grünflächen mit Wegen und Rastplätzen) vorgesehen. Am inneren Rand der F. wurde nach langjähriger Planung und dreijähriger Bauphase 2012 die Straße „An der Alten Süderelbe" als Finkenwerder Ortsumgehung fertiggestellt.

Die Errichtung der Baggergutdeponie hat die bis dahin einzigartige Kulturlandschaft von →Francop stark verändert und die kulturlandschaftliche Qualität als traditionelles Obstbaugebiet erheblich beeinträchtigt. Naturhaushalt und Landschaftsbild werden von der F. dominiert, auch wenn der Charakter eines →Deich

Francoper Schlickdeponie mit zugefrorener Süderelbe

hufendorfes in Francop bislang erhalten geblieben ist. *mh*

Franzosenzeit Die sogenannte F. bezeichnet die Jahre der Zugehörigkeit des Alten Landes zum Kaiserreich Frankreich (1810–1813) und im weiteren Sinne die zehn Jahre der französischen Besetzung von 1803 bis 1813.

Sie hatten zu z.T. tiefgreifenden Veränderungen geführt, die die Lebensumstände der Menschen direkt berührten. Die territoriale Neugestaltung folgte dem revolutionären Muster von 1789 mit Departement (Elbmündungen), Arrondissement (Stade bzw. Lüneburg, für die Mairien →Estebrügge und →Neuenfelde), Kanton (→Jork), Mairie (Jork) und Kommune (→Steinkirchen u. a.). Hauptmerkmale des französischen Verwaltungssystems waren die Beschleunigung der Verfahren und Genauigkeit bei der Darstellung von Sachverhalten, was zu einer zunehmenden Bürokratisierung des öffentlichen Lebens führte, die immer häufiger als gut funktionierender Zwangsapparat wahrgenommen wurde, der der Unterdrückung und Ausbeutung diente. Hier, im Verwaltungshandeln, zeigte sich der Modernisierungsvorsprung der Franzosen besonders deutlich.

In der kollektiven Erinnerung waren und sind es insbesondere die Konfliktfälle an der Wasserfront (→Elbe, →Este, →Lühe, →Schwinge), die einen tiefen Eindruck hinterließen. Hier und in anderen Fällen setzten die Franzosen ihren Willen rücksichtslos auch militärisch durch. Mit der Kontinentalsperre wurden viele Kaufleute und Schiffer in Existenznot gebracht. Militärische Zwangsrekrutierungen führten dazu, dass die Verweigerung der Wehrpflicht nach 1811 zu einem Massenphänomen wurde. Das Ausnahmerecht, unter das die Region ab April 1813 gestellt wurde, verschlechterte die Lage der Landeseinwohner dramatisch. Alle Entwicklungen zusammen heizten die antifranzösische Stimmung weiter auf, die zum Schluss nur noch mit militärischer Gewalt kontrolliert werden konn-

Prunkgiebel des Altländer Bauernhauses im Freilichtmuseum Stade

te. Die französische Herrschaft, die mit Grundsätzen der Revolution angetreten war, hatte im Laufe der Zeit Züge einer Militärdiktatur angenommen. Nach Abzug der Franzosen blieb eine Mangelwirtschaft zurück, deren Gesellschaft unter einer verbreiteten öffentlichen und privaten Armut litt, zu der in etlichen Fällen die Umverteilung von Besitz und Vermögen beigetragen hatte. Diejenigen Zeitgenossen, die neben allen Verlusten im „französischen System" auch Elemente moderner Staatlichkeit erkannten, blieben eine Minderheit. *ki*

Freilichtmuseum auf der Insel in Stade Das F. liegt auf dem Gelände eines 1692–1694 von der damaligen schwedischen Regierung geschaffenen Festungswerks, des sogenannten Bleicher-Ravelin. Der „Verein für Geschichte und Altertümer", heute Stader Geschichts- und Heimatverein e.V., pachtete das Gelände am 1. April 1910 von der Stadt, die es von der preußischen Militärverwaltung erworben hatte. Federführend war der Bürgermeister und Vereinsvorsitzende Ado Jürgens, ein wichtiger Akteur der regionalen Heimatschutzbewegung. Bei der Planung und Einrichtung der neuen Inselanlage zog man Professor Emil Högg, 1904 Direktor des Bremer Gewerbemuseums, später Inhaber des Lehr-

stuhls für Raumkunst an der Technischen
Hochschule in Dresden, und Christian Roselius,
den führenden Gartenarchitekten seiner Zeit,
hinzu. Das bäuerliche Leben in →Marsch und
Geest sollte auf der Insel erlebbar werden. Als
Erstes kaufte der Verein 1910 ein Geestbauernhaus von 1841 aus Varel bei Scheeßel, das 1912 als
Gastwirtschaft aufgebaut und nach einem
Brand im Mai 1913 wiedererrichtet wurde. Die
Restauration sollte die wirtschaftliche Basis für
den Betrieb darstellen. Ebenfalls 1913 erwarb der
Verein als Hauptgebäude des Freilichtmuseums
ein besonders authentisch erhaltenes Altländer
→Fachhallenhaus aus →Huttfleth von 1733,
welches 1914 mit der gesamten Inneneinrich-
tung auf die Insel verbracht, womit das F. offiziell eingeweiht wurde. Im Laufe der Jahrzehnte
kamen eine 1547 erstmals erwähnte Bockwindmühle (→Mühlen) aus Rethmar und ein Göpel-
werk (→Göpel) des 17. Jh. aus Altendorf-Deich-
reihe dazu. Zusammen mit diesen Bauwer-
ken bilden eine Altländer →Prunkpforte aus
→Twielenfleth von 1791, ein Steinbackofen aus
Reith, eine Schrotmühle von 1902 aus Krum-
mendeich-Stellenfleth, ein Wagenschauer und
diverse bäuerliche Geräte das Museumsensem-
ble. Die Gastwirtschaft, das sogenannte „Insel-
haus", fiel Ende 1992 einem erneuten Großbrand
zum Opfer. An seiner Stelle wurde 1993/94 ein
Geestbauernhaus mit Material eines Gebäudes
von 1641 aus Himmelpforten nachgebaut, das
heute ebenfalls als Restaurant genutzt wird. *sm*

Frostschutzberegnung   →Beregnungsbe-
cken, →Spätfrost

Fruchthandelsverband Nord Der eingetra-
gene Verein wurde 1996 als berufsständische
Vertretung der privaten Obsthandelsunternehmen an der Niederelbe gegründet. Ein Präsident
und ein/e Geschäftsführer/in sind auf unbe-
stimmte Zeit gewählt. Der F. ist Mitglied im
Deutschen Fruchthandelsverband (DFV).
Die Zusammenschlüsse auf der Produzenten-

seite zu Erzeugergemeinschaften erforderten
eine Straffung der verbandspolitischen Arbeit
des →Obsthandels. Die bisherige „Vereinigung
der Fruchtgroßhändler an der Niederelbe" war
durch die divergierenden Interessenlagen ihrer
rund 150 Mitglieder (darunter Kleinstunterneh-
mer, Wochenmarkthändler, Marktfahrer) nicht
mehr in der Lage, eine sinnvolle Berufsvertretung der Obstgroßhändler sicherzustellen. Um
den Erzeugergemeinschaften, der Politik und
der Verwaltung einen kompetenten Verhand-
lungspartner bereitzustellen, wurde die „Händ-
lervereinigung" aufgelöst und der F. gegründet.
Der F. ist heute Ansprechpartner bei zu verein-
barenden Vermarktungsregeln (z. B. Mindest-
härtevorschriften bei Äpfeln, Qualitätsvor-
schriften), bei der Preisnotierungskommission,
im Wechsel mit den Erzeugergemeinschaften
beim „Verein Integriertes Obst an der Niederelbe" und bei Verhandlungen mit allen Marktpartnern.
Heute wird der F. von rund 20 Mitgliedern getragen, die den Großteil des Gebietsumsatzes der
Niederelbe repräsentieren.   *cr*

Fünf Dörfer / Fünfdörfergericht Die Dörfer
an der →Elbe in der →Ersten Meile des Alten
Landes sind seit 1361 häufig unter dem Namen
Fünf Dörfer (1361 *in den vif dorpen*) erwähnt. Die
Bezeichnung galt für die "sassischen" Dörfer in
der Ersten Meile, nämlich →Wöhrden, →Bas-
senfleth, →Twielenfleth, →Halstenfleth (bei
→Sandhörn) und →Bardesfleth (→Grünen-
deich), die zusammen die →Hauptmannschaft
Twielenfleth bildeten. Kirchlich gehörten sie zuerst zum →Kirchspiel von St. Wilhadi in Stade,
dann teils zu Twielenfleth, teils zu Bardesfleth
bzw. Grünendeich. Der Name blieb bis in das 19.
Jh. im Fünfdörfergericht erhalten, dem Grefting
(Gräfengericht) für die sassischen Dörfer der Ersten Meile, das als oberes Gericht für das Vogt-
gericht im selben Bezirk fungierte. Das Fünfdörfergericht wurde erst 1852 mit der Etablierung des
→Amtsgerichts in →Jork überflüssig.   *aeh*

G

Gastwirtschaften Während der Begriff der G. erst im Laufe des 18. Jh. auftrat, gehen Schenken oder Schenkwirtschaften (Krüge) bis weit in das Mittelalter zurück. Sie alle besaßen unterschiedliche Privilegien und Konzessionen. Einige dienten, zumal an den benutzten Verkehrswegen, im 19. Jh. an den neu angelegten Chausseen, als Ausspann, boten also die Möglichkeit zum Ausruhen für Fuhrleute und Pferde. Andere verfügten über das Privileg, zu backen oder zu brauen, oder durften Gäste beherbergen. Entscheidende Gründe für diese Entwicklung und die Sonderstellung des Alten Landes hat man darin gesehen, dass es hier dank der seit jeher bestehenden Zunftfreiheit zahlreiche Gewerbetreibende und Handwerker gab, die oft nicht allein von dieser Tätigkeit leben konnten und daher auf Nebentätigkeiten angewiesen waren. So war 1810 in →Ladekop unter den elf Gruppen von Gewerbesteuerpflichtigen zwar die Gruppe der Schenkwirte mit insgesamt zwölf Steuerpflichtigen die zweitgrößte, doch rund die Hälfte der hier Genannten tauchte zusätzlich unter anderen Gewerben erneut auf.

Gastwirtschaft Claus Ropers, Steinkirchen um 1900

G. verbreiteten sich immer mehr. 1840 zählte das Alte Land 233 G. und Schenkwirtschaften oder rund eine pro 75 Einwohner. Es war die mit Abstand höchste Dichte an G. und Schenkwirtschaften im gesamten Landdrosteibezirk Stade. Viele von ihnen besaßen gar keine Konzession, doch der Staat begnügte sich mit der Einnahme der Gewerbesteuer.

Mit der im 19. Jh. aufkommenden Dampfschifffahrt und dem durch sie bedingten rasanten Anstieg des Ausflugsverkehrs ins Alte Land (→Elbfähren), den Betriebsfeiern mit Barkassenfahrten dorthin und den Vereinsfesten entstanden zumal an →Elbe, →Schwinge, →Lühe und →Este überall neue Ausflugslokale, meist mit eigenem Schiffsanleger. Die bis mindestens 1236 zurückreichende →Symphonie erlebte nun ihre Glanzzeit mit ihrer weithin geschätzten großen Tanzfläche. Saalbetriebe entstanden, die sich neben einer Außenanlage häufig über zwei Etagen erstreckten, von denen die größten über 2000 Personen bewirten und in ihren Räumlichkeiten mehreren Gesellschaften gleichzeitig Platz bieten konnten. Dabei war die

G. häufig nur einer von mehreren Betriebszweigen.

Die zweite Hälfte des 20. Jh. mit ihrem gewandelten Fest- und Freizeitverhalten brachte das Ende dieser das Alte Land so lange prägenden G. Selbst jahrhundertealte Traditionsbetriebe mussten einer nach dem anderen schließen und verschwanden. Versuche punktueller Rettung und Wiederbelebung scheiterten in aller Regel. Der traditionelle Saalbetrieb ist heute noch an dem etwas gewandelten Hotel Altes Land in →Jork und dem allein für Gesellschaften geöffneten Fährhaus Kirschenland in →Wisch erkennbar. *hd*

Gehrden G. wurde 1341 als *in Gheren*, 1388 *op deme Gheren* erstmals schriftlich erwähnt und bezeichnet ein keilförmiges Stück Land, die Gere. Im Gang der →Hollerkolonisation blieb zwischen der östlichen Grenze von →Mittelnkirchen und der Feldmark von →Borstel ein Streifen übrig, in dem der zu →Jork gehörige Ortsteil G. entstand. Die Grenze zwischen Borstel und Jork bildet der Gehrdener Weg. Besiedelt wurde der nördliche Teil von G. von →Wisch aus. Zwischen Mittelnkirchen und G. bzw. Jork bestand ein →Hinterdeich. Das älteste Wohnhaus von 1716 befindet sich in Gehrden 81. Die Familie Plate hatte 1580 ein Gericht über zwei Höfe, für das sie auch die höhere Gerichtsbarkeit beanspruchte. G. ist bis heute geprägt durch den →Obstbau. *shs*

Gemeinden Politische G. als demokratisch verfasste Gebietskörperschaften öffentlichen Rechts und Träger der kommunalen Selbstverwaltung sind eine Errungenschaft des Liberalismus in der Mitte des 19. Jh. Nach der hannoverschen Landgemeindeordnung von 1852 wurden im Alten Land die →Hauptmannschaften und →Vogteien, die diese Bezeichnungen zunächst noch weiterführen durften, zu Landgemeinden umgeformt. Sie erhielten einen Gemeindevorsteher und einen gewählten Gemeindeaus-

Gehrden Nr. 81

schuss als Beschlussorgan. Ein gleiches Wahlrecht wurde durchgehend erst 1919 eingeführt. Im →Nationalsozialismus führte die Deutsche Gemeindeordnung 1935 die Bezeichnung „Bürgermeister" für den Gemeindevorsteher ein, demokratische Elemente wurden beseitigt und das „Führerprinzip" eingeführt. Nach 1945 wurden die demokratischen Verhältnisse wieder hergestellt.

War die Zahl der zwölf Hauptmannschaften und sechs Vogteien des Alten Landes über Jahrhunderte konstant geblieben, veränderte sich die Zahl und Größe der G. im 19. und 20. Jh. immer wieder. 1872 wurde →Grünendeich als selbständige G. aus →Twielenfleth ausgegliedert. Umwälzende Veränderungen brachte die Reform von 1879 im →Kirchspiel →Estebrügge: Die G. →Altklostergericht und →Hove-Leeswig wurden aufgelöst, Estebrügge und →Hove neu gegründet, →Königreich bekam →Leeswig dazu und verlor seine Ostseite an Hove. 1926 und 1929 gab es Grenzbereinigungen zwischen →Moorende und →Rübke. →Hasselwerder und →Nincop wurden 1929 zur G. →Neuenfelde zusammengeschlossen. Infolge der Kreisreform von 1932, die die →Este zum Grenzfluss machte, wurden die westlich der Este gelegenen Hälften von Estebrügge und Moorende zur G. Estebrügge und die östlich der Este gelegenen Hälften zur G. Moorende zusammengelegt. Nach Inkrafttreten des →Groß-Hamburg-Gesetzes wurde 1938 →Hamburg zur Einheitsgemeinde erklärt, und die G. →Cranz, Neuenfelde und →Francop wurden aufgelöst. Neue Bewegung brachte die niedersächsische Kommunalreform: Bereits 1967 vereinigten sich →Hollern und Twielenfleth zur vergrößerten G. Hollern. 1971 schlossen sich Hollern, Grünendeich, →Steinkirchen, →Guderhandviertel, →Mittelnkirchen und →Neuenkirchen zur →Samtgemeinde Lühe zusammen, in der die G. weiterhin bestehen, aber eine Verwaltungsgemeinschaft bilden. 1970 bildeten →Jork, →Borstel und →Ladekop eine Samtgemeinde, die 1972 mit Königreich, Estebrügge, Hove und Moorende zur Einheitsgemeinde →Jork verbunden wurde. Rübke wurde 1972 in die G. Neu Wulmstorf eingegliedert. Die G. Hollern wurde 1984 in →Hollern-Twielenfleth umbenannt, um beide Gemeindeteile im Namen deutlich werden zu lassen. Kontrovers diskutiert wird gelegentlich die Umwandlung der Samtgemeinde Lühe in eine Einheitsgemeinde. *rg*

Genossenschaften Die genossenschaftliche Organisation des Deich- und Entwässerungswesens hat im Alten Land eine bis in das Mittelalter zurückreichende Tradition und ist konstitutiv für das Wesen der →Landesgemeinde. Davon unabhängig ist die auf Friedrich Wilhelm Raiffeisen und Hermann Schulze-Delitzsch zurückgehende moderne Genossenschaftsidee des wirtschaftlichen Zusammenschlusses von Personen zur Führung eines gemeinschaftlichen Geschäftsbetriebs zum Vorteil der Mitglieder, die im Alten Land insbesondere im ersten Drittel des 20. Jh. in verschiedenen Branchen Verbreitung fand. Das Genossenschaftsregister des →Amtsgerichts Jork verzeichnet zwischen 1898 und 1971 40 Gründungen von teils nur wenige Jahre bestehenden G., davon 28 vor dem →Zweiten Weltkrieg. Wichtiger Akteur bei mehreren Genossenschaftsgründungen war namentlich Hein →Somfleth aus →Mittelnkirchen.

Aufgrund der wirtschaftlichen Struktur des Alten Landes standen viele G. mit dem →Obstbau und der →Landwirtschaft in Verbindung. So gründeten sich in verschiedenen Orten G. für den gemeinschaftlichen Einkauf von landwirtschaftlichen Bedarfsgegenständen und den Absatz von landwirtschaftlichen Produkten (z. B. Landwirtschaftliche Bezugs- und Absatzgenossenschaft Schmalenbrücke eG in →Guderhandviertel, gegr. 1907; Altländer Obst eG in →Jork, gegr. 1920). Die Zuchtgenossenschaft der Ostfriesenzüchter für den →Kreis Jork, die von 1908 bis 1935 bestand, hielt gemeinschaftlich Zuchtstiere des schwarzbunten ostfriesischen Rindes. Zwischen 1908 und 1918 wurden mehrere Spar- und Darlehnskassen (→Sparkassen und Banken) gegründet, die nach verschiedenen Fusionen zu größeren regionalen Volksbanken teilweise bis heute am Markt aktiv sind.

Nach dem Zweiten Weltkrieg wurden G. für technische Investitionen gegründet, so in den fünfziger Jahren namentlich Kalthaus- oder Obstlagergenossenschaften zum gemeinsamen Bau und Betrieb von Gemeinschaftsgefrieranlagen oder Obstkühllagern mit Sortieranlagen (→Obstlagerung). Mehrere Obstgroßhändler gründeten 1959 in →Steinkirchen die „Frugro" Bedarfsartikel-Einkaufszentrale Niederelbe eG für den gemeinschaftlichen Bezug von Verpackungen für den →Obsthandel (heute in Dollern). Die 1969 gegründete Obstgemeinschaftsbrennerei Niederelbe eG in Guderhandviertel verarbeitet Obst zu Industriealkohol und zu

Obstbränden. Heute bestimmen wenige große G. das Gesamtbild.   *rg*

Gesinde In der Zeit der traditionellen →Landwirtschaft bis in die 1960er Jahre gehörten zu den festen Arbeitskräften eines bäuerlichen Haushalts unverheiratete Mägde und Knechte, d. h. das G., sowie →Tagelöhner. Das G. war ein fester Teil der patriarchalisch geführten großen Haushaltsfamilie (→Bäuerliche Familie). In der hausinternen Hierarchie wurde sein Status durch Schlafplätze (→Wohnkultur) und Tischordnung (→Esskultur) manifestiert. Das G. kam aus der näheren Umgebung und gehörte zu den sogenannten „kleinen Leuten", die auf eine Erwerbsquelle in der Landwirtschaft angewiesen waren. Eine besondere Gruppe von Mägden bildeten die unverheiratet gebliebenen Töchter des Hofes, die lebenslang auf dem väterlichen Hof arbeiteten. Je nach Größe des Hofes variierte die Anzahl der Mägde und Knechte zwischen einer und drei Personen. Nur Höfe mit sehr geringer landwirtschaftlicher Nutzfläche mussten ganz auf G. verzichten. Das G. wurde in der Regel vertraglich für ein Jahr „gemietet". Der Dienststellenwechsel geschah im Herbst, üblicherweise zu „Martini" (11. November), auf den Gesindemärk-

ten durch einen Gesindevermittler. Lebenslange Dienstzeit auf einem Hof war die Ausnahme. Bis zum Jahre 1918 regelten die aus dem 16. und 17. Jh. stammenden Gesindeordnungen das Arbeitsverhältnis zwischen Hauseigentümern und Bediensteten. Darin waren die Pflichten der Bediensteten und ihr Lohn festgelegt. Dieser bestand aus freier Kost, Logis, Naturalien und geringem Geldbetrag. Der Lohn der Knechte lag ein Drittel höher als der der Mägde, die jüngeren Bediensteten wurden schlechter als die älteren bezahlt. Die Arbeitszeit wurde nicht festgelegt. Unter der Anleitung der →Bäuerin verrichteten die Mägde alle anfallenden Arbeiten im Haus und im Garten, fütterten das Kleinvieh, melkten die Kühe und halfen bei der Obsternte mit. Unter der Anleitung des Hausherrn arbeiteten die Knechte in der Diele (→Fachhallenhaus) und waren für landwirtschaftliche Arbeiten im Außenbereich sowie für Schweine und Pferde zuständig.   *otn*

Giebel →Prunkgiebel

Göpel In der →Landwirtschaft wurden G. im 19. und frühen 20. Jh. als Antrieb für landwirtschaftliche Maschinen angewandt. Als G. wird die Kraftmaschine, als Göpelhaus oder Göpel-

Kleigraben und
Wasserschaufel

schauer das Gebäude bezeichnet, in dem sie untergebracht ist. Der durch Pferdekraft angetriebene G. war im Alten Land feststehend. Mit G. wurden Dresch- und Häckselmaschinen sowie Wasserschnecken betrieben. Sein Platz in der →Hofanlage war unweit vom Haus. Nach dem →Zweiten Weltkrieg wurden G. durch Elektromaschinen ersetzt und abgebaut. Es sind nur noch wenige Exemplare vorhanden.   *otn*

Gräben Das Grabensystem des Alten Landes ist im Zuge der →Hollerkolonisation des 12./13. Jh. entstanden. Zur Urbarmachung und →Entwässerung des →Sietlandes wurden ca. alle 16 m in der Regel ca. 2,25 km lange G. von Hand gegraben, die das Wasser in die Flüsse, →Fleete und →Wettern ableiteten, wobei →Siele und →Schleusen den Durchfluss regulierten. Insgesamt entstanden auf diese Weise im Alten Land rund 6.000 km G. Im Wesentlichen ein Überrest der Hollerkolonisation sind diese G. ein hochrangiges Kulturdenkmal und zeugen von der Vermessungs- und Wasserbauleistung des Hochmittelalters.
Die ständige Pflege und Unterhaltung der G.

über die Jahrhunderte blieb eine erhebliche Belastung und Herausforderung für Bauern und Handwerker und kam erst zu einem weitgehenden Ende, als seit den 1960er Jahren im Zuge der →Polderung und Dränung in großen Teilen des Alten Landes sehr viele G. verfüllt wurden, so dass man ihren ursprünglichen Verlauf heute mitunter lediglich noch an der Beetrundung der Grundstücke oder an der Besitzstruktur erkennen kann. Bei Beibehaltung der Entwässerungsrichtung zu den am ehemaligen Grabenrand in ca. 1 m Tiefe liegenden Dränrohren kann die Verfüllung der G. ohne Nachteile für die Oberflächenentwässerung durchgeführt werden.   *cr*

Grabmäler Ein G. ist ein Erinnerungszeichen für Verstorbene, das traditionell in der Kirche, auf dem Kirchhof oder auf einem davon unabhängigen Friedhof aufgestellt worden ist. Es umfasste in der Regel Bildsymbolik und Text, die bis weit in die Neuzeit hinein von der christlichen Tradition geprägt waren. Bis zur →Reformation waren Kirche und umliegender Kirchhof der bevorzugte Bestattungsplatz, weil eine Beisetzung in der Nähe des Heiligen als hilfreich für den eigenen Weg ins Paradies betrachtet wurde. Die Reformatoren negierten diesen Zusammenhang, was jedoch mangels alternativer Begräbnisplätze folgenlos blieb, da allein Kirche und Kirchhof, die wie überall in den Marschen geschützt auf einer →Wurt oder – in →Neuenfelde – einer Sanddüne (→Höppel) lagen, eine Bestattung oberhalb des Grundwassers ermöglichten. Die 1628 weit jenseits der Wohnsiedlung am äußersten Rand der Flur von →Osterladekop angelegte Begräbnisstätte für die Pestopfer blieb eine Ausnahme.

Angesichts des Fehlens von Naturstein im Alten Land dürften die meisten Grabmäler im Mittelalter aus Holz gewesen sein. Das älteste erhaltene Grabmal stammt von 1503 in der Kirche in Neuenfelde. Ein nächstes von 1588 findet sich in →Mittelnkirchen, und aus dem 17. und 18. Jh. sind etwa 100 Grabmäler im Alten Land erhalten, die meisten in der Form großer Sandstein-Grabplatten auf den Gräbern, eine kleine Zahl als Stelen. In der Regel sind die Grab- oder Gruftplatten und Stelen mit reicher christlicher Sym-

bolik versehen und stellen die Familie des Verstorbenen dar, einschließlich der bereits verstorbenen, durch ein Kreuz über dem Kopf gekennzeichneten Kinder, oftmals ergänzt um Lebensdaten und Bibelworte. Beispiele dazu finden sich praktisch in allen Kirchen und Kirchhöfen im Alten Land.

Aufklärung und die revolutionären Umbrüche vom 18. zum 19. Jh. brachten das Ende der barocken Volksfrömmigkeit und ihrer aufwendigen Grabmäler. Aufgrund öffentlicher Hygienevorschriften kam es ab der zweiten Hälfte des 19. Jh. in fast allen Kirchengemeinden zur Anlage neuer Friedhöfe oder der Ausweitung der bestehenden, ohne dass es zu einer Kommunalisierung der Friedhöfe kam. Erst unter obrigkeitlichem Druck musste man sich vom Privileg einer Bestattung in der Kirche trennen. Doch selbst dann blieben auf dem knappen Marschboden die Begräbnisplätze klein und mitunter ohne Zuwegung. Für aufwendige Grabmäler war kein Platz mehr. Stattdessen kamen neue Materialien in Mode, z. B. dunkler Granit, fabrikmäßig hergestellte gusseiserne Kreuze und im Zuge weltweiter Handelsströme farbige Gesteine aus Übersee. Im Gegenzug schränkte die schnell wachsende Zahl der Urnenbestattungen Größe und Gestaltungsmöglichkeit der Grabmale weiter ein. *nf/hr*

Grabmal des Bäckers Christoffer Kropff (1656–1728) in Steinkirchen

Gräfen Die Bezeichnung G. für die höchsten Beamten der Landesherrschaft in den Elbmarschen leitet sich ab von Graf (lateinisch *comes*, niederdeutsch *greve*). Während der Graf im 12. Jh. zu einer Standesbezeichnung des hohen Adels wurde, setzten geistliche und weltliche Fürsten seit dem 12. Jh. regional auch Amtsgrafen ohne erblichen Anspruch auf Amt und Titel ein. Anfang des 14. Jh. treten vom Erzbischof von Bremen eingesetzte Grafen oder Vizegrafen (*vicecomes*) in Kehdingen und in Buxtehude auf. Seit dem 17. Jh. werden sie hochdeutsch als Grefen oder G. bezeichnet.

Im Alten Land ist erstmals 1321 von einer Grafschaft (*cometia Terre Antiquae*) die Rede, verbun-

den mit Herrschaftsrechten in und um Buxtehude. Buxtehude und das Alte Land waren zu dieser Zeit in der *gravescop to Buxtehude* verbunden.
Das Alte Land galt nur als →Vogtei, in der spätestens seit 1372 Buxtehuder Bürger als Vögte
eingesetzt waren. 1413 ist dann jedoch die *greves-
cap in dem Oldenlande* genannt und 1421 auch ein
greve in →Jork. Aus dem 15. Jh. sind mehrere G.
namentlich bekannt, anscheinend Altländer
→Hausleute.

Der Landesordnung von 1517 zufolge gab es jeweils zwei G. im Alten Land, die zusammen mit
den →Hauptleuten für das Land Urkunden aus-
stellen und besiegeln sollten, vor den Amtleuten
des Erzbischofs Rechenschaft über Ein- und
Ausgaben ablegen und mit den Hauptleuten Gericht, das →Landgräfting, halten sollten. Sie
nahmen im Auftrag des Erzbischofs die höhere
Gerichtsbarkeit als Richter in Zivilsachen wahr,
in Strafsachen nur in Verbindung mit dem Dreigeschworenenrat im Landgräfting; die →Patri-
monialgerichte →Francop und →Rübke unterstanden diesem nicht. Eigene Gerichtstage hielten sie in den Gräftingen der sassischen Dörfer
am Elbufer ab. Die G. wurden vom Landesherrn
eingesetzt und vereidigt. Spätestens seit Mitte
des 17. Jh. saßen sie mit dem Landessekretär im
Gräfengericht in Jork auch allein zu Gericht, soweit nicht die →siedesten oder die Patrimonialgerichte zuständig waren. Vom Gräfengericht
waren Appellationen an das zweimal im Jahr ta-
gende Landgräfting möglich. Die G. waren mit
Hilfe der Hauptleute und Vögte auch für die
Landespolizei und die Einziehung der Steuern
und landesherrlichen Abgaben zuständig und
beaufsichtigten das Deichwesen.

Die Altländer suchten auf die Wahl der G. Einfluss zu nehmen, indem die →Landesversamm-
lung dafür Hausleute aus dem Lande vorschlug.
1589 gestand ihnen der Erzbischof zu, dass sie
für eine der beiden Gräfenstellen vier Personen
in Vorschlag bringen konnten, aus denen der
Landesherr eine auswählte. Als die Schweden
das Land besetzten, nahmen diese darauf zunächst keine Rücksicht und setzten 1645 Ma-
thäus von →Haren aus Stade als G. ein. Nach
mehreren Gesandtschaften nach Stockholm erlangten die Altländer 1672 von der schwedischen Regierung das „Gräfenprivileg", wonach
sie für eine Gräfenstelle wieder vier Personen
aus dem Hausmannstand präsentieren durften
und beide G. im Lande wohnen sollten. In der
Folge bekleideten zumeist von der Regierung
eingesetzte Adlige die erste Gräfenstelle und von
den Altländern vorgeschlagene Hausleute die
zweite. Im 18. Jh. bevorzugte die hannoversche
Regierung bei der Besetzung der Gräfenstellen
studierte Juristen, auch wenn diese nicht aus
dem Lande kamen. Das Vertrauen in die Gerechtigkeit des Gräfengerichts schwand, die Klagen über die G. häuften sich.

Nach der →Franzosenzeit, während der Justiz
und Verwaltung getrennt und der G. zum Frie-
densrichter wurde, wurde das nunmehr „Könige-
liche Gräfengericht" wiederhergestellt. Aufgrund der 1849 beschlossenen Trennung von
Justiz und Verwaltung endete 1852 auch das Gräfengericht: Der erste G. wurde zum Amtmann,
der zweite G. zum Amtsrichter.   *aeh*

Gräfenhof Der Hof in der Ortsmitte von
→Jork war um 1637 der Sitz des obersten Ver-
waltungsbeamten Johann Barvels. Der →Gräfe
Matthäus von →Haren übernahm 1648 die Lie-
genschaft und ließ vor das →Fachhallenhaus
das repräsentative zweistöckige Querhaus
1649/51 setzen. 1767 wurde Eberhard v. d. Decken neuer Besitzer. Er verkaufte den Hof 1778
an Tewes Wilkens. Dessen Nachkommen gaben das Anwesen 1938 an Catharina Loheyde,
deren Nachfahre Herbert Köster das mittlerweile baufällige Bauwerk 1971 an die →Gemeinde
Jork veräußerte. Das Anwesen wurde bis ins 20.
Jh. landwirtschaftlich genutzt. Die Gemeinde
Jork ließ das barocke Bauwerk 1976/1980 auf-
wändig sanieren und zum Rathaus umbauen,
das seitdem G. heißt. Das ehemalige, 1953 auf
9 m verkürzte Langhaus wurde dabei durch ei-

nen Neubau ersetzt und mit dem barocken →Prunkgiebel des abgebrochenen Fachhallenhauses Westerjork Nr. 55 versehen. Statt der einflügeligen →Brauttür, die heute den Seiteneingang bildet, wurde eine *Grootdör* eingebaut, über der das kunstvoll gestaltete Kopfstück des alten Giebels einen neuen Platz erhielt. Im repräsentativen Wohnteil sind u. a. Stuckdecken und barocke Schränke erhalten. Auch die vom →Fleet auf den Vorplatz führenden Treppen an der Ufermauer sowie die zweiflügelige Eingangstür mit ihrer vorgelagerten Sandsteintreppe konnten restauriert werden. Die zum Fleet zeigende Traufenseite besitzt einen Zwerchgiebel. Die unterschiedliche Höhe des Obergeschosses ergab sich aus dem 1780 erfolgten Umbau.   *dtb*

Gräfenland G. ist die heute nicht mehr gebräuchliche Bezeichnung des östlich der →Este im →Kirchspiel →Estebrügge gelegenen Teils des Brobergengerichts (später Vogtei →Hove-Leeswig) und einer räumlich darüber hinausge-

henden ehemaligen Zehntflur in →Hove und →Moorende. Der 1338 erstmals belegte Name leitet sich wohl ab von den im Mittelalter dort begüterten Edelherren von Buxtehude bzw. von Heimbruch, die um 1200 mit dem Grafentitel bezeugt sind. Der Umfang der Zehntflur G. ist durch eine im →Altländer Archiv erhaltene Zehntkarte von 1747 genau dokumentiert, sie reichte vom Haus Groß Hove 12 im Norden bis zum heutigen Esteburgring im Süden, deckte sich also nicht mit politischen oder Verwaltungsgrenzen. Der herrschaftliche Marschzehnte vom G. wurde 1849 abgelöst, danach geriet der Name in Vergessenheit.   *rg*

Gräfenhof
in Jork

Grafschaft Stade An der Niederelbe trat im 10. Jh. eine Grafenfamilie hervor, die mit Graf Heinrich „dem Kahlen" Konturen erhielt, als 959 Orte in den Gauen (*pagi*) *Helinge* (Heilanga, von Stade bis Zeven) und *Mosidi* (von Buxtehude bis zur Seeve) genannt wurden, die zu Heinrichs Grafschaft und (königlichem) Auftragsbereich (*in comitatu et legatione Heinrici comitis*) gehörten.

Heinrich nahm seinen Burgsitz in Harsefeld. Bei seinen Nachkommen war der Name Udo häufig, so dass man sie Udonen nannte. Auch in Stade besaßen die Grafen 994 eine Burg, wohin sie um 1000 ihren Sitz verlegten. In Harsefeld gründeten sie ein Stift, das sie 1101 in ein Benediktinerkloster umwandelten und direkt dem Papst unterstellten. 1063 überließ König Heinrich IV. die G. dem →Erzbistum Bremen, von dem die Grafen sie nun als Lehen erhielten. Zur G. gehörten damals Markt-, Münz- und Zollrechte und das für die Kolonisation in den Elbmarschen wichtige Forstrecht. Die Udonen, seit 1056 auch Markgrafen der Nordmark (der Altmark an der →Elbe), setzten als Verwalter der G. zeitweise ihren Ministerialen Friedrich ein. Nach dessen Tod (1135) nahmen die Udonen sie wieder in Besitz. Graf Rudolf II. fiel 1144 im Kampf mit den Dithmarschern; Erbe war sein Bruder, der Dompropst Hartwig, der die G. dem Erzbistum Bremen übertrug und 1148 selbst zum Erzbischof gewählt wurde. Die G. wurde jedoch nach Rudolfs Tod auch von Herzog Heinrich dem Lö-

Graft

wen beansprucht. Der Streit um die G. zog sich fast ein Jahrhundert hin, wobei sie mehrfach den Besitzer wechselte. Spätestens nach Hartwigs I. Tod (1168) verfügte Heinrich der Löwe über sie unbeschränkt. Nach seiner Absetzung als Herzog 1180 fiel sie zurück an den Erzbischof, doch überließ Erzbischof Hartwig II. sie 1189 noch einmal Heinrich dem Löwen. 1191 nahm sie Graf Adolf III. von Holstein in Besitz. 1202 eroberten Kaiser Otto IV. und Pfalzgraf Heinrich, die Söhne Heinrichs des Löwen, Stade. Der Pfalzgraf verzichtete 1219 auf die G. zugunsten des Erzbistums für den Fall seines Todes, der 1227 eintrat. Erst 1236 erkannte sein Sohn Otto den Verzicht an, wobei er sich den östlichen Teil (mit Harburg) abtreten ließ. Seitdem war die G. (das Alte Land eingeschlossen) ein fester Bestandteil des →Erzstifts Bremen.   *aeh*

Graft Im Nordosten →Francops (vor der Eindeichung →Hohenwischs) befand sich außendeichs an der →Süderelbe eine Fährstelle – G. genannt (urkundliche Ersterwähnung 1266). Diese

war nicht nur der Übergang zu den vorgelagerten Inseln Alten- und Finkenwerder, sondern im Mittelalter auch Treffpunkt zwischen Vertretern →Hamburgs und des →Erzstifts Bremen. Bis zur Abdämmung der Alten Süderelbe nach der →Sturmflut von 1962 war das dortige Gasthaus ein beliebter Treffpunkt der Segler.   *bf*

Gräfting   →Gräfen, →Landgräfting

Grevenland   →Gräfenland

Großes Brack   Aufgrund seiner exponierten Lage war der Elbdeich im Bereich des G. in →Borstel eine der meistgefährdeten Deichstrecken im Alten Land. Ein erstes →Brack könnte an dieser Stelle bereits 1412 bei der Cäcilienflut entstanden sein (→Sturmfluten im Mittelalter, →Wellenstraße). In der Folge kam es hier immer wieder, insbesondere im 17. Jh., zu verheerenden Deichbrüchen. Die Auswirkungen des →Dreißigjährigen Krieges und später die Querelen un-

ter den deichpflichtigen Eigentümern verhinderten hier die konsequente Deichinstandsetzung, so dass diese Stelle ein ständiger Gefahrenherd blieb und 1736 erneut brach. Die Markusflut am 7. Oktober 1756 brachte dann die entscheidende Katastrophe (→Sturmfluten der Neuzeit), durch die das G. in seiner jetzigen Ausdehnung entstanden ist. Erst danach konnte die gefährliche Deichlücke endgültig geschlossen werden. Das mit 6 ha größte Brack des →Landkreises Stade ist heute Teil eines Naturschutzgebietes und gehört im Alten Land zu den bedeutsamsten Gebieten für den Biotop- und Artenschutz (→Naturschutz).   *dn*

Groß-Hamburg-Gesetz   Bereits vor dem →Ersten Weltkrieg gab es von Seiten →Hamburgs Forderungen nach räumlichen Erweiterungsmöglichkeiten des Hafens auf preußisches Gebiet und die Schaffung eines „Groß-Hamburg" mit den Nachbarstädten Altona, Wandsbek und Harburg. 1928 stimmten Hamburg und

Lotse und
Eigenwohner
Johann
(1826–1868)
und Metta
(1831–1898)
Dehde, 1865 in
Grünendeich

Preußen der Einrichtung eines Hamburgisch-Preußischen Landesplanungsausschusses zu. Für den Bereich der Hafenplanung war 1929 die Hamburgisch-Preußische Hafengemeinschaft gegründet worden. Der Landesplanungsausschuss entwickelte einen Vorschlag zur territorialen Abgrenzung des Gebietes „Unterelbe-Hamburg", der das gesamte Alte Land einbezog.

Das G. wurde 1937 von der nationalsozialistischen Reichsregierung erlassen und trat am 1. April 1937 in Kraft. Es erweiterte das Hamburger Stadtgebiet um wichtige Gebiete aus den benachbarten preußischen Landkreisen und kreisfreien Städten. Der Hamburgisch-Preußische Landesplanungsausschuss wurde 1935 aufgelöst und die Aufgaben von der Landesplanungsgemeinschaft, einer Einheit der Reichsstelle für Raumordnung, übernommen. Der fachlich begründete und auf Verkehrsvernetzungen und Wirtschafts- und Pendelbeziehungen basierende territoriale Abgrenzungsvorschlag des Landesplanungsausschusses war nicht berücksichtigt worden.

→Cranz, →Neuenfelde und →Francop, der östliche Teil der →Dritten Meile des Alten Landes, fielen auf diese Weise an Hamburg. Cranz war der einzige Ort der →Zweiten Meile, der nach Hamburg eingemeindet wurde. Hamburg sicherte sich so den Zugang zur →Este und das Areal der am östlichen Esteufer angesiedelten →Werften, darunter der →Sietas-Werft. Cranz geriet damit in eine schwierige Randlage, während das Alte Land fortan in einen hamburgischen und einen preußischen (später niedersächsischen) Bereich geteilt war, wodurch die kulturelle Einheit des Alten Landes nachhaltig beschädigt wurde.

Nach der Deutschen Gemeinde-Ordnung von 1935 und als Beauftragter des Vierjahresplanes

Wappen der
Gemeinde
Grünendeich

konnte Hermann Göring als Preußischer Ministerpräsident nun die Erfordernisse der Aufrüstungsbestrebungen (→Nationalsozialismus) direkt umsetzen. Dazu gehörten umfängliche Hafen-Erweiterungsplanungen am Altländer Elbufer sowie ein Hansakanal, der – zwischen →Lühe und →Schwinge einmündend – die →Elbe und den Hafen mit den westdeutschen Industriegebieten verbunden hätte, sowie Pläne der (Rüstungs-)Industrieansiedlung und der Ausbau der Werftkapazitäten. *ds*

Groß Hove →Hove

Grünendeich Gemeinde in der →Ersten Meile westlich der Lühemündung mit der 1,3 km entfernten Exklave →Sandhörn. Zu G. gehören zumindest teilweise die Ortsteile →Sietwende, Sandhörn, →Elbdeich, →Huttfleth, →Mojenhörn und →Lühedeich.

Bereits bei der urkundlichen Ersterwähnung 1449 als *Gronendike* war der Ort ein →Kirchspiel, in der Nachfolge des mit →Halstenfleth versunkenen sächsischen Kirchortes →Bardesfleth. Bei den Landverlusten des 15. Jh. ging die frühere geschlossene Landverbindung mit Sandhörn an die →Elbe verloren. Ob es sich bei den an der Lühemündung gelegenen mächtigen und erst 1988 entfernten Granitquadern und Teilen eines Felssteinfundamentes um die Überreste der ehemaligen Kirche gehandelt hat, ist bis heute nicht geklärt. An ihrem jetzigen, vermutlich dritten Standort wurde die Kirche 1608 auf einer →Wurt nahe der →Adlersburg errichtet.

Politisch hing G. bis ins 19. Jh. immer mit →Twielenfleth zusammen. Gemeinsam bildeten sie die →Hauptmannschaft Twielenfleth, die Deichrichterschaft Twielenfleth und das

→Fünfdörfergericht. Erst 1872 wurde die Gemeinde G. selbständig. Zum 1. Januar 1971 trat sie der →Samtgemeinde Lühe bei.

In G. lebten ursprünglich Kleinbauern, Händler u. a., mit einem Seemann in jeder Familie, darunter Lotsen und Fischer, die neben der Landwirtschaft ein Flussfahrzeug besaßen, so dass mehrere →Werften in G. heimisch waren. Nur noch wenige historische →Fachhallenhäuser blieben in G. erhalten. Zeugen der nautischen Vergangenheit G. sind heute noch der Lüheanleger mit der →Lühe-Schulau-Fähre und die von 1850–2002 bestehende →Seefahrtschule Grünendeich, in deren Räumen sich seither die →Maritime Landschaft Unterelbe befindet. Daneben sind →Obstbau und →Tourismus die heute dominierenden Wirtschaftszweige. Weithin bekannt zu seiner Zeit war das seit 1858 bestehende und ab 1897 unter dem Namen des neuen Besitzers geführte Fährhaus Cohrs, auch als Fährhaus Brücke II bezeichnet, das bei der →Sturmflut von 1962 schwer beschädigt wurde und 1965 wegen Baufälligkeit geschlossen werden musste. 1972 wurde es nach einem Brand abgerissen. Bereits 1966 hatte Familie Cohrs auf der gegenüberliegenden Seite in →Lühe (Siedlung) das heruntergekommene Fährhaus Kohl erworben, um ein neues Fährhaus Cohrs zu starten, jedoch ohne dauerhaften Erfolg (→Gastwirtschaften). Der Dampferanleger und die Lühe-Schulau-Fähre blieben jedoch in G. (→Elbfähren).

Seit den 1970er Jahren entstanden in G. mehrere Neubaugebiete; es zählte 1961 1.672 Einwohner; 2017 waren es 2.066.   *dm*

Guderhandviertel   Das – so der Name – Viertel der Adligen, dessen Name erstmals 1524 als Teil des →Kirchspiels →Steinkirchen belegt ist, ist ein 8,93 km² großes →Deichhufendorf am westlichen Lüheufer zwischen Steinkirchen und Horneburg. Seit 1971 ist die Gemeinde G. Teil der

Alter Lüheanleger mit Brücke II (im Vordergrund) in Grünendeich und Brücke I in Lühe (Siedlung)

Wappen der
Gemeinde
Guderhand-
viertel

Ältestes Wohn-
haus im Alten
Land von 1587

→Samtgemeinde Lühe mit Verwaltungssitz in Steinkirchen. Bis 1852 bildete G. eine der zwölf →Hauptmannschaften des Alten Landes.

Zu G. gehören die Ortsteile →Bergfried, →Neßstraße und →Neuhof. Drei Brücken führen von G. über die →Lühe: die Schmale Brücke nach →Mittelnkirchen, die Neue Brücke und die Altenschleusenbrücke (nur für Fußgänger) nach →Neuenkirchen. Zwischen Bergfried und Neßstraße verläuft die Landstraße nach Dollern, die heute die direkte Verkehrsanbindung an die →Autobahn A 26 darstellt.

Von der ersten Hälfte des 14. Jh. bis 1861 war das Rittergut Bergfried – erstmals 1377 erwähnt – Hauptsitz der Familie von →Zesterfleth. Heute sind von dem einstigen Stammsitz, auf dem sich inzwischen ein Seniorenheim des →Landkreises Stade befindet, lediglich noch der Name und Teile des einstigen Burggrabens erhalten. In G. bestimmen eine Anzahl prächtiger, dem Verlauf des geschwungenen →Deichs folgenden →Fachhallenhäuser in traditionellem Buntmauerwerk, Ornamentik und Farbgebung das sehr gut erhaltene Ortsbild. Hier steht u. a. der ursprünglich als Speicher genutzte älteste Fachwerkbau des Alten Landes (Nr. 50) von 1587. Er wurde 1937 zurückversetzt, um 90° gedreht und 1991/92 saniert. Das berühmteste Fachhallen-

haus ist Bergfried Nr. 21, das von 1976–77 in Besitz der Schauspielerin Elisabeth →Flickenschildt war. Eine Reihe von Deichhäusern gehört ebenfalls zum Ortsbild.

→Obstbau und →Obsthandel, Gewerbe und →Tourismus sind die wichtigsten Wirtschaftszweige.

1991 zählte G. 1.004 Einwohner; 2017 waren es 1.214. *dm*

Häfen und Anlegestellen H. sind im Zusammenhang mit der naturräumlichen oder wirtschaftlichen Nutzung des Alten Landes an der ca. 25 km langen Uferlinie der →Elbe, an den Nebenelben, den Nebenflüssen →Schwinge, →Lühe und →Este sowie zum Teil auch an →Fleeten zwecks Handels mit hiesigen landwirtschaftlichen Erzeugnissen (Getreide u. a.) entstanden, deren Anbau im Laufe des 19. Jh. zunehmend durch den →Obstbau abgelöst wurde. Im Zusammenhang mit der Ausfuhr landwirtschaftlicher Erzeugnisse entstand der Bedarf an schiffbaren Umschlag- und Verladeplätzen unmittelbar am Wasser, da viele Hofstellen bis zur zweiten Hälfte des 19. Jh. landseitig nicht ausreichend erschlossen waren (→Verkehrserschließung). Zugleich dienten die H. in der Regel auch als Umschlagplätze für eingeführte Waren (Eisen, Steinkohle, Teer u. Ä.), die von den ansässigen Schiffseignern auf dem Rückweg ihrer Transportfahrten mitgebracht wurden. Nach dem Hamburger Stadtbrand 1842 waren die H. für die aufkommenden →Ziegeleien im Alten Land von zusätzlicher Relevanz.

Die Transportschifffahrt auf den Nebenflüssen im Bereich des Alten Landes war insbesondere bis zur zweiten Hälfte des 19. Jh. bedeutend. Mit dem zunehmenden Ausbau der Straßenwege verbesserte sich ab dieser Zeit sukzessiv die landseitige Erreichbarkeit vieler Hofstellen, womit sich im Laufe der Zeit auch neue Transportmöglichkeiten für landwirtschaftliche Erzeugnisse ergaben.

Ab ca. 1900 erlebte die motorisierte Fracht- und Handelsschifffahrt einen Aufschwung, womit sich der Einsatz von Wasserfahrzeugen zunehmend zum leicht erreichbaren Hauptstrom der Unterelbe verlagerte. Spätestens seit der zweiten Hälfte des 20. Jh. unterliegen die H. des Alten Landes einem Funktionswandel hin zur Sport- und Freizeitschifffahrt. Durch Eindeichungen nach der →Sturmflut von 1962 und der damit einhergehenden wesentlichen Überformung der Küstenlinie sind die H. zum Teil vom Hauptfahrwasser der Elbe abgeschnitten und erfüllen heute eine ausschließlich museale Funktion (→Borstel). Größere H. im Alten Land befinden bzw. befanden sich: an der Elbe in →Twielenfleth, →Grü-

H

Undatierte
Ansichtskarte
vom
Borsteler Hafen

nendeich, Lühemündung, →Wisch, →Neuen-
schleuse und →Neuenfelde; an der Lühe in Grünendeich, →Steinkirchen, →Mittelkirchen
und Horneburg; an der Este in →Cranz, →Este-
brügge und Buxtehude. Daneben existieren
zahlreiche kleinere Anlegestellen, die sich heute
überwiegend in Privat- oder Vereinsbesitz be-
finden.   *mb*

Hahnöfersand Die Entstehung der vor der
→Zweiten Meile liegenden Elbinsel H. ist eine
Folge der verheerenden Sturmfluten mit Land-
verlusten und Deichrücknahmen um 1400
(→Sturmfluten im Mittelalter). Der Kern des damaligen Dorfes →Zesterfleth mit Kirche lag im
Ostteil der heutigen Insel. Sie hat gut 3,5 km Ost-
West-Ausdehnung und knapp 0,75 km in Nord-
Südrichtung. 1568 wird sie *Hahnsodtsand* genannt, 1718 erstmals *Hahnöversand*, wohl in der
Bedeutung von „Hohes Ufer". Seit der →Schwe-
denzeit war H. Domäne. 1902 wurde sie privat-
rechtlich →Hamburg übertragen, blieb aber
preußisches, heute niedersächsisches Staatsge-
biet.
Nach der Aufschüttung mit Baggergut wurde
eine hamburgische Jugendstrafanstalt errichtet,
die 1920 eröffnet und 1997 um ein (2016 ge-
schlossenes) Frauengefängnis und 2004 um eine
Jugendarrestanstalt erweitert wurde. Heute
handelt es sich um eine Justizvollzugsanstalt
(JVA), in welcher neben Untersuchungshaft
auch offener und geschlossener Strafvollzug
vollzogen werden. Außerdem hat die JVA eine
sozialtherapeutische Abteilung und 20 Jugend-
arrestplätze.
Auf H. gibt es einen Friedhof, auf welchem etwa
70 russische Kriegsgefangene des →Ersten
Weltkrieges begraben sind.
1968–76 wurde der →Deich an das Elbufer vorverlegt und die Insel eingedeicht. 2002 wurde
der Westteil und 2004 der Ostteil der Insel abgetragen und ein Süßwasserwatt bzw. eine Watt-
fläche geschaffen, letztere als Ausgleichsmaß-
nahme für die Zuschüttungen im Mühlenberger

Loch zwecks Erweiterung des Betriebsgeländes
von Airbus (→Dritte Meile).
H. fand Eingang in die Literaturgeschichte als
Ort der Rahmenhandlung in dem Roman
Deutschstunde von Siegfried Lenz.   *bf/mh*

Halbfehrden H. bedeutet das halbe Viertel
(also ein →Stück), das als Weg genutzt wird, und
ist daher der Name für zwei Verbindungswege
im Alten Land: in 1.) →Steinkirchen; 2.) →Lade-
kop.
1. Die H. in Steinkirchen zweigt bei →Bergfried
Nr. 13 von der Dorfstraße nach Westen ab. Vor
Ausbau der Straßen im Alten Land war sie ein
Verbindungsweg zum →Hinterdeich. Einige
Bauern nutzten sie als Zufahrt zu ihren Ländereien, mussten aber wie auch andere Fuhrleute
zuvor die Besitzer der H. um Durchfahrt gegen
ein Wegegeld bitten. Nur der kleinere Teil der H.
diente dem Verkehr, der größere dagegen dem
Getreideanbau. Im 19. Jh. passierten u. a. ein-
quartierte Reiter der hannoverschen Regimen-
ter auf dem Weg zu ihrem Übungsplatz bei Agathenburg die H., zudem am 23. Juni 1838 König
Ernst August von Hannover bei seinem Besuch
im Alten Land.
Die H. war eine oft genutzte Hinrichtungsstätte.
Nach dem Steinkirchner Kirchenbuch wurden
allein z. Zt. des →Dreißigjährigen Krieges etwa
40 Übeltäter auf der H. und bei der →St. Martini
et Nicolai Kirche „gerädert, gekoppet oder lebendig begraben".
Die H. ist noch heute ein Privatweg mit Anlie-
gernutzung. Sie endet in der Steinkirchner Flur
am Hinterdeich.   *dm*
2. Die H. in →Osterladekop ist dagegen ein Wirtschaftsweg zum Hinterdeich (und weiter nach
Dammhausen), der von Bauern als Zufahrt zu ihren Ländereien, als Schulweg nach Buxtehude
und von Fahrradtouristen genutzt wird.   *shs*

Halstenfleth Ehemals Dorf an der →Elbe zwischen →Twielenfleth und →Grünendeich
(1156/57 *Halstenfleit*). In H. hatte das Kloster Kem-

nade (bei Bodenwerder) Besitz, der vor 1157 dem Kloster verloren ging. Der Zehnte ging von dem 1255 gegründeten Kloster Himmelpforten zu Lehen. 1303 erwarb ihn das Kloster Harvestehude (bei →Hamburg), das um diese Zeit auch Landbesitz in H. von den von Borch ankaufte. H. gehörte zum →Kirchspiel →Bardesfleth (Grünendeich) und zum →Fünfdörfergericht, dem Gericht für die altsächsische Siedlungszone der →Ersten Meile. Nach 1400 wird H. kaum noch genannt, was mit Landverlusten zwischen Twielenfleth und Grünendeich seit Anfang des 15. Jh. zu erklären ist. Ein Rest blieb bei →Sandhörn erhalten. Daher wird H. noch 1458 erwähnt und rechnete noch 1604 zum Fünfdörfergericht. *aeh*

Hamburg Das Beziehungsgeflecht zwischen dem Alten Land und seinem Nachbarn H. soll hier punktuell und strukturell thematisiert wer-

den. 1306 betritt das Alte Land als Akteur erstmals die politische Bühne in einer kriegerischen Auseinandersetzung mit dem Bremer Erzbischof und der Stadt H. als Partner, später auch als Kontrahent. Mittelalterlicher Rentenbesitz Hamburger Bürger wie Institutionen ist im Alten Land überliefert. Die verkehrsmäßig günstige Lage des Alten Landes (→Cranz, →Graft) machte es zum Ort von Verhandlungen des Hamburger Rats mit Vertretern umliegender Akteure (u. a. Stade, Buxtehude, dem →Erzstift Bremen). Die große Konstante sind die wirtschaftlichen Beziehungen – das Alte Land als eine der Kornkammern H. Aber auch Flachs oder Meerrettich werden gehandelt, und der →Kirschen- wie →Pflaumenanbau wäre, neben örtlichen Gegebenheiten, ohne das nahe Absatzgebiet H. undenkbar gewesen. Eine Basis der Orgelkultur im Alten Land ist neben dem örtli-

Obstanlieferung zum Deichtormarkt

chen finanziellen Potential der kulturelle Austausch mit den tonangebenden, umliegenden Städten – so eben auch H. (die Orgelbauer Fritsche und →Schnitger seien genannt). Es zogen aber auch Altländer nach H., reüssierten dort und hielten den Kontakt in die Heimat aufrecht. Genannt sei die Familie →Schuback, die in H. ins Bürgermeisteramt gelangte, in →Jork den Altar stiftete und ihr dortiges Sommerdomizil →Lessing für die Hochzeitsfeier zur Verfügung stellte. Der Hamburger Brand 1842 und der Bau der Speicherstadt waren Anlass zur Gründung zahlreicher →Ziegeleien. Der starke Bevölkerungszuwachs der Metropole um 1900 zog viele Altländer in die Stadt, die dort eine Existenz aufbauten (z. B. im Einzelhandel). Mit dem Beginn der Dampferverbindungen Mitte des 19. Jh. wurde das Alte Land Ziel Hamburger Ausflügler, aber auch von Mitgliedern des Künstlerclubs (u. a. Julius →Wohlers). Die Gründung zahlreicher Ausflugslokale war eine Folge (u. a. Fährhaus Kirschenland in →Wisch). Die Gründung von Schweinemästereien, Schlachtereien oder der Cranzer Fischdampfer AG (→Hochseefischerei) waren Wege der Altländer, am Aufschwung der Metropole teilzuhaben. Folge dieser Entwicklung war aber auch die Diskussion um Eingemeindungen nach H. (Groß-Hamburg-Frage). Die in deren Folge 1937 gezogene Grenzlinie (→Groß-Hamburg-Gesetz) war zwar bezüglich des Alten Landes nur eine Minimalvariante, die aber gleichwohl unterschiedliche politische und Verwaltungsstrukturen nach sich zog, die die mit der Kreisreform von 1932 verbundene Auflösung der politischen Einheit Altes Land verstetigte und die kulturelle Identität des Alten Landes nicht beförderte. Spätestens seit den 1930er Jahren entwickelt sich der Pendlerverkehr – H. wird zum Arbeitsort der Altländer. Seit den 1960er Jahren verlegte man seinen Wohnort aus der Stadt aufs Land. In der Folge kam es zu flächenmäßigen Besiedlungen im Alten Land (Eigenheimbau) und →Grünendeich wurde zu einer der dichtbesiedelsten

Gemeinden Niedersachsens. H. und das Umland wachsen zusammen, das Alte Land wird Teil der Metropolregion. Die Großstrukturen der Metropole (u. a. Hafen, Industrie, Verkehr) erfordern Flächen, die die prägenden Strukturen (Reihensiedlung, Beete und →Gräben) überformen. So u. a. die →Francoper Schlickdeponie im Außendeich, die Flur →Rosengarten mit der Airbus- Landebahn oder die →Autobahn A 26. *bf*

Handwerk Über Jahrhunderte zogen sich Auseinandersetzungen zwischen den Zünften in Stade und Buxtehude einerseits und dem zunftfreien Alten Land andererseits hin. Den Städten konnte es nicht gleichgültig sein, wenn sich in ihrer unmittelbaren Nachbarschaft zahlreiche Handwerker niederließen. So beanspruchte im 16. Jh. Buxtehude für sich das Recht der Bannmeile und war der Ansicht, dass diese auch →Jork, →Estebrügge, →Neuenfelde und →Cranz einschlösse. Offenbar blieb ein wirkungsvolles Verbot des Erzbischofs aus. Am Ende des 16. Jh. eskalierte ein Streit um den Pferdehandel in Estebrügge. Die Niederlassung eines Weißbäckers in Estebrügge 1672 und 1673 führte zu Auseinandersetzungen. Erst im 18. Jh. wurde eine Sonderstellung des Alten Landes anerkannt. Aufgrund der schlechten →Verkehrserschließung gestand man den Altländern zu, die für den eigenen Bedarf notwendigen Handwerker zuzulassen.

Die Grundlage für das H. bildeten die Bedürfnisse der →Landwirtschaft und des →Obstbaus. Kötner bedienten die geringen handwerklichen Bedürfnisse der bäuerlichen Bevölkerung im Nebenerwerb. Schiffer brachten hochwertige handwerkliche Erzeugnisse aus den Städten mit. Mit der Entwicklung der Agrarwirtschaft begann auch die gesteigerte Nachfrage nach örtlichen Handwerkserzeugnissen. Die Zeit nach dem →Dreißigjährigen Krieg war gekennzeichnet durch eine enorme Aufbauphase, die sich auch in einer anhaltenden Baukonjunktur und

→Kreises Jork 1932 wurde der Kreishandwerkerbund nach Stade eingegliedert. Die 1934 gegründete Kreishandwerkerschaft Stade besteht bis heute.

Die mühsam aufgebauten demokratischen Strukturen wurden durch die Gleichschaltung der politischen Interessenverbände im Mai 1933 zerstört. Per Erlass musste 51 % des Vorstandes des Kreishandwerkerverbandes aus Nationalsozialisten bestehen. Alle Innungen wurden geschlossen und Pflichtinnungen errichtet, die die Zwangsmitgliedschaft zur Folge hatten.

In den 1950er und 1960er Jahren erforderte der aufstrebende Obstbau Innovationen aus dem H. heraus. So erfand Heinrich Regenbogen in →Königreich die Apfelsortiermaschine, die Firma Rancke in →Steinkirchen entwickelte einen speziellen Obstbauschlepper. Auch heute noch zeichnet sich das H. als nachgelagerter Wirtschaftszweig zum Obstbau aus, z. B. beim Bau von Obstlägern. Im Jahre 2017 gab es allein in Jork noch 100 Handwerksbetriebe.   *shs*

Hannoversche Zeit (1715–1866) Von 1715 bis 1866 gehörte das Alte Land zum Kurfürstentum bzw. (seit 1814) Königreich Hannover. Der Übergang der Herzogtümer Bremen und Verden von der Krone Dänemark zum Kurfürstentum Hannover wurde durch den Huldigungsakt für König/Kurfürst Georg I. am 15. Oktober 1715 im Stader Rathaus vollzogen. Administrativ knüpfte Kurhannover weitgehend an die →Schwedenzeit an. Die beiden Altländer →Gräfen unterstanden der Regierung in Stade als Mittelbehörde, die ihrerseits dem Geheimen Rat in Hannover als der zentralen Regierungsorganisation des Kurfürstentums nachgeordnet war. Lediglich in Finanzsachen unterstand das Alte Land unmittelbar der Kammer in Hannover.

Die während der Schwedenzeit gewährten Privilegien des Landes erfuhren 1735 durch Georg II. bzw. 1767 durch Georg III. eine Bestätigung. Dennoch nahm im Lauf des 18. Jh. auch der aus dem →Hausmannstand ernannte Gräfe, der ei-

repräsentativen Bauten ausdrückte. Die Altländer →Tracht bildete sich aus und auf wertvolle →Möbel und Hausrat wurde mehr Wert gelegt. Es wurde auch Sinn für Schönheit und Zierlichkeit in Form und Farbe entwickelt.

1677 verzeichnete das Alte Land 243 Handwerker, 9,9 % der gesamten Haushalte. 1861 war jeder dritte Einwohner dem Handwerksstand zuzurechnen. Im September 1924 gab es 535 Handwerker. Die meisten Handwerker waren in holzverarbeitenden Berufen tätig.

Der Erfindergeist hiesiger Handwerker brachte dem Obstbau viele Erleichterungen. Diese Abhängigkeiten spiegelten sich nicht unbedingt im politischen Leben der Gemeinden wider. Erst während der →Weimarer Republik zeichnete sich eine grundlegende Änderung in der politischen Einflussnahme des H. ab. 1921 wurde in Jork der Kreishandwerkerbund gegründet. Seine Organisation führte dazu, dass bald das H. eine angemessene Stellung in Gemeinde-, Kreis- und Wirtschaftsvertretungen fand. Als Bindeglied zwischen Innungen und Handwerkskammer wurde 1925 das Handwerksamt errichtet, ebenfalls mit Sitz in Jork. Mit der Auflösung des

Wohnhaus
des Amtmanns
in Westerjork,
heute Wester-
jork 19

Gerdt Hardorff

gentlich die Interessen des Landes gegen die Herrschaft zu vertreten hatte, den Charakter eines landesherrlichen Bediensteten an. Mit der französischen Besetzung Kurhannovers 1803 begann auch für das Alte Land die von mehrfachen kurzfristigen Herrschaftswechseln geprägte sogenannte →Franzosenzeit, die erst Ende November 1813 endete, woraufhin die alte Verwaltungsorganisation zunächst wieder hergestellt wurde.

Seit 1823 gehörte das Alte Land zum neu eingerichteten Landdrosteibezirk Stade. Nachdem bereits 1832 eine Reform des Gerichtswesens im Alten Land vorgenommen worden war, erfolgte 1852 im Königreich Hannover die Trennung von Verwaltung und Justiz. So wurde aus dem um kleine Teile Kehdingens und des Amtes Stade-Agathenburg sowie um einige bisherige →Patrimonialgerichte erweiterten Bezirk des →Gräfengerichts Alten Landes das →Amt Jork gebildet. Für die Rechtsprechung wurde das →Amtsgericht Jork eingerichtet, dessen Bezirk den

Sprengel des nunmehrigen Amtes Jork umfasste.

War 1785 von Kurhannover erstmals ein eigener Deichbaubeamter (Oberdeichgräfe) speziell für das Alte Land ernannt worden, so wurde nach der schweren Sturmflut von 1825 (→Sturmfluten der Neuzeit) im Jahr 1829 eine eigenständige Wasserbauinspektion in Jork eingerichtet, die allerdings schon 1852 wieder aufgehoben wurde. Die →Deiche und Flüsse im Alten Land fielen seitdem in die Zuständigkeit des Wasserbauinspektors in Buxtehude.

Mit dem Ende des Königreichs Hannover 1866 begann im Alten Land die →Preußische Epoche. *ch*

Harburg →Hamburg, →Landkreis Harburg

Hardorff, Gerdt, d. Ä., *11.5.1769 in →Steinkirchen, †19.5.1864 in →Hamburg H. wurde als Sohn eines gleichnamigen Schiffers und Kornhändlers in Steinkirchen geboren. 1780 zog die Familie nach Hamburg, wo H. das Gymnasium

Johanneum besuchte und seinen ersten Zeichenunterricht bei dem Maler Johann Anton Tischbein erhielt. Von 1789 bis 1794 wurde er an der Akademie in Dresden unter der Leitung von Giovanni Battista Casanova zum Porträt- und Historienmaler ausgebildet. 1794 kehrte er nach Hamburg zurück, wo er als Zeichenlehrer u. a. bei der Patriotischen Gesellschaft und am Johanneum feste Anstellungen fand, daneben gab er auch privat Zeichenstunden. Fast alle Hamburger Künstler der ersten Hälfte des 19. Jh. wurden von ihm ausgebildet; sein bedeutendster Schüler ist der Romantiker Philipp Otto Runge. H. schuf zahlreiche Gemälde, Radierungen und Lithographien, insbesondere Porträts und Historiendarstellungen. Drei Söhne wurden ebenfalls Kunstmaler in Hamburg. 1927 wurde der Hardorffsweg in Hamburg-Barmbek nach ihm benannt. *rg*

Haren, Matthäus von, †30.6.1671 in →Jork
Als erster →Gräfe während der →Schwedenzeit war der →Hausmann H. 1645 unmittelbar nach der Eroberung von Gouverneur Hans Christoph von Königsmarck ernannt worden. Zuvor hatte er die Funktion eines →Hauptmannes in →Twielenfleth ausgeübt, wo sein Vater Hinrich von Haren, erster schwedischer Kanzler in Bremen-Verden, Hof und Ländereien besaß. Er entstammte einer alten Stader Ratsherrenfamilie, die mit der schwedischen Krone sympathisierte. Vermutlich ist H. in Stade geboren, sein Geburtsdatum ist allerdings unbekannt.
Ostern 1648 kaufte H. von Peter Barvels einen zwanzig Morgen großen, in der Mitte von Jork liegenden Hof: den Haren'schen Hof. Königin Christina verlieh H. 1649 die adelige Gerechtigkeit auf seinem Wohnhof, der somit zu einem adeligen, steuerfreien Gut wurde. Unmittelbar danach ließ er auf dem Grundstück ein neues Gebäude errichten, den seit 1980 so genannten →Gräfenhof. Das →Wappen der Familie, ein von zwei Löwen gehaltener Schild mit drei Spindeln ("Dengeleisen"), ziert das Gebäude.

Für die Jorker Kirche stiftete H. 1660 einen Abendmahlskelch und 1664 die Kanzel, die mit Namen und Wappen des Ehepaares versehen ist – seine Ehefrau war Gertrud Elisabeth, geb. Gronow.
Der Sohn Junker Hinrich von Haren heiratete in Jork Agnes von Höpken (†1704). Sein Schwiegersohn war der schwedische Archivar und Referendar Gustav Hempel.
H. übte bis zu seinem Tod als Gerichtsherr und Verwaltungschef das Gräfenamt aus. Sein Schwiegersohn war einer der Bewerber um die Amtsnachfolge, letztlich wurde Nicolaus von Höpken, Besitzer des Gutes →Melau, zum neuen Gräfen ernannt. *bcf*

Harmshof Die vollständig erhaltene denkmalgeschützte →Hofanlage des H. in →Königreich (Königreicher Str. 88) umfasst das Haupthaus, eine zu Wohnzwecken umgebaute Apfelscheune (früher Schweinestall), einen Schaf- und Schweinestall, heute Café, einen Küchengraben sowie eine Durchfahrtsscheune, die zu den ältesten Wirtschaftsgebäuden im Alten Land zählt. Ein Backhaus brannte 1899 ab und wurde nicht wieder aufgebaut. Zum Hof gehörte bis zum →Ersten Weltkrieg auch eine →Ziegelei. Ihren Namen trägt die Hofanlage nach der früheren Eigentümerfamilie Harms, die den Hof fast drei Jahrhunderte von 1699 bis in die 1990er Jahre besaß.
Das Hauptgebäude ist ein →Fachhallenhaus aus dem 18. Jh. 1820 wurde der Giebel abgetragen und das Haus um 5,50 m zum →Deich hin verlängert. Der dreifach abgetreppte →Prunkgiebel mit drei Vorkragungen auf Stichbalken und Dachpfahl mit Vasenaufsatz wurde dabei im Stile des Klassizismus erneuert. 1850 wurde das Säulenportal mit der vierteiligen Haustür eingebaut. Die Fensterfront wurde 1880 erneuert. Der Wirtschaftsteil springt an den Langseiten des Hauses mit Kübbungen vor, an der Rückfront befindet sich eine *Grootdör* mit Walm.
Ein nach 1820 vermutlich als Schafstall errichtetes Gebäude weist in der Innenkonstruktion

Harmshof,
Königreicher
Straße

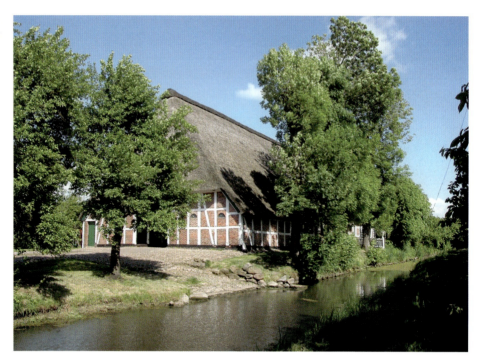

Harmshof,
Königreicher
Straße

Hölzer auf, die vollständig zweit- und drittverwendet wurden. Im Giebel des Stalls wurde der Inschriftenbalken des Haupthauses wiederverwendet (*Peter Rode bün ick genannt. Min Glück steit in Gottes Hand. Anno 1606*); im Inneren findet sich eine Vielzahl von beschnitzten, ehemaligen Fußbändern des Giebels jetzt als Kopfbänder der Innenständer. 2007 wurde das Gebäude saniert und zum Café umgebaut.

Die 2006 vollständig sanierte Durchfahrtsscheune stammt aus der zweiten Hälfte des 17. Jh. Hier wurden die Balken von früheren Rutenbergen, die archivalisch noch 1640 nachzuweisen sind, verbaut. Zahlreiche An- und Umbauten, auch hier zweitverwendete Hölzer (u. a. von einem →Ewer von 1750), sind nachzuweisen. Beachtlich ist die Form des Daches. Auf der dem Haus zugewandten Seite steht ein zweifach vorgekragter, verbohlter Steilgiebel, welcher von einem Giebelpfahl und bis 1970 von einem eisernen Wetterhahn bekrönt war.   *shs*

Hasselwerder H. liegt in der →Dritten Meile des Alten Landes im sächsischen Siedlungsge-

biet (→Sachsen). Im Jahre 1059 ist der Ort urkundlich zum ersten Male erwähnt und zählt damit zu den am frühesten genannten Siedlungen des Alten Landes überhaupt. Der Name erklärt sich aus „Hasel" (Haselstrauch) und Werder (Flussinsel). Ein zugehöriger Wasserlauf wäre im Verlauf von Nincoper Straße und Domänenweg zu suchen. Urkundlich wie archäologisch ist dieser aber bis dato nicht nachgewiesen. H. wird begrenzt durch die →Este, →Elbe und →Süderelbe im Westen und Norden und durch den Verlauf von Nincoper Straße und Domänenweg im Süden. Das Gebiet gliedert sich in die drei Fluren →Liedenkummer (im Westen), das *Saschenfeld* (→Saschen, im Osten) und diesem im Norden vorgelagert die Flur →Rosengarten. Diese Gliederung ist Ergebnis der Neueindeichungen Ende des 15. Jh. (→Dritte Meile, →Sturmfluten im Mittelalter).

H. bildete seit dem Mittelalter eine →Hauptmannschaft des Alten Landes und war seit 1852 eine eigenständige Gemeinde. 1929 erfolgte der Zusammenschluss mit →Nincop zur Gemeinde →Neuenfelde. Ursprünglich waren Haupt-

Neuenfelder
Hafen

mannschaft und gleichnamiges →Kirchspiel in der Fläche identisch. In Folge der Wiedereindeichungen Ende des 15. Jh. wurde das →Kirchspiel Nincop nicht wieder errichtet, sondern mit H. zum Kirchspiel Neuenfelde zusammengelegt, das damit auch →Francop einschloss, obwohl dieser Ort nicht zur politischen Gemeinde H. bzw. Neuenfelde gehörte.

Das Zentrum von H. bildeten die →St.-Pankratius-Kirche und der aus dem Schleusenfleet entwickelte Hafen. Hier findet sich eine den →Bürgereien vergleichbare Baustruktur mit einer von Schiffern, Handwerkern, Kaufleuten und Gastwirten geprägten Einwohnerschaft, ganz im Gegensatz zu der ansonsten vorhandenen bäuerlichen Struktur. H. hatte 1926 1.867 Einwohner. *bf*

Hauptentwässerungsverband (HEV) der Dritten Meile Altenlandes Der H. ist ein →Wasser- und Bodenverband im Hamburger Teil des Alten Landes gemäß dem Wasserverbandsgesetz von 1991 und dem Hamburgischen Gesetz zur Ausführung des Wasserverbandsgesetzes von 1994. Er ist als solcher eine Körper-

schaft des öffentlichen Rechts. Er verwaltet sich im Rahmen dieser Gesetze selbst.

Der H. ist Dachverband von insgesamt vier Schleusenverbänden, einem Sielverband und drei Sommerdeichverbänden des zu →Hamburg gehörenden Teils des Alten Landes. Das Verbandsgebiet umfasst rund 1500 ha. Der Schleusenverband →Liedenkummer gehört nicht dem H. an.

Der H. wurde 1964 gegründet. Seine reinen Verbandsaufgaben konzentrieren sich u. a. auf die →Be- und →Entwässerung, auf den Ausbau und die Unterhaltung von Gewässern, auf Fragen der →Polderung und der Frostschutzberegnung (→Spätfrost) sowie auf die Förderung und Überwachung dieser Aufgaben. Er tritt auch als Interessenvertreter der acht Wasser- und Bodenverbände gegenüber Politik und Behörden auf, ohne deren Autonomie einzuengen.

Der H. nimmt außerdem einen bedeutenden Platz in der Mitwirkung bei der örtlichen Siedlungsentwicklung und der Entwicklung und Sicherung des →Obstbaus im Hamburger Alten Land ein. Er erarbeitete dafür ein Leitbild, das besonders die Verbesserung der Infrastruktur für die →Landwirtschaft und deren Wettbewerbsfähigkeit unter dem Aspekt der Nachhaltigkeit im Auge hat. *dim/mh*

Hauptleute/Hauptmannschaften H. (lateinisch: *capitanei*) erscheinen im Mittelalter als militärische Anführer, so z.B. 1306 beim Aufstand in den Elbmarschen gegen die Grafen von Holstein und den Erzbischof von Bremen. Als Repräsentanten des Alten Landes treten H. (*hovetlude*) zuerst 1361 auf. Später erscheinen Hauptleute als Repräsentanten auch in anderen Elbmarschen (Wilstermarsch, Hadeln, Kehdingen). Im Alten Land waren ihnen Verwaltungsbezirke zugeordnet, die Hauptmannschaften, in denen jeweils ein Hauptmann aus den ortsansässigen →Hausleuten im jährlichen Wechsel als Vorsteher amtierte. Sie hatten in ihren Hauptmannschaften – anders als die →Vögte in den Vogteien – keine gerichtlichen Funktionen. Die Hauptmannschaften bestanden bis in die Mitte des 19. Jh. und wurden dann zu Landgemeinden. Es spricht einiges dafür, dass die Erhebung von H. im Alten Land das Ergebnis einer Umwälzung der kommunalen →Verfassung in der Mitte des 14. Jh. war, durch die der Einfluss der Adelsfamilien beschränkt und die genossenschaftlichen Organe in der →Landesgemeinde gestärkt werden sollten. Die zwölf H. vertraten seitdem ihre →Gemeinden politisch, amtierten als Verwaltungsorgane, beteiligten sich am →Landgräfting, dem Gericht des Landes, und repräsentierten das Land, seit dem 16. Jh. zusammen mit den →Gräfen. Die zwölf Hauptmannschaften waren, zumindest seit dem 16. Jh., →Twielenfleth, →Borstel, →Hasselwerder, →Hollern, →Steinkirchen, →Guderhandviertel, →Mittelnkirchen, →Neuenkirchen, →Jork, →Ladekop, →Königreich und →Moorende. Durch Hovenbriefe, die seit dem 16. Jh. überliefert sind, wurde die Reihenfolge der jährlichen Amtsübernahme innerhalb der Hauptmannschaft geregelt. Vier der H. führten seit dem 15. Jh. den Titel Bürger-

Johann Nodop
(1825–1898),
Hauptmann
von Ladekop
(1873–1880)

Hans Heinrich

meister; aus ihnen wählte die →Landesversammlung einen →Oberbürgermeister, der die Landesversammlung einberief.

Seit 1885 hießen die H. Gemeindevorsteher und diese nach einem Zwischenspiel als Dorfschulzen (1933–35) seit 1935 Bürgermeister. *aeh*

Hausmann (im Plural **Hausleute**) Als H. wurden im Alten Land die Inhaber der großen Hofstellen bezeichnet, die die bäuerliche Oberschicht bildeten und bis in die Mitte des 19. Jh. als Träger der Altländer Selbstverwaltung allein die Ämter als →Hauptleute, →Deich- oder Sielgeschworene bekleideten. In anderen Gegenden ist hierfür auch die Bezeichnung Hufner, Vollhöfner oder Baumann gebräuchlich. Eine Differenzierung in Halb-, Viertelhöfner etc., wie sie auf der Geest üblich war, existierte im Alten Land nicht. Da sie nicht nur persönlich frei waren, sondern zudem auch weitestgehend Eigentümer ihres Landes, ist H. auch mit der Bezeichnung Erbexen gleichzusetzen. Ihre Höfe hatten in der Regel eine Größe von etwa 20 Altländer Morgen (→Maße). Weniger als 4 Morgen Landbesitz bedeutete, dass die Stelle automatisch zu einer Eigenwohnerstelle wurde und damit auch den Ausschluss aus der Altländer Selbstverwaltung bedeutete. Die Übergänge zwischen den Gruppen waren also fließend und lediglich durch den Umfang des Landbesitzes definiert. Die →Landwirtschaft gewährte vielen H. einen Wohlstand, der die Grundlage für die Ausbildung der repräsentativen Altländer Baukultur (→Fachhallenhäuser), →Wohnkultur und →Tracht war. *bf*

Heinrich, Hans, *8.9.1946 in →Königreich, †25.12. 2013 in →Grünendeich H. entstammte einer Kapitäns-, Schiffseigner- und Reederfamilie von der →Este, die bereits 1856 ein seegängiges Segelschiff auf der →Sietas-Werft bauen ließ. Er besuchte die Mittelschule in →Jork. Große Teile seiner Kindheit und Jugend verbrachte er auf den Schiffen seines Vaters auf See. Seinen Wehrdienst leistete er bei der Bundesmarine ab. Danach absolvierte er eine Lehre zum Schifffahrtskaufmann bei der Peter Döhle KG in →Hamburg.

1980 gründete er mit seinem Bruder Claus in →Steinkirchen das →Schifffahrtskontor Altes Land (SAL), das zunächst drei Schiffe ihres Vaters bereederte. Schnell erkannte er eine Marktlücke für Schwerlastschiffe mit eigenem Ladegeschirr, die er geschickt nutzte. Mit zunächst zwei Schiffen, die Einzelteile bis zu 300 to Gewicht verladen konnten, begann der Aufstieg der Firma. Einige risikoreiche Projekte, die erfolgreich durchgeführt wurden, machten H. und die SAL weltbekannt, u. a. der Transport der ARIANE-Raketen nach Kourou (Guayana) zum „Weltraumbahnhof" der Europäischen Weltraumorganisation. Bis 2011 entwickelte er SAL zu einer der weltgrößten Schwergutreedereien, die Einzelteile bis zu 2000 to Gewicht selbst verladen konnte (damals Weltrekord).

2011 zogen er und sein Bruder Claus sich aus der →Schifffahrt zurück und verkauften ihre Geschäftsanteile an die japanische K-Line. Fortan widmeten sich die Brüder Bauprojekten im Alten Land, in Stade, Buxtehude und Hamburg.

H. führte mehrere Projekte durch, die im kommunalen Interesse lagen, so die Umgestaltung des ehemaligen Pionierübungsplatzes in →Mojenhörn und die Renovierung einiger Geschäftshäuser in Steinkirchen, wo er sich für die Erhaltung des städtebaulichen Ortsbildes bleibende Verdienste erworben hat. Die ehemaligen Geschäftsgebäude von SAL ließ er zu Kindertagesstätte und Altenwohnheim umbauen.

Neben der Arbeit in seinem Geschäft hat H. sich für soziale und kulturelle Projekte im Alten Land tatkräftig und finanziell eingesetzt.   *cr*

Hellwege, *Heinrich* **Peter,** *18.8.1908 in →Neuenkirchen, †4.10.1991 ebd. Nach dem Schulabschluss arbeitete H. 1926 als Lehrling und Angestellter bei Hamburger Handelsfirmen und übernahm 1934 das elterliche Einzelhandelsgeschäft, das er erfolgreich um den Handel mit chemisch-

technischen Produkten für →Landwirtschaft, Industrie und Baugewerbe erweiterte. Von 1939–1945 war er Soldat beim Bodenpersonal der Luftwaffe. Tief verwurzelt in der welfisch-antipreußischen Tradition seines Elternhauses wahrte H. früh Distanz zum nationalsozialistischen Staat. Als Kreisvorsitzender der welfentreuen Deutsch-Hannoverschen Partei (DHP) 1931–1933 konnte er verhindern, dass der Jugendverband der Partei in die SA überführt wurde. Als selbständiger Kaufmann und Mitglied der Bekennenden Kirche nutzte er in der NS-Zeit seine Bewegungsfreiheit und führte Gegner des NS-Regimes zusammen. 1945 gründete er die DHP als Niedersächsische Landespartei (NLP, ab 1947 Deutsche Partei) in Neuenkirchen wieder, als deren Fraktionsvorsitzender er im Dezember 1946 in den niedersächsischen Landtag einzog, dem er 1946–1950 und 1955–1963 angehörte. Tiefe Skepsis gegenüber jeglichen zentralstaatlichen Tendenzen führte ihn dazu, als einer der Gründerväter Niedersachsens für ein politisch von der Bundesebene weitgehend unabhängiges und ökonomisch existenzfähiges Land einzutreten. 1949 lehnte er das Grundgesetz ab, weil er einen Staatenbund deutscher Länder anstrebte und in einem starken Bundesstaat eher einen zentral ausgerichteten Zwangsstaat sah. Als Minister für Angelegenheiten des Bundesrates im 1. und 2. Kabinett Adenauer (1949–1955) verhielt er sich

Heinrich Hellwege (Mitte)

loyal gegenüber dem Bundeskanzler. In Niedersachsen wurde H. 1955 Ministerpräsident (bis 1959), sicherlich der Höhepunkt seiner politischen Karriere.

Bis zu seinem Tod blieb H. ein seiner Herkunft verpflichteter Mensch ohne berechnende Taktik. Als Vorsitzender der NLP/DP (1946–1961) hielt der Ehrenbürger seiner Heimatgemeinde Neuenkirchen seine Partei durchaus energisch zusammen, verhinderte jedoch nicht, dass die DP zu einem Sammelbecken für antidemokratische Kräfte und ehemalige NS-Funktionäre wurde. Nach Auflösung der DP 1961 trat er in die CDU ein, die er jedoch 1979 wieder verließ. Sein Versuch, im Alter von 71 Jahren, die rechtskonservative ‚Liberal-Konservative-Aktion‘ mit zu gründen, blieb erfolglos.   *gf*

Hessbögel Der H. bezeichnet die große Lüheschleife, deren Westufer zum Ortsteil →Lühe-

Hessbögel

deich der Gemeinde →Grünendeich gehört, während das Ostufer mit →Lühe und →Höhen Teil von →Borstel ist. Der H. liegt zwischen dem in der Lühemündung befindlichen →Sperrwerk und der 1938 zwischen Höhen und Grünendeich errichteten Schleusenbrücke. Der niederdeutsche Name bedeutet „Kniebeuge".

Schwerste →Sturmfluten und Eisstau prägten den ursprünglich geraden Verlauf der →Lühe, so dass durch einströmende Wassermassen eine Veränderung des Flussbettes entstand, die bereits im 16. Jh. als H. bezeichnet wurde. Seine heutige Form erhielt der H. jedoch erst im 18. Jh., insbesondere im Winter 1736/37, in dem durch die Mäanderung die große Lüheschleife entstand. Die schmale Landverbindung besteht seit 1751 dank der Verlängerung des Grünendeicher Minneweges in den H. Zum H. gehört auch der Grünendeicher →Hafen, früher ein Dreh- und Angelpunkt der Altländer →Schifffahrt. *dm*

Ansichtskarte
der Gastwirt-
schaft Giese in
Hinterbrack,
gelaufen 1938

Hinterbrack H. ist zwar in der →Zweiten Meile im sächsischen Teil des Alten Landes (→Sach-
sen) gelegen, doch, wie der Name sagt, ist er erst
nach der Entstehung des →Großen Bracks nach
1400 entstanden und kennzeichnet zudem die
Orientierung nach →Borstel mit einer Ost–
West-Ausdehnung von rund 3 km. Die Flur
grenzt im Süden an die Leeswiger →Wettern
und hat eine Ausdehnung von weniger als 1 km.
H. war im Mittelalter und in der Frühen Neuzeit
adliges →Patrimonialgericht der Familie von
Borch bzw. nach deren Aussterben 1502 der von
→Zesterfleth, im 19. Jh. Teil der →Gemeinde
Borstel, jetzt der Einheitsgemeinde →Jork. H.
bildet mit →Leeswig seit 1723 und mit →Cranz
seit 1835 einen Schleusenverband und von 1908
bis in die 1960er Jahre eine Schulgemeinde mit
Cranz – davon betroffen waren allerdings lediglich die Kinder der Hausnummern Hinterbrack
1–12; alle anderen, wie alle von 1885–1908, gingen
zur Schule nach →Königreich. Auf dem Quast-
schen Hof in H. befindet sich heute noch ein
→Göpel, allerdings mit neuerem Flachdach.
Im Bereich H. ist das um 1400 untergegangene
Bokfleth zu suchen. Inwieweit es um 1400
zu Landverlusten und zu einer Rücknahme der

Deichlinie – der →Deich liegt hier schar – gekommen ist, muss offen bleiben. Das Gleiche
gilt für die Struktur der Flur.   *bf*

Hinterdeich Eine essentielle Bedeutung für
den Schutz der Altländer Bevölkerung hatten in
früherer Zeit die H. oder Achterdeiche. Jede
→Meile war als →Polder ringsum von →Dei-
chen umgeben, gegen Süden, zu Geest und
→Moor hin, musste das Alte Land besonders
vor dem von den höher gelegenen Moor- und
Geestbezirken herabfließenden Schmelz- und
Regenwasser geschützt werden. Zur Kanalisati-
on der von außen heranströmenden Wasser-
mengen wurden außen vor den H. →Gräben
ausgehoben. Diese Landwettern sind zum Teil
noch erhalten. Hier wurde das Wasser im Idealfall aufgefangen, entweder direkt durch die
Landwettern in die Nebenflüsse der →Elbe geleitet oder gezielt durch →Siele und Gräben
durch das Alte Land hindurchgeführt. Die H.
waren zwar deutlich niedriger als die Haupt-
und Flussdeiche, erfüllten aber im Deichsystem
eine ebenso wichtige Aufgabe.
Im Laufe der zweiten Hälfte des 20. Jh. wurden
die H. zum größten Teil abgetragen, weil sie auf-

Hinterdeich

grund der →Polderung und Dränung weitgehend funktionslos geworden waren. Das Niederschlagswasser wird schon auf der Geest kanalisiert und durch Abzugsgräben in die Nebenflüsse geleitet; es kann so direkt in die Elbe abgeführt werden. Dennoch gilt noch heute der H. als Landscheide zum Moor, ob tatsächlich noch vorhanden oder allein noch auf historischen →Karten nachvollziehbar, als Südgrenze des Alten Landes. *me*

Hinterdeich (Siedlung) Ortsteil und Straßenbezeichnung zugleich von →Mittelnkirchen und →Neuenkirchen in der →Samtge-

meinde Lühe sowie von →Jork und Westerladekop. Der H., an dem die Siedlung entstand, markiert als Binnendeich seit der Besiedlung des →Sietlands unter Zugrundelegung der Holländerhufe (→Hufe) die Flurgrenze von Mittelnkirchen und Neuenkirchen als Schutz vor einströmendem Wasser aus dem späteren Jork und Westerladekop. Die Fluraufteilung der →Hollerkolonisation mit regelmäßiger Anordnung schmaler Flurstreifen ist bis heute erkennbar.

H.-Mittelnkirchen bietet ein selten gewordenes Bild: Über die Neuenschleuser →Wettern führen nach traditioneller Art Brücken zu den jeweiligen Gehöften mit reetgedeckten Altländer →Fachhallenhäusern, aber auch zu neuzeitlichen Wohn- und Wirtschaftsgebäuden und den dahinter liegenden Obstplantagen. Im Verlauf der Straße ist H. insgesamt jeweils einseitig mit älteren und neueren Wohnhäusern bebaut, zugleich stößt man auf typische Altländer →Hofanlagen. H.-Mittelnkirchen und H.-Neuenkirchen gehen in den „Niedrigen Hinterdeich" und die Neuenkirchener Feldflur über; H.-Jork und H.-Westerladekop mit dem „Niedrigen Hinterdeich" in die Westerladekoper Feldflur.

H. ist bekannt für →Obstbau und →Tourismus,

Mittelnkirchen-
Hinterdeich

insbesondere für seine Galerien und das älteste, seit 1974 bestehende Heimatmuseum im Alten Land (H. Nr. 176).

Von Mittelkirchen führt der überwiegend durch angrenzende Obstbaubetriebe historische →Muddweg nach H., der heute größtenteils nur noch die Funktion als Wirtschaftsweg hat. Die Häuser nördlich des Muddwegs sind nach Mittelkirchen, jene südlich davon gelegenen nach Neuenkirchen und die auf der Ostseite des H. nach Jork eingepfarrt.

Postalisch werden H.-Mittelnkirchen sowie H.-Neuenkirchen von Jork betreut. 2017 zählte H.-Mittelkirchen 42, H.-Neuenkirchen 67, H.-Jork 47 und H.-Westerladekop 43 Einwohner. *dm*

Auch in →Francop wird die Flur zum Moor durch die Moorwettern wie durch einen Hinterdeich begrenzt.

Daneben trägt aber auch der Straßenzug von der Brücke über die Moorwettern (Junkernbrücke) bis zum Abzweig Moorburg (Flutbrack) seit 1948 die amtliche Bezeichnung H. Obwohl dieser Straßenzug zusammen mit dem Abschnitt der Hohenwischer Straße bis zum Gutsbrack im Ursprung ein Seiten(Kaje)deich war, der die Francoper Flur im Osten gegen die →Hohenwisch begrenzte, bevor Letztere um 1600 eingedeicht wurde. *bf*

Hochland   Vor ca. 7.000–8.000 Jahren begann sich durch die Ablagerung von feineren Sedimenten im →Elbe-Urstromtal das →Marschland herauszubilden. An den Flüssen ist hierbei eine Besonderheit zu beobachten, die direkt die Möglichkeiten der menschlichen Besiedlung beeinflusste. Die nicht bedeichten Flüsse traten immer wieder über die Ufer, wobei sich das mitgeführte Sediment je nach Korngröße an unterschiedlichen Stellen ablagerte. Im Uferbereich sanken zuerst die Sande und gröberen Schluffe zu Boden. Dadurch entstanden beidseitig der Elbe 1–3 km breite und bis zu 2 m hohe Dämme, die so genannten Uferwälle oder das H., im Unterschied zu dem anschließenden, tiefer liegen-

den →Sietland. Im Alten Land haben sich vom H. durch die Auswirkungen von →Sturmfluten und Erosion nur noch geringe Reste erhalten, die insbesondere südlich der →Schwinge bis zum Elbstrand bei →Hollern-Twielenfleth zu finden sind. Weitere erhaltene Abschnitte befinden sich an der Mündung der →Lühe und bei →Borstel. Das H. war aufgrund seiner Bodengüte und relativen Sicherheit vor Fluten bereits vor der →Hollerkolonisation besiedelt. Hiervon zeugen Ortsnamen, vereinzelte archäologische Funde und die dortige Verbreitung des sassischen Rechts (→Altländer Recht). *dn*

Hochseefischerei   Die von →Cranz ausgehende H. wurde mit Segelfischkuttern betrieben. 1888 zählte man zwölf Kutter, die in der Elbmündung und südlichen Nordsee fischten. Wegen der geringen Entfernung zu den Hauptabsatzmärkten Altona und →Hamburg entwickelte sich Cranz zu Beginn des 20. Jh. zu einem Standort der H. Um der Konkurrenz der englischen und Hamburger Fischdampfer etwas entgegenzusetzen, gründete der Cranzer August Bröhan zusammen mit Verwandten und Freunden 1888 die „Cranzer Fischdampfschiff-Gesellschaft" und ließ den ersten „Steam Trawler" namens *August Bröhan PC 15* bauen. Das sehr gute Fangergebnis war Anlass, 1889 einen zweiten Fischdampfer in Auftrag zu geben. Ihm folgte wenig später ein dritter Neubau, der als erster deutscher Trawler ab 1895 mit zwei am Schleppnetz befestigten Scherbrettern fischte, wodurch sich der Erfassungsbereich des Netzes um ein Vielfaches vergrößerte. Weitere Schiffe wurden in Dienst gestellt und ab 1912 auch in der Heringsfischerei eingesetzt. Die Verluste während des →Ersten Weltkrieges konnten 1920 durch vier Neubauten ersetzt werden. Anfang der 1920er Jahre fischten acht Dampfer aus sechs Cranzer Partenreedereien nebeneinander. Diese schlossen sich 1922 zur „Cranzer Fischdampfer Gesellschaft" zusammen. 1927 folgte der Zusammenschluss zur „Cranzer Fischdampfer AG", ausgestattet mit einem Aktienkapital von 800.000 RM. Durch die neue Rechtsform war es einfacher, die Flotte zu modernisieren. Zu Beginn der 1930er Jahre wurde ein Teil der Fischdampfer nach England umgeleitet, um dort die Fänge anzulanden. Diese Entwicklung wurde 1932 durch den englischen Einfuhrzoll auf Fische konterkariert. Trotzdem haben die dreizehn Cranzer Fischdampfer bis 1939 größere Mengen Hering in englischen Häfen angelandet.

Im →Zweiten Weltkrieg ruhte die H. gezwungenermaßen. Erst im Sommer 1945 konnten die verbliebenen Cranzer Fischdampfer wieder auslaufen. Nach Aufhebung der alliierten Beschränkungen konnten auch die neuen Motortrawler auf Fangreise gehen. Die Mitte der 1950er Jahre einsetzende Struktur- und Absatzkrise der deutschen H. zog sich über Jahrzehnte hin und führte 1969 trotz diverser gescheiterter Rettungsversuche des Hamburger Senats und über 20 Mio. DM an staatlichen Subventionen letztendlich auch zum Aus für die drei Heck- und sieben Seitenfänger der Cranzer Fischdampfer AG. *pdc*

Hochzeit Bis Anfang des 20. Jh. stellte die Altländer Bauernhochzeit eine mehrtägige Dorfhochzeit dar, die bevorzugt um Pfingsten im Hause des Bräutigams stattfand. Für die Partnerwahl waren die Altländer Herkunft und die Größe des Hofes bzw. die Mitgift entscheidend. Nach dem Prinzip *Höft zu Höft* wurde unter Seinesgleichen geheiratet. Die Zahl der durch den →Hochzeitsbitter eingeladenen Gäste (bis zu 400), die Ausstattung des durch das Dorf geführten Brautwagens, der Kirchenbesuch der Brautleute und die Bewirtung der Gäste demonstrierten den sozialen Status der Brautleute. Das angebliche Führen der Braut durch die →Brauttür ist allerdings eine immer wieder gerne kolportierte Legende. Die kollektiv durchgeführten Vorbereitungen fingen am Mittwoch mit dem Schlachten des Ochsen an. Freitag war der Hochzeitstag, an dem die Braut die Hochzeitstracht (→Tracht) mit hoher Brautkrone trug. Die Trauung wurde am Vormittag im Kreise der nächsten Verwandten im Flett (→Fachhallenhaus) durchgeführt. Das ritualisierte Hochzeitsfest fand am Nachmittag in der festlich geschmückten Diele statt, zu dem die Braut zum ersten Mal die Festtracht einer Ehefrau trug. Zentrale Elemente waren das Essen der →Hochzeitssuppe, zu der Köm (Schnaps) getrunken wurde, sowie Musik, der Ehrentanz und die Polonaise. Das Sammeln der Geldgaben (*Goovge-*

Altländer Hochzeitsgesellschaft

Hochzeitsbitter

ben) durch die Braut diente der Finanzierung des Festes. Nach dem →Zweiten Weltkrieg wurden die Gäste meist per Zeitungsanzeige eingeladen. Die Trauung wurde nun im Rathaus durchgeführt, die Hochzeit in einer Gaststätte gefeiert. An alten Festelementen haben sich u. a. die hohe Zahl der Gäste, das üppige Festmahl, in dem die Hochzeitsuppe oft als Vorspeise serviert wird, und das Sammeln der Geldgaben erhalten. Vom Bürgertum geprägt und heute weit verbreitet sind Hochzeitsjubiläen (die Holz-, Porzellan-, Silberne und Goldene Hochzeit, d. h. der 10., 20., 25. und 50. Hochzeitstag), welche die Stetigkeit der Ehe in der Dorfgemeinschaft demonstrieren.   *otn*

Hochzeitsbitter   Die Aufgabe des H. (auch *Ansager* oder *Kössenbitter* genannt) war es, nahe und ferne Verwandte der Brautleute sowie Nachbarn und Freunde zur →Hochzeit persönlich einzuladen. Meist waren es zwei H., die von den Brauteltern acht Tage vor der Hochzeit mit Einladungen losgeschickt wurden. Mit von roter Schleife geschmücktem Zylinderhut gingen oder ritten sie bis Ende der 1920er Jahre von Haus zu Haus und luden mit traditionellen Sprüchen die Gäste nicht nur zum Fest, sondern

auch zur Mitarbeit an der Vorbereitung des Festmahls ein.   *otn*

Hochzeitssuppe   Die traditionelle Altländer H. ist spätestens seit dem 18. Jh. bekannt und gilt heute als regionale Spezialität, die auch touristisch vermarktet wird. Das (lokal geringfügig variierte) Gericht besteht aus einer gut gewürzten, aus Butter, Mehl und Eigelb gekochten dickflüssigen Mehlsuppe, die mit gekochten Rindfleischstücken gegessen wird. Dazu serviert man aufgekochte große Rosinen, Senf, Weiß- oder Korinthenbrot und zum Trinken eine Flasche *Köm* (Schnaps) für je sechs Personen.   *otn*

Heinrich Völkers, Schlachtergeselle, gab Kurse an der Volkshochschule

Hofanlage In der H. dominiert das Haupthaus deutlich gegenüber den Nebengebäuden, die hinter dem Wohnhaus liegen und von der Straßenseite nicht zu sehen sind. Die Dominanz des →Fachhallenhauses wird dadurch betont, dass im Alten Land sein →Prunkgiebel zur Straße hin liegt. In sächsischen Siedlungen von →Bassenfleth und →Twielenfleth liegt der Wirtschaftsteil des Fachhallenhauses der Straße zugewandt. Vor dem Prunkgiebel lag, so entsprechender Platz verfügbar war, ein Vorgarten, meist mit alten Linden. Ihn umhegte ein weißer Lattenzaun und an der Seite zur Straße ein Sandstreifen, der täglich geharkt wurde. Ein Gemüse- und Blumengarten sowie Obstbäume ergänzten die H. Im 18. Jh. gehörten ihr eine verbretterte Kornscheune, ein Backhaus, eine Feuerungsscheune und ein Schweinestall an, seltener ein Viehstall, eine Obstscheune, ein Abort und ein →Göpel, während Kornspeicher im Laufe der

Oben:
Hogendiek-
brücke

Unten:
Höhen,
Ansichtskarte
gelaufen 1911

Neuzeit allmählich außer Gebrauch kamen. Nur die reichsten Höfe konnten sich damals ein separates Altenteilerhaus (→Altenteil) leisten. Mit fortschreitender Motorisierung und Umstellung zum →Obstbau entstanden im 20. Jh. Wagenremisen, Geräteschuppen, Garagen und seit den 1950er Jahren Obst-Kühlläger und zumal ab den 1990er Jahren CA-Lager (→Obstlagerung). Demzufolge wurden die zum Hof führenden →Prunkpforten als unpraktisch abgebaut. *otn*

Hof zum Heck Der H. in →Hove (Groß Hove 88/96) gehörte im 17. Jh. zeitweise dem Neuen Kloster. Der Hof bildete die nördlichste Hofstelle auf der Ostseite der →Hauptmannschaft →Königreich. Nach der Auflösung des Klosters ging er in Privatbesitz über, war als ehemaliger Klosterhof aber noch im 19. Jh. zehntfrei. Um 1855 wurde der Hof geteilt; das alte →Fachhallenhaus Groß Hove 88 aus dem 18. Jh. wurde 2003 abgerissen. Der Name ist heute nicht mehr gebräuchlich. *rg*

Hogendiekbrück(e) Die H. wurde von den →Gemeinden →Steinkirchen und →Mittelkirchen in Anlehnung an die mehrfach zerstörte im Ortskern befindliche alte Steinkirchner Zugbrücke 1975 als feste, nicht zu öffnende Fußgängerbrücke über die →Lühe errichtet (42 m lang, 1,5 m breit). Mit dem malerischen äußeren Bild einer hölzernen Zugbrücke wurde die Brücke zu einem bekannten Wahrzeichen des Alten Landes. Ein weitgehend identischer Neubau auf massiverer Gründung entstand 2014 mit finanzieller Förderung der Europäischen Union. *dm*

Kirschenlande Lühe
(Altenlande)

Höhen H. liegt innerhalb von →Borstel im →Hochland der →Zweiten Meile des Alten Landes auf der rechten Seite der →Lühe. Es grenzt im Süden an den Papenweg, einen ehemaligen Kajedeich (niedriger Binnendeich) der Mittelkirchener Flur. Die Flur ist unregelmäßig und umfasst Teile des untergegangenen →Querenfleth. Der

Holzbrücke zur
Lühe der Mühle
Nodop

Ortsname entstand folglich erst in der Zeit der Neueindeichungen nach den Landverlusten durch die schweren Sturmfluten um 1400 und bringt die im Gegensatz zur Grünendeicher Lüheseite größere Höhenlage zum Ausdruck. Im 19. Jh. befanden sich im Außendeich mehrere →Werften, auf denen die →Lühejollen vom Stapel liefen. Innerhalb der Ortslage mündet die Hohenfelder →Wettern – die →Entwässerung →Mittelnkirchens in die Lühe –, die aktuell als Einzige im Alten Land kein →Schöpfwerk an der Mündung besitzt. 1938/40 wurde zudem ein Lühesperrwerk erbaut, das nach der →Sturmflut von 1962 durch ein Bauwerk an der Lühemündung ersetzt wurde und nur noch als Straßenbrücke vorhanden ist.   *bf*

Hohendeich H. ist zugleich Ortsteil und Straßenbezeichnung von →Steinkirchen am westlichen Ufer der unteren →Lühe zwischen dem Grünendeicher →Lühedeich und dem Steinkirchener „Deichweg", parallel der →Bürgerei. Allgemein bekannt ist H. durch die →Hogendiekbrück(e). 2017 zählte H. fünf Einwohner.   *dm*

Hohenfelde H. ist der Flur- und Siedlungsname für einen Ortsteil im →Deichhufendorf →Mittelnkirchen, östlich der →Lühe in der

Mühle Nodop
in Hohenfelde
um 1955

→Zweiten Meile, der an →Ort und das eigentliche Mittelnkirchen grenzt und zwischen der Breiten Brücke und der Schmalen Brücke liegt. Der Name betont die gegenüber dem umliegenden →Sietland höher gelegene Lage.

Auf H. Nr. 31 bestand von ca. 1900 bis 1965 eine Schrot- und Feinmühle (Nodop) mit Körnergebläse von und zu den in der Lühe ankernden Schuten (Binnenschiffen). Zudem gab es in der Anlage neben Getreidesilos eine hoch über die Straße gespannte Holzbrücke für den Transport von Getreidesäcken zur Lühe. Die Elektromühle war angesichts ihrer Größe ein bedeutender Wirtschaftsfaktor in H. An gleicher Stelle wurde 1986 ein großer, mit einem Garten- und Baumarkt verbundener Tischlerhandwerksbetrieb ansässig.

H. zählte 2017 314 Einwohner.   *dm*

Luftaufnahme der Beet-Graben-Struktur, wie sie die Hollerkolonisation begründete

Hohenwisch Der östlichste Teil →Francops wird H. genannt. Dies bedeutet im Ursprung hohes Außendeichland, was wohl eine Folge davon war, dass die Eindeichung erst um 1600 erfolgte – zusammen mit dem westlichen Teil Moorburgs – und damit rund 400 Jahre später als Francop selbst, wohl weil man erst jetzt technisch in der Lage war, die stark wasserführende Falkenbek abzudämmen. Die Stücklängen von nur rund 500 m bedeuten, dass das Alte Land hier seine geringste Nord-Süd-Ausdehnung hat. Die Flur umfasst etwa 35 ha. Die einstigen Außendeichsflächen waren ursprünglich mit ideellen Triftrechten unter den Francoper Bauern aufgeteilt. Die Familie von →Zesterfleth schuf im westlichen Teil H. das matrikelfähige Gut Francop IV (→Francoper Güter) mit einem von der Geest translozierten Haus. Seit 1751 wird dieser Hof von der Familie Quast bewirtschaftet (Hohenwischer Straße 39). Die →Sturmflut von 1962 hat in H. nachhaltige Spuren hinterlassen: nicht nur den Grundbruch von fast 100 m Breite, sondern auch das jüngste →Brack des Alten Landes von ursprünglich 19,50 m Tiefe und rund

8.000 m² Größe, das heute teilweise verfüllt ist. Seit 2002 steht dort eines der wenigen →Flutdenkmäler im Alten Land mit den Namen der Opfer u. a. aus →Neuenfelde und Francop. Heute ist der Außendeichsbereich von H. Teil des Hamburger Hafenentwicklungsgebietes. *bf*

Hollerkolonisation Als H. wird die Kultivierung der Sümpfe in den Marschen an Weser und →Elbe unter maßgeblicher Beteiligung von Holländern im 12. und 13. Jh. bezeichnet. An ihrem Anfang steht ein Vertrag, den Erzbischof Friedrich von Hamburg-Bremen um 1113 mit sechs Holländern, angeführt von dem →Priester Heinrich, in Bremen schloss. Den zukünftigen Kolonisten wurde Land in beträchtlicher Ausdehnung (→Hufen), vermessen in Länge und Breite, zu erblichem Besitz mit geringen Abgaben übertragen. Die bedeutendste Abgabe war der Zehnte vom Ernteertrag und der Viehnachzucht, außerdem waren ein geringer jährlicher Zins (meist 1 Pfennig pro Hufe) und Gerichtsgebühren zu zahlen. Die Vergabe des Landes erfolgte durch →Lokatoren, die oft auch als

Richter in den Kolonien eingesetzt wurden. Die Gerichte wurden in den Elbmarschen nach fränkisch-holländischem Vorbild mit Schulten und Schöffen besetzt, die holländisches Recht anwandten. Auch errichteten die Kolonisten in ihren Siedlungsgebieten in der Regel eigene Kirchen. Da in der hohen Marsch am Elbufer des Alten Landes bereits Siedlungen bestanden, in denen „sassisches" Recht galt, blieb den Holländern hier nur die sumpfige niedrige Marsch, das →Sietland, zur Kultivierung. Die Siedlungsabschnitte wurden nach holländischem Muster als Cope (Kauf) bezeichnet, daran erinnern Ortsnamen auf -kop (Ditkerskop [heute →Hollern], →Ladekop, →Nincop und →Francop), unabhängig davon, ob ein Kaufpreis gezahlt wurde. Die Gegenleistung für das Land bestand in der Kultivierung und der jährlichen Zinszahlung. Das Land musste mühsam entwässert und eingedeicht werden. Zunächst wurden den Siedlern Hufen zugewiesen. Zur besseren →Entwässerung wurden die Hufen der Länge nach durch →Gräben in acht →Stücke geteilt. Durch quer verlaufende →Wettern wurde das Wasser den Flüssen, letztlich der Elbe, zugeführt. Es entstanden Reihensiedlungen mit einem regelmäßigen Graben- und Parzellensystem, das als Marschhufenflur bezeichnet wird und bis heute die Kulturlandschaft prägt. Die Kultivierung im Alten Land begann spätestens in den 30er Jahren des 12. Jh. östlich von Stade in Hollern, als noch die →Grafschaft Stade bestand; sie hatte bereits um 1140 die →Lühe erreicht. Die Fortsetzung in der →Zweiten Meile erfolgte unter schwierigen politischen Bedingungen, da sich Erzbischof Hartwig I., der Erbe der Grafschaft, und Herzog Heinrich der Löwe um die Grafschaft stritten, ein Streit, der von ihren Nachfolgern fortgesetzt wurde. Hartwig musste 1160 auf die Kirchen und Zehnten östlich der Lühe verzichten, den Richter in →Jork belehnte der Herzog. Dennoch ging die H. in östlicher Richtung weiter. 1197 ist von den Holländern an der →Este die Rede, und als sich das →Erzstift Bre-

men 1236 das Alte Land endgültig sicherte, war auch die →Dritte Meile eingeschlossen. Nach dem Vorbild der Hollerkolonien wurden auch die Altsiedlungen am Elbufer eingedeicht und mit Gräben mehr oder weniger regelmäßig durchzogen. Rechtliche Unterschiede zwischen den Siedlungen „sassischen" Rechts und denen „im Hollerschen" (→Altländer Recht) blieben bis in das 19. Jh. bestehen.   *aeh*

Hollern   Ein 4 km langes →Marschhufendorf im →Sietland des Alten Landes nach den holländischen Kolonisten (→Hollerkolonisation) benannt. Erstmals erwähnt wird H. um 1140 als Thitgeriscoph. Damals verlieh Erzbischof Adalbero von Hamburg-Bremen (1123–1148) dem Bremer Domkapitel den Zehnten „bei Stade in der Marsch (*in palude*), bebaut und unbebaut, das Thitgeriscoph genannt wird". Die Schreibweise veränderte sich in der Folge mehrfach (*Ditkerskop, Dytkerskope*). Im 17. Jh. wurde der alte Ortsname ganz und gar durch H. verdrängt. H. war bis in die Mitte des 19. Jh. eine der zwölf →Hauptmannschaften des Alten Landes. 1540 wurde in H. der erste lutherische Pfarrer im Alten Land durch die Gemeinde eingesetzt (→Reformation).

H. verläuft zu beiden Seiten der Hauptstraße (inoffiziell →Obstmarschenweg) ab →Bachenbrock und →Sietwende über →Siebenhöfen, →Hollernstraße bis einschließlich →Speersort.

Hengststation Hollern

Das Ortsbild wird geprägt durch zahlreiche →Wettern und historische →Fachhallenhäuser. Der Bau der →Autobahn A 26 entlang des →Hinterdeichs ergab für H. einschneidende räumliche Veränderungen (z. B. Sanierung des Hinterdeichsweges, Neuausbau des Siebenhöfener Feldes u. a.).

Kunstgeschichtlich bedeutend sind u. a. die →St.-Mauritius-Kirche (Rundturm) und das Gut →Brook.

H. lebt überwiegend vom →Obstbau und →Obsthandel. Daneben spielen →Tourismus und Gewerbe eine Rolle.

Am 1. Januar 1967 wurde durch den Zusammenschluss der bis dahin selbständigen Gemeinden H. und →Twielenfleth die „Gemeinde Hollern" gebildet, die zum 1. Juli 1984 in „Hollern-Twielenfleth" umbenannt wurde.

1964 hatte H. 1.113 Einwohner; 2017 waren es 1.728.   *dm*

Hollernstraße   H. ist ein Ortsteil von →Hollern in →Hollern-Twielenfleth und zudem dort seit 1984 die Straßenbezeichnung für einen Teil der Hauptstraße (inoffiziell →Obstmarschenweg). Sie verbindet →Speersort mit →Siebenhöfen. In der H. weisen noch mehrere →Hofanlagen mit ihren →Fachhallenhäusern und den der Straße zugewandten →Prunkgiebeln auf die Besonderheit der Altländer Baukultur hin. Ebenfalls liegt hier die →St.-Mauritius-Kirche mit ihrem Rundturm.

H. zählte 2017 594 Einwohner.   *dm*

Wappen der Gemeinde Hove

Hollern-Twielenfleth   Die politische →Gemeinde H. entstand am 1. Januar 1967 durch den Zusammenschluss der bis dahin selbständigen Gemeinden →Hollern und →Twielenfleth zunächst mit dem Namen „Gemeinde Hollern". Zum 1. Juli 1984 erfolgte die Umbenennung in H. Sie ist Teil der →Samtgemeinde Lühe.

Die Kirchengemeinde Twielenfleth wurde 1972 in die Kirchengemeinde Hollern eingegliedert, die zum 1. November 1982 in „Ev.-luth. St. Mauri-

Wappen der Gemeinde Hollern-Twielenfleth

tius- und St. Marien-Kirchengemeinde Hollern-Twielenfleth" umbenannt wurde.

1984 hatte H. 3.293 Einwohner; 2017 waren es 3.366.   *dm*

Höppel   Der Name H. stammt aus dem Niederdeutschen und bezeichnet eine hügelartige Erhebung. Im Alten Land werden die noch verbliebenen Kämme eines ehemaligen langgestreckten Dünenzuges H. genannt. Die Dünenreihe entstand im →Elbe-Urstromtal gegen Ende der letzten Eiszeit vor mehr als 12.000 Jahren und verlief von Wilhelmsburg über →Neuenfelde bis nach →Hove. Die danach im Zuge der Meerestransgression abgelagerten Marschensedimente haben die Dünen heute fast vollständig überdeckt. Der mächtigste H. befindet sich in Neuenfelde und trägt auf 3,70 m NN in hochwassersicherer Höhe die →St.-Pankratius-Kirche. Die besondere naturräumliche Lage der H. wurde bereits in der Vorgeschichte genutzt, wie u. a. der Fund eines Flintdolches von einem H. bei →Nincop belegt.   *dn*

Hove   H. ist ein →Deichhufendorf am rechten Estedeich und grenzt im Süden an →Moorende und im Osten an die Hamburger Landesgrenze (→Neuenfelde). Der Name geht zurück auf die im 14. Jh. erwähnte freie →Hufe in →Nienhusen. 1374 wird H. erstmals als eigenständiger Ortsname urkundlich erwähnt (*op der Hove*; bis heute plattdeutsch *op'er Houv*). Von etwa 1400 bis in die 1460er Jahre war H. mit der gesamten →Dritten Meile über mehrere Jahrzehnte ausgedeicht und lag wüst, danach trat der Name H. an Stelle des früheren Nienhusen. In dieser Zeit der Ausdeichung, als die Flur regelmäßig überschwemmt wurde, bildeten sich wahrscheinlich die in der Flur noch erkennbaren ehemaligen Priele (Flurname *Batweiden* = schlechte Weiden).

Bis ins 19. Jh. war H. keine kommunale Einheit, sondern auf drei Distrikte aufgeteilt. Erst am 1. April 1879 wurde die Gemeinde H. geschaffen aus Teilen von →Altklostergericht (Groß Hove,

Häuser Nr. 102 bis 174), der ehemaligen →Hauptmannschaft →Königreich (Klein Hove 5 bis Groß Hove 100, Königreich-Ostseite) und des rechts der →Este gelegenen Teils der Vogtei →Hove-Leeswig (Klein Hove 7 bis Moorende, mit dem Gut →Hove, →Gräfenland). Seit 1937 gehört der →Seehof zur politischen Gemeinde H. Die traditionelle Aufteilung in Groß und Klein H. ist erst in der Neuzeit bezeugt, die historische Grenze lag bei dem Stegel (Deichübergang) beim heutigen Haus Groß Hove 100: In Groß Hove verläuft die Straße außendeichs, in Klein Hove binnendeichs. Die 1975/76 eingeführten amtlichen Straßennamen wurden davon abweichend neu festgelegt mit einer Grenze an der Estebrücke. Von 1932 bis 1972 gehörte die Gemeinde H. zum →Landkreis Harburg, seitdem als Ortsteil zur Einheitsgemeinde →Jork im →Landkreis Stade.

Mit dem Neubau der Stade-Francoper Chaussee durch die Hover Feldmark nach →Nincop (1871–73) und der Fertigstellung der Brücke über die Este (sogenannte Hovebrücke, 1875) verbesserte sich die Verkehrsanbindung nachhaltig. H. ist wirtschaftlich vom →Obstbau geprägt. Seit 2010 hat die →Marktgemeinschaft Altes Land ihren Sitz an der Neuenfelder Straße. Die Einwohnerzahl entwickelte sich von 492 (1880) über 426 (1939), 684 (1950) und 463 (1967) auf 662 (2017). rg

Hove (Gut) Ehemaliges adliges Gut in →Hove (Klein Hove 7), mit dessen Besitz bis 1852 das →Patrimonialgericht →Hove-Leeswig verbunden war. Die Familie von Brobergen, die seit dem Mittelalter an der →Este begütert, aber an der Oste in Basbeck und Brobergen ansässig war, erwarb es um 1600 von einem →Hausmann. Damit wurde nach einer 1587 erfolgten Aufteilung des Erbbesitzes ein Familienzweig hier sesshaft. Zunächst wurde das Gut, für das auch der Name Leesthof überliefert ist, als *Estebrügge* bezeichnet, im 18. Jh. wurde der Name Gut Hove üblich.

Gasthof zum Goldenen Adler und Hove-Brücke

Gut Hove, um 1930

Die von Brobergen besaßen das Gut über mehrere Generationen bis 1681. Dann gehörte es nacheinander den Familien von Hafner und von Puttkamer. Nach 1724 erwarb es der Arzt Dr. Bergst aus Buxtehude, von dessen Enkel es um 1810 an die Juristenfamilie Schaumburg überging. 1874 erwarb der Kornhändler Benecke aus →Estebrügge das Gut, dessen Nachkommen es bis 1969 bewirtschafteten.

Das Wirtschaftsgebäude brannte 1960/61 ab, das nicht unter →Denkmalschutz stehende Gutshaus wurde 2011 abgerissen und durch einen Neubau ersetzt. Seine Baugeschichte ist nicht untersucht worden, vermutlich wurde es 1804 nach einem Brand errichtet und erhielt im späteren 19. Jh. eine Putzfassade. Im Flur war noch eine Inschrift mit →Wappen der von Brobergen aus dem älteren Gutshaus von 1622 erhalten. *rg*

Hove-Leeswig H. war ein →Patrimonialgericht und eine →Vogtei beiderseits der →Este, die aus zwei Teilen bestand, nämlich →Leeswig in der →Zweiten Meile und dem südlichen Teil von →Hove (→Gräfenland) in der →Dritten Meile. Die Vogtei war einer der 18 Distrikte des Alten Landes. H. geht zurück auf die seit dem 13. Jh. bezeugten Gerichtsrechte der Herren von Brobergen in Leeswig und Gräfenland, die auf die Herren von Buxtehude als →Lokatoren an der Este zurückzuführen sind. Im Mittelalter beanspruchten die von Brobergen das höchste und →siedeste Gericht. In der Neuzeit wurde dem Patrimonialgericht die Kriminalgerichtsbarkeit nicht mehr zugestanden. Seit dem 17. Jh. war das Gericht mit dem Besitz des adligen Gutes →Hove verbunden. Nach seinen Gerichtsherren wurde es Brobergengericht, im 18. Jh. auch Puttkamer- oder Bergstengericht genannt. Als Richter bestimmte der Gerichtsherr zunächst einen Vogt aus der Schicht der örtlichen →Hausleute, der auch die örtlichen Verwaltungs- und Polizeiaufgaben wahrnahm, seit dem 18. Jh. wurde als Gerichtsverwalter ein studierter Jurist bestellt.

Das Patrimonialgericht wurde 1852 aufgehoben, die gerichtliche Zuständigkeit ging an das →Amtsgericht Jork über. Die Gemeinde H. bestand noch bis zur Aufteilung 1879, als Leeswig an die Gemeinde →Königreich, der südliche Teil von Hove an die Gemeinde Hove und einige Häuser ganz im Süden (→Seltenfriede) an die Gemeinde →Estebrügge kamen.   *rg*

Hufe   Die H. war im früheren Mittelalter eine bäuerliche Wirtschaftseinheit unterschiedlicher Größe im Rahmen der Grundherrschaft. Sie umfasste Hofstatt, Acker- und Weideland und wurde meist von unfreien oder halbfreien Bauern (Liten) bewirtschaftet, die zu bestimmten Abgaben und Diensten auf einem Haupthof (Fronhof) verpflichtet waren. Solche H. gab es im 12. Jh. noch im sassischen Altsiedelland des Alten Landes. Das Kloster Kemnade besaß sie in →Twielenfleth, →Halstenfleth und →Bardesfleth, die dem Haupthof des Klosters in Wedel (südwestlich von Stade) zuzuordnen sind. Das Kloster Northeim hatte eine H. in →Querenflcth. Von einer Hufe in →Nienhusen aus der Grundherrschaft der Herren von Buxtehude leitet sich der Ortsname →Hove ab.

Während des hochmittelalterlichen Landesausbaus entstanden planmäßig angelegte Siedlungen mit H., die nach Länge und Breite vermessen wurden, u. a. im 11. Jh. in der vermoorten Niederung in Holland und dem Hochstift Utrecht nördlich des Rheins, die mit geringer Zinsbelastung an freie Bauern zur Urbarmachung übergeben wurden. Im Zuge der →Hollerkolonisation wurde diese Form der Plansiedlung, die in Holland „Cope" (daher Ortsnamen auf -kop) genannt wurde, seit Anfang des 12. Jh. auf die Weser- und Elbmarschen übertragen. Diese H. wurden hier als Holländerhufen (*mansi Hollandrienses*) bezeichnet. Im Alten Land wurden die Fluren der Neusiedlungen im →Sietland zwischen →Hollern (Ditkerskop) und →Francop streifenförmig in H. aufgeteilt. Sie wurden hier, soweit der Raum es zuließ, mit 2,25 km in der Länge und ca. 150 m in der Breite zugemessen, das ergab im Idealfall eine Fläche von 33,5 ha, die zur →Entwässerung der Länge nach durch →Gräben in vier Viertel zu je zwei →Stücken unterteilt wurde. Die zugehörigen Höfe reihten sich am Flussdeich oder einer Straße und hatten in der Regel direkten Zugang zu den zugehörigen Breitstreifen (→Deichhufendörfer, →Marschhufendörfer). →Siebenhöfen im →Kirchspiel Hollern hat von sieben H. dieser Art seinen Namen.

Durch Erbteilung, Verkäufe und Abteilung von Kleinstellen zersplitterten die H. oft in schmale Streifen. Doch lässt sich die alte Aufteilung der Fluren in H. und Viertel noch mindestens bis ins 16. Jh. verfolgen. Auf sie gründete sich die Abgabe des Zehnten und die Verteilung der genossenschaftlichen Ämter der →Deichrichter und -geschworenen sowie der →Hauptleute im jährlichen Umlaufverfahren. Die Zersplitterung der H. sorgte jedoch gerade bei der Ämterverteilung für Probleme, so dass seit dem 16. Jh. die *Hovenbreve* (Hufenregister) aufgesetzt wurden, in denen (auch im sassischen Kirchspiel →Borstel) Ländereien zu H. zusammengefasst wurden, die der alten Hufeneinteilung nicht unbedingt entsprachen, um die Ämterfolge und ihre Finanzierung weiter zu regeln. Diese Hovenbriefe erfüllten noch bis ins 19. Jh. ihren Zweck.   *aeh*

Hunt   →Maße

Huttfleth   H. ist Ortsteil und Straßenname in →Steinkirchen und →Grünendeich zu beiden Seiten der Hauptstraße zwischen dem Mühlenweg (westlich) und →Mojenhörn (nordöstlich). Die Straße bildet dabei die Gemeindegrenze zwischen Steinkirchen und Grünendeich.

Huttfleth,
Hof Dehde

H. wurde zur Zeit der →Hollerkolonisation erstmals urkundlich erwähnt: Erzbischof Adalbero bestätigte 1140 dem Hamburger Domkapitel den Zehnten von zwei Höfen in *Hotvlete*.

H. gilt als Grenze zwischen sächsischer Besiedlung (→Sachsen) und holländischer Besiedlung und zählte mithin zu den →Hauptmannschaften →Twielenfleth bzw. Steinkirchen. Mit →Siebenhöfen bildete es eine Deichrichterschaft, die den Familien von →Schulte/von →Zesterfleth oblag.

Sturmfluten zogen H. wiederholt in Mitleidenschaft, so dass nach Deichbrüchen viel Huttflether Land ausgedeicht werden musste. Zufluchtsort für Mensch und Vieh war bei Deichbrüchen in H. eine 5–6 m hohe →Wurt auf dem Hof zum Felde, die bis in die 1980er Jahre bestanden hat.

Das H. säumten überwiegend Altländer Bauernhäuser, auf Steinkirchener Seite die großen Höfe, auf Grünendeicher Seite Stellen ohne viel Landbesitz. Wenige Hofstellen aus dem 17./18. Jh. und Teile ihrer früheren →Hofanlagen sind in H. noch erhalten. Die denkmalgeschützte, aber baufällig gewordene Durchfahrtsscheune von 1590 auf dem Hof zum Felde (Huttfleth 19), wurde 2001 abgetragen und als Teil des →Museums Altes Land in →Jork wieder aufgebaut. Eines der Schmuckstücke H. gelangte bereits 1913 nach Stade (→Freilichtmuseum auf der Insel): Das Fachwerkhaus von Husen, erbaut 1733.

H. zählte 2017 169 Einwohner in Steinkirchen und 93 in Grünendeich. *dm*

Jork Erstmals 1221 erwähnt, besteht J. aus den Ortsteilen →Bürgerei, →Gehrden, →Hinterdeich, →Jorkerfelde, →Oster- und Westerjork. Seit 1659 war J. ständiger Gerichts- und Verwaltungssitz der →Landesgemeinde Altes Land, seit 1852 Sitz des →Amtes Jork und von 1885–1932 des →Kreises Jork, mit Sitz des →Amtsgerichtes bis 1971, sowie seit 1972 der Einheitsgemeinde →Jork.

Der Name J. ist im Mittelalter in doppelter Form überliefert, als *Maiorc* in lateinischen, als Jork in deutschen Urkunden. J. erhielt den Namen vermutlich nach dem Flurnamen *goor* für Morast und Bildungssilbe *-ik*. Das anlautende g wurde durch j ersetzt. J. war Stammsitz der Herren von Jork, die besonders im 14. Jh. hier bedeutend waren und nach Mecklenburg auswanderten.

Das →Marschhufendorf ist deutlich erkennbar eine Kolonistensiedlung des 12. Jh. (→Hollerkolonisation). J. war eine der zwölf →Hauptmannschaften des Alten Landes.

Geprägt wird der Ort durch den in Ost/West-richtung verlaufenden Straßenzug Oster- und Westerjork sowie die von Norden nach Süden parallel zum →Fleet verlaufenden Straßenzüge (Am Fleet und Jorkerfelde). In der Schnittstelle des Fleets und der →Wettern wurde der sogenannte →Gräfenhof – heute Rathaus – errichtet, südlich davon liegt die →St.-Matthias-Kirche, rund um die Kirche siedelten sich nach und nach Händler und Handwerker an. In der Bürgerei sind besonders hervorzuheben die →Landesstube (ehemals Gerichtshaus, heute Bücherei) und Sievers Hotel, das durch den Richter Dr. Henricus von Haren (Bruder von Matthäus von →Haren) um 1660 errichtet wurde.

Mit der Gründung der Aktiengesellschaft „Jorker Rektorschule 1889" wurde in J. der Grundstein für die Errichtung einer höheren Schule gelegt (→Schulwesen). Aufgrund der schlechten Wegeverhältnisse bestanden in Oster- und Westerjork Nebenschulen bis 1909. Die Kirche unterhielt eine eigene Kirchspielschule.

Der Hauptsitz der Altländer Sparkasse befand sich seit ihrer Gründung 1873 bis zur Fusion im Jahre 2000 mit der Stadtsparkasse Stade zur Sparkasse Stade-Altes Land in J. (→Sparkassen und Banken).

→Tourismus ist neben dem →Obstbau und der →Schifffahrt eine herausragende Wirtschaftskraft. Der prominenteste „Heiratstourist" war wohl der Dichter Gotthold Ephraim →Lessing, der hier am 8. Oktober 1776 Eva König heiratete. Durch den Bau zahlreicher Neubaugebiete vergrößerte sich J. von 2.251 (1959) auf 4.594 (2017) Einwohner   *shs*

Jork →Amt Jork, →Amtsgericht Jork, →Kreis Jork

Wappen der Gemeinde Jork

Jork (Einheitsgemeinde) Die heutige Einheitsgemeinde J. wurde 1972 aus den ehemals sieben selbständigen Gemeinden →Jork, →Borstel, →Ladekop, →Königreich, →Estebrügge, →Hove und →Moorende gegründet. Zunächst war 1970 aus Borstel, Jork und Ladekop eine Samtgemeinde gebildet worden, die um die Estegemeinden erweitert werden sollte. Stattdessen wurde eine Einheitsgemeinde gebildet. Ziel der Gebiets- und Verwaltungsreform war es, die Verwaltungswege zu vereinfachen und den Verwaltungsaufwand so gering wie möglich zu halten. Die Verwaltungs- und Gebietsreform brachte neben neuen Gebietszuschnitten auch neue Aufgaben. Tatsächlich wurden in Jork neue Strukturen der kommunalen Selbstverwaltung aufgebaut. Neben einer anderen Ratsarbeit wurde auch eine Verwaltungsstruktur geschaffen, die sowohl den allgemeinen Anforderungen als auch den politischen Entscheidungsstrukturen gerecht wurde. Im Gegensatz zur Samtgemeinde gibt es nur ein Ratsgremium. Der Gebietsänderungsvertrag trat am 1. Juni 1972 in Kraft. 2001 wurde die kamerale Haushaltsführung durch eine betriebswirtschaftlich orientierte kaufmännische Buchführung ersetzt. 2004 endete in Jork die so ge-

Wappen der Einheitsgemeinde Jork

Mühle   Jork in Altenlande

Oben:
Zentrum
von Jork

Darunter:
Mühle
Jorkerfelde

als hauptamtlicher Chef der Verwaltung. Als Rathaus für die größer gewordene Verwaltung wurde ab 1976 der →Gräfenhof in Jork denkmalgerecht saniert und 1980 eingeweiht. Die Einheitsgemeinde unterhält die Gemeindestraßen und Schulen und ist Träger kultureller Einrichtungen.

1972 zählte die Einheitsgemeinde 7.726 Einwohner; 2017 waren es 12.789.   *shs*

Jorkerfelde Ortsteil von →Jork, 1368 erstmals in einer Urkunde von Altkloster erwähnt, im Felde vor oder von Jork. Der von Nord nach Süd laufende Straßenzug ist geprägt durch das parallel laufende →Fleet. Der Weg wurde in den 1820er Jahren von Jork nach →Ladekop, 1857–1859 bis nach →Borstel ausgebaut, nachdem er bereits 1844 als befestigte Straße von Ladekop nach Neukloster verlängert worden war. So wurde vom Borsteler Hafen bis zur Geest und zur Straße von Harburg nach Cuxhaven ein An-

nannte Zweigleisigkeit, der Rat wählte bisher einen ehrenamtlich tätigen, politischen Repräsentanten (Bürgermeister) und darüber hinaus einen hauptamtlichen Wahlbeamten (Gemeindedirektor) als Chef der Verwaltung. In der so genannten Eingleisigkeit wird der Bürgermeister direkt gewählt als politischer Repräsentant und schluss geschaffen. Von der Geest konnten nun problemlos Steine, Holz und Sand für den Ausbau der Stade-Francoper Chaussee (→Obstmarschenweg) herangeschafft werden, während zugleich aus dem Alten Land leichter das Obst auf die Geest gebracht werden konnte. In den 1980er Jahren wurde das Fleet verschmälert, die Straße verbreitert und mit einem Fuß- und Radweg versehen. Durch den Bau der Ortskernentlastungsstraße (2016) zweigt heute die K 26 nördlich der Einfahrt Westfeld Richtung Osten ab. Das nördliche Teilstück J. wurde zur Gemeindestraße umgewidmet. Der Straßenzug ist nördlich der Glosterstraße einzeilig bebaut, besonders zu erwähnen sind die ehemalige Gaststätte „Zu den Linden", Jorkerfelde 2, die →Obstbauschule, heute Kindergarten (seit 1981), und die →Mühle, deren Torso noch heute gut zu erkennen ist. Sie wurde bereits 1459 erwähnt. Die reetgedeckte Holländer-Windmühle brannte 1909 bis auf die Außenmauern ab, wurde aber in vereinfachter Form, ohne Flügel und mit Motorantrieb wieder aufgebaut. Der Mühlenbetrieb wurde zum 1. Januar 1973 eingestellt; heute beherbergt sie Wohnungen.   *shs*

Juden   Über jüdisches Leben im Alten Land durch die Geschichte hindurch ist kaum etwas bekannt. Erst im 19. Jh. werden einige wenige jüdische Familien nachweisbar. Diese gehörten rechtlich zu der kurz vor 1829 gebildeten Synagogen-Gemeinde Horneburg, die sich über die Stader Geest, Buxtehude und das Alte Land erstreckte. Der Schwerpunkt jüdischer Siedlung lag jedoch offensichtlich in Horneburg, später vor allem in Harsefeld. Voraussetzung für eine Niederlassung war bis zur Emanzipation und Gleichberechtigung seit der Mitte des 19. Jh. die Erteilung eines auf eine Reihe von Jahren begrenzten Schutzbriefes für den jüdischen Familienvater.

So erhielt 1824 der Kaufmann Süßkind Meyer Alexander (1801–1888) die Erlaubnis zur Niederlassung in →Jork zum Handel mit Getreide, die

später auf Manufakturwaren erweitert wurde. 1830 heiratete er. 1832 und 1844 wurde er als Vorsteher der Synagogengemeinde Horneburg genannt. Er betrieb ein Modewarengeschäft in Jork, seit 1865 zusammen mit seinem 1837 geborenen Sohn Nicolaus. Nach seinem Tod wurde er auf dem jüdischen Friedhof in Neukloster begraben, ebenso wie seine Frau, seine Schwiegermutter und vier seiner Kinder.

Nicolaus Alexander war 1864 Gründungsmitglied des Gesangvereins „Eintracht" in Jork. Sein Sohn Henry aus erster Ehe starb bereits 1880 mit 16 Jahren. Seine zweite Ehe wurde 1895 in →Hamburg geschieden, wo er nach 1888 lebte und als „Händler" 58-jährig am 27. September 1896 verstarb und in Ohlsdorf beigesetzt wurde. Seine Witwe wurde 1943 nach Theresienstadt deportiert, wo sie umkam.

Ein anderer Fall ist der von Hirsch Aaron, der seit 1813 mit einem Schutzbrief in →Neuenfelde lebte, wo seine Frau und sein dreizehnjähriger Sohn bei der Sturmflut von 1825 (→Sturmfluten der Neuzeit) ums Leben kamen. Möglicherweise ist er derselbe, der als Hirsch Aron Schreiber 1829 einen Schutzbrief für den Handel mit Trödel- und Manufakturwaren in Neuenfelde erhielt. Wann er gestorben ist oder wie lange er sich im Alten Land aufgehalten hat, ist nicht bekannt. Sein Schutzbrief ging 1835 auf seinen aus Bayern gekommenen Schwiegersohn Wolf Kaufherr (1806–1881) über, der ab 1838 in →Steinkirchen, →Mittelnkirchen und →Neuenkirchen lebte. Kaufherr wurde ebenfalls auf dem Friedhof in Neukloster beigesetzt, wie auch seine Frau Riedchen und die 1913 in Hamburg gestorbene Tochter Wilhelmine. Seine Söhne Marcus und Levi verließen das Alte Land.

Zur Zeit des →Nationalsozialismus lebten keine Juden im Alten Land.   *jb*

K

Kirschenland-Lühe. Am Deich.

Kabelsteine auf
dem Elbdeich in
Borstel-Lühe

Kabeldeichung Zum Schutz und zur Unterhaltung der →Deiche waren diese seit dem Mittelalter in sogenannte „Kabel", die jeweils dem angrenzenden Grundeigentümer zugeteilt waren, aufgeteilt. Da auf diese Weise einige sehr große Deichabschnitte zu bauen und zu pflegen hatten, andere, weiter zurückliegende Bauern aber gar keine, kam es vermutlich Anfang des 15. Jh. zur Einführung des Kabeldeichsystems, bei dem jedem Grundbesitzer in einer →Meile entsprechend der Größe seines Landbesitzes ein oder mehrere Kabel zugewiesen wurden. Die Festlegung der Deichabschnitte, Länge, Lage und gegebenenfalls Sielrechte, wurde in Kabelbüchern dokumentiert, welche später auch gedruckt in der jeweiligen Deichrichterschaft Verbreitung fanden.

Mit der Pflicht zur Unterhaltung war das Recht zur wirtschaftlichen Nutzung des Deiches verbunden, was einerseits Beweidung, andererseits aber auch Bepflanzung z.B. mit Kirschbäumen, welche durch die erhöhte Lage klimatische Vorteile genossen, bedeuten konnte. In Folge der K. entwickelte sich die für das Alte Land neben den →Deichhufendörfern das auf einigen Deichen noch sichtbare, charakteristische Landschaftsbild.

Die Überprüfung der Einhaltung der Unterhaltungspflichten fand in den Frühjahrs- und Herbstdeichschauen durch die Deichgeschworenen und →Deichrichter statt, welche bei nicht hinreichender Unterhaltung Geldstrafen bis hin zum Entzug des Kabels aussprechen konnten. Ein großer Vorteil des Systems war die starke Identifizierung der Bewohner mit dem Deich und dem durch ihn gewährten Schutz. Der Nachteil war die individuelle Zerstückelung statt gemeinschaftlicher Optimierung der Deiche und die schwierige Verwaltung und Nachverfolgbarkeit der Zuordnung, Rechte und Pflichten über einen größeren Zeitraum. Entsprechend finden sich in den lange Zeit gültigen Kabelbüchern viele handschriftliche Änderungen.

Die →Sturmflut von 1962 brachte das Ende der K. und die grundlegende Neuordnung des Deichwesens mit der 1963 erfolgten gesetzlichen Umstellung auf genossenschaftlich organisierte Kommunionsdeiche (→Deichrecht). *wu*

Karten Das Alte Land erschien erstmals im 16. Jh. auf frühen K. der Niederelberegion oder des Hamburger Umlandes, auf denen aber lediglich Flüsse und Kirchorte schematisch eingezeichnet waren. Aus dem 17. Jh. sind wenige De-

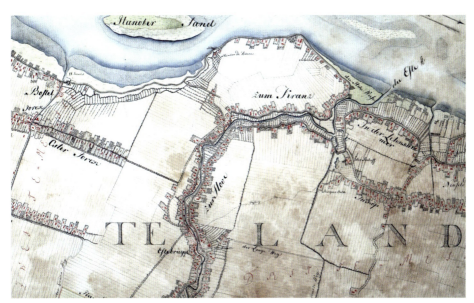

Ausschnitt aus der Kurhannoverschen Landesaufnahme des 18. Jh.

tailzeichnungen bekannt, die als Augenscheinkarten im Zusammenhang mit Prozessen angefertigt wurden. Erst im 18. Jh. gab es genaue, auf Vermessungsarbeiten basierende K. des Alten Landes, die mehrfach kopiert und aktualisiert wurden. Ab 1764 ist das Alte Land im Zuge der Kurhannoverschen Landesaufnahme vermessen und kartographisch erfasst worden. Im 18. und 19. Jh. wurden für Zehntkarten einzelne Gemarkungen parzellengenau vermessen, und im Zuge von einzelnen Deich-, Wasser-, Straßen- und anderen Baumaßnahmen wurden zahlreiche K. und Pläne angefertigt. Bis ins 19. Jh. handelte es sich dabei um handgezeichnete Einzelstücke, die im →Altländer Archiv und im Niedersächsischen Landesarchiv in Stade überliefert sind. Erst mit dem Papenschen Atlas kamen in den 1830er Jahren gedruckte K. auf, und die Herausgabe von topographischen K. wurde Teil der staatlichen Leistungsverwaltung. Mit dem Aufbau der preußischen Katasterämter um 1870 verstetigte sich die staatliche Vermessungsverwaltung. Nach mehreren Verwaltungsreformen ist die Vermessung und Kartenerstellung in Niedersachsen heute Aufgabe des Landesamtes für Geoinformation und Landesvermessung Niedersachsen (LGLN), in →Hamburg ist der Landesbetrieb Geoinformation und Vermessung zuständig.   *rg*

Katen Die K. ist ein Wohn- und Wirtschaftsgebäude, das deutlich kleiner als das →Fachhallenhaus ist. In ihr wohnten vorwiegend Handwerker, Schiffer, Häuslinge und Altenteiler. Der ursprüngliche Aufbau bestand aus zwei Ständerreihen, auf denen das Reetdach ruhte. Ein mittig durchgehender Flur mit Zugangstüren in den Hausgiebeln trennte den Grundriss in zwei seitliche Hälften, in denen die Stuben, Kammern, Werkstätten und Wirtschaftsräume an-

Kate in Steinkirchen auf dem Deich

geordnet waren. Mittlerweile sind die noch vorhandenen K. zu reinen Wohnhäusern mit ausgebautem Dachboden umgestaltet worden. Einige besitzen immer noch einen →Prunkgiebel mit Vorkragungen, Schnitzwerk und Buntmauerwerk in den Ausfachungen. *dtb*

Kätner →Eigenwohner

Katteshusen Eine →Wüstung zwischen →Bassenfleth/→Wöhrden und →Twielenfleth. (unregelmäßige Flouraufteilung). K. wird erst Anfang des 14. Jh. genannt, taucht aber im 15. Jh. in der Überlieferung nicht mehr auf. Nach dem Namentyp könnte K. jedoch schon vor der Eindeichung bestanden haben.

Das Gebiet wird durch die sogenannte Eilwettern (im 17. Jh. Wöhrdenfleth) getrennt. Im südlichen Teil lag in der Flur „Im Holze" noch im 19. Jh. ein einzelner Hof (heute an der →Hollernstraße). Dort könnte der nicht genau zu lokalisierende Ort K. gelegen haben. *dm*

Kirchen im Alten Land →St.-Bartholomäus-Kirche Mittelnkirchen, →St.-Johannis-Evangelista-Kirche Neuenkirchen, →St.-Marien-Kirche Grünendeich, →St.-Marien-Kirche Twielenfleth, →St.-Martini-et-Nicolai-Kirche Steinkirchen, →St.-Martini-Kirche Estebrügge, →St.-Matthias-Kirche Jork, →St.-Mauritius-Kirche Hollern, →St.-Nicolai-Kirche Borstel, →St.-Pankratius-Kirche Neuenfelde

Kirchenkreise →Lühekirchen

Kirchspiel K. wird allgemein verstanden als die Gesamtheit der Wohnsiedlungen, die zu einer Kirchengemeinde bzw. im Mittelalter zu einer Pfarrei gehören. Im Alten Land fällt die große Zahl von ehemals zehn (im Mittelalter elf) Kirchspielen (→Lühekirchen) auf, obgleich die Fläche des Alten Landes im Vergleich zu den weitläufigen Gebieten der benachbarten Geest viel kleiner ist. Das erklärt sich vermutlich daraus, dass der ertragreiche Marschboden eine größere Bevölkerung ernähren konnte. Immerhin haben sich die heutigen zehn Kirchspiele →Hollern, →Twielenfleth, →Grünendeich, →Steinkirchen in der →Ersten, →Mittelnkirchen, →Neuenkirchen, →Borstel, →Jork und →Estebrügge in der →Zweiten, →Neuenfelde in der →Dritten Meile seit dem Mittelalter erhalten. Allein das →Kirchspiel Nincop ist nach den Verwüstungen der Sturmfluten um 1400 (→Sturmfluten im Mittelalter), denen z. B. auch die Vorgängerkirche von Borstel zum Opfer fiel, auf Dauer verschwunden bzw. mit dem ehemaligen →Hasselwerder (heute Neuenfelde) verschmolzen worden.

Neben der lokalen hatte das Wort K. bis ins 19. Jh. eine kommunale, verfassungsrechtliche Bedeutung. Beim K. lag die Verantwortung für das →Schulwesen, für die Armenfürsorge und andere örtliche Aufgaben.

Als im 19. Jh. Kirchengemeinde und Bürgergemeinde klarer unterschieden wurden, wurde der Begriff K. in den hannoverschen Kirchengesetzen meist durch „Pfarrsprengel" ersetzt. Wo die politischen →Gemeinden zu klein für bestimmte Aufgaben waren, etwa bei der Armenfürsorge, empfahlen die königlichen (staatlichen) Gesetze für das Kommunalwesen Zusammenschlüsse nach Art der früheren „Kirchspielverbände". Entsprechend beschlossen die Kommunalvertreter von Hasselwerder, Nincop und Francop 1859 den Bau und Unterhalt eines gemeinsamen „Armen- und Werkhauses für das Kirchspiel Neuenfelde". Im Bewusstsein der Bevölkerung lebte das K. auch im 21. Jh. fort als gewachsene besondere Verbindung einiger benachbarter Dörfer. So fordert die Satzung des „Schützenvereins von Neuenfelde von 1912" auch in ihrer neuesten Fassung zwar nicht, dass nur ein Ortsansässiger König werden könne, aber er „muss sich in den Tagen des Schützenfestes zwecks Abholung innerhalb des Kirchspiels Neuenfelde stellen". *hr*

Kirchspiel Nincop Das um 1400 untergegangene K. lag im Kolonisationsgebiet (→Hollerkolonisation), im →Sietland der →Dritten Meile des Alten Landes. Zum K. gehörten →Nincop, das untergegangene →Velthusen sowie →Francop. Die Kirche selbst befand sich etwa in der Mitte des sich über ca. 7,5 km von West nach Ost südlich von →Hasselwerder bzw. des Elbdeichs erstreckenden K., auf der Grenze zwischen den heutigen Fluren „das neue Feld" und →Vierzigstücken. Heute befindet sich dort der sogenannte →Orgelbauerhof. Das Patrozinium der Kirche ist nicht bekannt.

Das K. wurde 1335 erstmals erwähnt, ein Kirchherr erstmals 1331. Gegründet wurde das K. aber wohl bereits im Zuge der Kolonisation in der 1. Hälfte des 13. Jh. 1395 ist das K. noch als bestehend genannt. 1481 wird einstmals zur Kirche Nincop gehöriges, wieder eingedeichtes Land genannt, nun aber im →Kirchspiel Hasselwerder gelegen. Damit gehörten – bis 1970 einmalig im Alten Land – sächsische (→Sachsen) und hollersche Siedlungen zu einem Kirchspiel. *bf*

Kirchviertel Im Spätmittelalter und in der frühen Neuzeit war das →Kirchspiel →Steinkirchen in zwei Teile oder Viertel unterteilt, die den →Hauptmannschaften entsprachen. Unterschieden wurden das K. (1366 *Kercdel*, 1374 *in Kerkverdendele*), nämlich die heutige →Gemeinde Steinkirchen, und das erstmals 1524 genannte →Guderhandviertel (*im Ghuderhandeverndeil*).
                                                                                      dm/aeh

Dachkirschen

Kirschanbau Kirschen sind empfindliche Früchte. In ihrer Reifezeit im Hochsommer kann es immer wieder starke Regenfälle oder auch Hagelschlag geben, der die Früchte platzen lässt. Vor allem Stare fressen die Früchte oft nicht ganz und picken sie nur an, was ebenfalls zum Totalverlust führt. Das *Spreenhüten* mit lauten Rufen und die Nutzung akustischer Vogelabwehrgeräte waren dagegen nur von begrenztem Erfolg. Seit den 1980er Jahren wurden dank kleinerer Bäume Kirschreihen mit Netzen überspannt, um Vögel fernzuhalten; heute geht man zunehmend zu festen Dachkonstruktionen auf

Holz- oder Aluminiumbasis über, die durch den damit gegebenen Regenschutz eine größere Erntemenge und das optimale Ausreifen der Kirschen und damit höhere Verkaufserlöse ermöglichen, die sogenannten Dachkirschen.

Da Kirschen nur begrenzt lagerfähig sind, müssen sie nach der Ernte zügig vermarktet werden. Das Alte Land war nicht nur klimatisch für den K. prädestiniert, sondern auch durch die Marktnähe von →Hamburg.

Kirschen wurden bereits im Mittelalter im Alten Land angebaut, und 1581 kam es zum ersten „Kirschenkrieg" mit Hamburg, das das Importverbot für Hamburger Bier im →Erzstift Bremen mit einem eigenen Importverbot für Altländer Kirschen beantwortete. 1769 waren mehrere Sorten bekannt, darunter Morellen und Blaue Italiener. Der K. im Alten Land war zeitweise recht bedeutend: 1913 waren 22,7 % der im →Kreis Jork stehenden Obstbäume Kirschen, so dass das Alte Land touristisch als „Kirschenland" beworben wurde. In den 1930er Jahren fiel der Anteil der Kirschbäume an der Produktionsfläche auf deutlich unter 20 %. Heute sind knapp 6 % der im Alten Land angebauten Obstbäume Kirschen, nahezu ausschließlich Süßkirschen. Während noch in den 1950er Jahren überwiegend regionale Sorten angebaut wurden, dominieren heute großfruchtige und feste, international übliche Sorten wie Regina, Kordia u. a. *hk*

Kleierde Das Wort Klei, mit dem englischen *clay* verwandt, bezeichnet einen Boden mit einem hohen Tongehalt (→Schlick). Die feinen Tonpartikel werden in den Fluss- und Seemarschen abgesetzt. Tonteilchen enthalten zahlreiche Mineralstoffe, die Pflanzen zum optimalen Wachstum benötigen. Daher ist K. eigentlich fruchtbar. Doch macht ihre Konsistenz Probleme: Bei wiederholter Überflutung werden die kleinen Tonteilchen immer besser eingeregelt. Das bedeutet, dass jeweils bei zurückweichendem Wasserstand ein Sog im Boden entsteht, der die tonigen Bodenbestandteile so ausrichtet,

dass die Zwischenräume zwischen ihnen immer geringer werden. Daher bleibt nur wenig Raum zwischen den Tonteilchen, und der Sauerstoffgehalt von K. ist gering. Wasser wird in den sehr engen Kapillaren festgehalten, so dass Pflanzen unter bestimmten Umständen selbst auf nassem Untergrund kein Wasser aus den Zwischenräumen der Tonteilchen aufnehmen können und vertrocknen. K. muss daher mit einem tief reichenden Pflug und starken Maschinen aufgebrochen werden, wenn auf ihr →Landwirtschaft betrieben werden soll. Das allerdings ist kompliziert: Bei zu hoher Feuchtigkeit bleibt die Erde an Ackergeräten hängen, bei Trockenheit wird der Boden steinhart und kann nicht aufgebrochen werden. Daher gilt K. im Alten Land als das optimale Material für die Außenhaut der →Deiche und ist somit ein hoch begehrter Baustoff. *hk*

Klein Hove →Hove

Klimageschichte Während der letzten Eiszeit (Weichseleiszeit) vor ca. 20.000 Jahren, in der auch das →Elbe-Urstromtal entstand, war sehr viel Wasser im Gletschereis gebunden. Daher hatte der Meeresspiegel ein etwa 130 m niedrigeres Niveau, und die Nordseeküste befand sich bis zu 600 km weiter nördlich, in der Nähe der Doggerbank. Der Englische Kanal bestand damals nicht, so dass sich der wärmende Golfstrom nicht in gleicher Weise wie heute auf das Klima Mitteleuropas auswirkte. Es war daher nicht nur kälter, sondern auch kontinentaler.

Auch nach Ende der Weichseleiszeit dauerte der Abschmelzprozess des skandinavischen Eisschilds noch weitere Jahrtausende, so dass der Meeresspiegel der Nordsee erst vor etwa 2000 Jahren nahe dem heutigen Niveau lag.

Der allmähliche Temperaturanstieg fand nicht kontinuierlich statt. Vor 10.000 Jahren waren erstmals ungefähr heutige Temperaturwerte erreicht. Wärmere und kältere, trockenere und feuchtere Perioden wechselten sich ab. Das Alte

Land wurde großenteils im 12. und 13. Jh. eingedeicht, in einer Zeit, in der die Temperaturen mutmaßlich recht hoch lagen (sogenannte mittelalterliche Warmzeit, von ca. 950 bis 1250). Dass die Obstbaufläche dann vom 15.–17. Jh. vergleichsweise gering blieb, könnte mit der Kleinen Eiszeit in Zusammenhang stehen, einer relativ kühlen Periode zwischen dem 14. und der Mitte des 19. Jh. Die Obstanbaufläche im Alten Land wurde im 18. Jh. um über 10 % kleiner. Allerdings könnten auch ökonomische Gründe alleine zur Ausweitung oder Einschränkung des Obstbaus geführt haben. Die erneute Erwärmung seit dem Ende des 19. Jh. mag die Ausweitung des Obstbaus gefördert haben, während der →Klimawandel unserer Tage dank der damit einhergehenden Verlängerung der Vegetationsperiode neue Obstsorten im Alten Land begünstigt, die vorher hier keine ihnen entsprechenden Klimabedingungen vorfanden.   *hk/gr*

Klimawandel Das Alte Land hat sich während der letzten Jahrzehnte bereits deutlich erwärmt. Dies belegen u. a. die langjährigen Messungen an der Wetterstation des Deutschen Wetterdienstes im benachbarten Hamburg-Neuwiedenthal (ca. 15 km entfernt vom Zentrum von →Jork). Ein Vergleich des aktuellen Klimazustandes (1986–2015) (→Witterungsverlauf) mit dem Vergleichszeitraum 1963–1990 zeigt eine Erwärmung von 1° C und liegt damit über dem weltweiten Durchschnitt. Mit der Erwärmung haben sich auch die thermischen Vegetationsperioden im Alten Land verlängert. Dies ist größtenteils auf einen deutlich früheren Beginn der thermischen Vegetationsperiode zurückzuführen. Da sich der thermische Vegetationsbeginn in den letzten Jahrzehnten stärker verfrüht hat (um etwa 3–4 Wochen seit 1960) als der letzte Frosttag im Jahr (um etwa 1–2 Wochen seit 1960), hat sich das Risiko von →Spätfrösten im Alten Land innerhalb dieses Zeitraumes erhöht. Die jährliche Niederschlagsmenge und -häufigkeit im Alten Land unterlag in den letzten Jahrzehnten starken Schwankungen, so dass sich kein einheitlicher Trend feststellen lässt. Nur im Winter hat der Niederschlag in den letzten Jahrzehnten in Menge und Häufigkeit zugenommen. Sturmintensitäten und Sturmhäufigkeiten lassen während der Wintermonate innerhalb der letzten fünfzig Jahre eine Zunahme erkennen (→Sturmfluten). Bei Zugrundelegung eines längeren Zeitraumes wird jedoch deutlich, dass sich diese Entwicklung noch im Rahmen der normalen Schwankungen bewegt. Regionale Klimaszenarien des Weltklimarates IPCC wei

---

Differenz 1986–2015 minus 1963–1990 (bei Niederschlagshöhe prozentuale Änderung)

	Jan	Feb	Mrz	Apr	Mai	Jun	Jul	Aug	Sep	Okt	Nov	Dez	Jahr
Mitteltemperatur (°C)	1,6	1,5	1,1	1,9	0,8	0,3	1,4	1,0	0,7	0,3	0,6	0,7	1,0
Zahl der Sommertage	0,0	0,0	0,0	0,4	0,8	-0,4	3,1	1,8	0,9	0,0	0,0	0,0	6,6
Zahl der heißen Tage	0,0	0,0	0,0	0,0	0,1	0,2	1,2	0,2	0,1	0,0	0,0	0,0	1,8
Zahl der Eistage	-2,2	-2,2	-0,5	0,0	0,0	0,0	0,0	0,0	0,0	0,0	-0,1	-1,1	-6,2
Zahl der Frosttage	-3,3	-3,4	-1,7	-1,7	-0,2	0,0	0,0	0,0	0,0	0,3	-0,5	-1,7	-12,3
Niederschlagshöhe (%)	17	38	11	-16	0	-3	19	19	-10	1	-9	12	6

Sommertag: Tägl. Temperaturmaximum ≥ 25 °C

Heißer Tag: Tägl. Temperaturmaximum ≥ 30 °C

Eistag: Tägl. Temperaturmaximum < 0 °C

Frosttag: Tägl. Temperaturminimum < 0 °C

Quelle: Wetterstation Hamburg-Neuwiedenthal (53,4777° N, 9,8957° E, 3 m ü NN)

Kochshof

sen darauf hin, dass sich das Alte Land auch künftig weiterhin erwärmen wird. Auswertungen von über 120 regionalen Klimaszenarien zeigen einheitlich eine künftige Erwärmung, die im Alten Land bis Ende des 21. Jh. zwischen 1° C und 5° C liegen kann. Im gleichen Zeitraum kann der Winterniederschlag bis etwa 40 % zunehmen. Gleichzeitig muss mit einem sich beschleunigendem Meeresspiegelanstieg gerechnet werden, so dass Anpassungen im Küstenschutz (→Deiche) und in der →Entwässerung notwendig werden könnten.   *im*

Kochshof Der historische Name steht für die Hofstelle in →Siebenhöfen (Siebenhöfen 28), in →Hollern, an der sogenannten Neuen →Wettern. Der Name K. war im 17. bis 19. Jh. gebräuchlich, wurde aber im 20. Jh. verdrängt durch den Namen der Hofbesitzer Nodorp.
Nach der Hollerner Höferolle war 1524 Rathke Kolster Besitzer des steuerpflichtigen bäuerlichen Betriebes, der 1590 aufgrund zu hoher Schulden von der Familie Kolster an den Kanzler

und Geheimen Rat des →Erzstiftes Bremen Dr. Kaspar Koch verkauft wurde. Zurückgezogen, nutzte Koch während seiner letzten Jahre den verkehrsgünstig liegenden Hof als Landsitz, für den er noch 1611 von den →Gräfen des Alten Landes die Steuerfreiheit erwarb.
Seine Schwiegertochter verkaufte den K. 1653 an den Grafen Hans Christoph von Königsmarck. Verwaltet wurde das Anwesen vom Amt Agathenburg. Anfang des 18. Jh. veräußerten es die Königmarck'schen Erben an den hannoverschen Staat, der das Domanialgut verpachtete, erstmals 1743 an Dietrich Schacht, dem weitere Pächter folgten, darunter Diedrich Nodorp ab 1814 und nach ihm 1870 sein Sohn, der →Hausmann Peter Nodorp, der 1872 den K. mit rund 40 ha vom preußischen Staat kaufte. Am 1. März 1875 zerstörte ein verheerender →Brand Wohn- und Wirtschaftsgebäude des Hofes, dessen Wiederaufbau in Altländer Fachwerk noch im selben Jahr erfolgte. Seitdem ist der Name Nodorp mit dem Hof verbunden, auf dem es bis zur →Sturmflut von 1962 →Ackerbau und →Tier-

haltung gab, seither →Obstbau auf rund 20 ha bis zur Stilllegung des Betriebes aus familiären Gründen 1995. *dm*

Kohlenhusen K. liegt in der →Zweiten Meile im sächsischen Teil des Alten Landes (→Sachsen) zwischen →Hinterbrack und →Borstel, Hinter der Mühle mit etwa 1,5 km Ost-West-Ausdehnung. Eine erste Erwähnung findet sich erst 1718 als *Kaalenhusen*. Dies wird nach örtlicher Überlieferung als „kahl an Häusern" gedeutet, was von der Sache her korrekt ist, denn der schmale Streifen zwischen der Königreich-Westmoorender wie der Osterjorker →Wettern und der nach 1400 gezogenen Deichlinie bot nur Fläche für wenige Höfe. Es dürfte sich um Reste der Feldmark des alten →Zesterfleth handeln. K. war stets ein Teil Borstels und gehört jetzt zur Einheitsgemeinde →Jork. *bf*

Königreich K. ist ein →Deichhufendorf im →Sietland links der unteren →Este im →Kirchspiel →Estebrügge. Den ungewöhnlichen Namen (Ersterwähnung 1335 *Koningrike*) deutet Hans Peter →Siemens als „Bereich der Königstraße", der freien Heerstraße zwischen Buxtehude und →Cranz.

Seit dem Spätmittelalter bildete K. zusammen mit einem Teil von →Hove (Königreich-Ostseite) eine →Hauptmannschaft bzw. ab 1852 eine politische →Gemeinde beiderseits der Este. Im Jahr 1879 wurden die Gemeindegrenzen neu festgelegt, die Ostseite rechts der Este kam zur neugegründeten Gemeinde Hove, der südliche Teil der Hauptmannschaft von der Hinterstraße bis zum Steinweg an die neue Gemeinde Estebrügge. Gleichzeitig ging →Leeswig von der früheren Vogtei →Hove-Leeswig an die Gemeinde Königreich über.

Die alte Bebauung steht überwiegend am Estedeich, wobei als Denkmalensemble der →Harmshof hervorzuheben ist. Nach dem Ausbau der Landstraße nach Cranz (heute *Königreicher Straße*) in den 1870er Jahren hat sich hier eine zweite, jüngere Bebauungslinie entwickelt. Im Süden zieht die Hinterstraße mit einigen

Kreuzung Königreich, Ansichtskarte gelaufen 1943

Obstbaubetrieben einen Bogen durch die Feldmark; im Norden führt die →Wellenstraße vom Estedeich nach →Hinterbrack. Der Weg nach →Jork, der auf einer Karte des 18. Jh. als *Essater Mudd-Weg* bezeichnet wird, wurde in den 1860er Jahren zur Chaussee ausgebaut (heute →Obstmarschenweg). Seit Fertigstellung der Brücke über die Este mit dem hohen Brückendamm im Jahr 1875 kreuzt die Stade-Francoper Chaussee die Königreicher Straße.

Um 1930 entstand entlang des Obstmarschenweges eine frühe Neubausiedlung mit einer langen Reihe von Siedlungshäusern. 1972 verlor Königreich seine kommunale Eigenständigkeit und wurde Teil der Einheitsgemeinde →Jork. Die Einwohnerzahl entwickelte sich von 796 (1880) über 1.008 (1939), 1.859 (1950) und 1.178 (1967) auf 1.562 (2017) Einwohner.   *rg*

Claus Köpcke

Köpcke, Claus, *28.10.1831 in →Borstel, †21.11.1911 in Dresden   K. besuchte das Gymnasium in Stade und studierte in Hannover Ingenieurswesen. Im hannoverschen Staatsdienst war er zunächst mit Hafenbauten in Harburg und Geestemünde beschäftigt, bevor er 1863 an die Generaldirektion der Königlich Hannoverschen Staatsbahn wechselte. 1868 wurde er zum Professor für Wasser-, Straßen- und Eisenbahnbau an die Technische Hochschule in Dresden berufen. Ab 1872 wirkte er im Rang eines „Geheimen Finanzrates" im sächsischen Finanzministerium, wo er u. a. maßgeblichen Einfluss auf die Entwicklung des sächsischen Eisenbahnwesens ausübte und zahlreiche Verkehrsbauten plante. Sein bekanntestes Werk, heute eines der Wahrzeichen der Stadt Dresden, ist die 1893 eröffnete, wegen ihres blauen Anstrichs volkstümlich als „Blaues Wunder" bekannte Loschwitzer Brücke, eine kühne Stahlkonstruktion, die als eine der ersten strompfeilerfreien Brücken die →Elbe mit einer Öffnung von über 140 Metern Länge überspannt.

K. war mit Friederike Lüdeking verheiratet. 1901 verlieh ihm die Universität Hannover anlässlich seines 70. Geburtstages die Ehrendoktorwürde. Dresden verlieh ihm zum 80. den Titel „Exzellenz und Wirklicher Geheimer Rat". 1946 wurde die Straße vor dem Finanzministerium in der Inneren Neustadt in Dresden in Köpckestraße umbenannt. Der Verein zur Förderung Sächsischer Schmalspurbahnen e.V verleiht seit 2003 den „Claus-Köpcke-Preis".   *shs*

Kötner   →Eigenwohner

Krankheiten und Seuchen   Dieses Thema durchzieht die menschliche Geschichte gleich einem roten Faden und hat auch im Alten Land seine Spuren hinterlassen. Dennoch ist über die Einzelheiten bislang nur wenig bekannt. Dass der „schwarze Tod", jene apokalyptische Pestepidemie, von der man sagt, sie habe rund ein Drittel der europäischen Bevölkerung hinweggerafft, die um 1350 auch den Elbe-Weser-Raum erreichte, spurlos am Alten Land vorbeigegangen sein soll, ist wenig wahrscheinlich. Dennoch ist darüber nichts bekannt, anders als von dem Pestausbruch, der 1628 seinen Höhepunkt erreichte und dem nach Schätzungen von →Siemens ein Drittel der Altländer Bevölkerung zum Opfer fiel, von denen die der →Zweiten Meile am Ende der Flur von →Osterladekop eine eigene Begräbnisstätte fanden.

Epidemische Krankheiten traten auch in der Folge auf, und das feuchte Klima begünstigte viele Formen von Atemwegserkrankungen, darunter Tuberkulose, während die zunehmende →Schifffahrt und die Kontakte in den Häfen von →Hamburg und anderenorts mit den von dort eintreffenden Seeleuten zusätzliche Gefahrenquellen darstellten. Bereits in der →Schwedenzeit galten im Alten Land staatliche Präventionsmaßnahmen gegen die drohende Einschleppung epidemischer Krankheiten. Zumal Blattern (Pocken) wurden im 18. Jh. zum bestimmenden Thema, wenn auch die in der zweiten Hälfte des Jahrhunderts aufkommende Schutzimpfung im Alten Land wohl erst nach der →Franzosenzeit verpflichtend eingeführt wurde.

Im 19. Jh. bis kurz vor dem →Ersten Weltkrieg war die Cholera das beherrschende Thema. Anfang der 1830er Jahre wurden in Stade und in Buxtehude eigene Cholera-Krankenhäuser errichtet, in denen sich auch mancher Altländer wiedergefunden haben dürfte. Doch hier wie in allen anderen Fällen – sei es die Spanische Grippe am Ende des Ersten Weltkriegs und der Alptraum der Besatzungsmächte nach dem →Zweiten Weltkrieg, die es dann stattdessen vor allem mit Typhus zu tun hatten – fehlt es bislang an konkreten Opferzahlen für das Alte Land. Zusätzlich ist in den Sommermonaten spätestens seit dem 18. Jh. bis in die Mitte des 20. Jh. die Malaria, das „Marschenfieber", in den norddeutschen Marschländern und im Alten Land aufgetreten, ohne dass genauere Zahlen bekannt sind.

Das mag nicht zuletzt mit der ärztlichen Versorgung und der schlechten Trinkwasserqualität im Alten Land zu tun haben – die erste Trinkwasserleitung wurde erst 1931 verlegt –, für die ebenfalls wissenschaftliche Untersuchungen weitgehend fehlen. Zwar tauchten spätestens seit dem beginnenden 17. Jh. „Barbiere" und dann „Chirurgen", wie die handwerklichen Praktiker gegenüber den wissenschaftlich ausgebildeten Ärzten genannt wurden, im Alten Land auf. Doch Letztere finden wir hier erst rund zweihundert Jahre später – 1803 ließ sich mit Dr. Samuel Drost der erste Arzt in →Jork nieder, seit 1813 gab es hier die erste →Apotheke im Alten Land, und in den 1880er Jahren im Zuge der Bismarck'schen Sozialpolitik wurde die Jorker Ortskrankenkasse gegründet. Seit dem 20. Jh. gibt es eine flächendeckende ärztliche wie zahnärztliche Versorgung im Alten Land, unterstützt durch allgemeine Krankenhäuser in Stade, Buxtehude und Harburg.   *hd*

Kreisbauernverband Stade e.V. im Landvolk Niedersachsen Seit 1948 ist der K. die Interessenvertretung für die Stader Bauern und ihre Familien im →Landkreis Stade (Haupt- oder Nebenerwerbsbetriebe, Eigentümer oder Pächter, Acker- oder Obstbauern, Tierhalter oder Waldbesitzer, u. a.). Der K. ist parteipolitisch unabhängig und finanziert sich über die Beiträge seine Mitglieder. Die Obstbauern im Alten Land sind über ihre Vertreter der drei →Meilen des Alten Landes in der Fachgruppe Obstbau des Deutschen Bauernverbandes vertreten. Neben seiner politischen Aufgabenstellung als Berufsvertretung der Landwirte ist der K. heute ein moderner und kompetenter Dienstleister. Das Dienstleistungsangebot ist vielseitig, steht für Mitglieder zur Verfügung und wird ständig den sich ändernden Erfordernissen angepasst. Eine Buchstelle mit Steuerberatung, die Geschäftsführung der →Fachgruppe Obstbau des Landesbauernverbandes, die Geschäftsführung der Arbeitsgemeinschaft junger Landwirte Stade und die Einsatzleitung für die Stader Dorfhelferinnen finden sich im Stader Landvolkhaus.   *be*

Kreis Jork Durch die Einführung der Kreisordnung für die Provinz Hannover wurde am 1. April 1885 aus dem bisherigen →Amt Jork mit insgesamt 20 Altländer Landgemeinden, der selbständigen Stadt Buxtehude und der Gemeinde Neuland aus dem Amt Harsefeld der K. gebildet. Er war 167 km² groß und zählte in diesem Jahr 21.749 Einwohner. Sitz der Kreisverwaltung war →Jork. An die Spitze trat nun der preußische, vom König ernannte Landrat als Leiter der allgemeinen Verwaltung und der örtlichen Polizeiverwaltung sowie als Vorsitzender des Kreistags und des Kreisausschusses. Er vereinte auf seine Person staatliche Befugnisse mit kommunalen Spitzenaufgaben und konnte damit auch eine individuell formbare, starke Stellung im Kreis einnehmen. An seiner Seite standen als Organe der Kreisverwaltung der gewähl-

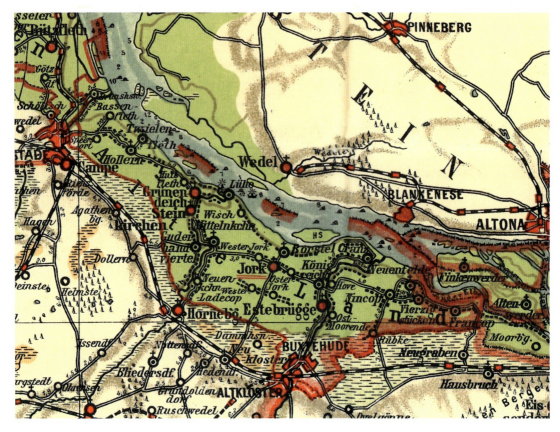

Kreis Jork,
Karte von 1927

te Kreistag, in dem nach damaligem Wahlrecht große Grundbesitzer überproportional vertreten waren, und der Kreisausschuss. Der Kreistag konnte Statuten erlassen, entschied über die Verteilung von Staatsleistungen, verteilte die Kreisabgaben, richtete Kreisämter ein und wählte den Kreisausschuss mit. Der aus sechs gewählten Mitgliedern und dem Landrat bestehende Kreisausschuss dagegen bereitete die Beschlüsse des Kreistages vor, führte sie aus, ernannte und beaufsichtigte die Kreisbeamten, gab Gutachten in Auftrag und verwaltete die ihm gesetzlich übertragenen Landesangelegenheiten. Die Gremien tagten zunächst in einer Gaststätte und konnten 1896 mit in das neue, kreiseigene Sparkassengebäude in Jork einziehen. Am 23. Februar 1919 wurden die ersten demokratischen Kommunalwahlen mit gleichem Stimmrecht durchgeführt. 1920 beschäftigte der Kreis sechs hauptamtliche kommunale

Kreisbeamte (Kreisausschussobersekretär, der gleichzeitig Kreiskommunalkassenrendant war, Kreisausschussassistent, Kreisobstbaulehrer, Sparkassendirektor, Sparkassengegenbuchführer und Sparkassenassistent). Im Rahmen einer durch die allgemeine Wirtschafts- und Finanznot angetriebenen, umfassenden Kreisreform wurde nach einer Verordnung des preußischen Staatsministeriums von 1932 der K. aufgelöst, die Gemeinden östlich der →Este wurden dem →Landkreis Harburg im Regierungsbezirk Lüneburg zugeschlagen, das Gebiet westlich der Este ging an den →Landkreis Stade. Der Auflösung der Kreises wurde im Alten Land starker und langanhaltender Widerstand mit Denkschriften und Eingaben (z. B. 1933 und noch 1949) entgegengebracht, und noch 1951 klagte Hans Peter →Siemens: *Der 1. Oktober 1932, an dem dieses Dekret wirksam wurde, wird in unserer Landschaftsgeschichte als schwarzer Tag fortleben; denn mit diesem Tage hörte das kommunale Eigenleben unserer Landschaft praktisch auf.*　　tb

Kulturstiftung Altes Land　Die gemeinnützige K. wurde 1990 vom →Landkreis Stade, der →Samtgemeinde Lühe, der Einheitsgemeinde →Jork und der Altländer →Sparkasse gegründet. Zweck der Stiftung ist laut Satzung die *Förderung der Kultur im Alten Land. Die Stiftung wird insbesondere tätig auf dem Gebiet der Heimatpflege und Heimatforschung, des Natur- und Denkmalschutzes, der Geschichte einschließlich der Familiengeschichte, der Pflege und Erhaltung der niederdeutschen Sprache sowie des Volks- und Brauchtums.* Aus den Stiftungserträgen finanziert die K. eigene Projekte und fördert Projekte Dritter. In einer Schriftenreihe hat sie mehrere Bücher zur Geschichte und Volkskunde des Alten Landes herausgegeben. Als Erbin des Heimatforschers und Sammlers Gerd →Matthes († 2013) ist die K. Trägerin des →Museums Estebrügge.　　rg

Kulturverein Jork　→ Verein zur Förderung und Erhaltung Altländer Kultur Jork e.V.

Kulturverein Steinkirchen und Umgebung e.V.　Der K. wurde am 10. Oktober 1989 von dem Pastor der Kirchengemeinde →Lühekirchen, Wolf-Dietrich Lochte, als Nachfolgeverein des Orgelbauvereins →Steinkirchen gegründet. Zunächst geführt unter dem Namen *Verein zur Förderung und Pflege der Geschichte und Kultur Steinkirchens,* wurde der Name 1994 geändert in *Geschichts- und Kulturförderung in Steinkirchen und Umgebung e.V.,* bevor er 2000 in K. umbenannt wurde. Vorsitzender des gemeinnützigen K. wurde Hans →Heinrich, ihm folgte ab 1999 Doris Marks. Der Zweck des K. besteht in der Förderung von Heimatpflege und Heimatkunde bezogen auf die Geschichte und Kultur Steinkirchens, seiner Umgebung und der umliegenden Ortschaften sowie aller damit im Zusammenhang stehenden Maßnahmen. Er verwirklicht dies insbesondere durch kulturelle Veranstaltungen (Vorträge, musikalische Darbietungen, Exkursionen), Herausgabe und Unterstützung von Publikationen (*850 Jahre Steinkirchen,* 1998; *Drei Meilen Altes Land,* 4 Bände, 1993–1997; dieses *Lexikon* u. a.). Als herausragende Projekte des K. gelten das Altländer Apfelfest, die →Priester-Heinrich-Skulptur sowie die Pflege der mehr als 30-jährigen Freundschaft zu Kaag en Braassem/Niederlande. Darüber hinaus trägt der K. zum Erhalt des kleinsten Schifffahrtsmuseums Norddeutschlands in →Twielenfleth sowie der dortigen →Twielenflether Windmühle *Venti Amica* bei. *dm*

L

Ladekop Auf *-cop* endende Ortsnamen sind seit 1140 im Alten Land belegt (→Lokatoren). Der Name L. (*de Latkop*) erscheint zuerst in einer Mecklenburger Urkunde aus dem Jahre 1262 als Personenname. Die erste schriftliche Erwähnung des Ortes stammt aus dem Jahre 1316. Nicht eindeutig als Adlige zu erkennen werden sie seit 1315 *von Ladekop* im Alten Land genannt. Das vom →Obstbau geprägte →Marschhufendorf erstreckt sich an einer 3,8 km langen Straße parallel zu dem 2 km entfernten →Jork. Die von Neukloster nach →Borstel führende Straße (1844/1859 fertiggestellt) teilt die Siedlung in →Oster- und Westerladekop; ein dritter Ortsteil ist →Hinterdeich. Die Hollersiedlung dürfte vor 1197 angelegt worden sein. Die Straße, die gleich-

Kreuzung Ladekop mit Kriegerdenkmal für die Gefallenen im 1. Weltkrieg

Gruß aus Ladecop

Kriegerdenkmal 1914–1918

zeitig die Grenze zwischen den Gemarkungen Jork und L. bildete, könnte auch als →Deich gedient haben und war zunächst wohl nur einzeilig nach Süden bebaut mit der parallel dazu verlaufenden →Wettern. Die Ladekoper Einwohner auf der Nordseite bauten ihre Häuser also auf Jorker Gemeindegebiet. Seit 1890 gab es Verhandlungen zwischen der Gemeinde Jork und L., um durch eine Grenzänderung hier Abhilfe zu schaffen, allerdings konnte bis zur Zusammenlegung zur Samtgemeinde Jork im Jahre 1970 darüber keine Einigung erzielt werden.

L. besitzt keine eigene Kirche, es ist nach Jork eingepfarrt. Die →Hauptmannschaft L. bildete gemeinsam mit Jork eine Deichrichterschaft. 1907 wurde der Schulverband für L. aus den beiden Verbänden Oster- und Westerladekop gegründet. 1921 wurden die beiden Nebenschulen aufgrund der wirtschaftlichen Lage zu einer Schule zusammengelegt. Heute ist noch die erste Klasse der Grundschule Jork in L. untergebracht.

Durch die 1960 erfolgte →Polderung landwirtschaftlicher Flächen konnte durch die verbesserte →Entwässerung nun auch auf tieferliegenden Flächen Obst angebaut werden.

Seit 1972 ist L. Teil der Einheitsgemeinde →Jork, und seit 1996 hat das →Altländer Archiv seinen Sitz in L. (Westerladekop 4); Neubau und Umzug sind in Planung.

In den 1990er Jahren und in den ersten Jahren des neuen Jh. wurden in L. viele Freiflächen mit Wohnhäusern bebaut, so dass sich die Zahl der Einwohner von 1959 mit 750 Einwohnern im Jahre 2017 mit 1.487 Einwohnern fast verdoppelt hatte. *shs*

Landarbeiter →Gesinde, →Tagelöhner

Landesbote Zur Beförderung der amtlichen und privaten Korrespondenz stellte die →Landesversammlung des Alten Landes seit dem 17. Jh. in →Jork einen L. an. Seine Aufgabe war es, zweimal pro Woche die Dienstpost zwischen dem Jorker →Gräfengericht und Stade zuzustellen, wobei er zugleich private Korrespondenz und Aufträge übernehmen konnte. In Stade bestand ein Anschluss an das überregionale Postnetz. Ab 1832 lautete die amtliche Bezeichnung Gerichts- und Landesbote, doch weitergehende Forderungen nach Einbeziehung des Alten Landes in das hannoversche Postnetz blieben, wohl nicht zuletzt angesichts des nur schleppend vorankommenden →Straßen- und Wegebaus im Alten Land, unerfüllt. Als 1849 Buxtehude ein Postbüro erhielt, wurde dies zusätzlich von dem L. viermal in der Woche bedient. 1852 mit der Einrichtung des →Amtes Jork übernahm die Regierung in Stade die Bezahlung des L., zwei Jahre später war das General-Post-Direktorium in Hannover bereit, eine Postspedition in Jork zu errichten. Doch angesichts der lokalen Widerstände gegen die Aufhebung des Privilegs des Altländer L. zogen sich die Verhandlungen hin, so dass erst am 1. Oktober 1857 die erste Postkutsche zwischen Stade und Jork verkehren konnte. Gleichzeitig wurde der letzte Jorker L., Hinrich Schleßelmann, pensioniert.   *gb*

Landesgemeinde Eine L. ist ein genossenschaftlicher Zusammenschluss von →Kirchspielen und Bauerschaften zu einem autonomen „Land" (in den Quellen: *terra, communitas, universitas; land, meenheit, dat mene land*), die ihre innere Verfassung selbst regeln kann, durch auf →Landesversammlungen gewählte Organe vertreten wird und mit Auswärtigen Verträge unter eigenem Siegel abschließen kann. Solche L. entstanden im Mittelalter vor allem an der Nordseeküste (z. B. friesische Länder, Dithmarschen). Die L. Altes Land bildete sich im 13. Jh. Spätestens 1361 besaß sie in den →Hauptleuten gewählte Organe, die das Landessiegel führten. Die Autonomie wurde 1517 vom Landesherrn, dem Bremer Erzbischof, in der von ihm oktroyierten Landesordnung beschränkt. Mit den Hauptleuten vertraten vom Landesherrn einge-

Alte Landesstube in Jork

setzte →Gräfen das Land. Die bremischen Marschländer (Altes Land, Land Kehdingen, Land Wursten) bemühten sich im 17. Jh. vergeblich um die Anerkennung als Landstand im →Erzstift bzw. Herzogtum Bremen; sie wurden aber bei Steuerbewilligungen herangezogen und waren bis zum Ende der →Hannoverschen Zeit durch Deputierte in der Provinziallandschaft vertreten.   *aeh*

Landesstube Die L. vertrat das Alte Land vom 17. bis 19. Jh. gegenüber den →Gräfen und der Regierung in Stade. Sie setzte sich zusammen aus dem →Oberbürgermeister, der die Mitglieder einberief und ihre Zusammenkünfte leitete, aus den weiteren drei Bürgermeistern sowie aus vier Deputierten. Die Deputierten vertraten jeweils ein Quartier des Alten Landes, nämlich 1. die vier →Hauptmannschaften der →Ersten Meile, 2. die Hauptmannschaften →Mitteln- und →Neuenkirchen, →Jork und →Ladekop, 3. die Hauptmannschaften →Borstel, →Königreich, →Moorende und →Hasselwerder, 4. die sechs →Vogteien (→Cranz, →Francop, →Nincop, →Rübke, →Altklostergericht und →Hove-Leeswig). Die Wahl der Deputierten leitete das Gräfengericht. Die Kandidaten mussten mindestens vier Altländer Morgen Land (→Maße) besitzen (→Hausleute) und wurden von den Hauptleuten bzw. Vögten der jeweils anderen drei Quartiere auf Lebenszeit gewählt. Im Marschländer-Konvent auf den Landtagen (Altes Land, Land Kehdingen, Land Wursten) vertraten Deputierte das Alte Land zusammen mit dem Oberbürgermeister. Sie nahmen an den →Landesversammlungen ohne Stimmrecht teil. Die L. mit den Deputierten bestand seit etwa 1600, ihre Einrichtung steht in Zusammenhang mit dem →Marschländer Prozess, den die drei Länder seit 1598 um ihre Landstandschaft auf den Landtagen und ihren Anteil an dem Steueraufkommen des →Erzstifts bzw. des Herzogtums Bremen führten. Der Prozess wurde 1672 vorläufig und erst 1741 endgültig beigelegt. Mit der Bildung des →Amtes Jork und der Landgemeinden 1852 wurde die L. überflüssig. Aus dem Alten Land werden aber weiterhin zwei Deputierte zu den Landtagen der Landschaft der Herzogtümer Bremen und Verden entsandt, die vom →Landkreis Stade gewählt werden.   *aeh*

Landesversammlung Das höchste politische Gremium des Alten Landes war die L. Auf ihr trafen sich die Vorsteher und Bevollmächtigten der zwölf →Hauptmannschaften und sechs →Vogteien mit den →Gräfen zur Beratung allgemeiner Landesangelegenheiten, das Deichwesen eingeschlossen. Einberufen und geleitet wurde die L. vom →Oberbürgermeister, der jährlich im November die Landesrechnung vorlegte und aus den Hauptleuten neu gewählt wurde. Abgestimmt wurde nach dem Mehrheitsprinzip, die 18 Distrikte hatten je eine Stimme. Die L. tagte gewöhnlich in →Jork, zunächst auf dem Friedhof oder in der Kirche, seit etwa 1659 in einem landeseigenen Gerichtshaus (dem Portauschen Haus) und seit 1773 in dem neuen Gerichtshaus (seit 1852 Amts- und Gerichtshaus), aber gelegentlich auch an anderen Orten im Alten Land. Protokolle aus dem Mittelalter sind nicht erhalten, doch geht die Institution, zunächst in anderer Zusammensetzung, auf die Anfänge der →Landesgemeinde zurück, da sie die *menheit des Oldenlandes* (1559), den gemeinsa-

men Willen des Landes, verkörperte. Die von den Hauptleuten unter dem Landessiegel ausgestellten Verträge des 14. und 15. Jh. setzen Beschlüsse der L. voraus. Um 1600 traten vier Deputierte aus vier Quartieren des Alten Landes (ohne Stimmrecht) hinzu, die mit dem Oberbürgermeister die →Landesstube als Exekutivausschuss der L. bildeten. Die L. trat noch im 19. Jh. zusammen und fand 1852 in der Amtsversammlung des →Amtes Jork ihre Fortsetzung.   *aeh*

Landgräfting Das L. war Berufungsgericht von den →siedesten Gerichten der Hollerkolonien im →Sietland und für das von den →Gräfen mit dem Landessekretär abgehaltene Gräfengericht in →Jork. Das L. war Kriminalgericht für das ganze Alte Land, außer für →Rübke und →Francop, bei Strafen über 10 Schilling, und es fungierte als Schöppenstuhl, d.h. es erteilte Belehrungen über Rechtsfragen, die ihm vorgelegt wurden. Die Leitung hatten die Gräfen, aber ohne Stimmrecht. Entscheidungen traf der Dreigeschworenenrat. Er bestand aus drei Gremien, nämlich den zwölf →Hauptleuten, aus 28 Vögten und Schöffen der sieben siedesten Gerichte „*im Hollerschen*" und aus 31 →Deichrichtern und Geschworenen der sieben Deichgerichte im Sietland der →Ersten und →Zweiten Meile, also aus 71 Personen. Nicht vertreten waren die →Vögte und Deichgerichte des sassischen Hochlandes, die →Patrimonialgerichte (außer →Nincop) und die Deichgerichte der →Dritten Meile.

Das Alter des L. ist ungewiss. Der Dreigeschworenenrat wurde 1484 und danach von den Erzbischöfen mit den Privilegien des Alten Landes bestätigt und von den späteren Landesherrn bis ins 19. Jh. anerkannt. Die Gräfen treten im Alten Land seit ca. 1400 in Erscheinung, die Teilung der Gerichtsbarkeit in niedere (siedeste) und höhere ist sicher älter. Aus dem Hochland waren nur die drei Hauptleute aus Twielenfleth, Borstel und Hasselwerder unter den Urteilern. Da man vom L. weiter an höhere Gerichte außerhalb des

Alten Landes appellieren konnte, war das L. Mittelgericht für die hollersche Siedlungszone. Für das Hochland bestanden eigene Mittelgerichte (→Fünfdörfergericht, Gräfting in →Borstel, im 16. Jh. auch noch in →Hasselwerder und →Cranz). In der *Ordeninge* von 1517 ist das L. nicht namentlich erwähnt, sondern als Gericht der Gräfen und *Landschwaren* (= Hauptleute) bezeichnet, das viermal jährlich tagen sollte. Später (seit 1550) ist nur noch vom *Sommer-* und *Wintergrefting* die Rede, Anfang des 19. Jh. waren die Gerichtstage im Januar und zu Pfingsten. Das Gericht tagte auf dem Kirchhof in Jork, bei schlechtem Wetter in der Kirche, seit ca. 1659 im Gerichtshaus in Jork. Für das Verfahren in größeren Kriminalprozessen wurde ein Ausschuss aus dem →Oberbürgermeister, einem Vogt oder Schöffen und einem Deichrichter oder Geschworenen gebildet.

Gegen die Urteile konnte Berufung beim Botting in Stade eingelegt werden, das einmal im Jahr nach dem 9. September (*Dionysii*) vor dem Bischofshof in Stade für die bremischen Elbmarschen (Altes Land, Kehdingen, Ostemarsch z.T.) in Gegenwart des Landdrosten unter Leitung des jeweils zuständigen Gräfen tagte. Gerichtsfälle in den sechs Wochen vor dem Bottingstermin (*baden Botting*) wurden direkt für das Botting reserviert. Das Botting tagte zuletzt 1703. Berufungen gingen danach in der Regel an das Hofgericht.

Die Rechtsbelehrungen des L. wurden seit 1550 aufgezeichnet und in das Altländer Rechtsbuch von 1580 aufgenommen.

1832 wurde die Kriminaljustiz, soweit sie mit Gefängnis oder Todesstrafe verbunden war, dem Alten Land entzogen. Das L. wurde ebenso wie die siedesten Gerichte aufgehoben und die Zuständigkeit auf das Gräfengericht, seit 1852 das →Amtsgericht, übertragen.   *vfd/aeh*

Landkreis Harburg Seit 1932 gehört ein Teil des Alten Landes zum L. Er entstand im Wesentlichen bei der preußischen Kreisreform am

1. Oktober 1932 durch Zusammenlegung der Altkreise Harburg und Winsen sowie der Gemeinden →Hove, →Moorende, →Rübke, →Neuenfelde und →Francop aus dem aufgelösten →Kreis Jork, also der →Dritten Meile des Alten Landes. Diese große preußische Kreisreform, bei der allein im Regierungsbezirk Stade die Zahl der Landkreise von 14 auf 7 halbiert wurde, erfolgte überraschend, ohne vorherige öffentliche Diskussion als Sparmaßnahme des preußischen Staatsministeriums. Die Dritte Meile wurde dabei wegen der Zugehörigkeit von Neuenfelde und Francop zum wirtschaftlichen Einzugsbereich Harburgs dem L. zugeordnet, der Einfachheit halber wählte man die →Este als natürliche Grenze. Der Kreissitz lag zunächst außerhalb des L., ab 1937 sogar außerhalb Preußens, in Harburg-Wilhelmsburg (ab 1937 in →Hamburg) und wurde 1944 infolge des Bombenkrieges nach Winsen (Luhe) verlegt. Gehörte ab 1932 zunächst die gesamte Dritte Meile zum L., wurden 1937 mit dem →Groß-Hamburg-Gesetz die Gemeinden Neuenfelde und Francop an Hamburg abgetreten. 1972 wurden die Gemeinden Hove und Moorende der Gemeinde →Jork im →Landkreis Stade eingegliedert. Als letzter Altländer Ort gehört heute Rübke, das 1972 in die Gemeinde Neu Wulmstorf eingegliedert wurde, zum L.   *rg*

Landkreis Stade Der L. (bis 1939: „Kreis Stade") mit Verwaltungssitz in Stade wurde im heutigen Umfang im Wesentlichen bei der preußischen Kreisreform vom 1. Oktober 1932 durch Zusammenlegung der alten, 1885 geschaffenen Kreise Stade, Kehdingen und →Jork sowie dreier Gemeinden aus dem Kreis Neuhaus an der Oste gebildet, wobei allerdings ein Drittel des →Kreises Jork – die →Dritte Meile des Alten Landes östlich der →Este – abgeteilt und an den →Landkreis Harburg abgetreten wurde. Der bisherige Jorker Landrat Dr. Karl Schwering wurde Landrat des neuen L. Der Zusammenschluss der drei unterschiedlichen Landschafts-

Wappen
des Landkreises
Stade

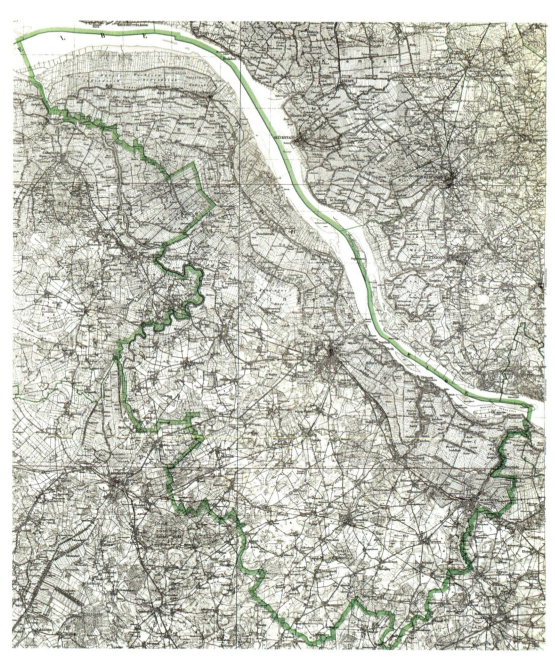

Landkreis Stade ohne Hove und Moorende	teile, die jeweils eine starke eigene Tradition hatten, fand zunächst wenig Akzeptanz, und noch 1949 versuchte eine regionale Initiative die Wiedererrichtung des Kreises Jork zu erreichen. Der L. war zunächst sowohl untere staatliche Verwaltungsinstanz mit dem Landratsamt als staatlicher Verwaltungsbehörde als auch kom-	munale Verwaltungseinheit mit dem Kreistag und Kreisausschuss als Organen der kommunalen Selbstverwaltung. Im →Nationalsozialismus wurden die demokratischen Elemente aufgehoben und der L. politisch gleichgeschaltet. Auf Betreiben der britischen Besatzungsmacht wurden die Landkreise 1946 kommunalisiert

und sind seitdem keine staatlichen Dienststellen mehr.

Im Zuge des →Groß-Hamburg-Gesetzes trat der L. 1937 die →Gemeinde →Cranz an →Hamburg ab. Die niedersächsische Gebietsreform brachte 1972 eine umfassende Neugliederung der Gemeinden sowie einen Gebietszuwachs, indem sieben Gemeinden aus dem Landkreis Harburg, darunter →Hove und →Moorende, in die Gemeinde Jork bzw. die Stadt Buxtehude eingegliedert wurden.

Der L. ist gemäß dem Niedersächsischen Kommunalverfassungsgesetz in seinem Gebiet der Träger der öffentlichen Aufgaben, die von überörtlicher Bedeutung sind oder deren Umsetzung die Leistungsfähigkeit der Kommunen übersteigt. Er beschäftigte 2017 über 830 Mitarbeiter. Im Alten Land ist er u. a. Träger des Seniorenheims →Bergfried, der Obstbau-Fachschule (→Obstbauschule Jork) und Eigentümer der →Borsteler Windmühle und war Träger der →Seefahrtschule Grünendeich. Das Alte Land (die →Samtgemeinde Lühe und die Einheitsgemeinde →Jork) macht rund 12 % der Bevölkerung des L. aus. *rg*

Landschaftsprofil Rudolf →Stechmann hat 1925 als einer der Ersten ein schematisches Profil der Altländer Landschaft erarbeitet und damit sichtbar gemacht, wie nicht nur die erdgeschichtliche Entstehung und Ausbildung des Alten Landes als Teil des →Elbe-Urstromtals erkennbar ist, sondern auch die Besiedlungsgeschichte des Alten Landes noch heute nachvollziehbar wird. Was für den oberflächlichen Betrachter als einförmig flaches Land hinter dem →Deich erscheint, weist tatsächlich, für das bloße Auge kaum wahrnembar, Höhenunterschiede von insgesamt ca. 3 m auf, nicht viel und dennoch der entscheidende Unterschied, der historisch das Alte Land erst dazu machte, was es heute ist. Von Norden gesehen erhebt sich am Ufer der →Elbe nach →Vorland und Deich das durch die Sedimentablagerungen der Elbe entstandene →Hochland. Da naturgemäß die Ablagerungen mit wachsender Entfernung von der Elbe abnehmen, sinkt das Hochland im Zuge dieser Entfernung allmählich ab, liegt aber stets deutlich über Normalnull. Dies ist der fruchtbarste Teil des Alten Landes dank seiner metertiefen Marschböden. Es ist aufgrund seiner relativen Sicherheit vor Überflutungen jener Teil, der seit dem frühen Mittelalter durch die →Sachsen besiedelt wurde, da hier erfolgreich →Landwirtschaft betrieben werden konnte und die nahe Elbe als Verkehrsweg zur Verfügung stand.

Weiter nach Süden geht das Hochland in das →Sietland über, das kaum über, zum Teil unter Null liegt. Bis ins hohe Mittelalter war dies ein feuchtes, von Prielen durchzogenes Gebiet, dessen Grundwasserspiegel deutlich höher als im Hochland lag und das sich bestenfalls als Weideland nutzen ließ. Erst dank der →Hollerkolonisation im 12./13. Jh. gelang es, durch den Bau von →Gräben und →Wettern und die Anlegung

Landschaftsprofil von Dr. Rudolf Stechmann

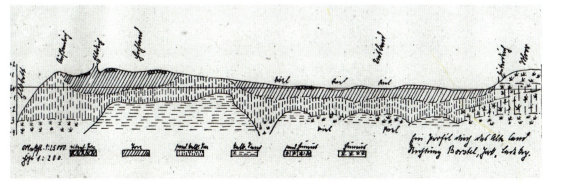

von →Fleeten das Sietland zu entwässern und für die Besiedlung und landwirtschaftliche Nutzung zu erschließen. Damit hatte das Sietland zugleich seine, von modernem Siedlungsbau und Ähnlichem abgesehen, bis heute erkennbare Landschaftsstruktur erhalten, auch wenn inzwischen Landwirtschaft und →Tierhaltung längst dem alles dominierenden →Obstbau gewichen sind. Dieses Sietland endet im Süden an dem heute nur noch an wenigen Stellen sichtbaren →Hinterdeich, der das Alte Land zum höher gelegenen →Moor abgrenzt.

Dieses Profil kennzeichnet, von Ausnahmen abgesehen – etwa dem teilweisen Verlust des Hochlandes in der →Ersten Meile aufgrund von →Sturmfluten oder dem Verlauf der alten →Süderelbe in der →Dritten Meile –, das Alte Land bis heute.   *hk/hd*

Landwirtschaft   Zur L. gehören als Hauptrichtungen die Pflanzen- und die Tierproduktion. Zum →Ackerbau eignete sich im Alten Land primär das trockenere →Hochland, während das niedriger gelegene →Sietland in der Regel nur für die Viehhaltung in Frage kam.

Jahrhundertelang war im Alten Land die „normale" L. weit ausgedehnter als die Spezialkultur des →Obstbaus. Doch beides warf dank der reichen Böden Überschüsse ab, die außerhalb des Alten Landes vermarktet werden konnten, um dafür Bauholz für Häuser, →Möbel, Boote und Schiffe, Wagen u. a. sowie weitere Güter zum täglichen Bedarf bis hin zu Luxusgütern zu erwerben, die den steigenden Wohlstand seiner Bevölkerung zum Ausdruck brachten. Ebenso wurden Rinderhaltung und zunehmend Pferdezucht zu bedeutenden und gewinnbringenden Unternehmungen, während die Schweinehaltung erst um die Wende zum 20. Jh. an Bedeutung gewann (→Tierhaltung).

Der Obstbau begann hingegen erst im ausgehenden 19. Jh. seine stetige Ausdehnung auf Kosten des Ackerbaus und erreichte seine größte Ausdehnung in den 1960er Jahren, nachdem in

Elisabeth
Lemke

der Folge der →Sturmflut von 1962, die den Viehbestand zumal in der →Dritten Meile dezimierte, die Tierhaltung praktisch aufgegeben wurde und man sich fortan fast ausschließlich auf den Obstbau konzentrierte.   *hk*

Leeswig   L. ist ein kleines, etwa 2 km langes, vom →Obstbau geprägtes →Deichhufendorf am linken Ufer der →Este zwischen →Königreich und →Cranz. Die nur etwa 800 m langen →Stücke grenzen im Norden an die Flur von →Hinterbrack.

Der Ortsname wird als *Lestwic* in einem Lehnsregister des Friedrich von Grimmenberg um 1260 erstmals erwähnt. Vom Mittelalter bis ins 19. Jh. bildete L. zusammen mit dem südlichen Teil von →Hove (→Gräfenland) das →Patrimonialgericht bzw. die Vogtei →Hove-Leeswig (auch Brobergengericht), das wohl auf das Erbe der Edelherren von Buxtehude als →Lokatoren an der Este zurückzuführen ist. Bei der Auflösung der Gemeinde Hove-Leeswig im Jahr 1879 kam L. an die Gemeinde →Königreich. Mit Königreich gehört es seit 1972 zur Einheitsgemeinde →Jork.   *rg*

Lemke, Hanna *Elisabeth*, geb. Schuback, *27.9.1923 in →Grünendeich, †17.11.2001 in Osnabrück   Ihre tiefe Verbundenheit mit der Kultur des Alten Landes weckte an der →Jorker Mittelschule Hans Peter →Siemens. Soziale Verantwortung übernahm L. früh als Vorsitzende des DRK-Ortsvereins in Grünendeich (1956–1991). Mit ihrem Ehemann (Kurt Rudolf L.) sowie Pastor Wolf Lochte und dessen Frau gründete L. 1952 den „Evangelischen Kulturkreis Grünendeich", später die „Evangelischen Kulturkreisreisen Grünendeich e.V.", deren Veranstaltungen weithin Beachtung fanden. Als erste Fremdenführerin begann sie 1979 in historischer Festtagstracht Besuchern das Alte Land nahezubringen. Sie arbeitete an mehreren heimatkundlichen Büchern mit und veröffentlichte 1989 ihre Ortschronik von Grünendeich. Zudem

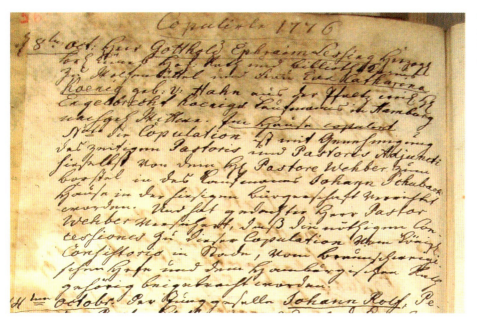

wirkte L. als Ratsmitglied, Schöffin und Schieds-frau in der →Gemeinde Grünendeich und in der →Samtgemeinde Lühe (1981–1991). Sie war 1989 Gründungsmitglied des →Kulturvereins Stein-kirchen und Umgebung e.V. Für die Ausübung ihrer vielfältigen Ehrenämter wurden ihr 1992 das Bundesverdienstkreuz am Bande des Ver-dienstordens der Bundesrepublik Deutschland und die Verdienstmedaille des DRK-Landesver-bandes Niedersachsen verliehen. L. leistete wichtige Beiträge zur kulturellen und touristi-schen Entwicklung des Alten Landes.   *dm*

Lessing, Gotthold Ephraim, *22.1.1729 in Ka-menz, †15.2.1781 in Braunschweig   Der berühm-te Schriftsteller und Aufklärer heiratete am 8. Oktober 1776 in →Jork. Bräutigam, Braut und Ort fanden im Herzen des Alten Landes zueinan-der, weil L. von 1767 bis 1769 am Entstehen des ersten deutschsprachigen Nationaltheaters in →Hamburg aktiv beteiligt war. Als Dramaturg und Berater hatte er u. a. Kontakt zur Kauf-mannsfamilie König. Als Engelbert König auf ei-ner seiner zahlreichen Auslandsreisen ums Le-ben kam, entstand ein inniges Verhältnis zur ver-witweten Eva, welches der berühmte Briefwech-

sel dokumentiert. Eine Freundin von Eva war die Schwiegertochter des aus Jork stammenden Ni-colaus →Schuback, langjährigen Bürgermeis-ters von Hamburg. Sie bot der Vierzigjährigen den ländlichen, inzwischen an den Sohn Johan-nes →Schuback übergegangenen Sommersitz der Familie im Alten Land als Hochzeitshaus an. L., seit 1770 Leiter der berühmten Bibliothek des Herzogs von Braunschweig in Wolfenbüttel, hat-te zwar seine liebe Müh, um den Ort zu errei-chen, doch die Hochzeit fand statt. Ein Gedenk-stein vor der örtlichen Sparkasse erinnert seit 1980 an den an dieser Stelle gelegenen Schuback-schen Hof, in dem mit Zustimmung des Stader Konsistoriums die Trauung vollzogen wurde.
Die Gemeinde veranstaltet seit 1991 im Herbst die jährlichen *Lessing Gespräche der Gemeinde Jork*, um ihren wohl berühmtesten Gast zu ehren. *ad*

Liedenkummer   L ist eine Flur in →Hassel-werder, jetzt →Neuenfelde, deren Ersterwäh-nung auf das Jahr 1427 datiert. Wegen der Lage im →Hochland dürfte es sich um eine säch-sische Ortslage (→Sachsen) handeln. Die L. Flur wird begrenzt durch →Este und →Elbe so-wie die Straßenverläufe von →Marschkamper

Prunkpforte in
Liedenkummer

Ernst Ludwig
Loewel

Deich, Nincoper Straße und Domänenweg. Sie teilt sich durch die L. →Wettern in die Bereiche „L. im Norden" und „L. im Süden". Die Flur wird von zwei Seiten erschlossen – anders als im Alten Land üblich – einmal entlang des Fährdeiches (L. im Norden), zum anderen von der Nincoper Straße (L. im Süden).

Der an der Este gelegene Teil vom „L. im Norden" wird auch als →Neuenfelder Cranz bezeichnet. Hier hat sich die →Sietas-Werft seit dem 17. Jh. angesiedelt. Seit 1853 befand sich hier eine Anlegestelle der Buxtehuder Dampfer – später der Hamburg–Blankenese–Estelinie (→Elbfähren). Im Westteil von „L. im Norden" wurde seit Ende der 1950er Jahre eine Werksiedlung der Sietas-Werft im Geschosswohnungsbau errichtet mit aktuell über 2.000 Einwohnern.   *bf*

Loewel, Ernst Ludwig, *8.11.1906 in Saarbrücken, †6.4.1997 in Hemmoor Nach dem Abitur in Berlin 1924 absolvierte L. eine zweijährige landwirtschaftliche Lehre in Drosedow (Vor-

pommern) und Briesnitz (Oder). Nach landwirtschaftlichem Studium in Bonn und Berlin bestand er 1929 an der landwirtschaftlichen Hochschule in Berlin die Prüfung zum Diplomlandwirt und wurde am 1. August 1929 durch Vermittlung seines Onkels, des Jorker Landrats Dr. Karl Schwering, zum stellvertretenden Leiter des soeben gegründeten →Obstbauversuchsrings (OVR) in →Jork bestellt, dessen alleinige Leitung er im Frühjahr 1931 übernahm. 1930 und 1931 untersuchte L. Spritzmittel in ihrer Wirkung auf den Schorfpilz *Fusicladium dendriticum,* ein Thema, das für ihn in den folgenden 35 Jahren von zentraler Bedeutung sein sollte und über das er 1932 in Berlin promovierte. Am 1. April 1935 wurde dem OVR die →Obstbauversuchsanstalt (OVA) der Landesbauernschaft Hannover vorgeschaltet, dessen Leitung L. ebenfalls übernahm. Durch die Verbindung beider Ämter gelang es ihm, die zukünftige Richtung von Forschung und Beratung zu bestimmen. Hauptaufgaben wurden Untersuchungen zum Pflanzenschutz, zur Sorten- und Unterlagenwahl, zur →Obstlagerung und zur Bestäubung durch Bienen. Von 1941 bis 1965 wurde in Ottensen bei Buxtehude eine zentrale Versuchsfläche gepachtet. 1964 gelang ihm die Einrichtung des Versuchsbetriebes →Esteburg. Zunehmend gewannen Untersuchungen zur Betriebswirtschaft Bedeutung. 1951 installierte L. eine Abteilung, in der gezielt Apfel- und Kirschensorten gezüchtet wurden. Einige neue Apfelsorten erzielten zeitweise eine überregionale Bedeutung (*Gloster, Jamba, Ingol*). Bei den neuen Kirschsorten erlangte nur die Sorte *Regina* diesen Rang. Von 1954 bis 1984 hielt L., ab 1955 als Professor, Vorlesungen an der Universität →Hamburg. In seinen letzten Dienstjahren befasste er sich mit Fragen zur Vermarktungsstruktur und war an der Gründung der →Elbe-Obst maßgeblich beteiligt.

L. Nähe zum →Nationalsozialismus führte zu einer durch die britische Militärverwaltung bewirkten Unterbrechung seiner Tätigkeit von

1945–47, nach der er sich wieder voll der Entwicklung des Erwerbsobstbaus im Alten Land widmete, was in der Folge durch zahlreiche Ehrungen, darunter das Bundesverdienstkreuz 1. Klasse (1972), immer wieder gewürdigt wurde. Die positive Entwicklung des Altländer →Obstbaus und die deutsche und europäische Obstbauforschung sind untrennbar mit der Person L. verbunden.   *cr*

Lokatoren   L. waren im Mittelalter Unternehmer, die im Auftrag von Landes- oder Grundherren Siedler anwarben, mit unkultiviertem Land ausstatteten und bei der Urbarmachung unterstützten. Während der →Hollerkolonisation im 12. Jh. übernahmen Anführer von Siedlergruppen oder Ministerialen des Landesherrn diese Funktionen. Sie wurden dafür mit Land und oft mit der Gerichtsbarkeit über die Ansiedlung entschädigt. Im Alten Land enthalten die Ortsnamen Ditkerskop (→Hollern) und →Francop die Namen der L. Thitger und Vranko. Bei Adelsgeschlechtern wie →Schulte von der →Lühe, von der →Eschete, von Bachtenbrock (→Bachenbrock) und von →Jork legen Name, Land- und Gerichtsbesitz nahe, dass es sich um Nachkommen von L. im Alten Land handelt.   *aeh*

Lotsenwesen   Im L. (fachsprachlich: *Lotswesen*) ist ein Lotse ein qualifizierter Berater des Kapitäns eines Schiffes. Selber ein erfahrener Kapitän, wird er speziell für das Navigieren in seinem Lotsrevier – hier die →Elbe – ausgebildet. Schiffe mit einer Länge über 90 m oder einer Breite über 13 m oder mit einem Tiefgang über 6,50 m sind seit 1981 zur Annahme eines Lotsen verpflichtet.

Seit Mitte des 18. Jh. sind die Elblotsen ein fester Bestandteil des maritimen Alten Landes. Während der →Hannoverschen Zeit erfolgte im Herbst 1764 die Genehmigung zur Gründung der „Hannoverschen Elblotsen Gesellschaft", welche ab 1830 ihren Sitz in →Grünendeich hatte. Die Mitglieder der später „Hannoversche Elb-

lotsen Brüderschaft" genannten Vereinigung waren bis 1942 zur Niederlassung im Alten Land verpflichtet.

Für das Befahren des ausgesprochen schwierigen Elbfahrwassers waren schon immer ortskundige Personen – vielfach Fischer – herangezogen worden. Da jedoch an Qualifikation und auch Motivation (Profit durch willkürlich herbeigeführte Strandungen!) des in Frage kommenden Personenkreises oftmals Zweifel bestand, zeigten die beteiligten Stellen, allen voran die Hansestadt →Hamburg, schon früh ein hohes Interesse an vertrauenswürdigen, gut ausgebildeten Seeleuten für den „Pilotage"-(Lots-) Dienst. Seit über 400 Jahren entwickelte sich so das uns heute bekannte L. Politische Akteure waren hierbei natürlich Hamburg sowie am Nordufer der Elbe Dänemark, und seit Beginn

Lotsenkonzession für Hinrich Wesselhöft (1882–1968)

```
                    Lotsen-Konzession
                            für
        den Elbnebenlotsen Hinrich Johannis W e s s e l h ö f t .

        Der bisherige Lotsen-Aspirant Hinrich Johannis W e s s e l -
    h ö f t , geboren am 1.November 1882 in Grünendeich wird hierdurch
    zum Elbnebenlotsen ernannt und ihm diese Lotsen-Konzession erteilt.
        Derselbe ist befugt,das Lotsen der die Elbe hinunter fahren-
    den Schiffe gegen die herkömmlichen Gebühren,deren etwaige anderwei-
    te Feststellung vorbehalten ist,zu verrichten.
        Das Hinaufbringen der aus der See kommenden Schiffe bleibt
    den ordentlichen Elblotsen vorbehalten. Gleichwohl ist der Nebenlot-
    se in ausserordentlichen Fällen,wie bei schweren Stürmen oder Eisgang
    oder wenn sonst die ordentlichen Lotsen seiner Hülfe bedürfen,nicht
    nur befugt,sondern auch verpflichtet,auch die aufkommenden Schiffe
    zu bedienen.
        Es stehen ihm dann diejenigen Gebühren zu,welche die ordentli-
    chen Lotsen in dergleichen Fällen erhalten.
        Der Nebenlotse hat seinen Lotsen-Obliegenheiten mit äusser-
    ster Sorgfalt nachzukommen und namentlich der hiesigen Lotsen-Ord-
    nung gemäss,soweit ihn dieselbe angeht,sich zu verhalten, auch dem
    Königlichen Landrat zu Jork von allen sich ereignenden besonderen
    Vorfällen Nachricht zu geben und in allen zweifelhaften Fragen an
    denselben sich zu wenden.
        Bei treuer Erfüllung seiner Pflichten hat derselbe den Schutz
    bei Vernachlässigung derselben aber das sofortige Einschreiten der
    Behörden zu gewärtigen.
            S t a d e , d e n  7. Februar 1914.
        Der Königlich Preussische Regierungs-Präsident.
```

des 18. Jh. Hannover, in dessen Hoheitsgebiet die südlichen Elbmarschen zwischen Cuxhaven und Hamburg lagen. Glückstadt, Blankenese, Neumühlen/Oevelgönne, Hamburg sowie das Alte Land wurden Sitze von zunächst konkurrierenden Lotsenbrüderschaften, die allmählich einen gemeinsamen Lotsdienst auf der Elbe entwickelten, der in dieser Form bis in die Zeit des →Zweiten Weltkriegs Bestand hatte. 1942 erfolgte der Zwangszusammenschluss der genannten Brüderschaften in die Lotsenbrüderschaft Hamburg, welche bis 1957 existierte, um nach der Fusion mit der Lotsenbrüderschaft Cuxhaven Teil der bis heute tätigen Lotsenbrüderschaft Elbe zu werden.

Von allen Altländer Lotsen muss besonders Hein →Mehrkens erwähnt werden.   *bw*

Lu Ehemalige Gesamtbezeichnung für das Gebiet der →Hollerkolonisation des 12. Jh. beiderseits der →Lühe, dem die heutigen Gemeinden →Steinkirchen, →Guderhandviertel, →Mittelnkirchen und →Neuenkirchen angehörten. Der Name, abgeleitet vom Flussnamen, erscheint im 13. und 14. Jh. urkundlich als *Lu, Liu, Lů, bi der Lů, to der Lu* und wurde erst allmählich durch Zusätze differenziert: 1274 *Nova Lu* (= Neuenkirchen), 1315 *Media Lu* (= Mittelnkirchen), 1374 *in parrochia Lů, ubi ecclesia lapidea* (= Steinkirchen). Die erste Erwähnung von L. weist auf die Kolonisationszeit um 1140 zurück: Erzbischof Adalbert von Bremen (1123–1148) übertrug laut päpstlicher Bestätigung von 1208 dem Kloster Harsefeld den Zehnten von L. Sein Nachfolger Erzbischof Hartwig von Stade versuchte, kirchliche Rechte auch östlich der Lühe, die die Diözesangrenze gegen das →Bistum Verden bildete, geltend zu machen. Aufgrund eines Fürstenspruchs vor dem Kaiser in Pavia 1160 musste er darauf verzichten. Seitdem konnte allein der Bischof von Verden über Kirchen und Kirchenzehnten östlich der Lühe verfügen.

Die Kirche in L. westlich der Lühe (Steinkirchen) wurde im 12. Jh. errichtet. Um 1200 und später war sie dem Bremer Domdekanat zugeteilt. Östlich der Lühe wurde eine zunächst ebenfalls L. genannte Kirche errichtet (Mittelnkirchen), deren überschüssige Einkünfte, soweit sie nicht zum Unterhalt des Pfarrers benötigt wurden, der Bischof von Verden 1221 dem neugegründeten Andreasstift in Verden zuwies. 1270 stifteten der Ritter Johann →Schulte und seine Frau eine dritte Kirche an der Lühe (Neuenkirchen). Nicht zur Hollerkolonie L. gehörte der Borsteler Ortsteil →Lühe nahe der Lühemündung.   *aeh*

Lühe   →Samtgemeinde Lühe

Lühedeich (Siedlung) Ortsteil von →Grünendeich am westlichen Ufer der unteren →Lühe.

In L. lebten früher Schiffsbauer, Schiffer, Kapitäne und Kötner, Bauern und Händler in ihren Häusern auf dem →Deich und an der Deichberme, die ihre landwirtschaftlichen Produkte mit ihren typischen, in den längst verschwundenen →Werften vor Ort gefertigten →Lühejollen und →Ewern zu den Märkten und Kunden transportierten. Eindrucksvoll sind die mit *Quappenhuk* (sumpfiges Eck) bezeichnete fast rechtwinklige Lühebiegung sowie die bereits im 16. Jh. erwähnte große Lüheschleife, der sogenannte →Hessbögel (*Hesse* = Knie; *Bögel* = Beuge).

Zum Schutz vor →Sturmfluten entstand 1964–66, 1968 in Betrieb genommen, in L. ein neues, durch zwei Stemmtore verschließbares Sperrwerk in der Hauptdeichlinie der Lühemündung. Über dem Sperrwerk baute der →Landkreis Stade 1982 eine Klappbrücke, die L. mit dem gegenüberliegenden →Lühe (Siedlung) verbindet und die bisherige Rollbrücke ersetzte.

In L. fand man 1938 an der alten Lüheschleuse Granitquader, zudem Überreste eines Felssteinfundamentes. Ob es sich dabei tatsächlich um Relikte des im 16. Jh. in den Fluten versunkenen Vorgängerbaus der →St.-Marien-Kirche handelt, gilt bis heute nicht als gesichert.

L. lebt von →Obstbau, Handel und →Tourismus u. a. und zählte 2017 197 Einwohner.   *dm*

Lühe (Fluss) Die L. ist ein insgesamt 44 km langer Nebenfluss der →Elbe, der bei Ahlerstedt entspringt und bis Horneburg den Namen Aue führt. Von der Einmündung des Mühlenbaches bis zur Mündung führt der Fluss auf einer Länge von 12,7 km den Namen L. Die Flusskilometer der L. werden ab dem Namenswechsel in Horneburg gezählt. Sie ist bis Horneburg schiffbar und bildet die Grenze zwischen der →Ersten und der →Zweiten Meile des Alten Landes.

Die L. ist leicht als ein natürliches Gewässer zu erkennen, denn sie nimmt – im Gegensatz zu den künstlich angelegten →Gräben und →Wettern – einen vielfach gewundenen Lauf zwischen →Neuenkirchen, →Mittelnkirchen und →Höhen auf der Ost- und →Guderhandviertel, →Steinkirchen und →Grünendeich auf der Westseite. Der gewundene Verlauf des →Obstmarschenweges in →Huttfleth markiert vermutlich einen ehemaligen Mündungsarm, viel

leicht sogar den ursprünglichen Unterlauf der L., die aber spätestens bei der Festlegung der Kirchenorganisiation im Hochmittelalter den heutigen Verlauf nahm, da die L. die Grenze zwischen dem →Erzbistum Bremen und dem →Bistum Verden bildete und →Bardesfleth/ Grünendeich ursprünglich zum →Kirchspiel St. Wilhadi in Stade gehörte. Die →Deiche an der L. folgen den Krümmungen des Flusses. Die Orte sind somit →Deichhufendörfer. Viele Gebäude wurden zudem auf den Deichen errichtet.

Als einziger Elbnebenfluss im Alten Land war die L. bereits früh durch Schleusen vor Hochwasser geschützt. Die an der Lühemündung gelegene „Steinenschleuse" verfiel bereits im 16. Jh. Zum Schutz der niedrig gelegenen Horneburger Ländereien wurde wohl in den 1480er Jahren eine Schleuse vor Horneburg in die L. gelegt, die Ende des 16. Jh. baufällig war. Sie wurde Anfang des 17. Jh. durch eine neue große Lüheschleuse südlich des großen Lühebogens ersetzt, über die die Neue Brücke führte und an die der Ortsname Altenschleuse erinnert. 1764 wurde die Lüheschleu-

Kolorierte Postkarte von der Lühe in Steinkirchen von 1903

se, die für Schiffe nicht passierbar war, weiter flussabwärts, oberhalb des Hessbögels neu errichtet, wo sie bis 1798 bestand, und schließlich nach der →Sturmflut von 1962 im Jahr 1968 ein neues →Sperrwerk in Betrieb genommen.

Die L. wurde im Alten Land historisch von drei Brücken überquert: der Breiten Brücke (Steinkirchen), der Schmalen Brücke (zwischen Mittelnkirchen und Guderhandviertel) und der Neuen Brücke (zwischen Neuenkirchen und Guderhandviertel, an der Stelle der ehemaligen großen Lüheschleuse). Im 20. Jh. kamen die Schleusenbrücke zwischen Höhen und Grünendeich (1938), die Brücke über das Lühesperrwerk (1968, 1982 erneuert) und als Fußgängerbrücken die →Hogendiekbrück (1975, 2014 erneuert) und die bereits seit dem 18. Jh. in Altenschleuse bestehende Alte Schleusenbrücke hinzu.

Kleiner als die →Este und schmaler als die untere →Schwinge besaß die L. historisch einen eigenen Bootstypus, die →Lühejolle.   *hk*

Lühejolle Die L. war ein relativ kurzes, zwischen 9 und 12,50 m langes, aber 3,50 bis 4,50 m breites Boot mit einem Tiefgang von etwa 1 m, das den Bedingungen der vergleichsweise schmalen →Lühe bestens angepasst war. Im Unterschied zum →Ewer war die L. auf Kiel gebaut, konnte aber dennoch trocken fallen, da sie aufgrund ihrer großen Breite und geringen Tiefe

Lühejolle

nicht kenterte. Das meist durchlaufende Deck hatte für den Rudergänger an der Pinne eine kleine Plicht. Der geräumige Laderaum konnte etwa 10 Tonnen Ladung aufnehmen. Die L. waren gaffelgetakelt und führten an einem Mast Großsegel, Fock und Klüversegel. Im Vorschiff lebte die Besatzung, die aus zwei Mann bestand. Die L. wurden nur auf vier →Werften an der unteren Lühe gebaut. Die Sietas-Werft in →Grünendeich hat neben den Werften Vorwerk, Ranke und Rathjens etwa 60 L. gebaut. Um 1830 gab es in der Lühe 175 L.; 1900 existierten davon noch 100, und 1934 waren 4 bis 5 übrig geblieben. Zum Bau des Rumpfes einer L. brauchte man ausschließlich Eichenholz. Die L. waren wesentlich seetüchtiger als die Ewer mit ihren Seitenschwertern und dem flachen Boden. Sie waren speziell gebaut für den Transport von Obst auf der Elbe und der angrenzenden Nordsee. Viele Reisen führten auch darüber hinaus bis nach London und Schottland und auf der Ostsee bis nach St. Petersburg (→Obstfahrten). Besonders auf den weit entfernten Märkten war der Obsthandel anfangs ein gutes Geschäft, zumal es häufig auch Fracht für die Rückfahrt gab. Das änderte sich, als sich nach dem →Ersten Weltkrieg lange Seereisen mit so kleinen Schiffen nicht mehr lohnten. Viele L. fanden darauf eine Zeit lang noch Verwendung in der Fischerei. Bis auf den heutigen Tag hat sich nur ein einziges Boot dieses Typs erhalten; es soll in Horneburg restauriert und ausgestellt werden.   *hk/vm*

Lühekirchen L. ist eine Evangelisch-Lutherische Kirchengemeinde in der →Ersten und →Zweiten Meile des Alten Landes beidseitig der →Lühe, innerhalb der →Samtgemeinde Lühe.

Weil die verhältnismäßig kleinen Kirchengemeinden an der Lühe allein nicht mehr existenzfähig waren, entstand die Kirchengemeinde L. am 1. April 1970 durch den Zusammenschluss der bis dahin selbständigen Kirchengemeinden →Grünendeich, →Steinkirchen, →Mittelnkirchen und →Neuenkirchen. Zwischen der Kir-

chengemeinde L. und der Nachbarkirchenge-
meinde →Hollern-Twielenfleth besteht seit
2006 ein Kooperationsvertrag zur gemeinde-
übergreifenden, engen inhaltlichen, personellen und finanziellen Zusammenarbeit, unter
Wahrung ihrer rechtlichen Selbständigkeit. Von
den derzeit zwei Pfarrstellen ist eine für Grünendeich und die beiden Kirchen in →Hollern und
→Twielenfleth zuständig (wobei seit jeher Teile
Twielenfleths, nämlich →Melau und →Wöhr-
den, kirchlich zu St. Wilhadi in Stade gehören),
während die zweite Pfarrstelle die drei Kirchen
der oberen Lühe betreut.

Alle Altländer Kirchengemeinden unterstanden
ursprünglich der Präpositur bzw. dem Kirchenkreis Altes Land mit Sitz in →Jork, der 1948 aufgelöst und in den neugeschaffenen Kirchenkreis
Stade-Altes Land eingegliedert wurde, zugehörig zur Evangelisch-Lutherischen Landeskirche
Hannover. Die Ausnahme stellte →St. Pankrati-
us in →Neuenfelde dar, das seit dem Groß-Hamburg-Gesetz zum Kirchenkreis Harburg und somit mit dessen Wechsel 1977 zur Nordelbischen
Landeskirche, seit 2012 Teil der Evangelisch-Lu-

therischen Kirche in Norddeutschland (Nordkir-
che), gehört. Damit verläuft über 400 Jahre nach
der →Reformation im Alten Land und damit
nach Ende der jahrhundertealten Diözesangrenze an der Lühe erneut eine „Diözesan-"Grenze
durch das Alte Land – diesmal quer durch die
→Dritte Meile und durch →Rübke.   *dm*

Lühesand   L. ist eine langgezogene, ellipsenför-
mige, 124 ha große Insel in der →Elbe vor der
→Ersten Meile, die teils zu →Twielenfleth, teils
zu →Steinkirchen gehört. Während ihr Nordufer an den südlichen Tieffahrwasserrand der
Elbe grenzt, liegt ihr Südufer am flachen Neben-
fahrwasser zwischen →Mojenhörn und der
Twielenflether Reede. Die Insel hat während der
letzten Jahrhunderte Form, Lage und Größe
stark geändert. Es wird angenommen, dass vor
den Landverlusten des 15. Jh. die Deichlinie etwa
auf dem heutigen Lühesand verlaufen ist. L. war
Anfang des 20. Jh. Arbeitsplatz vieler Inhaftier-
ter der Gefängnisinsel →Hahnöfersand. L. ist
nur mit Fähre oder Boot zu erreichen und beherbergt ein Gasthaus, das 1933 errichtet wurde, und

damit verbunden einen Campingplatz. Mit 227 m Höhe steht auf L. einer der beiden höchsten Strommasten Europas – das Pendant steht auf dem gegenüberliegenden schleswig-holsteinischen Ufer –, deren tiefsthängende Leitung den Schiffen eine Durchfahrthöhe von 75 m garantiert. Der südöstlichste ca. 60 ha große Teil der Insel ist seit Mitte der 1960er Jahre ein – seit 2017 – vom →Landkreis Stade betreutes Landschaftsschutzgebiet, in dem rund 60 Vogelarten brüten und eine Bio-Gallowayherde weidet zur Bewahrung des offenen Landschaftscharakters.   *dm*

Lühe-Schulau-Fähre   Im Bereich der →Elbfähren entstand Anfang des 20. Jh. ein neuer Bedarf an Transportmöglichkeiten über die →Elbe, als im Alten Land die Nachfrage nach Obstbäumen aus holsteinischen →Baumschulen drastisch zunahm. Auch die südlich der Elbe ansässigen →Lotsen benötigten eine verlässliche Anbindung ans nördliche Elbufer. Vor diesem Hintergrund wurde am 25. März 1918 die Lühe-Schulau-Fähre GmbH mit Sitz in →Grünendeich von zwölf Privatpersonen aus Wedel, →Hamburg und dem Alten Land gegründet. Die Aufnahme des Fährbetriebes erfolgte am 22. Mai 1919 zunächst mit einer Hafenbarkasse. Am 1. Juni 1919 nahm die →Reederei ihr erstes selbst erworbenes Schiff als *Lühe* in Betrieb. 1922 kaufte die Fährgesellschaft ein zweites Schiff und setzte es als *Schulau* zusätzlich im Pendelverkehr ein. 1926 erfolgte der Neubau eines größeren Schif-

Lühe-Schulau-Fähre

fes, das ab 1927 unter dem Namen *Lühe* in Dienst gestellt wurde und das gleichnamige Vorgängerfahrzeug ersetzte. Dieses wurde 1959 nochmals um vier Meter verlängert und war bis 1989 auf dieser Linie in Betrieb. 1935 ersetzte ein zweiter Neubau die bisherige *Schulau* unter gleichem Namen und tat seinen Dienst bis 1991.

1973 wurde die Fährgesellschaft in eine kommunal getragene GmbH umgewandelt und das Fährschiff *Lühe* zu einem Ausflugsschiff umgebaut. 1989 wurde die *Lühe* wiederum durch einen Neubau ersetzt; das neue Fahrzeug wurde auf den Namen *Dat Ole Land* getauft. 1992 ersetzte ein gleichnamiger Neubau die bisherige *Schulau*. Seit 2012 kommt auf der Linie als einziges Fahrzeug das heutige Fährschiff *Dat Ole Land II* zum Einsatz. Beim Bau dieses Schiffes wurde besonderer Wert auf Kapazitäten für die Mitnahme von Fahrrädern gelegt, um der zunehmenden Bedeutung der Linie für Ausflugsschifffahrt und Fahrradtourismus Rechnung zu tragen. Neben dem Liniendienst bietet die Fährgesellschaft Ausflugsfahrten zu besonderen Anlässen (z.B. Wedeler Hafenfest) an.   *mb*

Lühe (Siedlung)   Der Ort liegt innerhalb →Borstels im →Hochland der →Zweiten Meile des Alten Landes. Er grenzt westlich des →Gehrden Weges an →Wisch und erstreckt sich ca. 1 km bis unmittelbar an die Mündung der →Lühe. Die Flur ist unregelmäßig und umfasst Teile des untergegangenen →Querenfleth. Der Name erscheint seit 1370 in den Hamburger Kämmereirechungen als Hafenplatz und Treffpunkt (*super portum Lu, super Lu*) und seit dem 15. Jh. als Fährort (1454 *vere tor Luhorne*, 1505 *vere tor Lu*). Auf einer →Wurt unmittelbar an der Lühemündung bei der sogenannten ersten Brücke befand sich seit dem Ende des 19. Jh. das Fährhaus Steinhoff, später Kohl, das 1966 von der Familie Cohrs aus →Grünendeich erworben, jedoch bereits 1995 (endgültig Ende 1999) wieder aufgegeben wurde, 2005 einen Brandschaden erlitt und in der Folge abgerissen wurde. Die Be-

bauung ist kleinteilig, und die Bewohner sind mehrheitlich Handwerker und Schiffer.

Singulär ist der Hof Stechmann (Lühe 36) mit seiner →Prunkpforte und seinem auf die Straße bzw. den →Deich ausgerichteten Wirtschaftsgiebel mit der *Grootdör*, was sonst im Alten Land nur in →Twielenfleth und →Bassenfleth vorzufinden ist und als Erbe der sächsischen Besiedlung (→Sachsen) interpretiert wird.   *bf*

Lütcken, Eduard Christian von, *9.12.1800 in →Jork, †25.4.1865 in Osnabrück   Einer Kehdinger Adelsfamilie entstammend, wurde L. als Sohn des damaligen Altländer →Gräfen Claus Heinrich von Lütcken geboren. Sein Geburtshaus, das der Vater gemietet hatte und er später in seiner Jorker Amtszeit für sich erwarb, war das ehemalige Schubacksche Haus, in dem 1776 →Lessing geheiratet hatte. L. studierte Rechtswissenschaft in Göttingen und trat in den hannoverschen Staatsdienst ein. Von 1825 bis 1836 war er Gräfe des Alten Landes. Er gewann früh Aufmerksamkeit, Gunst und Vertrauen des Königs Ernst August von Hannover, der gleich bei seinem Antritt 1837 durch den bekannten Verfassungsbruch seinen monarchischen Machtanspruch schroff demonstriert hatte. 1838 berief Ernst August L. als Kabinettsrat in sein Kabinett und ernannte ihn ein Jahr darauf zum außerordentlichen Mitglied des Staatsrats. 1845 wurde er Landdrost in Osnabrück. In der Phase der Reaktion, in der die liberalen Errungenschaften der Revolution von 1848 wieder rückgängig gemacht wurden, berief König Georg V. von Hannover ihn 1853 zum Minister der Finanzen und des königlichen Hauses und zum Präsidenten des Gesamt-Ministeriums. Schon nach zwei Jahren verlor er das Ministeramt wieder und er kehrte nach Osnabrück zurück, wo er bis zu seinem Tod erneut als Landdrost amtierte.   *rg*

Unterfeuer
Mielstack
(Lühe)

M

Maritime Landschaft Unterelbe Der Begriff bezeichnet das tidebeeinflusste Einzugsgebiet des Flussnetzes Unterelbe einschließlich der Nebengewässer im Sinne einer zusammenhängenden, maritim geprägten Kulturlandschaft von →Hamburg flussabwärts bis zur Mündung der →Elbe in die Nordsee. Zugleich ist dies der Name einer kommunalen Arbeitsgemeinschaft in der Rechtsform einer Gesellschaft bürgerlichen Rechts (gegründet 2002), die von z.Zt. 22 kommunalen Gesellschaftern in Niedersachsen und Schleswig-Holstein sowie der Freien und Hansestadt Hamburg getragen wird. Sie wird seit ihrer Gründung von der Metropolregion Hamburg gefördert.

Auftrag der M. ist die Inwertsetzung des maritimen Erbes der Unterelbe-Region. Darunter wird die nachhaltige Entwicklung von Elementen der maritimen Kulturlandschaft (z. B. historische Häfen, Schiffe, wasserbauliche Anlagen) verstanden, um diese für Zwecke der Naherholung und des maritimen →Tourismus nutzbar zu machen. Neben der Tourismusförderung fungiert die Einrichtung als wassertouristisches Informationszentrum für die Öffentlichkeit

und das regionale Fachpublikum, gestaltet Online- und Printmedien und organisiert Veranstaltungen und Aktionstage (z. B. ElbeLeuchtturmTag).

Sitz der M. ist die ehemalige →Seefahrtschule des →Landkreises Stade in →Grünendeich. Ihre Einrichtungen (Tourist-Info mit begehbarem Modell des Flusslaufes der Unterelbe und Ausstellungsflächen, Planetarium, sogenannte „Kapitänsbrücke" als musealer Ausstellungsbereich zur Geschichte der nautischen Navigation, Räumlichkeiten für Veranstaltungen) werden jährlich von ca. 6000 Besuchern genutzt. Auch der Tourismusverband Landkreis Stade/Elbe e.V. ist hier untergebracht. *mb*

Märkte Die jährlichen M. in →Jork, →Steinkirchen, →Estebrügge und →Neuenfelde waren bis ins 20. Jh., als sich die Verkehrsverhältnisse und Einkaufsmöglichkeiten spürbar verbesserten, wichtige Termine des Handels und der geselligen Vergnügungen, die in den örtlichen →Gastwirtschaften bis in die Nacht ihre fröhliche Fortsetzung fanden. Übliche Termine waren das Frühjahr und der Herbst.

In Estebrügge wird bereits 1595 ein Jahrmarkt erwähnt. Traditioneller Termin ist der September, im 18. Jh. der Mittwoch nach Michaelis. Ein Viehmarkt, der 1766 mit ihm verbunden wurde, ging wieder ein, dagegen besteht der Krammarkt als Estebrügger Markt bis heute.

Der Steinkirchener Herbstmarkt wird bereits 1685 erwähnt. Daneben gab es seit dem 18. Jh. im Frühjahr einen Kram- und Holzmarkt. Der Holzmarkt, auf dem Leitern, Kiepen und Stützen für den →Obstbau verkauft wurden, hatte noch bis in die 1960er Jahre eine Handelsfunktion, dann ging diese Rolle auf die →Norddeutschen Obstbautage über.

Auch der M. in Neuenfelde bestand schon im 17. Jh. und fand im Oktober, später im September statt. Der Krammarkt wurde 1793 um einen Viehmarkt erweitert. Als Pferdemarkt hielt dieser sich bis zum →Zweiten Weltkrieg.

1766 bekam Jork das Recht, jährlich am Montag vor Himmelfahrt einen Holz-, Pferde- und Krammarkt abzuhalten. Der Pferdemarkt bestand nach dem Zweiten Weltkrieg nicht mehr, während der Holz- und Krammarkt weiterhin im Mai, zuletzt im Juni stattfand. Von 1870 bis 1888 bestand dort außerdem ein Viehmarkt im Oktober.

Nachdem die Jahrmärkte ihre Handelsfunktion verloren und sie mehr und mehr zu einem jährlichen Volksfest wurden, ging ihre Bedeutung zurück. Der im Juni stattfindende Jorker Jahrmarkt ging 1985 ein, nachdem das einen Monat vorher stattfindende Blütenfest (→Feste) ein großer Erfolg geworden war. Der Frühjahrs- und der Herbstmarkt in Steinkirchen fanden um 1990 zuletzt statt. Der Neuenfelder Jahrmarkt hat seit 1978 als jährlicher Flohmarkt eine moderne Form bekommen. Nur der Estebrügger M. im September, inzwischen getragen vom Heimatverein von de Est e.V. besteht in der traditionellen Form als Volksfest mit Buden, Fahrgeschäften und Schaustellern und ist eine jährliche Attraktion für die Estedörfer. Daneben sind in den letzten Jahren Wochenmärkte in Jork und Steinkirchen sowie spezielle M. wie der St.-Matthias-Markt in Jork oder kleine Weihnachtsmärkte entstanden.   *rg*

Marktgemeinschaft Altes Land (M.AL.) Die M. wurde 1994 als Erzeugergemeinschaft nach EU-Recht gegründet. Obstbauern und Obstgroßhändler bilden eine GmbH, an der die Produzenten direkt beteiligt sind. Sitz ist in →Hove, die Leitung hat ein angestellter Geschäftsführer. Probleme aus der konsequenten Geschäftspolitik der →Elbe-Obst gegenüber den privaten Gebietsgroßhändlern führten für diese zu Erschwernissen in der Warenbereitstellung. Zum Vorteil für ihr eigenes Unternehmen konnte die Elbe-Obst verstärkt Einfluss auf die Warenströme ausüben. Um die Märkte weiter kontinuierlich versorgen zu können, wurde mit der M. eine weitere Lieferantenbasis geschaffen, zu der die Gebietsgroßhändler aufgrund ihrer vertraglichen Bindung einen direkten Zugang haben. Es gelang, bisher nicht gebundene, „freie" Produzenten in eine Erzeugergemeinschaft einzugliedern. Von europäischen Fördermaßnahmen, die bisher nur an Elbe-Obst-Mitglieder und ihre Organisationen gegangen waren, konnten nun auch M.-Mitglieder profitieren. Gleichzeitig erleichterte dies, fast flächendeckend Vermarktungsregeln aufzustellen und Vereinbarungen mit Marktpartnern (und Behörden) zu treffen. Nach anfänglichem gegenseitigen Misstrauen arbeiten die Erzeugerorganisationen heute auf mehreren Ebenen, trotz bestehender Konkur-

Marktgemeinschaft Altes Land

renz, erfolgreich zusammen. Die M.-Händler sind heute große Abnehmer der Elbe-Obst. Im Unterschied zur Elbe-Obst, die von Anfang an eigene Sortierstationen baute, nutzte die M. die Ressourcen der Obstgroßhändler. Davon versprach man sich Kostensenkungen bei der Vermarktung, von denen Bauern und Händler Vorteile hätten. Mittlerweile unterhält sie auch eigene Lager- und Sortiereinrichtungen. Die M. nutzt die engen Beziehungen der Obstbauern zu den eher umsatzstärkeren Großhändlern der Region. *cr*

Marsch Eine M. besteht aus Ablagerungen, die sich an der Küste oder an flachen Ufern von Flüssen durch Überflutungen absetzen. Die Kraft des Wassers reicht an den Ufersäumen nur zum Transport von sehr kleinen, leichten Tonpartikeln und Detritus aus; Detritus besteht aus fein zermahlenen Überresten von Lebewesen. Wenn die Strömung völlig zum Erliegen kommt, setzen sich auch die kleinsten Teilchen in Spülsäumen ab. Durch den immerwährenden Materialeintrag wachsen M. ständig in die Höhe, was im Alten Land zur Bildung des →Hochlandes geführt hat. Nur ganz selten tritt etwas stärkere Strömung auf, die →Sand auf die Marschböden trägt. Im Profil eines Marschbodens erkennt man als Folge davon Sandbänder (→Höppel), die man an der See als Sturmflutschichten bezeichnet.

Die kleinen Gesteinsbruchstücke enthalten sehr zahlreiche Mineralstoffe, die Pflanzen zum optimalen Wachstum benötigen. Marschböden sind gewissermaßen von Natur aus gedüngt. Mit jeder weiteren Überflutung kommt es zu einem weiteren Eintrag von Mineralstoffen. Seemarschen enthalten allerdings auch Natriumchlorid (Koch- oder Meersalz), das für die meisten Landpflanzen giftig ist. Natriumchlorid wird aber vom Regenwasser rasch aus den Böden gewaschen, so dass die Marschböden ausgesüßt werden. Sie können für den →Ackerbau genutzt werden, wenn es gelingt, etwa durch einen

→Deich das Salzwasser dauerhaft vom eingedeichten Land, dem Koog oder →Polder, fernzuhalten.

Im Alten Land als Teil des →Elbe-Urstromtales ist mithin die Marschbodenauflage mit etwa 2 m am höchsten im Hochland in der Nähe der →Elbe, während sie im dahinter liegenden →Sietland mit wachsender Entfernung von der Elbe bis zum →Hinterdeich bis auf etwa 0,5 m abnimmt und im dahinter liegenden →Moor in der Regel völlig fehlt. Die Fruchtbarkeit der nahe dem Meeresspiegel und zum Teil darunter liegenden Marschböden und deren ständige →Entwässerung mit der im Sietland zunehmend erforderlichen Absenkung des Grundwassers aus Gründen des →Obstbaus tragen damit zur Sonderstellung des Alten Landes bei. *hk*

Marschhufendorf Charakteristisch für die Siedlungsstruktur des Alten Landes sind die langgestreckten Straßen- oder Reihendörfer, die in Marsch- und →Deichhufendörfer unterteilt werden. Sie haben sich als Folge der systematischen Kolonisierung und Eindeichung bis zur Mitte des 13. Jh. herausgebildet und sind in ihren Grundzügen bis heute erhalten geblieben. Beim M. (Reihendorf mit →Hufen im Marschland) handelt es sich um eine zwei- oder auch einzeilige Reihensiedlung, die langgestreckt und gradlinig parallel zur Straße und/oder zur →Wettern verläuft. Die →Prunkgiebel der →Fachhallenhäuser sind der Straße zugewandt (→Hofanlage), im zweizeiligen M. gegenüberliegend, wobei die oft in der Mitte befindliche Wettern mit der Baumreihe einen natürlichen Schutz bot. Teils führten kleine Holzbrücken über die Wettern zum Hof. Beispiele für M. sind die Ortschaften →Hollern, →Jork und →Ladekop. Bei der Asphaltierung und Verbreiterung der Straßen seit den 1960er Jahren wurden im zweizeiligen M. Jork die Wettern zugeschüttet, die Brücken abgebaut, die Bäume abgeholzt und viele alte Häuser abgerissen, was zur Veränderung des Dorfbildes führte. *otn*

Ehemaliges Gasthaus von J. C. Bundt am Marschkamper Deich

Marschkamper Deich Im ehemaligen →Hasselwerder, das heute ein Teil des Hamburger Stadtteils →Neuenfelde in der →Dritten Meile des Alten Landes ist, ist der M. ein etwa 1.000 m langer Binnendeich, der die →Saschen Flur im Osten von der →Liedenkummer Flur im Westen trennt. Daher war er ursprünglich auch ohne bäuerliche Bebauung. Inwieweit dieser →Deich in die Zeit vor den großen Sturmfluten vor 1400 (→Sturmfluten im Mittelalter) zu datieren ist, muss offen bleiben; sichere Nachrichten existieren erst aus der Zeit der Neueindeichungen in der zweiten Hälfte des 15. Jh. Die Deutung des Namens ist ungewiss.

Der M. ist heute Teil einer der meist frequentierten Süd-Nord-Routen durch das Alte Land von der B 73 über →Rübke zum Airbus-Werk auf Finkenwerder.   *bf*

Marschländer Prozess Der lange Rechtsstreit zwischen den steuerpflichtigen „Marschländern" und den steuerfreien Landständen (Klerus – bis 1648 –, Ritterschaft und Städte) im →Erzstift bzw. Herzogtum Bremen wegen der Landstandschaft und Steuerfreiheit der Marschländer wird als M. bezeichnet. Beteiligt waren zunächst die großen Marschgebiete Altes Land, Land Kehdingen und Land Wursten, später schlossen sich auch Osterstade, das →Kirchspiel Osten und das Amt Neuhaus an der Oste dem M. an. Er begann im Jahr 1598 und endete 1741. Er umfasste neben dem Hauptprozess, der die grundsätzlichen Streitpunkte der Landstandschaft und generellen Steuerfreiheit behandelte, etliche Neben- und Folgeprozesse, in denen es u. a. um die von den Ständen aus dem Schatz gezogenen und damit von der Steuer befreiten Ländereien und Steuerverteilung und -einnahme ging, und beschäftigte insgesamt vier Obergerichte: Reichskammergericht und Reichshofrat, das Wismarer Tribunal als schwedisches Obergericht während der →Schwedenzeit und das Oberappellationsgericht in Celle in der →Hannoverschen Zeit.

Im Rahmen der Autonomiebestrebungen der bäuerlichen →Landesgemeinden in den Marschländern an →Elbe, Weser und Oste, ihres Selbstbewusstseins und ihrer Finanzkraft strebten sie gleiche Rechte wie die Landstände an – Sitz und vor allem Stimme und damit Beschlussrecht auf den Landtagen sowie Steuerfreiheit. Die Marschländer sandten zwar seit dem 16. Jh. Deputierte auf die Landtage, sie besaßen allerdings kein Stimmrecht und keine offizielle Landstandschaft. Ihr jahrzehntelanger Kampf vor Gericht um die Anerkennung als Landstand war letztlich vergeblich, sie erhielten weder Steuerfreiheit noch Stimmrecht. Das Tribunal urteilte 1672, dass rechtskräftige Dokumente fehlten, die die langjährige Gültigkeit des Privilegs der Landstandschaft beweisen konnten. Trotz aller Bemühungen der Marschländer wurde dieses Urteil in der Folge bestätigt. Allerdings besaßen die Marschländer faktisch den Landständen nahekommende Rechte: Sie nahmen weiterhin an den ständischen Versammlungen teil, wurden mit ihren Beschwerden gehört und durften nach Zustimmung des Landesherrn eigene Versammlungen abhalten. Da die Marschländer die finanzkräftigsten Gebiete der Herzogtümer Bremen und Verden waren, konnte sich der Landesherr eine völlige Zurückweisung nicht erlauben. Der M. bedingte zudem eine Organisierung der Marschländer. Im Marschländer Rezess von 1668 schlossen sie sich zu einer Korporation zusammen, ein gemeinsamer Syndikus (Konsulent) als ständiger Rechtsbeistand, eine Registratur, die heute im Niedersächsischen Landesarchiv – Standort Stade liegt, und der Marschländer Konvent als Versammlungs- und Vertretungsorgan wurden begründet.   *bcf*

Martfleth Eine →Wüstung zwischen →Bassenfleth und →Twielenfleth (unregelmäßige Bebauung). M. wird zwischen 1321 und 1440 erwähnt. Nach dem Namenstyp könnte M. jedoch schon vor der Eindeichung bestanden haben.

Das Gebiet wird durch die sogenannte Eilwettern getrennt. Der Ort ist im östlichen Teil von Bassenfleth aufgegangen.   *dm*

Maße Eine regionale Eigentümlichkeit war das Altländer Landmaß für Längen- und Flächenmaße, bei dem die →Gräben nicht mitberechnet wurden. Dabei wurde die übliche Breite der →Stücke von 4 Ruten (ca. 16 m) zugrunde gelegt. Eine Altländer Rute, die 14 Fuß enthielt, misst laut →Siemens 4,08 m, laut Hofmeister 4,13 m. Der Altländer Morgen hatte 4 Ruten in der Breite und 120 laufende Ruten (ca. 490 m) in der Länge, unterteilt in 6 Hunt zu 20 laufende Ruten (ca. 82 m) Länge. Entsprechend ergibt sich auf einem Stück: 1 Altländer Morgen = ca. 0,8 ha. Da die Zwischengräben bei der Hektarberechnung mit angerechnet werden, beim Altländer Morgen aber nicht, nähert sich bei steigender Zahl der zu einem Besitz gehörenden Stücke der Morgen dem Hektar immer mehr an. Ferner galt: 1 hannoverscher Fuß = 29,2 cm = 12 Zoll à 2,43 cm. Eine Elle entsprach 2 Fuß.

Daneben wurde im 19. Jh. der Calenberger Morgen (0,26 ha) zu 120 Quadratruten, die Calenberger Rute zu 16 Fuß gerechnet, eingeführt, der insbesondere durch die Grundsteuerverwaltung Verbreitung fand. Im Verhältnis galt 1 Altländer Morgen = $3\,{}^{1}/_{16}$ Calenberger Morgen.

Korn wurde nicht nach dem Gewicht, sondern nach dem Hohlmaß gemessen. Schon im 18. Jh. war der kurhannoversche Staat bestrebt, durch allgemeine Einführung des Neuen Braunschweigischen Himtens die Maße zu vereinheitlichen, doch noch in den 1820er Jahren wurde über die den Handel erschwerende Verschiedenheit des Buxtehuder Himtens (31,33 l), der auch in →Estebrügge verwendet wurde, und Stader Himtens (30,12 l) geklagt. 1837 wurden die Maße im Königreich Hannover vereinheitlicht (Himten zu 31,15 l). Ein Himten war in 4 Spint unterteilt, für größere Einheiten galt: 1 Wispel = 6 Malter zu 6 Himten.

Gewichte wurden in 1 Pfund (467 g) = 32 Lot zu 4 Quentchen gerechnet.

Geeichte und gestempelte Messruten, Maße und Gewichte wurden auf Kosten des Alten Landes beschafft und beim Gräfengericht in →Jork aufbewahrt. Durch die Einführung des metrischen Systems im Deutschen Reich 1872 wurden die historischen Maßeinheiten ersetzt.   *rg*

Matthes, Gerd, *11.6.1932 in Buxtehude, †16.11.2013 in →Hamburg M. wurde als Sohn des Monteurs und Ingenieurs Gustav Ferdinand M. (1892–1945) und der Handarbeitslehrerin Emma geb. Piepenbrink (1889–1973) geboren. Er absolvierte in Buxtehude eine kaufmännische Lehre und war danach in mehreren Hamburger Unternehmen tätig. Nach dem Tod seiner Mutter zog er 1975 aus Hamburg zurück in sein Elternhaus in →Estebrügge. M. hatte seit seiner Jugend ein ausgeprägtes Interesse an der Altländer Geschichte und baute eine große Sammlung zur regionalen Volkskunde und Kulturgeschichte auf. Durch seine genealogischen Forschungen erlangte er eine hervorragende Kenntnis der Familien- und Höfegeschichte des →Kirchspiels Estebrügge und publizierte heimatkundliche Beiträge. Ab 1980 war er als Gästeführer tätig und gab sein Wissen über die Altländer Kultur an Touristen und Einheimische weiter. 1992 richtete er in seinem Haus ein Privatmuseum (→Museum Estebrügge) ein. Für sein Wirken für die Erhaltung der Altländer Kultur, sein Engagement für die ev. St.-Martini-Kirchengemeinde Estebrügge, deren Kirchenvorstand er zeitweise angehörte, und den →Tourismus in der Gemeinde →Jork wurde M. im Jahr 2002 mit dem Bürgerpreis der Gemeinde Jork ausgezeichnet.   *fs*

Mehrkens, Hein, *21.11.1943 in →Hamburg, †15.5.2005 in →Jork M. entstammte einer alteingesessenen Altländer Familie. Er wuchs in →Twielenfleth auf und wohnte von 1968 bis zu seinem Tod in Jork. Der Familientradition folgend, fuhr M. ab 1963 zur See. Seine Karriere als Nautiker führte ihn über alle Stationen bis zum Kapitän, darüber hinaus setzte ihn seine →Reederei als Inspektor in verschiedenen Bereichen des Reedereibetriebes ein.

Ab dem 15. Januar 1981 Elblotse in dritter Generation, wurde M. neben seinen Lotsungen in zahlreichen Funktionen für die Lotsenbrüderschaft Elbe tätig und schließlich von 1991 – 1999 Ältermann der Brüderschaft. 1999 wählte man ihn zum Vorsitzenden der Bundeslotsenkammer sowie 2002 zum Präsidenten der International Maritime Pilots' Association, Positionen, die er neben seinen Aktivitäten für die European Maritime Pilots' Association bis zu seinem Tod innehatte. In Fachkreisen weltweit hoch angesehen, war M. zu Lebzeiten eine der wichtigsten Größen des nationalen wie internationalen →Lotsenwesens.   *bw*

Gerd Matthes

Meilen →Lühe und →Este gliedern das Alte Land in drei M. genannte Abschnitte, die mit →Erste, →Zweite und →Dritte M. bezeichnet werden. Diese vergleichbar großen Abschnitte lassen sich jedoch weder bezüglich der Länge noch der Fläche mit einem bekannten Meilenmaß in Verbindung bringen. Die heute gängige Zählung von West nach Ost mit dem Fortgang der →Hollerkolonisation des →Sietlandes in Verbindung zu bringen ist abwegig, da im 16. Jh. Nachrichten vorliegen mit einer Zählung von Ost nach West. Genauso wenig ist die im 15. Jh. dokumentierte Bezeichnung der östlichen Meile als der „Neuen Meile" im Gegensatz zu den anderen „alten Meilen" in Bezug zu bringen mit dem Namen „Altes Land". „Neue Meile" bezeichnet hier die nach jahrzehntelanger Ausdeichung nach 1464 neu eingedeichte Meile, zu einer Zeit, als der Name „Altes Land" bereits eingeführt war. Ausschließlich bezüglich der →Deichverbände decken sich die M. mit Binnengliederungen im Alten Land mit der Einschränkung, dass aufgrund der Neuregelung der Zuständigkeiten für die Deiche in →Hamburg 1976 mit der Auflösung des Deichverbandes Dritte Meile die nichthamburgischen Teile der Dritten Meile dem Deichverband Zweite Meile zugeschlagen wurden. Die Meilenbezeichnung ist also nicht mehr als eine Ortsangabe: „ … liegt in der … Meile". *bf*

Hein Mehrkens

Ladekoper
Minnerweg

Melau (Gut) Ehemaliges Rittergut am Schwingedeich in der Siedlung →Melau (Melau 40), einem Ortsteil von →Twielenfleth. Mit Claus v. d. Mehden 1480 erstmals genannt, waren spätere Besitzer die Familie von Höpken/ von Haren (1657) und deren Nachfahren (Gut →Brook). Nach einer wechselvollen Geschichte fiel Gut M. 1829 mit 31 ha Größe an Jacob v. Stemmen, Eigentümer des benachbarten Gutes →Wöhrden, danach an die Familie Kolster, die 1878 einen Teil beider Güter vereinte (mit Weidewirtschaft, Rinder- und Pferdezucht und späterem →Obstbau). Als herausragend galt die Wendeltreppe des alten Gutshauses M., die vermutlich aus der gleichen Werkstatt stammte wie die des →Wehrtschen Hofs in →Borstel. Sie

Ehemalige
barocke
Spindeltreppe
(17. Jh., Ausschnitt) in
Gut Melau

führte in den mit barocker Stuckdecke und bildhaft gestalteten Türsturzen ausgestatteten Rittersaal. Claus Kolster vermachte die Wendeltreppe 1892 dem Leibnizhaus in Hannover, wo sie im →Zweiten Weltkrieg verbrannte. Zuvor waren bereits Teile aus dem Gut M. an das Gut Wöhrden übergegangen. Das durch einen Brand des Vorwerks baufällig gewordene alte Gutshaus M. wurde abgebrochen und auf seinen

Grundmauern 1898 ein neues Wohnhaus in Altländer Ziegeln, Satteldach und Zwerchhaus errichtet. Der Resthof wurde 1913 Eigentum Peter Sumfleths, später von dessen Nachfolgern.   *dm*

Melau (Siedlung) Die Siedlung M. an der →Schwinge ist ein Ortsteil von →Twielenfleth, um das ehemalige Gut →Melau gelegen. Der Name Melau leitet sich nach Hans Peter →Siemens von *Meil Au* ab, der alten, bedeckten Au, die auf der Höhe des heutigen Hauses 62 durch den →Deich ging. Die Siedlung M. grenzt an →Wöhrden, Butendiek, →Bassenfleth und Stade, wobei der Name anscheinend erst im 17. Jh. im Zusammenhang mit dem Gut Melau aufge-

kommen ist. Noch heute sind mehrere Altländer →Fachhallenhäuser aus dem 18. Jh. erhalten. 1959 zählte die Siedlung M. 78 Einwohner; 2017 waren es 66. *dm*

Minnerweg Die M. (auch Wetternwege genannt) in →Jork, →Ladekop und →Grünendeich waren ursprünglich innerörtliche Wirtschaftswege parallel zur Hauptstraße. Die Bezeichnung ist vermutlich aus *bi dem Inwege* zusammengezogen worden. Beim Bau der →Wettern entstand aus der ausgeworfenen Erde eine Art vorläufiger →Hinterdeich. Früher hatte der Osterminnerweg in Jork keinen hinteren Ausgang, der Westerminnerweg endete am so genannten Rönneboom, einem Schlagbaum vor dem Hinterdeich. Auch nördlich des →Obstmarschenweges gab es M.: im Osten der „Sassische Minnerweg" von der Moorender Wettern bis zum Grundstück Osterjork 39, im Westen die „Höftrute" (der eine Rute breite Weg hinter den Höfen) (→Maße) vom Grundstück Am Gräfengericht 13 bis zur Gehrdener Brücke. Die Höftrute bildete die Grenze zu →Borstel. Auch in Ladekop gibt es einen Oster- und Westerminnerweg. In Grünendeich Minneweg genannt, stellte er dort die Verbindung zu den Ländereien her. *shs*

Mittelnkirchen Ursprünglich ein Teil von →Lu, begegnen wir M. 1322 als *Media Lu* zwischen *Lu lapidea* (→Steinkirchen) und *Nova Lu* (→Neuenkirchen). Bis Mitte des 19. Jh. war M. eine der zwölf →Hauptmannschaften des Alten Landes. Verwaltungsmäßig gehört M. zu Steinkirchen und ist wie dieses seit 1971 Teil der →Samtgemeinde Lühe. M. ist 7,02 km² groß und ein →Deichhufendorf am östlichen Ufer der →Lühe in der →Zweiten Meile des Alten Landes, überwiegend am sogenannten →Obstmarschenweg mit seinen Ortsteilen →Ort (früher →Finkende), →Hohenfelde, dem eigentlichen M., →Muddweg und →Hinterdeich (z.T.). In M. befindet sich die auf den Resten einer Feldsteinkirche – 1221 erstmals erwähnt – errichtete

spätgotische →St.-Bartholomäus-Kirche (mit wertvoller, farbenprächtiger Ausstattung und einer Arp-→Schnitger-→Orgel von 1688). Die Kirchengemeinde M. wurde 1970 mit den Kirchengemeinden Steinkirchen, Neuenkirchen und Grünendeich zur Kirchengemeinde →Lühekirchen zusammengeschlossen.

Ungeachtet einer Reihe von Deichhäusern und →Katen auf dem Lühedeich sind nur noch wenige reetgedeckte →Fachhallenhäuser erhalten. Im Jahr 1932 brannte der im →Dreißigjährigen Krieg erbaute Hof (Dorfstr. 155, früher →Muddweg) des →Hausmanns Johann Rolff ab, eines →Gräfen des Alten Landes (1629–45), der für sein Engagement im Altländer Deichwesen bekannt wurde (Prieche in der Kirche). Eine reichverzierte, freitragende Spindeltreppe aus diesem Gebäude, wie sie auch von Gut →Melau und dem →Wehrtschen Hof in →Borstel bekannt ist, wurde an das Roseliushaus in Bremen gegeben, wo sie im →Zweiten Weltkrieg verbrannte. Die auf der Hofstelle verbliebene →Prunkpforte musste 1963 abgetragen werden. Von M. führen über die Lühe die →Hogendiekbrück(e) von Ort nach Steinkirchen, die Breite Brücke von Ort oder Hohenfelde nach Steinkirchen und die Schmale Brücke nach →Guderhandviertel und zur Landstraße nach Dollern, die heute die direkte Verkehrsanbindung an die →Autobahn A 26 darstellt.

Wirtschaftlich überwiegen heute →Obstbau und -handel, →Tourismus und →Handwerk. 1964 hatte M. 1.025 Einwohner. 2017 waren es 1.143. *dm*

Wappen
der Gemeinde
Mittelnkirchen

Möbel Es ist vor allem die Unverwechselbarkeit der gedrechselten historischen Stühle, die das Alte Land als eine Art „Möbellandschaft" erscheinen lässt. Sie haben sich von der Mitte des 18. bis zum ausgehenden 19. Jh. im Grundsatz kaum verändert und erinnern in ihrer Gestaltung noch an Stühle der Spätrenaissance.

Besonders kennzeichnend für die Altländer Möbelkultur sind außerdem die mit Namen und Datierung versehenen Truhenbänke. Dieser Sitz- und Verwahrfunktionen vereinende Möbeltypus wurde in der im Alten Land und Finkenwerder in hoher Dichte überlieferten Form in den Nachbargebieten nicht hergestellt. Nur zum Teil wurden die Altländer Truhenbänke als Hochzeits- bzw. Aussteuermöbel in Auftrag gegeben. Die mit den Namen beider Eheleute versehenen Stücke wurden meist Jahre nach der Heirat unter Umständen bereits mit Blick auf die spätere Nutzung in der Altenteilerstube angeschafft.

Auch die im Alten Land zahlreich überlieferten Truhen stammen nicht aus überregionaler Herstellung, sondern wurden von lokal ansässigen Handwerkern gefertigt. Auffallend ist der große Bestand an Koffertruhen (mit gewölbtem Deckel), der den der Kastentruhen deutlich übersteigt.

Die traditionell zur Aussteuer gehörenden M. unterlagen weit weniger stark als etwa Sofas und andere M. städtisch-bürgerlicher Prägung der wechselnden Mode und zeigen als materielle Begleiter eines Rechtsaktes eine ähnliche Langlebigkeit wie Rechtsformeln in Testamenten, Übergabe- und Altenteilsverträgen. Sie bezeugten auch nach außen hin das Zustandekommen und die Umsetzung eines dem Gewohnheitsrecht im Alten Land entsprechenden Ehevertrags, der einerseits die eheliche Gütergemeinschaft beinhaltete, andererseits aber das sogenannte Leibzeug in den Kasten- oder Koffertru-

hen im persönlichen Eigentum der einzelnen Ehepartner beließ und von dem gemeinsamen Nachlass ausnahm (→Altländer Recht, →Bäuerin). Die M. waren dabei zugleich sicht- und fassbarer Ausdruck der standesgemäßen Ausstattung der Eheleute (→Wohnkultur). *fs*

Mohr, Wilhelm, *2.8.1912 in →Francop, †2.12. 2000 ebd. Als neuntes Kind eines Bauern besuchte M. die örtliche zweiklassige Dorfschule und lernte anschließend in Buxtehude Buchdruck. Am →Zweiten Weltkrieg nahm er als Soldat teil und kehrte 1949 aus jugoslawischer Kriegsgefangenschaft nach Francop zurück. In der Folge arbeitete er neun Jahre als Drucker, Hand- und Maschinensetzer sowie als Korrektor bei der Zeitung *Harburger Anzeigen und Nachrichten*, bevor er als Angestellter in die Verwaltung des Ortsamtes Finkenwerder wechselte, in der er bis zum Eintritt in den Ruhestand im Februar 1976 beschäftigt war.

M. war von Januar 1958 bis März 1989 Vorsitzender des von ihm mitgegründeten Heimatvereins Francop und machte sich zeitlebens verdient um den Erhalt der plattdeutschen Sprache und die heimatkundliche Forschung zur →Dritten Meile. Für den Heimatverein Francop gab er die Bücher *Francop und seine Graft* (1966) und *750 Jahre Francop im Alten Land 1235–1985* heraus. Sein Interesse galt ebenso der Altländer →Tracht wie dem →Denkmalschutz und vor allem dem zukunftsfähigen Erhalt des ursprünglichen Francops. Als niederdeutscher Autor veröffentlichte er zwischen 1970 und 1997 acht plattdeutsche Bücher, die eine große Verbreitung im Hamburger und im nordniedersächsischen Raum fanden. Bemerkenswert ist sein frühes Eintreten für den Umweltschutz (*Fiev vör twölf. Gedanken to'n Umweltschutz*, 1980). Im kulturellen Leben des Alten Landes, besonders der Dritten Meile, war M. über Jahrzehnte eine bekannte traditionsbewusste Persönlichkeit. 1999 wurde er mit der Verdienstmedaille des Bundesverdienstkreuzes ausgezeichnet. *mh*

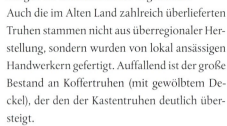

Wilhelm Mohr

Koffertruhe von 1868

Mohrmann, John Henry, *16.12.1857 in →Estebrügge, †22.2.1916 in Bloomsbury (Alberta), Kanada   Der amerikanisch-belgische Marinemaler M. wurde als Johann Hinrich Möhrmann als Sohn eines Schlachters in Estebrügge geboren. Nach der Familienüberlieferung wanderte die junge Familie nach San Francisco aus, als er zwei Jahre alt war. Im Alter von 13 oder 14 Jahren lief er von zu Hause fort, heuerte erstmals auf einem Segelschiff an und führte ein unstetes Leben als Seemann und Gelegenheitsarbeiter. Ein künstlerisches Talent zeigte sich früh, doch ist über seine Ausbildung nichts Sicheres bekannt. Mit einem befreundeten italienischen Künstler arbeitete er zeitweise in England als Kirchen- und Theatermaler. 1884 ließ er sich in Antwerpen in Belgien nieder, wo er eine große Familie gründete und sich als Maler selbständig machte. Mit großem Erfolg spezialisierte er sich auf Schiffsporträts von Segel- und Dampfschiffen, die er in der großen Hafenstadt als Auftragsarbeiten für zahlreiche Kapitäne und Reedereien schuf. 1913 zog er mit seiner Familie nach Kanada, wo seine beiden ältesten Söhne Arbeit bei der Eisenbahn gefunden hatten. Doch die Auswanderung bereute er rasch, für seine Bilder

fand er keine Käufer mehr. M. wurde krank und starb 59-jährig. Seine Schiffsbilder fanden Aufnahme in zahlreiche europäische und amerikanische Museen und Sammlungen – u. a. das Altonaer Museum und das Internationale Maritime Museum Hamburg – und haben durch die Genauigkeit der Darstellung einen hohen dokumentarischen Wert.   *rg*

Mojenhörn   Ortsteil in →Grünendeich zwischen den Ortsteilen →Elbdeich und →Huttfleth.
M. erlitt 1643 einen schweren Grundbruch und wurde wiederholt besonders an der Stelle von →Sturmfluten heimgesucht, an der die Hauptstraße mit dem Mojenhörner Weg zusammentrifft. Eine Rückverlegung des →Deiches erfolgte nach der Sturmflut von 1825; ab 1946 wurden Deichverstärkungen und Deichvorland geschaffen, d. h. man errichtete von M. bis zum Lüheanleger einen Wall mit Trümmerschutt aus →Hamburg. Durch den sich dahinter abgelagerten und 1949 bis 1954 mit Sand aufgefüllten Elbschlick konnte eine später landwirtschaftlich genutzte Fläche von 60 ha gewonnen werden. In M. veränderte sich das Ortsbild Mitte der 1960er

Jahre durch Abbau des unmittelbar vor der Häuserzeile verlaufenden alten Elbdeichs. Als Relikt blieb die ehemalige Gaststätte „Zur Schönen Aussicht" auf Teilen des alten Deiches stehen. Anfang der 1970er Jahre wurde bei M. vor dem im Außendeich gelegenen Pionierübungsplatz am Ostausgang inmitten der Lühesander Süderelbe durch Aufspülung eine Insel geschaffen, die von Pionieren der Bundeswehr für militärische Übungen genutzt wurde. Seit Aufgabe der militärischen Nutzung gilt die Insel als die größte binnenländische Sturmmöwenkolonie Deutschlands. Das 24 ha große Gelände des eigentlichen Pionierübungsplatzes wurde um 2000 privatisiert und zu einem Gewerbepark für Unternehmen verschiedenster Art mit einer Marina entwickelt. Die Gesamtanlage gehört postalisch zu Grünendeich, flächenmäßig überwiegend zu →Steinkirchen.

M. lebt vor allem von →Schifffahrt, →Obstbau, -handel und →Tourismus. 2017 zählte es 181 Einwohner. *dm*

Moor In dauernd nasse Böden dringt kein Sauerstoff ein. In diesen Böden können Mikroorganismen nicht existieren, die abgestorbene organische Substanz zersetzen. Daher sammeln sich in Moorböden vor allem Überreste von Pflanzen an. Sie werden zu Torf, dem Sediment der M., der im Lauf von Jahrtausenden mehrere Meter mächtig werden kann. Es gibt Niedermoore und Hochmoore. Niedermoore liegen unterhalb des Grundwasserspiegels. Das bedeutet, dass Wasser und zahlreiche Mineralstoffe aus der Umgebung in ihre Ablagerungen eingetragen werden. Wenn sich die Mooroberfläche weiter erhöht, wächst sie aus dem Grundwasserspiegel heraus. In das M. gelangt dann nur noch Regenwasser. Hochmoore sind daher arm an Mineralstoffen, weil diese im Regenwasser nur in Spuren vorhanden sind. Im Niedermoor wachsen Seggen (Sauergräser), aber auch Weiden, Moorbirken und Erlen. Typische Gewächse der Hochmoore sind Torfmoose, ferner Besenheide, Heidel-, Moos- und

Wappen
der Gemeinde
Moorende

Preiselbeere sowie deren Verwandte, die in einer Lebensgemeinschaft mit Bodenpilzen selbst auf ärmsten Böden an Mineralstoffe gelangen.

M. entstanden in der niedrig gelegenen Region zwischen dem Alten Land und dem Geestrand. Das Gebiet ist hier sehr feucht, weil Wasser nur an wenigen Stellen durch das höher gelegene Alte Land nach Norden, zur →Elbe hin abfließen kann. Das Land ließ sich erst nach Entwässerungsmaßnahmen nutzen. *hk*

Moorende M. ist ein →Deichhufendorf im →Sietland an der →Este und wurde im 12. Jh. im Zuge der →Hollerkolonisation gegründet. 1348 wird es als *Morende* urkundlich erstmals erwähnt. Ursprünglich lag es beiderseits der Este mit den Ortsteilen Westmoorende links und Ostmoorende rechts des Flusses. Von etwa 1400 bis in die 1460er Jahre war Ostmoorende mit der gesamten →Dritten Meile über mehrere Jahrzehnte ausgedeicht und lag wüst. Die →Hauptmannschaft M. reichte vom →Hinterdeich im Süden bis an den Steinweg in →Estebrügge bzw. bis an die Vogtei →Hove-Leeswig. Der südliche Teil von Ostmoorende gehörte allerdings zu →Finkenreich (→Altklostergericht).

Bei der Neufassung der Gemeindegrenzen an der Este im Jahr 1879 ging der dichtbebaute nördliche Teil beiderseits der Este als Teil der →Bürgerei Estebrügge an die neugegründete Gemeinde Estebrügge über. 1926 wurde die →Esteburg, die seit jeher zu →Rübke gehörte, in Moorende eingemeindet. Die Kreisreform im Jahr 1932 bildete einen tiefgreifenden Einschnitt, da sie die Este zum Grenzfluss machte und damit zur Teilung der Gemeinde führte. Ostmoorende wurde mit dem östlichen Teil von Estebrügge zur Gemeinde M. im →Landkreis Harburg verbunden. Westmoorende mit dem →Münchhof bildete mit dem westlichen Teil von Estebrügge die vergrößerte Gemeinde Estebrügge. Bei der Gebietsreform 1972 trat die Gemeinde M. als Ortsteil der Gemeinde →Jork dem →Landkreis Stade bei. Die historischen Be-

Estebrügge

zeichnungen Ost- und Westmoorende sind inzwischen wenig gebräuchlich. Westmoorende trägt seit den 1970er Jahren den amtlichen Straßennamen *Buxtehuder Straße*. M. ist wirtschaftlich vom →Obstbau geprägt. Die Esteburg ist seit 1964 Versuchsbetrieb der →Obstbauversuchsanstalt und seit 2000 Sitz des →Esteburg-Obstbauzentrums Jork. Die Einwohnerzahl entwickelte sich von 539 (1939) über 883 (1950) und 600 (1967) auf 638 (2017).   *rg*

Morgen →Maße

Muddweg M., auch *Mutweg* oder *Muddeweg*, bezeichnet einen Ortsteil und Weg in →Mittelnkirchen, der von der →Lühe zum →Hinterdeich führt, die Flurgrenze zu →Jork und →Ladekop, wo er dann entsprechend als Neuenkirchener, Jorker bzw. Ladekoper M. bekannt ist. Der Name M. ist wohl sprachlich zusammengezogen aus *bi deme Uthwege*, soll also den Ausgang aus der Gemeinde markieren und nicht den *Mudde* (Schlamm), der alle Marschwege kennzeichnete. Noch 1790 wurde von Exekutionen

mit dem Schwert auf dem M. vor Jork berichtet, nachdem der vormalige Platz auf dem →Halbfehrden in →Steinkirchen *außer Gebrauch gekommen* war. Der M. bildet die Grenze zwischen Mittelnkirchen und →Neuenkirchen. Als jahrhundertealte historische Wegeverbindung zwischen Mittelnkirchen und Jork kam er mit Fertigstellung der Stade-Francoper Chaussee in den 1860er Jahren (→Straßen- und Wegebau) weitgehend außer Gebrauch und hat heute größtenteils nur noch die Funktion als Wirtschaftsweg. Der um 1970 entstandene Neue M. in Mittelnkirchen erschließt lediglich die Neubausiedlung Wilkensweg. In Neuenkirchen heißt der Ortsteil am Lühedeich von →Altenschleuse bis zur Abzweigung des M. nach Jork ebenfalls M. In einigen →Karten wird irrtümlich auch der von dort entlang der Alten →Wettern in die Feldmark führende Wirtschaftsweg als M. bezeichnet. – Auf Karten des 18. Jh. wird auch der Weg zwischen →Osterjork und →Königreich (heute →Obstmarschenweg) als M. bezeichnet.   *dm*

Moorende: rechts die Gaststätte „Im Holsteinischen Hause. Hinrich Rahmann 1899", links die Auffahrt zur Estebrücke

Mühlen Seit dem Mittelalter gab es im Alten Land Windmühlen, wobei sich nach 1400 die Bockwindmühlen durchsetzten. Ihr viereckiges Mühlengehäuse ruhte auf einem hölzernen Bock und wurde mit einem unten aus dem Gehäuse herausragenden Balken, dem Steert, an dessen Ende sich eine Handwinde befand, in den Wind gedreht. Erst im 19. Jh. setzte sich der Typ der Holländermühle durch, deren Körper aus einem Achtkant mit mehreren Böden bestand, so dass mehrere Mahlgänge untergebracht werden konnten, die durch eine am Mühlenkopf angebrachte Windrose angetrieben wurden. In beiden Fällen handelte es sich um Getreidemühlen, die dem lokalen Bedarf an Roggen- und Weizenmehl bzw. Futterschrot dienten, wobei die Holländermühlen in der Lage waren, feineres Mehl zu malen. Zudem machte sie ihre stabilere Bauweise weniger anfällig gegen Sturm, wenngleich alle Windmühlen aufgrund ihrer exponierten Standorte häufig das Opfer von Blitzeinschlägen wurden und abbrannten.

Die Mühlenkrise setzte im Alten Land im 19. Jh. ein, die auch die Holländermühle nicht aufhalten konnte. Mit dem Getreideanbau, dank Mineraldüngung, auf der Geest, dem Straßen- und Eisenbahnbau und der Ausweitung des →Obstbaus zulasten des Getreideanbaus wurden Ende des 19. Jh. die Wassermühlen am Geestrand und auf der Geest attraktiver, da sie witterungsunabhängig beständig mahlen konnten. Mit dem zunehmenden Handel, technischen Innovationen, gestiegenen Qualitätsanforderungen und den aufkommenden Großmühlen in Buxtehude und →Hamburg konnten die M. im Alten Land nicht Schritt halten, so dass das 20. Jh. bis in die 1960er Jahre die Zeit des Mühlensterbens im Alten Land ist.

Dem entsprach die Entwicklung auf der sozialen Seite. M. waren seit dem Mittelalter Herrschaftsinstrumente. Über den Landesherrn veränderte sich das Recht, M. zu betreiben, hin zum lokalen Adel und wanderte von dort schließlich zu Stader Bürgern und Altländer Bauern, wobei bis ins 19. Jh. M. für Besitzer, Betreiber und Rechteinhaber als Geldquelle angesehen wurden. Doch mit der Aufhebung des Mühlenzwangs durch die Gewerbefreiheit, der Industrialisierung und den sich verändernden ökonomischen Rahmenbedingungen wendete sich das Blatt. Die besonders naturanfälligen Windmühlen bedurften ständig der Reparaturen und zunehmend der Anpassung und Erneuerung. Als dann im Laufe des 19. Jh. zusätzlich die Kosten, Löhne und Auflagen immer weiter stiegen, konnte angesichts des Konkurrenzdruckes auch die Nutzung moderner Antriebstechniken in →Steinkirchen, →Mittelnkirchen, →Lühe (→Borstel) und →Moorende das Ende nicht mehr abwehren. So sind schließlich die historischen Windmühlen in →Jork, Steinkirchen, →Cranz und →Neuenfelde verschwunden und erhalten geblieben sind als Baudenkmäler allein die →Borsteler Windmühle und die →Twielenflether Windmühle. *gt*

Münchhof Der M. in →Estebrügge (Schwarzer Weg 2), im Norden von Westmoorende am Estedeich gelegen, ist ein ehemaliger Besitz des Zisterzienserklosters Scharnebeck bei Lüneburg, auf dessen Mönche sich der Name bezieht. 1258 verkaufte der Adlige Manegold von der Eschete eine freie →Hufe in →Eschete, die er vom Bremer Erzbischof zu Lehen hatte, dem Kloster Scharnebeck; es wird vermutet, dass es sich hierbei um den M. handelte.

Nach der Aufhebung und Einziehung des Klosters im Zuge der →Reformation belehnte der Herzog von Braunschweig-Lüneburg 1567 die Herren von Behr in Hoya mit dem M., zu dem auch mehrere Zehnten im Alten Land gehörten. Der Hof galt als landtagsfähiger adelig-freier Hof, wurde von den von Behr aber nicht selbst bewohnt, sondern verpachtet. 1852 wurde er allodifiziert, d.h. den von Behr zu Eigentum übertragen.

1929 verkaufte Landschaftsrat Werner von Behr den damals 36 ha großen M. an die Geschwister

Pickenpack, die ihn als Eigentümer der →Ziegeleien →Esteburg und →Königreich abziegeln ließen. Das sanierte und modernisierte Altländer →Fachhallenhaus stammt aus dem 18. Jh. *rg*

Museum Altes Land   Das Ensemble des M. in →Jork, Westerjork Nr. 49, besteht aus dem →Fachhallenhaus von 1723, einer 2001 umgesetzten Durchfahrtsscheune aus →Huttfleth von 1590 und dem Nachbau der Quast'schen →Prunkpforte von 1683. Es wurde 1990 eröffnet und zeigt anhand von Bildtafeln und Originalobjekten die Entwicklung, Besiedlung und Kultivierung der Elbmarsch zwischen →Hamburg und Stade, die Entwicklung des Verkehrswesens zu Wasser und zu Lande sowie die →Wohnkultur, die sich u. a. in der Prunkstube darstellt. Zudem informiert eine Lehrschau über die Altländer Baukultur. Auf dem ehemaligen Heuboden, der zu einem Veranstaltungssaal ausgebaut wurde, finden Ausstellungen und Vorträge zur Geschichte und zur Gegenwartskunst, die Lessing-Gespräche und die Konzertreihe „Klassik auf dem Lande" statt. Mit

jährlich rund 20.000 Besuchern gehört es zu den am meisten besuchten Kultureinrichtungen in der Region.   *dtb*

Museum Estebrügge   Das M. wurde 1992 von Gerd →Matthes im Erdgeschoss seines Elternhauses am Steinweg 7 im Ortskern →Estebrügges als kleines Privatmuseum eingerichtet. Die Sammlung, die schon in den frühen Jugendjahren des Gründers mit der Erhaltung einiger in Familienbesitz befindlicher Realien ihren Ausgang nahm und in der Folgezeit von ihm ausgebaut wurde, enthält wertvolle Belegstücke zur Altländer Kulturgeschichte, insbesondere historische Kleidung, →Schmuck, Bestecke und andere Silberschmiedeerzeugnisse, Keramik, →Möbel sowie Gemälde und Grafik mit regionalen Motiven. Matthes' Wunsch entsprechend, dass das M. mit den darin verwahrten Kulturgütern für die Nachwelt erhalten bleiben möge, hat die →Kulturstiftung Altes Land als Erbin die Ausstellung nach seinem Tod neu konzipieren lassen und ist nun Trägerin des 2017 wiedereröffneten Museums.   *fs*

Museum
Altes Land
in Jork

N

Nationalsozialismus Die Machtübergabe an die NSDAP ging im Alten Land relativ reibungslos vonstatten. Der Landrat des Großkreises Stade, Dr. Karl Schwering, blieb im Amt. Lokale Auseinandersetzungen gab es um die Bestätigung oder Beibehaltung der Gemeindevorsteher in →Twielenfleth und in →Steinkirchen.

Im Oktober 1933 wurden eine Reihe Jorker Kommunisten denunziert, zehn Arbeiter wurden verhaftet, sieben von ihnen zu Haftstrafen verurteilt, einige Monate später auch ein Jorker Schuhmacher. Im August 1934 flogen auch die Buxtehuder Kommunisten auf; zu ihnen gehörte Julius Hey aus →Königreich, der sich während der Untersuchungshaft im Stader Amtsgefängnis erhängte (oder umgebracht wurde).

Die Gewerkschaften wurden am 2. Mai 1933 zerschlagen und in die Nationalsozialistische Betriebszellen-Organisation (NSBO) eingegliedert. In den Wochen darauf entstand die „Deutsche Arbeitsfront" als Zwangsgemeinschaft von Arbeitnehmern und Arbeitgebern.

Auch die Evangelische Kirche sollte gleichgeschaltet werden. Alle kirchlichen Vertretungen

wurden aufgelöst, die Bewegung der sogenannten „Deutschen Christen" propagierte die Eingliederung in eine Reichskirche mit Führerprinzip und Arierparagraphen. Für die Kirchenwahlen wurden durch die NSDAP im Alten Land Einheitslisten aufgestellt. Die Deutschen Christen gewannen 100 %. Erst allmählich setzte sich Ernüchterung durch, und die Bekenntnisbewegung fand auch im Alten Land Unterstützung, etwa in →Mittelnkirchen und Steinkirchen. Die Zahl der von der NSDAP propagierten Kirchenaustritte war allerdings in Twielenfleth, →Jork und →Grünendeich relativ hoch.

Die von Beginn an propagierte nationalsozialistische „Erbgesundheitspflege", die geistig und körperlich Behinderte und „Asoziale" mit der Zwangssterilisierung bedrohte, traf auch das Alte Land. Das ab 1934 tätige Erbgesundheitsgericht Stade – für den Landgerichtsbezirk Stade zuständig – verfügte in mindestens 1.000 Fällen die Sterilisierung. In den letzten Jahren vor dem →Zweiten Weltkrieg begannen die Vorbereitungen für die sogenannte Euthanasie, die Vernichtung „unwerten Lebens". In den Tötungseinrichtungen sind in den Kriegsjahren mindestens elf Erwachsene und vier Kinder aus dem Alten Land getötet worden, weitere drei starben nach Kriegsende.

Zwangsarbeitskräfte aus Polen und der Sowjetunion wurden als „rassisch minderwertig" diskriminiert. Schwangere Zwangsarbeiterinnen aus Polen und der Sowjetunion wurden zunächst in ihre Heimat zurückgeschickt. Seit Ende 1942 wurden die Frauen zur Abtreibung gezwungen, bis im gesamten Landkreis vier sogenannten „Kinderheime" für die Kinder eingerichtet waren. Im Frühjahr 1944 wurde die „fremdvölkische Kinderpflegestätte" in →Borstel in einem Arbeiterwohnhaus der →Ziegelei Wehrt eröffnet, in der sich im Mai 1944 bereits elf Kinder befanden. Insgesamt zwölf Kleinkinder sind hier durch gezielte Vernachlässigung gestorben. Im Jahr 2002 wurde auf dem Borsteler Friedhof ein Gedenkstein für sie gesetzt.   *jb*

Gedenkstein für die ermordeten Zwangsarbeiterkinder auf dem Borsteler Friedhof

Naturschutz Um selten gewordene Arten und ihre Lebensräume zu erhalten, sind national und international große Schutzanstrengungen nötig. Die international höchst seltenen Flusswatten an →Elbe und Nebenflüssen mit sehr hoch bedeutsamer →Flora und →Fauna sind zusammen mit den vorgelagerten Inseln Teil großräumig ausgewiesener Schutzgebiete, Natura 2000-Flächen in der internationalen Schutzgebietskulisse, die entweder zu den Flora-Fauna-Habitaten oder den Vogelschutzgebieten gehören. Nach deutschem Recht sind →Lühesand als Landschaftsschutzgebiet, →Hahnöfersand, die Borsteler Binnenelbe und das →Große Brack, das Mühlenberger Loch und Neßsand, die Finkenwerder →Süderelbe als Naturschutzgebiete gesichert. Die Unterschutzstellung der Hahnöfer Nebenelbe und Hanskalbsand sowie der Lühesand Nebenelbe und Lühesand mit Pionierinsel und Bassenflether Außendeich wird als sehr hoch prioritär eingestuft. Als Naturdenkmal ist im Hamburger Teil des Alten Landes das Gutsbrack ausgewiesen. Laut Landschaftsrahmenplan gelten die →Bracks, wie das Brack von →Melau, das Schillingsche Brack und andere, im niedersächsischen Teil als potentielle Naturdenkmale. Über diese Gebiete hinaus sind bestimmte Biotope wie Salz-, Brack- oder Süßwasserwatt, Moor- und Sumpfgebüsche, naturnahe, nährstoffreiche Stillgewässer, Landröhrichte, Seggen- und Binsenriede etc. gesetzlich besonders geschützt. Solche Biotope gibt es in den Randbereichen des Alten Landes. Zu den geschützten Landschaftsbestandteilen gehören Streuobstbestände, naturnahe Feldgehölze, Einzelbäume, Baumreihen, halbruderale Gras- und Staudenfluren, etc. Sie findet man im gesamten Gebiet locker eingestreut. Trotz all dieser Schutzgebiete sind weite Teile des Alten Landes bezogen auf Lebensräume und darin vorkommende Arten als verarmt zu betrachten. Zusätzliche gemeinsame Anstrengungen aller Landnutzer für Arten- und Strukturvielfalt sind notwendig, um auch zukünftig die Leistungsfähigkeit des Naturhaushalts zu erhalten.   *id*

Neßhof (Gut) Hof in einer Schleife der →Lühe in →Guderhandviertel, Neßstr. 32, im Mittelalter im Besitz des Klosters Harsefeld. Auffallend ist seine von den Marschhufen abweichende, durch seine besondere Lage bedingte Grundstücksform, wohl seit seiner ursprünglichen Anlage ein besonderer Block, bestimmt z. B. für einen →Lokator oder maßgeblichen Grundherrn (→Hollern). Das Kloster Harsefeld (1102–1647), zuständig für die Gerichtsbarkeit, durfte den Kirchenzehnten erheben. Noch 1592 zählten zum *richte im neßhave* 60 Abgabepflichtige, die an das Gericht, d. h. an die geistliche Domäne (Klostergut) N. zu liefern hatten. Aus Dankbarkeit schenkte Erzbischof Johann Friedrich von Bremen Johann Adler Salvius (→Adlersburg), Berater und Mittler zwischen ihm und Schweden, 1632 einige Güter, die bis dato vor allem den Klöstern Harsefeld und St. Marien in Stade gehört hatten, darunter den N. Wann nach mehreren Besitzern der N. erblich in bäuerliche Familien überging, ist unbekannt. Nach dem Brand des historischen Altländer Bauernhauses 1896 erhielt der N. 1897 ein für damalige Zeiten modernes Wohnhaus, zuvor bereits eine Altländer →Prunkpforte mit der Inschrift des Besitzers *Claus Bey A(nn)o 1844*: Heute besteht auf dem N. ein Obsthof- und Campingplatzbetrieb mit einer Nutzung von 19 ha.   *dm*

Neßstraße Sowohl Ortsteil als auch Straßenbezeichnung – abgeleitet von der „Nase" oder Schleife der →Lühe – von →Guderhandviertel am westlichen Lüheufer zwischen der Schmalen Brücke und der Altenschleusenbrücke (Fußgängerbrücke) in der →Ersten Meile.
An der N. befindet sich als Zugang zum teilweise vom dortigen Lühebogen umschlungenen →Neßhof eine →Prunkpforte von 1844. Zur 601 m langen N. gehört zudem der im Alten Land älteste noch erhaltene Fachwerkbau von 1587. 2017 zählte die N. 142 Einwohner.   *dm*

Neuenfelde Hervorgegangen aus dem Zusammenschluss der Gemeinden →Hasselwerder und →Nincop im Jahre 1929, wurde N. mit der Kreisreform von 1932 und der damit verbundenen Auflösung des →Kreises Jork Gemeinde im →Landkreis Harburg und seit dem →Groß-Hamburg-Gesetz von 1937 Stadtteil der Freien und Hansestadt→Hamburg im Bezirk Harburg. Namensgebend für N. war der Name des →Kirchspiels, welches aus dem Zusammenschluss des um 1400 untergegangenen →Kirchspiels Nincop (einschließlich →Francop) und dem Kirchspiel Hasselwerder entstanden war (→Sturmfluten im Mittelalter). Für das Kirchspiel ist der Name seit dem 16. Jh. nachweisbar.

Die Großstrukturen der nahen Metropole wirkten auch auf N., ebenso mit der →Sietas-Werft mit ihren 1.800 Arbeitnehmern (1980) wie mit die Seehof-Siedlung mit ihrem Geschosswohnungsbau und aktuell über 2.000 Bewohnern oder mit der Überformung der Flur →Rosengarten infolge der Airbus-Landebahnverlängerung und dem Aufkauf von 64 Häusern durch

die Stadt Hamburg – schwerpunktmäßig im westlichen Bereich der Hasselwerder Straße – und deren teilweisem Abriss. Die aktuell laufende Renovierung dieser Häuser wie die geplanten Neubauten in Anlehnung an gewachsene Altländer Strukturen werden das Siedlungsbild zwar positiv wiederherstellen. Die Nutzung der Häuser als Mietwohnungen wird aber die über Jahrhunderte gewachsene dörfliche Struktur unwiederbringlich verändern.

2017 hatte der Ortsteil ca. 4.700 Einwohner, davon etwa 23 % Ausländer, eine Grundschule, zwei Kitas, die →St.-Pankratius-Kirche, eine Allgemeinmedizinerin, einen Zahnarzt, eine Apotheke, eine Volksbank, zwei Freiwillige Feuerwehren (als einziger Stadtteil in Hamburg), einen Lebensmitteldiscounter, eine Postagentur, eine Bäckereifiliale, drei Gasthäuser und ein Café.   *bf*

Neuenfelder Cranz N. (amtlich Cranz-Neuenfelde) ist eine Ortslage auf der rechten Seite der →Este, Teil der Flur →Liedenkummer in

→Hasselwerder, jetzt Teil des Hamburger Stadtteils →Neuenfelde. In Hasselwerder/Neuenfel-
de wird dieser Bereich heute noch als „Cranz"
bezeichnet, im Gegensatz zu →Cranz, wahlwei-
se auch Cranz/Elbe oder Hamburg-Cranz, am
gegenüberliegenden Esteufer. Dort war die Bezeichnung N. üblich. Die genaue Abgrenzung
ist unklar. Seit Mitte des 19. Jh. wurde der gesamte Bereich des heutigen Fährdeichs als „Cranz"
bezeichnet, davor der Abschnitt zwischen dem
→Seehof und der heutigen Straße „Neuer Fähr-
weg". Die Deutung des Namens muss offen bleiben. Erste urkundliche Erwähnung „Cranz/
Kirchspiel Hasselwerder" existiert aus dem Jahr
1367. Bis zum Bau des Inneren Estesperrwerks
1958/59 gab es zwei Kahnfähren über die Este
(Kahnen-Quast sowie Bäcker-Fähre). Seit 1853
war N. eine Station der Dampfschifffahrt auf der
Este (→Elbfähren) und bis 1888 zudem eine
Zollstation. Die Bebauung ist kleinteilig.

Seit 1635 ist N. ein Werftstandort mit der →Sie-
tas-Werft und zwischen 1876 und 1968 zudem
den →Werften von Holst und Rancke. Mitte der
1880er Jahre wurde an der Estemündung ein
Leuchtfeuer zur Sicherung der →Schifffahrt er-
richtet.   *bf*

Neuenkirchen Ursprünglich Teil von →Lu
entstand N. (*Nova Lu*) 1270 durch Errichtung eines eigenen →Kirchspiels, das von Lu (Mittelkirchen) abgetrennt wurde. Bei der Kirche wurde
1274 ein Benediktinerinnenkloster gegründet,
das bereits 1286 nach dem heutigen Neukloster
verlegt wurde. Das Kirchspiel und die darum entstandene kleine Siedlung blieben hingegen bestehen: 1396 ist die Rede von *in nova parochia Lhu*.
Von einem langen, weißgestrichenen Zaun umgeben, ist die Fachwerkkirche →St.-Johannis-Ev.,
die kleinste Kirche des Alten Landes. Sie wurde
mehrfach erneuert und bewahrt den Eindruck
des 17. Jh. (Kabinettsscheiben, 16./17. Jh.). Große
Zerstörungen erlitt N. durch den →Dreißigjäh-
rigen Krieg und die Sturmfluten von 1717 und
1825 (→Sturmfluten der Neuzeit). Dietrich von

Stade beschrieb 1684 die Folgen der Lage im
→Sietland: *Des Sommers ist Neuenkirchen ein lusti-
ger Ort und hat gute Wege daselbst. Im Winter aber ste-
het das Land meisten Theils unter Wasser*. Bis Mitte
des 19. Jh. war N. eine der zwölf →Hauptmann-
schaften des Alten Landes.

Als →Deichhufendorf ist N. eine Gemeinde in
der →Zweiten Meile und seit 1971 Teil der
→Samtgemeinde Lühe mit einer Größe von
8,04 km². Die Gemeinde N. hat ihren Verwaltungssitz in →Steinkirchen. Sie liegt östlich der
oberen →Lühe, →Guderhandviertel gegenüber
und südlich von →Mittelnkirchen. Im Norden
wird N. begrenzt vom →Muddweg, im Süden
vom Bullenbruch, im Osten vom →Hinterdeich
und Westerladekop. Ortsteile sind: →Alten-
schleuse, das eigentliche N., Muddweg und Hinterdeich (z.T.). Südlich der Gemeinde verläuft
die →Autobahn A 26.

Die *Neubrück* verbindet ebenso wie die Altenschleusenbrücke (nur für Fußgänger) N. mit Guderhandviertel. Das historische →Fachhallen-
haus mit →Prunkpforte gegenüber der *Neubrück*
gehörte dem bekanntesten Neuenkirchener,
dem einstigen niedersächsischen Ministerpräsidenten Heinrich →Hellwege, dessen Grab sich
auf dem örtlichen Friedhof neben der Kirche befindet. Seit 1988 wird das Haus als Dorfgemein-
schaftshaus genutzt.

Ob die Nähe zur Autobahn zukünftig größere
Auswirkungen auf die ökonomisch-soziale Entwicklung von N. haben wird, bleibt abzuwarten.
Bislang ist der Anteil der Neubaugebiete und
Pendler eher gering, und N. hat seinen traditionellen, auf den →Obstbau konzentrierten Charakter noch weitgehend bewahrt.

1964 zählte N. 673 Einwohner, 2017 waren es
869.   *dm*

Neuenschleuse Die Ortslage östlich wie westlich der neuen, seit dem 16. Jh. →Neuenkirchen
entwässernden →Wettern wird N. genannt. Sie
ist Teil →Borstels, siedlungsmäßig aber nicht
klar vom östlich gelegenen „Kern-Borstel" wie

Wappen
der Gemeinde
Neuenkirchen

Gastwirtschaft
„Zur Erholung"
am Neuen-
schleuser Hafen
(2005
abgebrannt)

ner werden als Gäste genannt. Mit diesem 2005 abgebrannten Gasthaus verbunden ist auch die Legende jenes verschollenen Hinrich Meier, dessen Schiff in der Südsee gestrandet sein soll, der eine Prinzessin von Tonga geheiratet haben und König des Inselreichs geworden sein soll – eine Geschichte, die ungeachtet der vergleichsweise starken deutschen Präsenz auf Tonga in der zweiten Hälfte des 19. Jh. dort völlig unbekannt ist.

Es erscheint wahrscheinlich, dass der Name N. auf die neue →Schleuse für die Neuenkirchener Wettern zu beziehen ist und nicht auf die nahe der Borsteler →St.-Nicolai-Kirche gelegene wesentlich ältere Schleuse am Ausfluss des →Zesterfleets.   *bf*

dem westlichen →Wisch abgrenzbar. Der Bereich östlich der Wettern grenzt im Süden an die sogenannte Jorker Höftrute (→Maße), der westliche Bereich an die Flur →Gehrden. Hier hat sich eine kleinteilige Bebauung entwickelt. Der Außendeichsbereich der Wettern entwickelte sich zum →Hafen, vorwiegend für den Obsttransport, heute als Yachthafen. Seit etwa 1900 war die hinter dem Elbdeich gelegene →Gastwirtschaft „Zur Erholung" bereits Ziel der Segler; Prinz Heinrich von Preußen und Graf Luck-

Neuhof (Gut)   Das Gut N. (Neuhof 118, →Guderhandviertel) ist als Vorwerk des Klosters Harsefeld um 1560 von Erzabt Christopher Bicker (1548–1575) am südlichen Ende von Guderhandviertel an der →Lühe gegründet worden, direkt angrenzend an den →Hinterdeich. Königin Christina von Schweden donierte das säkularisierte Kloster Harsefeld mit seinen Gütern 1647

Undatierte
Ansichtskarte
vom Neuhof

Johann Adler Salvius (→Adlersburg) und nach dessen Tod (1652) dem französischen Baron Pierre Bidal (1653), französischen Residenten in →Hamburg. Mit der Reduktion der verschenkten Güter gelangte N. 1680 wieder in staatlichen Besitz. Pächter der Domäne N. war um 1657 zugleich der Geschworene der dortigen Deichrichterschaft (→Deichrichter). Zunächst als Verwalter, dann als Pächter wurde Olaf Gröndal (*1648) bekannt, der mit den Schweden ins Alte Land gekommen war. Als Pächter folgten ihm mehrere Generationen Gröndals. 1881 zunächst als Pachtbesitz wurde N. im 20. Jh. Eigentum der Familie Schliecker. N. war zudem bis 1807 →Siedestgericht (vom N. bis zum Mühlenweg in →Steinkirchen).

N. zählte noch in den 1960er Jahren mit 45 ha zu den größten Höfen des Alten Landes, landwirtschaftlich überwiegend genutzt durch →Ackerbau und →Tierhaltung. Heute werden noch 8 ha bewirtschaftet. Das schlichte Altländer Fachwerkhaus wurde mehrfach erneuert.   *dm*

Neuhof (Siedlung) Mit 112 m Länge sowohl Ortsteil als auch Straßenbezeichnung am südli-

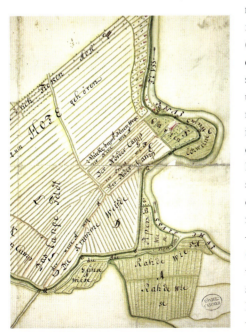

chen Ende des →Deichhufendorfes →Guderhandviertel. Hauptbestandteil von N. war/ist das Vorwerk Gut →Neuhof (16. Jh.), heute umgeben von modernisierten →Fachhallenhäusern und Neubauten. N. liegt am westlichen Ufer der oberen →Lühe in der →Ersten Meile. Die *Neubrück* verbindet N. mit →Neuenkirchen und stellt die direkte Verkehrsanbindung an die →Autobahn A 26 dar. Eine Teich-Wiesenlandschaft mit mäandernder oberer Lühe geht über von N. in die Samtgemeinde Horneburg.

2017 lebten 133 Einwohner in N. mit seinem dominierenden →Obstbau.   *dm*

Nienhusen Der nördliche Teil von →Hove zwischen →Seehof und →Hof zum Heck an der →Este wurde im Mittelalter N. (bereits 1197 *Nienhusen*, später auch *Nigenhusen*) genannt. Die Herren von Heimbruch besaßen hier als Erben der Edelherren von Buxtehude eine freie →Hufe, die sie im 14. Jh. nach und nach veräußerten, vor allem an das Alte Kloster Buxtehude. Nach der freien Hufe (1342 *vrye have*) wurde N. seit um 1350 auch einfach Hove (*to der Hove, op der Hove*) genannt. Doch wurde der Name N. urkundlich noch 1503 (*Nygenhusen*) verwendet. N. litt im 15. Jh. unter der Überflutung der →Dritten Meile (→Sturmfluten im Mittelalter). 1450 verkauften die von Heimbruch all ihren restlichen Landbesitz „*in der wusten myle uppe der Hove*" samt hohem und niederem Gericht an das Alte Kloster. Daraus bildete das Kloster das →Altklostergericht im Alten Land. Der Name Hove weitete sich in der Folge auf die ganze Siedlungsreihe rechts der Este nördlich der alten Estebrücke aus, für N. setzte sich später die Bezeichnung Groß Hove durch. Die Sonderstellung von N. im Mittelalter zeigt sich in der kirchlichen Zugehörigkeit zum →Kirchspiel des Alten Klosters Buxtehude und (nahe dem Seehof) zum Kirchspiel →Hasselwerder. Es rechnete also ursprünglich zur altsächsischen Siedlungszone (→Sachsen) – der Name deutet auf einen Siedlungsausbau – und wurde erst nach der Wiedereindeichung der

Karte der
Flächen des
Neuhofs, 18. Jh.

Dritten Meile im 15. Jh. zusammen mit →Cranz in das Kirchspiel →Estebrügge einbezogen. *aeh*

Nincop N. liegt in der →Dritten Meile des Alten Landes im →Sietland im Bereich der →Hollerkolonisation und ist rein bäuerlich strukturiert. Urkundlich ist der Ort zuerst 1257 erwähnt. Die Kolonisierung hat jedoch bereits im ersten Drittel des 13. Jh. stattgefunden. N. besteht aus den Ortsteilen Auf der Piepe, Bei der Straße, →Hinterdeich, Neufeld, Nincop, Nincoperdeich und →Vierzigstücken.

Die heutige Gliederung der Flur ist Ergebnis der Neueindeichungen im letzten Drittel des 15. Jh. – für den Zeitraum 1396 bis 1456 existieren keine urkundlichen Nachrichten. Inwieweit auf ältere Strukturen zurückgegriffen wurde oder konnte, muss offen bleiben. Sie gliedert sich in das „Alte Nincop" (westlich des Nincoper Deiches), das „Neue Feld" (östlich Nincoper Deich) und östlich daran anschließend – hinter dem alten Elbdeich – Vierzigstücken. Alle Namen sind erst aus der Zeit der Neueindeichung überliefert.

N. grenzt im Westen an die Flur von Klein →Hove, im Norden an →Hasselwerder (Nincoper Straße) und den Elbdeich, im Osten an →Francop und im Süden unmittelbar an den Hinterdeich (Vierzigstücken und Neues Feld) sowie an →Rübke (Altes Nincop). Bezüglich der Länge der →Stücke ist der Bereich östlich des Nincoper Deiches singulär im Alten Land. Während in den übrigen Hollerkolonien die Länge der Stücke in der Regel 2,25 km beträgt und Abweichungen auf örtliche Besonderheiten zurückzuführen sind, ist dies hier nicht der Fall, obwohl das erst später gegründete Rübke Raum dafür geboten hätte. Die hier gemessenen rund 1.600 m sind vielmehr eine Parallele der Ortschaft Nieuwkoop in der holländisch-utrechtischen Tiefebene, ein starkes Indiz nicht nur für einen Ursprung der Kolonisten aus Holland, sondern aus einem ganz konkreten Dorf. Auch darum hat man in der gerichtlichen Auseinandersetzung um den genauen Verlauf der →Autobahn A26 hier den Belangen der Kulturlandschaft Vorrang eingeräumt vor Naturschutzargumenten. Seit dem Mittelalter bildete N. ein eigenes Gericht, seit dem 19. Jh. eine eigenständige Gemeinde. Im Jahr 1929 wurde N. mit Hasselwerder zur neuen Gemeinde →Neuenfelde zusammengeschlossen. N. zählte 1913 702 und 1926 654 Einwohner.

Hof Puurten-Quast in Nincop mit Prunkpforte von 1683

Norddeutsche
Obstbautage
2018

Unter den Baulichkeiten verdienen besondere Erwähnung das →Fachhallenhaus Palm (Stellmacherstr. 9) aus der zweiten Hälfte des 18. Jh. mit einer →Prunkpforte von 1619, die ursprünglich zum Hof Behr gehörte, das Fachhallenhaus von Quast (Nincoper Str. 45) von 1773–78 mit Prunkpforte von 1683 und das Fachhallenhaus von Behr (Stellmacherstr. 14) von 1779.

Hinzuweisen ist darauf, dass drei amtliche Straßennamen bei der Festlegung 1948, 1950 und 1956 räumlich falsch zugeordnet wurden: Die Straße „Nincoper Ort" ist historisch eigentlich die Stellmacherstraße, die „Stellmacherstraße" wäre korrekt „Im Alten Nincop", und die Straße „Im Alten Nincop" ist der eigentliche „Nincoper Ort".   bf

Norddeutsche Obstbautage Seit 1949 jährlich Mitte Februar in →Jork stattfindende mehrtätige Fachtagung und Fachausstellung, die vom →Obstbauversuchsring des Alten Landes e.V. veranstaltet wird. Die N. werden von Fachbesuchern als „Jorker Woche" bezeichnet, die jeweils montags mit der Mitgliederversammlung des Obstbauversuchsrings beginnt. Am Mittwoch und Donnerstag findet die umfangreiche Fachausstellung statt, in der über 200 Aussteller dem Fachpublikum und der interessierten Öffentlichkeit einen Überblick über Neuerungen und Angebote im Bereich Maschinen und Geräte, Sorten und Dienstleistungen rund um den →Obstbau bieten. Parallel dazu werden Fachvorträge des →Esteburg-Obstbauzentrums Jork und Gastvorträge angeboten, in denen Versuchsergebnisse zu aktuellen Anbaufragen vorgestellt werden. Der Donnerstag wird ferner als verbandspolitischer Tag des Landvolkverbandes mit Gastrednern der Bundes- und Landespolitik genutzt. Jedes zweite Jahr findet die Ehrung der neuen Gärtnermeister Fachrichtung Obstbau statt. Den Ausklang bildet am Sonnabend der traditionelle Ball im Fährhaus Kirschenland.

Nach schwierigem Beginn entwickelten sich die N. im Laufe der Jahrzehnte zu einer im In- und Ausland beachteten Veranstaltung, die für Fachbesucher aus allen Bereichen der Obstwirtschaft zu einem unverzichtbaren Termin vor dem Saisonstart geworden ist. 2017 besuchten 3.000 Interessenten die N.   js

O

Oberbürgermeister Das Alte Land wurde seit dem 14. Jh. von zwölf →Hauptleuten repräsentiert. Aus ihrer Mitte wählten →Gräfen und Hauptleute seit Anfang des 15. Jh. vier Bürgermeister (1408 *borghermester*, 1417 *consules*), wobei offenbar die ältesten Hauptleute bevorzugt wurden, aber auch auf die gleichmäßige Verteilung auf die Landesteile Rücksicht genommen wurde. An ihrer Spitze stand der O. Seine jährliche Wahl auf der →Landesversammlung wird folgendermaßen geschildert: Die vier Bürgermeister wählten aus den übrigen Hauptleuten vier Rechnungsmänner und diese aus den vier Bürgermeistern den O. Seit 1573 sind die O., im 16. Jh. auch *Oldeste Borgermester* genannt, namentlich bekannt. Der O. berief die Landesversammlung ein und leitete sie, war oberster Rechnungsführer, verwahrte das Landessiegel, stand der →Landesstube vor und vertrat das Land mit den Hauptleuten gegenüber den Gräfen und nach außen. Bis 1832 leitete er auch das Gremium des Dreigeschworenenrats im →Landgräfting. Als juristischer Berater stand ihm im 18. Jh. ein besoldeter Landeskonsulent zur Seite. Die Würde des O. entfiel erst 1885, als

das →Amt Jork mit der Stadt Buxtehude zum →Kreis Jork zusammengelegt und ein Kreistag gewählt wurde.   *aeh*

Obertwielenfleth Die Größe der um 1400 untergegangenen Ortschaft in der →Zweiten Meile, im →Hochland des Alten Landes, im →Kirchspiel →Zesterfleth ist unbekannt. Sie dürfte wohl westlich des ebenfalls untergegangenen Zesterfleths gelegen haben, sollte aber nicht mit dem in der →Ersten Meile gelegenen →Twielenfleth verwechselt werden. Urkundlich erwähnt wurde der Ort zuerst 1319. Namenskundlich dürfte die Gründung in das 7.–11. Jh. zu datieren sein.   *bf*

Obstbau Die Bedingungen für den O. sind im Alten Land besonders günstig: Die Böden sind reich an Mineralstoffen, das lokale Klima ist gemäßigt (→Witterungsverlauf). Dafür sorgt das nahe Wasser, das sich in kalten Perioden weniger stark abkühlt als die Luft und das sich auch langsamer erwärmt. Dank der nahen Nordsee kommt es im Winter und Frühjahr seltener zu Frostereignissen als im Binnenland (→Spät-

Obstbau-
schädlings-
bekämpfung
vor 1930

frost). Im Sommer ist die Luftfeuchtigkeit hoch, so dass Trockenschäden beim O. minimiert werden. Im Herbst wirken sich kalte Nächte weniger stark aus als in der Umgebung. Die an der Nordsee vorherrschenden West- und Nordwestwinde vertreiben kalte Luftmassen aus dem Gebiet der Niederelbe.

Diese Vorzüge des Alten Landes stellten sich erst allmählich heraus. Die Anfänge des O. sind bescheiden: 1312 gab es in Stade einen Obstgarten (*pomerium*) des St.-Georg-Stifts. Über dessen Größe ist nichts bekannt. Aus dem 14. Jh. stammen weitere Nachweise von Obstgärten an der Niederelbe. Diese Anlagen waren sicher nicht groß. Dennoch diente der O. nie dem Eigenbedarf, sondern war stets eine willkommene Einnahme im Nebenerwerb der Kötner und →Eigenwohner, zumal durch die Gewässer und Flüsse ausreichend Transportwege vorhanden waren. Bereits im 14. Jh. wurden kleine Mengen an Obst auf die Märkte in →Hamburg gebracht, das bis heute von zentraler Bedeutung für den Altländer O. ist. 1657 umfassten die Obstbauflächen des Alten Landes insgesamt etwa 200 ha, danach ging der O. etwas zurück und blieb mit einigen Schwankungen bis weit ins 19. Jh. hinein auf einem niedrigen Niveau. Doch weil die Obstbäume vorrangig um die Häuser und an den →Deichen und Straßen standen, prägte der O. schon früh das Siedlungs- und Landschaftsbild, so dass er bereits in Reisebeschreibungen des 18. Jh. hervorgehoben wird.

Erst als sich der Getreideanbau dank mineralischer Düngung auf der Geest etablierte, und aufgrund der →Verkehrserschließung durch den Bau von Straßen und vor allem der Eisenbahn 1881 wurde der O. bedeutend. Am Ende des 19. Jh. entwickelte sich außerdem England zu einem wichtigen Absatzmarkt, was den Schwerpunkt des Anbaus auf →Kirschen und →Pflaumen verlagerte, während in der 2. Hälfte des 20. Jh. der →Apfel zur wichtigsten Obstart wurde. Seine größte Ausdehnung erreichte der O. im Alten Land nach der →Sturmflut von 1962, als

Obstbauschule Jork, heute Kindergarten

man sich entschloss, die Viehwirtschaft (→Tierhaltung) angesichts der großen Verluste nahezu komplett aufzugeben. Doch bald zeigten sich Auswirkungen von Überproduktion auf den europäischen Märkten, so dass ab den 1970er Jahren die Obstbauflächen verkleinert wurden und derzeit rund 9000 ha umfassen.

Heute werden nahezu zwei Drittel der Jahresproduktion bei den Erzeugerorganisationen →Elbe-Obst und →Marktgemeinschaft Altes Land angeliefert, die dann zum Teil selbst in die Märkte gehen, doch zum größeren Teil an Vertriebsgesellschaft und Gebietsgroßhändler liefern, die die Vermarktung aus dem Gebiet heraus organisieren (→Obsthandel).   *hk*

Obstbauschule Jork Angesichts der deutlichen Ausweitung des →Obstbaus im Alten Land gegen Ende des 19. Jh. wurde eine breit angelegte Aus- und Weiterbildung besonders der jungen Generation von angehenden Obstbauern immer dringender, so dass die Forderung nach Gründung einer entsprechenden Schule

Ehem. Sitz der Obstbauversuchsanstalt in Jork (Gebäude existiert nicht mehr)

vom →Kreis Jork einstimmig angenommen wurde. Die Eröffnung der O. erfolgte am 2. November 1897. Bis 1920 war die Schule eine Einrichtung des Kreises Jork. Danach kam sie zur Landwirtschaftskammer für die Provinz Hannover, um dann vom →Nationalsozialismus in die Landesbauernschaft Hannover überführt zu werden. Nach 1945 war wieder die Landwirtschaftskammer der Träger, die sie 1976 an den →Landkreis Stade als Schulträger abgab. Mit der damit verbundenen Verlegung von Jork nach Stade wurden dort die „Berufsbildenden Schulen III" gebildet, in denen die Klasse nun unter dem Namen „Einjährige Fachschule Agrarwirtschaft – Fachklasse Obstbau" firmierte.

Ab dem Jahrgang 2002 wurde eine geänderte Form der Fachschul-Ausbildung eingeführt, worauf die Klasse nicht mehr einjährig als Ganztags-Schule, sondern zweijährig in Teilzeit unterrichtet wird. Zur gleichen Zeit findet der Vorbereitungskurs der Landwirtschaftskammer für die Meisterprüfung statt. Für diese seither mit großem Erfolg durchgeführte Organisationsform hat sich der Begriff „Integrierte Betriebsleiterausbildung" durchgesetzt.

Da die enge Kooperation zwischen Schule und

Meisterkurs Voraussetzung für ein erfolgreiches Arbeiten in der Integrierten Betriebsleiterausbildung ist, entstanden Bestrebungen, die Klasse an das →Esteburg-Obstbauzentrum Jork zu verlegen. Mit dem Ende 2008 eröffneten Neu- und Erweiterungsbau der Esteburg wurden sowohl die Fachschule als auch der Meisterkurs in dort neu geschaffene Unterrichtsräume verlegt. Die BBS III Stade ist seither neuer Kooperationspartner der Esteburg.   *jhf*

Obstbautage →Norddeutsche Obstbautage

Obstbauversuchsanstalt (OVA) Die am 1. April 1935 eingerichtete O. in →Jork entstand als wissenschaftliche Dienststelle der Landesbauernschaft Hannover des Reichsnährstands ergänzend zu dem als Verein organisierten →Obstbauversuchsring des Alten Landes e.V., der 1929 ebenfalls in Jork begründet worden war. Die O., deren erster Leiter (bis 1971) Ernst-Ludwig →Loewel war, der zugleich Leiter des Obstbauversuchsringes war – eine Doppelfunktion, die bis heute beibehalten ist –, konzentrierte sich nach ihrer Gründung auf wissenschaftlicher Grundlage zunächst auf die Erforschung von

Schädlingen und Pflanzenkrankheiten, bald aber auf alle obstbaufachlichen Fragen etwa der Sortenwahl, Unterlagen, Pflanzsystemen, des Pflanzenschutzes, der Obstbautechnik, der →Obstlagerung und Betriebswirtschaft. Bis Anfang der 1970er Jahre widmete sich die O. auch der Züchtung neuer Apfel- und Süßkirschensorten. Als Versuchsbetrieb pachtete die O. von 1941 bis 1965 einen landwirtschaftlichen Betrieb in Ottensen bei Buxtehude, seit 1964 die Flächen der →Esteburg in →Moorende. Im Jahr 2000 verkaufte die O. das alte, 1935 erbaute Anwesen und Dienstgebäude am Westerminnerweg in Jork und zog in ein neues Gebäude auf dem Gelände der Esteburg. Dort bilden heute die O., der Obstbauversuchsring und der Öko-Obstbau Norddeutschland Versuchs- und Beratungsring e.V. (ÖON) (→Ökologischer Obstbau) das →Esteburg-Obstbauzentrum Jork mit den drei Säulen der Forschung, Beratung und Ausbildung. Träger der O., die die Professionalisierung und fachliche Weiterentwicklung des →Obstbaus im Alten Land grundlegend gefördert hat, ist heute die Landwirtschaftskammer Niedersachsen.   *nf*

Obstbauversuchsring des Alten Landes e. V. (OVR) Der O. ist der zweitgrößte Obstbauberatungsring in Europa. In ihm sind über 95 % aller norddeutschen Obstbaubetriebe eingebunden. Die Probleme, in die der →Obstbau während der →Weimarer Republik durch Schädlingsbefall in den sich ausweitenden Anbauflächen im Alten Land und das relative Überangebot aufgrund steigender Importe geraten war, erhöhten den Ruf nach fachlicher Beratung der Obstbauern, um Wege aus der Krise zu finden. Die Initiative des Landrats des →Kreises Jork, Dr. Karl Schwering, führte 1929 in →Jork zur Gründung des O., für dessen Leitung Schwering seinen Neffen Ernst Ludwig →Loewel gewinnen konnte.

Indem 1935 der Reichsnährstand dem O. die →Obstbauversuchsanstalt (OVA) in Jork vorschaltete und Loewel fortan (bis 1971) die Leitung

beider Einrichtungen innehatte – eine Doppelfunktion, die bis heute beibehalten wurde –, war die enge Verzahnung von praxisorientierter Forschung und sachgemäßer Beratung das tragende Erfolgsrezept. Aus den 81 Mitgliedern des O. 1929 bei seiner Gründung waren 1954 im Alten Land 771 geworden. Bei rückläufiger Gesamtzahl der Obstbauern waren es 2010 noch 486.

Der Grundgedanke der Beratung des O. ist die Übertragung wissenschaftlicher Ergebnisse und praxisrelevanter Erfahrungen anderer Anbaugebiete in die Praxis des norddeutschen Obstbaus. Neben der Baumobst- und Beerenobstberatung wird Beratung in den Bereichen Pflanzenschutz, Betriebswirtschaft, →Obstlagerung und Obstbautechnik angeboten. Fester Bestandteil der Arbeit des O. sind die Herausgabe der monatlich erscheinenden *Mitteilungen des Obstbauversuchsringes*, das jährlich überarbeitete Handbuch *Arbeitstagebuch für das Obstjahr* und die Betriebsbesuche, die jedem Mitglied individuell zur Verfügung stehen. Lehr- und Gruppenveranstaltungen erweitern das Angebot. Gemeinsam mit der OVA und dem ÖON (→Ökologischer Obstbau) bildet der O. das →Esteburg-Obstbauzentrum Jork.

Der heutige gute Zustand der Obstbaubetriebe im Alten Land ist zum großen Teil auf die jahrzehntelange erfolgreiche Beratungstätigkeit des O. zurückzuführen.   *hd*

Obstfahrten Das begehrte Obst aus dem Alten Land wurde ab 1911 u. a. von →Twielenfleth, der →Lühe, →Neuenschleuse, →Borstel und der →Este aus mit →Ewern zum Großmarkt am Hauptbahnhof in →Hamburg transportiert. Als die Ewer nach dem →Ersten Weltkrieg Motoren bekamen und aus Eisen statt aus Holz gebaut wurden, gab es in der Erntezeit von der Lühe – hier zur Dokumentation des Ablaufs als Beispiel ausgewählt – tägliche Fahrten nach Fahrplan zum Großmarkt nach Hamburg. Die Obstbauern stellten nach Feierabend die Körbe mit den Kirschen oder Äpfeln auf die hölzernen

Obstfahrt auf
der Elbe

Anleger. Jeder Ewer hatte einen festen Bezirk an der Lühe, die über etwa 70 Anleger verfügte. So fuhr der Schiffer Corleis mit der *Hertha* vom Bauern Garrn in →Steinkirchen bis zum Bauern Bey an der Lühemündung. Etwa zwischen 18 und 19 Uhr legten die Ewer an, übernahmen die Körbe und fuhren zum nächsten Anleger in ihrem jeweiligen Abschnitt. Die Körbe wurden oft in mehreren Lagen an Deck auf der Luke gestapelt. Dann ging es auf die →Elbe Richtung Hamburg. Um 24 Uhr kam man in Hamburg an und es wurde entladen. Dann schliefen Kapitän und Decksmann bis zum Morgen und fuhren mit Waren für die Kaufleute zurück in die Lühe. Ein Zentner Obst brachte Anfang der 1950er Jahre 50 Pf. Frachtgeld ein. Etwa 250–1000 DM konnte man in der Woche verdienen. Im Winter fuhren viele Altländer Ewer ihre Obstladungen nach Berlin, Itzehoe oder nach Bremen und blieben dort so lange, bis sie ihr Obst verkauft hatten (→Schifffahrt). Ab Mitte der 1950er Jahre wurde die Konkurrenz durch den LKW so stark, dass sich die O. nach Hamburg nicht mehr lohnten und 1961 schließlich der letzte Ewer, die *Johanna Brandt*, von Steinkirchen Obst nach Hamburg zum Großmarkt brachte. *vm*

Obsthandel Von Anbeginn bedingten →Obstbau und O. einander. Wenn auch zunächst der Tauschhandel oder Direktverkauf überwog, entwickelte sich bald ein professioneller Handel. Als Apfelhändler wird 1651 der Kötner Peter Ropers aus →Twielenfleth erwähnt. Obsthandelsunternehmen unterschiedlichster Größe beschickten zunächst die nahen Märkte →Hamburgs. Durch die Entwicklung der →Schifffahrt ergaben sich Kontakte nach Bremen, Berlin, Dresden, Amsterdam, London, Danzig, Kopenhagen, Stockholm und St. Petersburg (1891). Mit dem Anstieg der Produktionsmengen nach 1920 wuchs die Bedeutung eines funktionierenden Absatzes. Die Zahl der an der Niederelbe tätigen Handelsunternehmen stieg auf rund 150 an. Oft waren es die Söhne ortsansässiger Bauern. Auch Nebenerwerbsbauern und Schiffer ergriffen diesen lukrativen Beruf.

Deichtormarkt
in Hamburg
1959

Erste Absatzgenossenschaften wurden gegründet (Hein →Somfleth). Die Preis- und Mengenbewirtschaftung Ende der 30er Jahre und während des →Zweiten Weltkrieges beendete diese kurze Blüte der Branche.

In den 1950er Jahren gelang es dem O., die Position des Alten Landes als Versorger der westdeutschen Großstädte, des Ruhrgebiets und der nahen Exportmärkte wiederzugewinnen. Doch mit der Einführung des Gemeinsamen Agrarmarktes ab 1962 sanken die Preise, so dass ein Zusammenrücken von Obstbau und O. erforderlich wurde. Die Gründung von Erzeugergemeinschaften nach EU-Recht (→Elbe-Obst 1968, →Marktgemeinschaft Altes Land 1994) sollte durch Zusammenfassung der Ware, Standardisierung von Sortierung und Verpackung, Bau von Großsortieranlagen, Langzeitlagerbau (→Obstlager), die Einrichtung einer Preisnotierungskommission, Schaffung verbindlicher Vermarktungsregeln und gemeinsames Auftreten gegenüber Großkunden die Lage des Liefergebietes verbessern.

Die Direktvermarktung erreicht heute etwa einen Anteil von 15 %. Neben den Erzeugergemeinschaften gibt es rund 30 Obsthändler, die den größten Teil des Altländer Obstes vermarkten. Die gestiegenen Anforderungen an Menge, Spezial-Verpackungen, Zertifizierungen und Pflanzenschutzmittel-Rückstandsmanagement können heute von erfolgreichen und umsatzstarken Unternehmen erfüllt werden.   *cr*

Obstlagerung Mit steigender Produktionsmenge verlängerte sich die Verkaufszeit von lagerfähigem Obst bis in das folgende Jahr, so dass bessere Lagermöglichkeiten erforderlich wurden. Bis zum →Zweiten Weltkrieg wurden überwiegend Frischluftlager genutzt. Maschinengekühlte Lager errichtete man in den 1950er Jahren, die dann zum Teil in einem nächsten Entwicklungsschritt zum Lager mit kontrollierter Atmosphäre (CA-Lager) umgebaut wurden. Heute verwendet man gasdichte Lagerzellen mit Kontrolle von Temperatur, Luftfeuchte und

Luftzusammensetzung. Diese ULO (*Ultra low oxygenium*)-Lager befinden sich bei den Erzeugergemeinschaften (→Elbe-Obst), Lagerhausgemeinschaften, Obstbaubetrieben und Handelsunternehmen. In diesen Langzeitlagern lassen sich Äpfel und Birnen bis an die neue Ernte halten. Die Lagerbedingungen richten sich nach Obstart und -sorte.

Die für die Obstlager seit den 1960er Jahren eingesetzte Hallenbauweise mit tragender Stahlkonstruktion prägt inzwischen das Siedlungsbild im Alten Land.   *hk*

Obstmarschenweg

Obstmarschenweg Der Name O. wurde 1956 im Zuge eines Preisausschreibens des Bundes Niederelbischer Obstbauern e.V. für den Straßenzug von Finkenwerder über →Neuenfelde, →Königreich, →Jork und →Steinkirchen durch das Alte Land und weiter über Stade, Freiburg und Neuhaus bis Otterndorf gefunden, um für die Erzeugnisse des niederelbischen Obstbaugebietes und für den Fremdenverkehr zu werben. Die Strecke wurde mit entsprechenden Straßenschildern gekennzeichnet. Für drei Teilstrecken in Königreich, →Grünendeich und Bützfleth wurde O. in den 1970er Jahren zum amtlichen Straßennamen.   *rg*

Öffentlicher Personennahverkehr →Busverkehr, →Post

Ökologischer Obstbau Der Ö. im Alten Land hat seinen Ursprung in den 70er Jahren des letzten Jahrhunderts. Vermehrt auftretende allgemeine Umweltprobleme und negative Folgen der industrialisierten →Landwirtschaft haben einige Obstbauern inspiriert, den →Obstbau anders als bisher zu betreiben. Diese Bauern waren echte Pioniere: Pflanzenschutzmittel wie Schwefel, Kupfer, Seife, Pflanzenbrühen oder Gesteinsmehle wurden mehr oder weniger gezielt und mit wechselndem Erfolg eingesetzt. Es existierten sehr individuelle Betriebskonzepte und Theorien zur Regulierung von Schaderregern mit unterschiedlichem Erfolg. 1997 organisierten sich die Öko-Bauern in der Öko-Obstbaugruppe Norddeutschland, 1999 wurde der ÖON e.V. als verbandsunabhängiger Verein gegründet, dessen Mitglieder überwiegend in den Anbauverbänden Bioland, Naturland oder Demeter organisiert sind. Im Gegensatz zum konventionellen oder integrierten Anbau erfordert der Ö. einen höheren Personalbedarf bei gleichzeitig geringeren Ernten aufgrund eines höheren Schädlingsdrucks. Viele Probleme im Anbau wurden mit Unterstützung der vier norddeutschen Bundesländer, des Bundes und anderer Organisationen in Forschungsfragen umgesetzt und gelöst. Über die EU VO 834/2007 wird die Produktion und Kennzeichnung der Öko-Produkte geregelt, um die erforderliche Trennung zwischen „konventioneller" und „ökologischer" Ware zu gewährleisten. Es war und ist politischer Wille, dass die Fläche des ökologischen Obstbaus wächst. Durch die Ansiedlung des ÖON e.V. an dem →Esteburg-Obstbauzentrum Jork, eine kontinuierliche Beratung und eine gut strukturierte Vermarktung ist es gelungen, den Ö. aus dem Nischendasein des letzten Jahrhunderts herauszuführen. Kontinuierlich wuchs die ökologisch bewirtschaftete Fläche in den letzten zwanzig Jahren. Mit ca. 1.200 ha Ökoobstbaufläche und 44 Betrieben im Alten Land im Jahr 2017 liegt der Anteil an der Gesamtfläche bei etwa 14 %. Mit über 90 % ist der Tafelapfel die Hauptkultur im Ö. des Alten Landes. Zunehmend werden die empfindlichen Apfelsorten Jonagold, Elstar oder Braeburn durch Sorten wie beispielsweise Topaz, Santana oder Natyra ersetzt, die durch ihre Schorfunempfindlichkeit besser für die ökologische Produktion geeignet sind.   *peh*

Peter Olters

Olters, Peter, *14.1.1842 →Jork, †27.3.1915 ebd. Als Sohn des späteren Bürgermeisters von Jork, Hein Olters, wurde O. →Hausmann auf dem Jorker Hof (Westerjork 71), den er später verkaufte. Von 1885–1906 war er als Gemeindevorsteher in Jork tätig und erhielt für seine Verdienste den preußischen Königlichen Kronen-Orden IV. Klasse verliehen. O. war außerdem Mitglied des Kreistags und des Kreisausschusses. Im einflussreichen Bund der Landwirte (BdL) übte O. die Funktion eines Kreisvertrauensmannes aus und sorgte dafür, dass in jeder Gemeinde ein Vertrauensmann dieser landwirtschaftlichen Standesorganisation platziert werden konnte. Außerdem besaß er beste Kontakte zur Zentralleitung des BdL in Berlin. Im letzten Jahrzehnt des 19. Jh. sorgte O. gemeinsam u. a. mit dem aus Kehdingen stammenden Reichstagsabgeordneten Diederich Hahn dafür, dass sich der →Kreis Jork von einer Hochburg der Nationalliberalen Partei (NLP) zu einer des BdL wandelte. Ihnen gelang es, die NLP im Kreisgebiet komplett auszuschalten und deren ehemalige Funktionäre und Anhänger fast ausnahmslos zu sich herüberzuziehen. Sein stetig wachsender politischer Einfluss sorgte dafür, dass O. im Jahre 1904 als Abgeordneter in den Provinziallandtag in Hannover gewählt wurde. In der Ersatzwahl für den verstorbenen Kehdinger Hof- und Ziegeleibesitzer Johann Friedrich Schoof am 18. April 1906 setzte sich O. im Wahlkreis 194 (Jork – Kehdingen) durch und zog als Abgeordneter in den Preußischen Landtag in Berlin ein. Er schloss sich als Hospitant der Fraktion der Deutschkonservativen Partei an, die vom BdL gestützt wurde. Bei den Landtagswahlen in den

Orgelbauerhof

Jahren 1908 und 1913 war er wieder erfolgreich und blieb bis zu seinem Tode Mitglied des Preußischen Landtags. Zum Ende seines Lebens scheint sich O. weiter radikalisiert zu haben, denn er trat der antisemitischen Deutschsozialen Partei (ab 1914 Deutschvölkische Partei) bei.

hkm

Orgelbauerhof In der Mitte des alten →Kirchspiels Nincop, zu dem →Nincop und →Francop gehörten, befand sich die Kirche mit dem zugehörigen Pfarrhof. Mit der Neueindeichung der →Dritten Meile im 15. Jh. wurde das Kirchspiel nicht wiedererrichtet, sondern mit →Hasselwerder vereinigt. Der Hof kam in bäuerliche Hände. Als der Orgelbauer Arp →Schnitger am 3. Februar 1684 die Hamburger Bürgerstochter Gertrud Otte heiratete, brachte diese den Hof mit in die Ehe. Später verlegte Schnitger seinen Wohnsitz und einen Teil seiner Werkstatt dorthin. 1733 verkauften seine Erben den Hof. 1898 wurde die gründerzeitliche Fassade errichtet und 1952 eine Gedenktafel angebracht (→Vierzigstücken, Nr. 85). *bf*

Orgeln Mit der Vielzahl erhaltener wertvoller O. aus dem 17. und 18. Jh. ist das Alte Land ein ganz besonderer Teil der ohnehin schon einzigartigen Orgellandschaft der Marschen an der Nordseeküste, den *ersten Gegenden in Europa, in denen sich eine flächige Präsenz der Orgel entwickelte* (Konrad Küster). Belegt ist das Vorhandensein von O. in der zweiten Hälfte des 16. Jh. für →Jork (1560/62), →Mittelnkirchen (1565), →Hollern (1575), →Steinkirchen (1581), →Borstel (1584) und →Estebrügge (1584). Es ist daher schon in vorreformatorischer Zeit von einem Vorhandensein von O. auszugehen. Die benachbarten Geestdörfer verfügten erst relativ spät über meist kleinere O. in ihren Kirchen. Im Alten Land hatte hingegen der steigende Wohlstand aufgrund der Erträge aus →Landwirtschaft und →Obstbau zu prächtigen, den Instrumenten in den Städten ebenbürtigen O. geführt. Ende des 17. und Anfang des 18. Jh. war Arp →Schnitger mit Neu- und Umbauten in allen Kirchen des Alten Landes tätig – mit Ausnahme von →Grünendeich und →Neuenkirchen, deren Kirchen erst später O. erhielten.

Die O. trat zunächst solistisch hervor. Die Begleitung des Gemeindegesanges wurde erst vom

Arp Schnitger
Orgel in
Steinkirchen

Beginn des 18. Jh. an vereinzelt üblich, und erst im Verlauf des 19. Jh. erhielt die O. fast ausschließlich die Funktion der Begleitung von Gemeindegesang und Liturgie. Die geänderten Klangvorstellungen der Romantik hatten im Alten Land (mit Ausnahme von Twielenfleth: Neubau durch Furtwängler 1861) nur insofern Auswirkungen, als bei Reparaturen Veränderungen an der Disposition vorgenommen wurden. Insgesamt rettete sich der Orgelbestand des Alten Landes ins 20. Jh., lediglich in Estebrügge und Jork wurden 1906 und 1914 die Schnitger-O. durch weitgehende Neubauten ersetzt. Die sogenannte „Orgelbewegung" führte in den 1920er Jahren zu einer Rückbesinnung auf den Orgelbau der Renaissance und des Barock. Dabei entwickelten deren Protagonisten freilich falsche Vorstellungen, die besonders in den 50er und 60er Jahren zu teilweise verheerenden Veränderungen am Pfeifenmaterial und am Klang führten. Davon betroffene O. wurden in den letzten Jahren durch an alten Techniken und barockem Klangideal orientierte Orgelbaufirmen restauriert, so die Gloger-O. in Grünendeich (1766), die

Schnitger-O. in Steinkirchen (1687), Hollern (1690) und Neuenfelde (1688), die Geycke-O. in Borstel (1771) und die Schreiber-O. in Mittelnkirchen (1753). In Jork entstand 1982 hinter dem Schnitgerprospekt von 1709 ein an Schnitger orientiertes neues Instrument. In Neuenkirchen zeugt eine 1937 fertiggestellte O. von den Klangidealen der Orgelbewegung. Heute präsentiert sich das Alte Land wieder in seiner ganzen ursprünglichen Orgelherrlichkeit.   *pg*

Ort Ortsteil von →Mittelnkirchen nördlich der Breiten Brücke im Sinne von Ort = Spitze, bis ins 19. Jh. →Finkende genannt. O. ist reich an historischen und neueren Fachwerkhäusern. Die →Hogendiekbrück(e) verbindet O. seit 1975 mit →Steinkirchen.   *dm/aeh*

Ortsdienststelle Neuenfelde Die O. wurde aufgrund des →Groß-Hamburg-Gesetzes im Zuge der Eingemeindung (1. April 1937) der ehemaligen selbständigen Gemeinden der nun überwiegend zu →Hamburg gehörenden →Dritten Meile des Alten Landes →Neuenfelde und →Francop sowie des zur →Zweiten Meile gehörenden →Cranz eingerichtet. Bis 1976 war sie eine dezentrale Verwaltungsdienststelle und bürgernahe Dienstleistungsverwaltung des Ortsamtes Süderelbe in Neugraben im Bezirk Harburg, u. a. als Standesamt, Meldeamt, Seemannsamt. Aus Rationalisierungsgründen wurde sie 1976 geschlossen und ihre Aufgaben wurden auf das Ortsamt Süderelbe bzw. das Bezirksamt Harburg übertragen. Damit hat das Hamburger Alte Land seine eigene kommunale Verwaltungsinstanz endgültig verloren. Im Zuge der Bezirksverwaltungsreform 2006 wurde auch das Ortsamt Süderelbe auf- und durch das regionale Kundenzentrum Süderelbe abgelöst.   *mh*

Osse, *Alice* **Gesine Margareta, geb. Gosch,** *11.10.1885 in →Grünendeich, †1.2.1968 in Stade O., Tochter des Fischers Claus Christian Gosch und der Metta, geb. von Husen, seit 1913 verheiratet mit dem Elblotsen Heinrich Osse aus →Twielenfleth, sammelte und dokumentierte seit ihrer Kindheit die Altländer Tracht des 18. und 19. Jh. Daneben galt ihre Leidenschaft regionalen →Möbeln, Porzellan, →Schmuck, Zinn, Bildern, Stickereien und Gebrauchsgegenstän-

den. 1948 erschien, von ihr verfasst, die erste Monografie zu den →Trachten des Alten Landes, der 1985 eine durch Hinrich Behr, Elisabeth →Lemke und Gerd →Matthes besorgte Neubearbeitung folgte. Bis heute handelt es sich um die einzigen umfassenden Publikationen zu diesem Themenfeld. O. schenkte ihre umfangreiche Sammlung, die als die damals bedeutendste Kollektion Altländer Kulturguts gelten kann, noch zu Lebzeiten anlässlich ihres 76. Geburtstages dem Stader Geschichts- und Heimatverein e. V. Heute wird die über 700 Objekte umfassende Sammlung durch die Museen Stade verwaltet. Neben ihrer Begeisterung für Trachten widmete sich O. auch der Pflege der plattdeutschen →Sprache und der Dokumentation von mündlichen Überlieferungen. Zudem war sie musisch begabt, spielte Klavier und malte. 1962 erschien ihr Buch *Altländer Geschichten/Ollanner Geschichten* in plattdeutscher Sprache, herausgegeben vom Stader Geschichts- und Heimatverein e. V., der sie 1961 zum Ehrenmitglied ernannte.   *sm*

Alice Osse, 1961

Oster- und Westerjork Ortsteile von →Jork, im 14. Jh. zuerst schriftlich erwähnt (*in dat Osten, in dat Westen*) und ursprünglich Wetternwege, die durch die aus dem →Wettern geworfene

Osterjork

→Kleierde erhöht wurden. Parallel südlich dazu verlaufen die nicht für den Durchgangsverkehr bestimmten →Minnerwege. Der Ausbau der Stade-Francoper Chaussee (→Obstmarschenweg) 1847 bis 1873 führte zum ersten massiven Eingriff und zur Verbreiterung. Die Wegeverhältnisse waren bis dahin katastrophal, man nutzte die Wasserwege, aber um trockenen Fußes zum Kahn zu gelangen, hatten die Jorker Steinwege quer über die Straße angelegt, dadurch wurde diese noch unebener. Sie mussten zum Besuch des Königs Georg V. von Hannover 1862 entfernt werden. Bis zu Beginn der 1960er Jahre war die Straße schmal, mit Kopfsteinen gepflastert und wurde von einer →Wettern begrenzt. 1961/1962 wurde die Baumreihe gefällt und die Wettern zur Verbreiterung der Straße zugeschüttet. Der Obstmarschenweg, auch als Landesstraße 140 bekannt, muss heute einen Großteil des Verkehrs von und nach →Hamburg aufnehmen. Einen abermaligen Eingriff erfuhr die gewachsene Struktur durch die Verlegung der zentralen Kreuzung 1988 und durch den Kreiselbau im Zentrum von Jork und am Ortsausgang von Westerjork in den Jahren 2006/2007. Besonders hervorzuheben sind die Häuser Osterjork 45, die →Prunkpforte Osterjork 80, Osterjork 97, Westerjork 22 (Alte Apo-

Osterladekop

theke), Westerjork 49 (→Museum Altes Land). Viel alte Bausubstanz fiel in den letzten Jahrzehnten der Abrissbirne zum Opfer. *shs*

Oster- und Westerladekop Ortsteile von →Ladekop, im 14. Jh. zuerst schriftlich erwähnt (*in dat Osten, in dat Westen* 1370; *villa Latekop in parte occidentali* 1359), parallel dazu verlaufen die nicht für den Durchgangsverkehr bestimmten →Minnerwege.

Die Wegeverhältnisse waren durch die Jahrhunderte verheerend und führten immer wieder zu Streitigkeiten. 1880 wurde der Gemeindeweg mit Kies verfüllt, 1891 bis 1893 wurde er dann mit sogenannten Oldenburger Klinkersteinen ausgebaut. In den 1960er Jahren wurden O.- und W. mit einer Schwarzdecke sowie mit einer Straßenbeleuchtung versehen. *Bi de Becke* werden die Höfe genannt, die unmittelbar am →Fleet nach →Jork liegen, früher ein natürlicher Bach (*Beke*). 1628 wurde das Alte Land von der Pest heimgesucht, die zahlreiche Todesopfer forderte. Im Osten der Osterladekoper Flur wurde ein Pestfriedhof eingerichtet. An der →Halbfehrden wurde das letzte Vaterunser mit den Angehörigen, die hier zurückbleiben mussten, gebetet, deswegen heißt das Grundstück in Osterladekop heute noch *Buten Vaterunser*.

An der Schnittstelle von O.- und W. lagen zwei →Gastwirtschaften, *Die weiße Taube*, Osterladekop 1 und gegenüber Rieper/Hauschildt, Westerladekop 1, auch das Kriegerehrenmal für die Gefallenen des →Ersten Weltkrieges stand hier. Durch Verbreiterungen der Fahrbahn hat sich das Ortsbild in W. sehr verändert und hat den Charakter einer Durchfahrtsstraße erhalten. In O. wurde die Dorferneuerungsmaßnahme 2011 abgeschlossen, hier wurde der fast ursprüngliche Charakter beibehalten. Besondere Bauten sind Osterladekop 82, das älteste Wohnhaus von 1622 befindet sich in Osterladekop 110, und Westerladekop 37. *shs*

Ostmoorende →Moorende

Pape, Johannes, *16.9.1927 in →Siebenhöfen, †24.8.2016 in Stade   Als dritter Sohn einer alt-eingesessenen Bauernfamilie besuchte er die Privatschule in Steinkirchen und erwarb das Abitur auf dem Athenaeum in Stade. 1944 wurde er Soldat. Nach einjähriger amerikanischer Kriegsgefangenschaft begann er ein Gartenbau-studium an der Universität Bonn, das er als Diplomlandwirt abschloss, und wurde 1960 mit einer Arbeit über den *Erwerbsobstbau in den holsteini-schen Elbmarschen. Einfluss der Betriebsstruktur und spezieller Anbauverhältnisse auf Arbeitsaufwendungen, Kosten und Wirtschaftserfolg* promoviert. Nachdem ihm ein Onkel einen Obstbaubetrieb in →Huttfleth vererbte, verließ er Bonn und bewirtschaftete gemeinsam mit seiner Frau diesen Betrieb. Vorstandstätigkeiten in →Wasser- und Bodenverbänden, →Obstbauversuchsring, Frugro (→Genossenschaften) und Kirche beanspruchten große Teile seiner Arbeitskraft. Etliche Satzungen von Vereinen und Verbänden geben heute noch Zeugnis seiner akribischen Detailarbeit.

Bei der Gründung der →Elbe-Obst gelang es ihm, die auseinanderstrebenden Gebietsinteressen zwischen →Obsthandel und →Obstbau zu bündeln und nach langen Verhandlungen gemeinsame Beschlüsse herbeizuführen. Er wurde 1968 zum ersten Vorsitzenden gewählt und behielt dieses Amt bis 1991. 1988 erhielt P. für sein umfangreiches Wirken für den obstbaulichen Berufsstand das Bundesverdienstkreuz am Bande.   *cr*

Parteien →Politische Parteien

Patrimonialgerichte Als P. (von lateinisch *patrimonium* = väterliches Erbgut) galten besondere Gerichte von Guts- bzw. Grundherren über ihre Hintersassen, die aus der allgemeinen Gerichtsverfassung eximiert waren. Besonders im nordöstlichen Niedersachsen gab es auch P. des →Adels und der Klöster über ganze Dörfer oder →Kirchspiele, selbst wenn die Gerichtsherren

dort nur geringen eigenen Grundbesitz hatten. Beide Formen kamen auch im Alten Land vor. Adel und Klöster hatten ihren Gerichtsstand direkt vor dem Erzbischof bzw. seinem Offizial, seit 1517 vor dem Hofgericht. Sie beanspruchten eine eigene Gerichtsbarkeit oftmals nicht nur über ihr Personal, sondern auch über grundherrlich abhängige Höfe und →Katen. Bereits im Mittelalter wurden einzelne Höfe zusammen mit der niederen, z.T. auch höheren Gerichtsbarkeit verkauft, z.B. das →Gräfenland in →Hove, der →Münchhof in →Estebrügge, der Hof →Finkenreich in →Moorende, und noch im 16. und 17. Jh. wurden Höfe mit eigener Gerichtsbarkeit gegründet, z.B. der →Neuhof in →Guderhandviertel. Als kleinräumige adlige P. überdauerten bis weit in die Neuzeit das Gericht →Bergfried in Guderhandviertel und das →Wischgericht an der →Lühe.

Die Gerichtsbarkeit über ganze Dörfer erlangten das (Alte) Kloster Buxtehude über →Nienhusen (→Altklostergericht) und über das nicht zum Alten Land gerechnete (Lütke) Neuland vor Buxtehude, die von Brobergen über →Leeswig, die →Schulte über →Nincop und →Rübke, die von Borch über →Hinterbrack (→Zesterfleth) und →Francop. Die P. in Francop und Rübke besaßen auch die höhere bzw. Kriminalgerichtsbarkeit. Eine besondere Stellung hatten im Alten Land sieben sogenannte →siedeste Gerichte, die teils Adlige, teils Klöster als Gerichtsherren hatten.

Die Aufhebung der P. in der →Franzosenzeit wurde in der anschließenden →Hannoverschen Zeit zunächst rückgängig gemacht. Doch bemühte man sich seit 1821 um gesetzliche Einschränkungen. Um 1850 bestanden P. des Adels noch in Bergfried, →Hove-Leeswig, Francop, Nincop und Rübke. Die Kompetenz der vier Letzteren erstreckte sich neben der Gerichtsbarkeit auch auf die Verwaltung und Steuereintreibung (→Vogteien). 1852 wurden die letzten P. aufgehoben, ihre gerichtlichen Kompetenzen gingen auf das →Amtsgericht Jork über.   *aeh*

Johannes Pape

P

Pflaumenanbau

Pflaumen- und Zwetschenanbau Pflaumen und Zwetschen sind nahe miteinander verwandt. Pflaumen sind große, runde Früchte, Zwetschen sind kleiner, länglich und zugespitzt. Diese Unterschiede werden in der Fachwelt genau beachtet, in der Öffentlichkeit kommt es aber immer wieder zu Verwechslungen. Der Anbau von Pflaumen und Zwetschen ist im Alten Land seit 1787 belegt. Im 19. Jh. spezialisierte man sich besonders auf den Anbau der saftreichen Sauren Zwetsche, die viel Säure und viel Zucker enthielt. Der Saft geliert besonders gut; daher gab es eine hohe Nachfrage nach diesen Zwetschen bei englischen Marmeladefabriken. Sie wurden unreif geerntet und überstanden einige Tage Seetransport ohne Kühlung problemlos. 1913 waren etwas über die Hälfte der im →Kreis Jork kultivierten Obstbäume Pflaumen- und Zwetschenbäume. Ihr Anbau verlor dann allmählich an Bedeutung, immerhin waren in den 1930er Jahren noch fast ein Drittel der Bäume Pflaumen und Zwetschen. Als beliebte Früchte zum Einkochen von Marmelade ließen sich Pflaumen und Zwetschen in der Nachkriegszeit gut verkaufen, doch ihre Bedeutung sank weiter: 1951 waren noch etwas über 20 % der Obstbäume Pflaumen oder Zwetschen, 1965 noch knapp 10 %. Heute hat der Anbau dieser Obstart lediglich noch bei Selbstvermarktern und Spezialisten eine gewisse Bedeutung.

hk

Piepe Der Einzelhof „Zur Piepe" lag am Südostrand der Ortslage →Rübke, direkt am →Hinterdeich auf der Marschseite, heute Nincoper Deich/Ecke Neuenfelder Hinterdeich. P. beschreibt ein Holzrohr, das unter dem Hinterdeich und dem nördlich anliegenden Weg auf ca. 8 m Länge hindurchführte. Das frische Was-

Gasthaus
zur Piepe

ser vom Geestrand konnte auf diese Weise über Rübke nach →Nincop fließen, wodurch die P. zugleich zur →Entwässerung in Richtung →Elbe diente. Bekanntheit erlangte die P. durch das in der Nachbarschaft am Nincoper Deich gelegene „Gasthaus zur Piepe", das von der ersten Hälfte des 19. Jh. bis in die 1980er Jahre bestand. Die P. gehörte bis 1926 zu Nincop und wurde dann mit der Ostseite des Nincoper Deiches nach Rübke umgemeindet.   he

Pionierinsel   →Fauna, →Mojenhörn, →Naturschutz

Polder   P. dienen in allen Marschen der Eindeichung von vor Überflutung zu schützendem Land. Insofern lassen sich die drei →Meilen des Alten Landes auch als drei Groß-P. verstehen. Seit dem Ende des 16. Jh. sind diese durch die Schleusen- oder Sielverbände in kleinere Einheiten unterteilt worden, in denen möglichst eine gleichmäßige →Entwässerung sichergestellt werden sollte. Von zentraler Bedeutung für das Alte Land seit der zweiten Hälfte des 20. Jh. ist die →Polderung.   hk

Polderung   Für die verbesserte →Entwässerung eingedeichter Obstbauflächen wurde die P. und Dränung ab 1958 als ein neues Verfahren eingeführt. Im Zuge der P. – der Begriff für dieses Verfahren ist außerhalb des Alten Landes eher unüblich – wurden offene →Gräben zwischen den Obstbaumreihen zugeschüttet und die Beetrundungen der Grundstücke weitgehend eingeebnet. Das Wasser wird stattdessen in unterirdischen Dränagerohren gesammelt und von elektrischen →Schöpfwerken zu offenen →Wettern geleitet. Diese Form der Dränage führte zu einer weiteren Absenkung des Grundwasserspiegels in den Obstbauanlagen und ermöglichte eine Ausweitung des Anbaus von Obstbäumen. Allerdings verändert der Wegfall der Gräben das Landschaftsbild und die überkommene Landschaftsstruktur wie auch das

Polderpumpenhäuschen

Kleinklima in den betroffenen Obstplantagen, was wiederum deren Anfälligkeit für →Spätfrost potentiell erhöht. Schließlich ist unter dem Aspekt des →Naturschutzes das Verfüllen der Gräben zu beklagen, weil dadurch Standorte von Pflanzen und Tieren verloren gehen, die für Gräben typisch sind.   hk

Politische Parteien   Von 1874 bis 1912 hielt die Nationalliberale Partei das Reichstagsmandat für den hannoverschen Wahlkreis 19, zu dem auch der →Kreis Jork gehörte, während um die Jahrhundertwende der SPD-Ortsverein →Estebrügge die nachweisbar älteste SPD-Organisation im heutigen Gemeindegebiet →Jork ist. Am 23. Februar 1919 fanden die ersten preußischen Landratswahlen und die ersten demokratischen Kommunalwahlen statt. Während bei der Landtagswahl die Parteien im Vordergrund standen, schlossen sich für die Kreistagswahl sehr unterschiedliche Interessen- und politische Gruppen zusammen. Die konservativ-bürgerlichen Kräfte behielten im Kreis Jork die Oberhand, die SPD konnte die zweitstärkste Fraktion stellen.
Politisch bestimmend blieb im Alten Land während der →Weimarer Republik die Mehrheit der Bauern und der ländliche Mittelstand, die sich mit den Zielen der agrarisch, nationalkonservativ und welfisch bestimmten Parteien identifizierten, außer in →Twielenfleth und an der →Este, wo aufgrund einer hohen Zahl von →Tagelöhnern und Landarbeitern die SPD rela-

Ehem. Post in
Jork 1907–1975

tiv stark vertreten war. Bei den Wahlen 1928 konnten die demokratischen Parteien eine letzte stabile Mehrheit im Kreis Jork bilden, während bei der Reichstagswahl im Juli 1932 die NSDAP im Kreis Jork 48,9 % erreichte und damit weit über dem Reichsdurchschnitt von 37,3 % lag und bei den Kommunalwahlen von 1932 die SPD noch in Estebrügge und Twielenfleth Stimmen hatte hinzugewinnen und in Jork die KPD Erfolge hatte erzielen können.

Nach dem →Zweiten Weltkrieg wurden demokratische politische Parteien erst zwischen Herbst 1945 und Frühjahr 1946 durch die britischen Militärbehörden offiziell zugelassen. Eine relativ große Bedeutung hatte zunächst die Niedersächsische Landespartei (NLP) mit dem späteren Bundesminister und Ministerpräsidenten Heinrich →Hellwege aus →Neuenkirchen als Kreisvorsitzendem.

Auf der Gemeindeebene hatten lange Zeit unabhängige Wählerlisten eine große Bedeutung. Eigentliche Ortsvereine der Parteien bildeten sich erst nach der Gebietsreform 1972. Das Parteienbild änderte sich ab 1981, als ein Ortsverein der Grünen in Jork und 1990 in der →Samtgemeinde Lühe, 1985 der „Bürgerverein Jork" und 1991 in

Lühe die „Freie Wählergemeinschaft" gegründet wurden.

Im Hamburger Teil des Alten Landes wird traditionell überwiegend konservativ gewählt. Bis 2004 fanden in →Hamburg Listenwahlen ohne Wahlkreise statt. Heute gehört die Region zum Wahlkreis Süderelbe. Bis auf den SPD-Distrikt Neuenfelde-Francop-Cranz-Moorburg hat keine Partei eigene nur auf diese Region bezogene Ortsverbände.   *shs*

Porath, Peter   →Cranz, → Seefahrtschule Grünendeich

Post   1857 wurde die erste Postspedition in →Jork eingerichtet und damit das Alte Land in das Königlich Hannoversche Postnetz einbezogen. Zugleich endete damit offiziell das Privileg des Altländer →Landesboten. Mit wachsendem Postaufkommen wurden in der →Preußischen Epoche weitere Poststellen, so 1868 in →Steinkirchen, 1873 in →Hasselwerder, 1879 in →Cranz, 1881 in →Mittelnkirchen, 1884 in →Twielenfleth eröffnet, so dass schließlich in der ersten Hälfte des 20. Jh. eine flächendeckende Versorgung sichergestellt war und das Alte

Land über mehr als 20 Poststellen verfügte. Dafür waren entsprechende Baulichkeiten erstellt oder angemietet worden, die neben dem Brief- und Paketdienst ab 1876 in Jork auch als Telegrammstation und ab 1900, ebenfalls in Jork, als Fernsprechvermittlungsstelle dienten sowie Ausgangs- oder Haltepunkt von Postkutschen und später Postomnibussen waren.

Der Wandel kam nach dem →Zweiten Weltkrieg. Zwar waren Ende der 1940er Jahre alle Poststellen wieder in Betrieb, doch 1958 wurde in →Neuenkirchen vermutlich die erste Poststelle geschlossen. In den sechziger Jahren folgten weitere, und mit der 1992 erfolgten Umwandlung der P. in eine privatrechtliche Aktiengesellschaft wuchs der Druck, Kleinfilialen, in der Regel gegen den Widerstand der lokalen Bevölkerung und Politik, zu schließen und in Postagenturen umzuwandeln, die in Geschäften, Tankstellen u. a. untergebracht waren. 2004/05 war dieser Umwandlungsprozess abgeschlossen und übrig geblieben sind rund ein halbes Dutzend Postagenturen. Doch während die Kleinfilialen zum Schluss meist nur noch an wenigen Stunden am Tag, zum Teil gar nur an wenigen Tagen der Woche, geöffnet hatten, folgen diese Postagenturen heute in der Regel den ortsüblichen Geschäftszeiten.

Im Wesentlichen parallel dazu ist die Personenbeförderung der P. verlaufen. 1864 wurde der erste Postkutschendienst von Jork nach Neukloster aufgenommen. Später wurde die Postlinie zwischen Jork und Stade eingerichtet. Von 1876–1878 gab es einen Postkutschendienst von →Neuenfelde über →Rübke nach Buxtehude. Am 15. Mai 1917 verkehrte die letzte kaiserliche P. zwischen Jork und Stade. Damit war zugleich das Ende der traditionellen Postkutsche im Alten Land gekommen. Als am 8. Juli 1920 der Postdienst wieder aufgenommen wurde, waren es Postomnibusse, die erstmals in der Oberpostdirektion →Hamburg zwischen Jork und Stade bzw. Buxtehude verkehrten. →Busverkehr. *gb*

Postbus →Busverkehr

Pratje, Johann Hinrich, *17.6.1736 in Horneburg, †4.1.1789 in Beverstedt Als ältester Sohn des gleichnamigen Pastors in Horneburg und späteren Stader Generalsuperintendenten geboren, kam P. schon während des Theologiestudiums mit der praktisch orientierten Aufklärung in Kontakt. 1760 wurde er Hauslehrer in Bremen, 1761 Pastor adjunctus am Bremer Dom, der zum Kurfürstentum Hannover gehörte, 1766 Pastor in →Steinkirchen. Seit 1776 Pastor in Beverstedt, erhielt er 1780 dazu das Amt des Propstes der Präpositur Bremervörde. Von seinen vier Kindern wurde der einzige Sohn gleichen Namens ebenfalls Pastor.

P., der nur wenige theologische Schriften veröffentlichte, nutzte für seine zahlreichen praktischen Veröffentlichungen eigene Erfahrungen, da seine Pfarren jeweils über größeren Landbesitz verfügten. In Steinkirchen und Beverstedt gab er mehrere landwirtschaftliche Zeitschriften heraus: 1768/69 *Landwirthschaftliche Erfahrungen zum Besten des Landmanns,* 1782–1783 *Allgemeines ökonomisches Magazin,* 1786–1789 *Oekonomisches Portefeuille zur Ausbreitung nützlicher Kenntnisse und Erfahrungen aus allen Theilen der Oekonomie.* 1782 erschien in Göttingen eine umfangreiche *Anleitung zur Anlegung, Wartung und Erhaltung eines Obstgartens. Aus eigenen Bemerkungen, in Briefen.* – P. war ein wichtiger regionaler Vertreter der Volksaufklärung und der Hausväterliteratur, der Seelsorge mit der Verbreitung nützlicher Kenntnisse zur Landwirtschaft und zur rationellen Haushaltsführung verband.   *ho*

Preußische Epoche (1866–1945) Das Ende der →Hannoverschen Zeit 1866 und der Übergang zur neuen Obrigkeit in Berlin hatte für das Alte Land kaum unmittelbare Auswirkungen. So blieben alle leitenden Beamten auf ihren Posten. Lediglich für die Aufgaben der Steuer- und Militärverwaltung wurde zeitweise aus den →Ämtern Jork und Freiburg der Stader Marschkreis gebildet, bis die Einführung der neuen Kreisordnung 1885 größere Veränderungen brachte (→Kreis Jork).

Die wirtschaftliche Entwicklung des Alten Landes verlief in dieser Zeit höchst unterschiedlich. Der Landstraßenbau war schon in hannoverscher Zeit für das Alte Land weitgehend angeschoben worden (→Straßen- und Wegebau). Der Verkehr der traditionell kleindimensionierten Segelschiffe ging ab den 1870er Jahren deutlich zurück (→Werften, →Schifffahrt). Pläne zum aufkommenden Eisenbahnbau (→Eisenbahnplanungen) wurden nicht realisiert, da ihre Finanzierung nicht geklärt bzw. gesichert werden konnte.

Angesichts der durch die generelle Industrialisierung, Bevölkerungswachstum und Ausbau der Infrastruktur stark zunehmenden Nachfrage stieg um die Jahrhundertwende auch im Alten Land die Anzahl der dort gehaltenen Schweine schlagartig an. Die größte Veränderung vollzog sich jedoch durch die Ausweitung des →Obstbaus (1872: 600 ha, 1912: 2500 ha), die zur Hälfte auf Pflaumen- und je ein Viertel auf Äpfel- und Kirschbäume entfiel und deren Ertrag vor allem den englischen Marmeladenfabriken zugeführt wurde, was eine höhere Rendite versprach als der kleinparzellige →Ackerbau. Die Industrialisierung kam dagegen im Alten Land kaum zum Zuge, wenn man von der Entstehung zahlreicher →Ziegeleien absieht, die die starke Nachfrage aus →Hamburg befriedigen sollten. Die durch schlechte Witterung und Schädlingsbefall einsetzende Krise im Obstbau führte 1921 zur Errichtung einer Zweigstelle der Biologischen Reichsanstalt für Land- und Forstwirtschaft, die sich der Weiterentwicklung des Pflanzenschutzes widmete, sowie des →Obstbauversuchsrings zur Erforschung von Krankheiten und Züchtungen im Obstbau im Jahr 1929.

Der aus dem landwirtschaftlichen Export entstehende Wohlstand wurde auch in dem Um- bzw. Neubau zahlreicher Gebäude dokumentiert, wenngleich die Bevölkerung im Kreis Jork durch Abwanderung in die Städte, Kriegsverluste und Auswanderung zurückging (1880: 21.749, 1910: 21.049 Einwohner). Gleichzeitig öffnete sich die Einkommensschere aufgrund der zahlreichen Lohnabhängigen weiter, so dass die Armenfürsorge einen zunehmend größeren Raum einnahm.

Skulptur des Priesters Heinrich

Prunkgiebel des Hauses Kolster, Steinkirchen

→Erster Weltkrieg, →Weimarer Republik, →Nationalsozialismus, →Zweiter Weltkrieg. *tb*

Priester Heinrich Der P. (*Heinricus sacerdos*) erscheint um 1113 an der Spitze einer Delegation von sechs Holländern von diesseits des Rheins, mit denen Erzbischof Friedrich in Bremen einen Vertrag über die Kultivierung von Sumpfland in seinem Bistum schloss, der den Beginn der →Hollerkolonisation in den Marschen an Weser und →Elbe markiert. Darin ist die Abmessung von mehreren hundert Bauernstellen (→Hufen) vorgesehen, P. sollte die dafür zu errichtenden Kirchen auf Lebenszeit erhalten. Den Forschungen des Niederländers Hendrik van der Linden zufolge kamen die Holländer aus dem bereits im 11. Jh. kultivierten Moorgebiet zwischen Leiden und Amsterdam, in den Niederlanden bekannt als das *Groene Hart*, das grüne Herz. Die erste Holländerkirche im Bremer Erzbistum gemäß dem Vertrag dürfte in Horn bei Bremen errichtet sein. Ob P. auch die Aufsicht über die etwa 20 Jahre später gegründeten Kirchen in →Hollern und →Steinkirchen erhielt, ist ungewiss. Sicher war

aber die um 1113 im Hollerland bei Bremen begonnene Kolonisation auch vorbildlich für die Marschenkultivierung bei Stade. 1993 wurde in Steinkirchen eine Bronzestatue aufgestellt, die →Priester-Heinrich-Skulptur. *aeh*

Priester-Heinrich-Skulptur Bronzeskulptur des Bildhauers und Malers Carsten Eggers (*1957) aus Nottensdorf, des Sohns von Richard →Eggers, 1993 vor der →St.-Martini-et-Nicolai-Kirche in →Steinkirchen durch die →Samtgemeinde Lühe, die Kirchengemeinde →Lühekirchen und den →Kulturverein Steinkirchen und Umgebung e.V. aufgestellt. Die historische Person des →Priesters Heinrich steht symbolisch für die →Hollerkolonisation im Alten Land (12. Jh.).
Ein identisches Gegenstück der Statue befindet sich seit 2001 vor dem Dom zu Rijnsaterwoude in den Niederlanden. *dm*

Prunkgiebel Der Wohngiebel der meisten Altländer →Fachhallenhäuser zeigt zur Straße. Er ist ein Vollgiebel ohne Abwalmung. Besonderes Kennzeichen ist die Vorkragung der einzelnen Geschosse, die erst im 19. Jh. zurücktritt. Sie sorgt für eine höhere Wetterbeständigkeit und für eine optische Aufwertung des weiß gestrichenen Fachwerks. Ihre Knaggen und Füllhölzer bilden das Fundament für die Schwellen der Fassade. Sie sind – sofern sie aus der Zeit der Renaissance, des Barock und des Heimatschutzes stammen – mit kunstvollen Schnitzereien, Spruchbändern und bunter Ausmalung versehen. Die roten Ziegelsteine der Ausfachungen sind oft zu Buntmauerwerk mit Mosaikmustern zusammengefügt. In der Mitte des Erdgeschosses befindet sich die →Brauttür, deren Oberlicht und Türblatt mit Schnitzwerk und bunter Bemalung versehen sind. Die grün gestrichenen Sprossenfensterflügel sind auswärtsschlagend direkt an den Stielen des Fachwerks angeschla-

Prunkpforte am Museum Altes Land

gen. Giebelzierden aus geschweiften Brettern, Wendenknüppeln, Wetterfahnen und Giebelsternen bilden den krönenden Abschluss des P., an dem sich der Wohlstand des Hofbesitzers ablesen ließ. In der zweiten Hälfte des 19. Jh. wurden Giebel zunehmend massiv errichtet und die traditionelle Fachwerkbauweise kam außer Gebrauch. *dtb*

Prunkpforten Die P. oder auch „Altländer Pforten" bilden den Hofeingang zu großen Bauernhöfen und repräsentieren den Wohlstand des Besitzers. Sie sind ein typisches Element der Hofkultur des 18. und 19. Jh. im Alten Land. Ihren Ursprung haben sie offenbar in der →Dritten Meile im 17. Jh. Vorbilder waren vermutlich Großpforten aus Mitteldeutschland oder auch regionale Klosterpforten. Später breiteten sie sich dann über die →Zweite Meile bis in die →Erste Meile aus. In der Mitte der meist rundgebogenen Wagendurchfahrt hängt oft eine große Traube als Fruchtbarkeitssymbol. An den Seiten wachen zwei geschnitzte Löwenköpfe über jeden Eindringling. Neben der Wagendurchfahrt ist ein kleinerer Durchgang, die „Leutepforte", angelegt. Die weiß gestrichenen P. zieren oft farbige Motive und Holzschnitzereien sowie lateinische Sinnsprüche. In der Regel tragen sie zudem den Familiennamen des Hofbesitzers und ein Baudatum. Da die Pforten den modernen landwirtschaftlichen Geräten schon seit Jahrzehnten in Höhe und Breite nicht mehr entsprechen, sind nur zwölf Exemplare am ursprünglichen Standort bzw. zumindest der Hofstelle erhalten geblieben. Ein 1791 gefertigtes Exemplar aus →Twielenfleth wurde musealisiert und steht im →Freilichtmuseum auf der Insel Stade. Daneben existieren einige Neubauten u. a. am →Museum Altes Land in →Jork. *sm*

Quast, Julius, *21.7.1899 in →Nincop, †5.1.1991 in Buxtehude Q. besuchte von 1910 bis 1916 die Buxtehuder Realschule, wo er zu den Schülern gehörte, die 1911 beim großen Stadtbrand das Buxtehuder Stadtarchiv aus dem Rathaus retteten. Im →Ersten Weltkrieg war er Soldat der neu gegründeten Nachrichtentruppe und nach Kriegsende drei Jahre lang als Funkoffizier in der Handelsmarine tätig. Am 1. Januar 1927 kam er zum Postamt in →Jork und wurde dort am 1. Oktober 1933 Amtsvorsteher. Obwohl Parteimitglied, wurde ihm (nach 1945) allgemein eine große Distanz zur, ja Ablehnung der NSDAP attestiert. In der Freizeit begann er unter dem Einfluss und mit Unterstützung seines Nachbarn Hans Peter →Siemens mit heimatgeschichtlichen Untersuchungen. Mit seinen profunden Ortskenntnissen kam er Siemens bei dessen Forschungen insbesondere in der →Dritten Meile zu Hilfe. 1958 wurde Q. nach Buxtehude versetzt, wo er bis zu seiner Pensionierung 1964 als Oberamtmann das Postamt leitete, während er zugleich nach dem Tod von Siemens das →Altländer Archiv betreute. Bis zu seinem Lebensende betrieb er familien- und heimatgeschichtliche Forschungen mit Schwerpunkt auf der Dritten Meile. Sein umfangreicher heimatkundlicher Nachlass wird im Altländer Archiv verwahrt, woraus der →Verein zur Förderung und Erhaltung Altländer Kultur Jork e.V. 2014 einige Teile als Buch veröffentlichte. In seinem langen Leben hat Q. viele familien- und heimatgeschichtliche Dokumente ausgewertet und der Öffentlichkeit zugänglich gemacht. Er hat eine Reihe heimatkundlicher Aufsätze veröffentlicht; eine maschinenschriftliche Ortschronik von Nincop von 1974/75 blieb bislang ungedruckt. Der Wert seiner Arbeiten liegt auch heute noch in seinen gründlichen Archivforschungen und seiner hervorragenden Ortskenntnis.   *cr*

Querenfleth Die exakte Größe der um 1400 untergegangenen Ortschaft in der →Zweiten Meile im →Hochland des Alten Landes, im →Kirchspiel →Zesterfleth, ist nicht bekannt. Recht sicher ist dagegen die Lage am rechten Ufer der →Lühe im Bereich des heutigen →Höhen. Urkundlich erwähnt wurde der Ort zuerst 1141. Namenskundlich dürfte die Gründung in das 7.–11. Jh. zu datieren sein.   *bf*

Q

R

Porträtfoto
Ilse Rahm 1943

Rahm, *Ilse* **Dora, geb. Bauch,** *26.9.1906 in
→Hamburg, †24.6.1990 in Deinste   R. war die
Tochter eines Droschkenunternehmers und
Laienpredigers. Nach der Heirat mit dem Bank-
kaufmann und Künstler Otto →Rahm 1927 kam
das Ehepaar über mehrere Zwischenstationen
1935 ins Alte Land, zunächst nach →Guder-
handviertel und schließlich in das Pastorenhaus
von →Neuenkirchen (1956). Hier entfaltete R.
ihre handwerklichen Fähigkeiten parallel zu der
sehr kreativen künstlerischen Schaffensphase
ihres Mannes. Autodidaktisch brachte sich R.
die Kunst des Gobelin- und Handwebens bei.
Sie arbeitete zunächst auf einem kleinen Eichen-
webstuhl und stellte alle Produkte aus reiner
Schafwolle her, die sie selbst spann. Neben frei-
en Motiven setzte sie zahlreiche Entwürfe ihres
Ehemannes um. Im Laufe der Jahre erreichte sie
eine solche Perfektion, dass ihr ein Meistertitel
verliehen wurde. Die Anschaffung eines Hoch-
webstuhls eröffnete neue technische Möglichkeiten. Ihre große Bekanntheit als Handweberin
im Alten Land führte zu zahlreichen öffentlichen Aufträgen. So fertigte R. u. a. Antependien
und Paramente für die Kirchen in →Neuenfelde,
→Mittelnkirchen, →Grünendeich, →Hollern,
→Twielenfleth, →Steinkirchen, Neuenkirchen
und →Estebrügge. Die Entwürfe stammten jeweils von ihrem Mann, der ebenfalls für die Kirchen tätig war. Mehrfach stellten sie gemeinsam
aus.   *sm*

Rahm, Otto, *8.9.1904 in →Hamburg,
†6.1.1994 in Deinste   R. war Sohn des Pastors

Otto Rahm
in seinem
Atelier 1961

der katholisch-apostolischen Kirche in der Eiffe-
straße in Hamburg. Nach einer Banklehre belegte R. Kurse an der privaten Kunstschule Loibel
und studierte ab 1923 an der Landeskunstschule
in Hamburg bei Arthur Illies und Julius →Woh-
lers. Seine berufliche Tätigkeit für verschiedene
Sparkassen führte R. nach mehreren Stationen
über →Guderhandviertel (1935) in das Pastorenhaus von →Neuenkirchen (1956), wo er seinen
künstlerischen Schaffensschwerpunkt hatte.
1939 verlor R. aufgrund einer Denunziation
durch die NSDAP seine Anstellung. Aus wirtschaftlicher Not entschied er sich, unterstützt
durch einen befreundeten Pastor, für einen frühen Wehrmachtseintritt als Funker, wurde aber
bereits 1941 in Russland schwer verwundet und
zunächst für tot erklärt. 1943 verlor R. zahlreiche
Familienmitglieder bei einem Bombeneinschlag
in die voll besetzte Kirche seines Vaters. Ab 1945
war R. ausschließlich als freischaffender Künstler tätig. Seine tiefe Religiosität und seine Verbundenheit mit der Kirche führten zu zahlreichen Aufträgen in den Bereichen Sakralkunst
und Kirchenkunst am Bau. Aus diesen Arbeiten
resultierten vielfältige weitere öffentliche Aufträge. R. gestaltete u. a. Mosaike und Wandge-
mälde, blieb aber stets der Malerei treu. Zu seinen
Hauptmotiven zählen der Mensch und die Landschaft, ebenso wie klassische Stillleben. Zudem
widmete er sich der Druckgrafik. 1952 gründete
er den Verein „Freunde der bildenden Kunst", aus
dem die Bezirksgruppe Cuxhaven-Stade des
Bundes Bildender Künstler (BBK) Nordwestdeutschlands e.V. hervorging. Für seine Frau, die
Gobelin- und Handweberin Ilse →Rahm, ent-
warf er vielfältige Motive für Antependien. Nach
einer schweren Erkrankung R. zog das Ehepaar
1983 auf den Hof des Sohnes Jürgen in Deinste.
Nach dem Tod seiner Frau 1990 stellte R. seine
künstlerische Tätigkeit komplett ein. Der bildne-
rische Nachlass des Künstlers wird von den Museen Stade verwaltet.   *sm*

Recht   →Altländer Recht

Reedereien Die Altländer →Schifffahrt entstand im Mittelalter aus dem Bemühen, mit eigenen Schiffen eigene landwirtschaftliche Produkte auf die Märkte nach →Hamburg und in die norddeutsche Umgebung zu bringen. Auf dem Rückweg transportierte man zunehmend Rohstoffe und handwerkliche Produkte, die im Alten Land benötigt wurden. Mit der Zunahme des Verkehrs im 18. und dann insbesondere im Laufe des 19. Jh. veränderte sich das Fahrtgebiet der Altländer Schifffahrtsfamilien. Zwar unternahmen die Altländer weiterhin ihre →Obstfahrten zum Hamburger Großmarkt in ihren →Ewern, doch zunehmend setzten die Schiffer die Schiffe für andere Transporte, auch außerhalb des Alten Landes ein.

Die Reisen gingen jetzt vom Alten Land aus auch in kleine europäische Häfen, sogar bis nach Amerika. Bevor sich im Alten Land in den 1960er und 1970er Jahren kleine Familienreedereien mit zwei bis sechs Schiffen bildeten, gab es hier wie schon im 19. Jh. viele sogenannte Kapitänsreeder. Das waren Kapitäne, die sich mit etwas Eigengeld ein kleines Küstenmotorschiff kauften und dieses fortan – meist ohne Urlaub und mit Ehefrau als Köchin an Bord – selbst durch Nord- und Ostsee mit Holz, Kohle oder Getreide als Ladung steuerten. Diese Schiffe luden schließlich 400 bis 1000 Tonnen und hatten eine Maschinenleistung von bis zu 700 kW.

1966 veränderte sich diese Schifffahrt weltweit grundlegend: Der Container wurde erfunden. Die ersten Containerschiffe wurden an der →Elbe von Altländer Reedern gebaut und luden fast 70 Container. Die neuen Marktanforderungen wurden durch die Entwicklung und den Bau moderner Containerzubringerschiffe an der →Este bei der →Sietas-Werft erfüllt. Während die Ozeanriesen heute über 20.000 Container transportieren, tragen diese dort gebauten, sogenannten Feederschiffe heute bis ca. 1700 Container oder 23.000 Tonnen bei einer Hauptmaschinenleistung von 17.000 kW. Zwar können diese Schiffe weltweit fahren, haben aber oftmals speziell für die Fahrt in der vereisten Ostsee eine Eisverstärkung. Neben dem Containerschiffbau ist das Alte Land bekannt für die Entwicklung von Spezialschiffen für den Schwerguttransport (→Schifffahrtskontor Altes Land). Aufgrund der schweren Schifffahrtskrise seit 2008 ist seitdem die Zahl der R. auf knapp unter 10 im Alten Land gesunken. Die Anzahl der Schiffe ist durch Notverkäufe während der Schifffahrtskrise auf ca. 50 gesunken. Zusammenschlüsse von R. zu Kooperationen haben dafür gesorgt, dass diese Zahl relativ stabil bleibt. *hd/ph*

Reformation Nachdem im nahen Stade zwischen 1522 und 1529 alle Hauptkirchen lutherische Prediger erhalten hatten, folgten im Alten Land u. a. 1533 →Steinkirchen, 1540 →Hollern und 1543 →Jork. Anzunehmen ist, dass im letzten Drittel des 16. Jh. kein altgläubiger Priester mehr im Alten Land amtierte. Die Verbreitung der lutherischen Lehre gestaltete sich dabei in den Gemeinden unspektakulär. Als besonders gut dokumentiertes Beispiel mag Hollern (damals noch Ditkerskop) gelten: An Palmarum 1540 trat Diedrich Stolting sein Amt an. Seinen altgläubigen Vorgänger hatte man entlassen, weil er die Pfarrdeiche nicht in Ordnung gehalten hatte. Der Bremer Erzbischof erkannte den neuen Pfarrer, den *lutherischen Buben*, der Weib und Kind hatte, nicht an. Die Hollerner hat es nicht gestört. Unter Stolting sowie seinem Sohn Diedrich d. J. und seinem Enkel Joachim wurde die Hollerner →St.-Mauritius-Kirche umgestaltet: u. a. 1559 neue Kanzel (zentrale Stellung der Predigt), 1568 Abbruch des Nebenaltars, 1572 Umgestaltung des an der Festtagsseite seiner Heiligenfiguren beraubten Flügelaltars zu einem Schriftaltar mit Luthers Kleinem Katechismus auf der Alltagsseite sowie Renovierung der Wandfriese mit den Aposteln. 1582 erhielt die Kirche erstmals ein Gestühl, 1585 Bemalung der Altar-Predella mit der Darstellung des Abendmahls in beiderlei Gestalt (Brot und Wein). Ging es in anderen Teilen Deutschlands meist nach der Maxime des Augsburger Religionsfriedens von 1555 (*cuius regio – eius religio*), bestimmte also der Landesherr über die Konfession seiner Landeskinder, kann das →Erzstift Bremen und das Stift Verden als Beispiel einer „Reformation von unten" gelten: Hier waren letztlich die Städte, die Landstände, die Bremische Ritterschaft, die jeweiligen Patrone und Juraten entscheidend, nicht zu vergessen große Teile der Kleriker, wie etwa die Domkapitel und die Praemonstratenser aus Stade, die zahlreich bei Luther in Wittenberg studierten und seine Lehre im Elbe-Weser-Dreieck verbreiteten.   *pg*

Regionalausschuss Süderelbe Der R. ist ein von der Bezirksversammlung Harburg eingesetzter Ausschuss, der sich im Wesentlichen mit Bau-, Verkehrs- und Grünangelegenheiten, Fragen der Stadtentwicklung sowie mit Themen befasst, die vom Bürger an die Verwaltung oder die Bezirksversammlung herangetragen und für seinen örtlichen Lebensraum, hier den Hamburger Teil des Alten Landes mit seinen Ortsteilen →Cranz, →Neuenfelde und →Francop, aber auch für Altenwerder, Moorburg, Hausbruch und Neugraben-Fischbek als bedeutsam angesehen werden. Im Zuge der Hamburger Bezirksverwaltungsreform von 2006 wurden 2008 die Ortsausschüsse aufgelöst und durch Regionalausschüsse ersetzt. Diese sind nach dem Schlüssel der in der Bezirksversammlung vertretenen politischen Parteien zusammengesetzt. Über den R. wirkt die Bevölkerung des Süderelberaumes indirekt an den Aufgaben des Bezirksamtes Harburg mit. Es handelt sich weitgehend um eine beratende und empfehlende Tätigkeit. *mh*

Carl Röper

Peter Rehder

Rehder, Peter, *28.4.1843 in →Jork, †25.4.1920 in Lübeck   R. war der Sohn eines →Hausmanns in →Osterjork. Nach dem Besuch des Gymnasiums in Stade und dem Studium in Hannover wurde R. 1867 Wasserbauführer in Emden und 1868 in Stade, wo er u. a. für die Wasserbauarbei-

ten an den Elbe- und Oste-Deichen zuständig war. Bereits zum Jahresbeginn 1869 wechselte er in die Hafenbaudirektion nach Kiel und wurde 1875 zum Baudirektor nach Lübeck berufen. R. trat damit von dem preußischen in den lübeckischen Staatsdienst. 1879 wurde R. Bürger Lübecks und stieg in der Folge bis zum Oberbaudirektor (1900) auf. Als seine bedeutendsten Leistungen dieser Zeit gelten der Elbe-Lübeck-Kanal (1896–1900), durch den die Lübecker Altstadt zur Insel wurde, sowie die sogenannte Travekorrektion (1899–1907) mit dem Ausbau von Hafen- und Industriegebieten und der Trave als Seeschifffahrtsweg. Für seine Verdienste wurde R. u. a. 1907 mit der Ehrendoktorwürde der Technischen Hochschule Hannover ausgezeichnet. Seine Denkschrift *Ein Nord-Süd-Kanal* (1911) ließ ihn zum „Vordenker" des Elbe-Seiten-Kanals werden.

Auch wenn R. nicht alle seine Pläne und Vorhaben umsetzen konnte, gilt er als der bedeutendste Wasserbauingenieur Lübecks und darüber hinaus als einer der profiliertesten Norddeutschlands.   *hh*

Röper, Carl, Dipl. Ing., *14.9.1920 in Altona, †21.5.2000 in →Hamburg   Nach der Rückkehr aus der Kriegsgefangenschaft und einem Ingenieurstudium gründete R. 1955 sein eigenes Ingenieurbüro für Logistiklösungen. Großaufträge von Hafenwirtschaft, Industrie, Großhandel und Bundeswehr folgten. R. war maßgeblich beteiligt an der Normierung der Euro-Palette und der Einführung des Standard-Containers in den europäischen Häfen. 1960 rief er den „Verein Helgoland" zur Unterstützung des Wiederaufbaus der Insel und für Ausstellungen und Forschungen zu Helgolands Vorgeschichte ins Leben.

Dank familiärer Bindung ans Alte Land erwarb R. 1968 ein Haus in →Borstel und gründete bereits zwei Jahre später, 1970, mit Jorker Bürgern den →Verein zur Förderung und Erhaltung Altländer Kultur Jork, um das Altländer Geschichtsbewusstsein zu pflegen und das kulturelle Erbe des Alten Landes zu wahren. Er initiierte erfolgreiche Ausstellungen, wie „Altländer Volkskunst aus drei Jahrhunderten" (1970) und „Alltag im Alten Land" (1973). 1971 veröffentlichte er die ungedruckten Ortschroniken von →Jork und Borstel von Hans-Peter →Siemens. Ab 1974 stand er dem „Abwasserzweckverband Altes Land und Geestrand" vor. R. gelang der Zusammenschluss der örtlichen Fremdenverkehrsvereine und zusammen mit Hinrich Behr die Gründung einer Trachtengruppe. Auf Anregung seines Freundes Prof. Dr. Richard Drögereit (1908–1977) veröffentlichte er 1985–1990 die *Urkunden – Regesten – Nachrichten über das Alte Land und Horneburg.* 1988 gab er in mehreren Bänden die *Bilder und Nachrichten aus dem Alten Land und seiner Umgebung* über die Bau- und Kunstdenkmäler des Alten Landes heraus.

1998 erhielt R. für sein Lebenswerk den Bürgerpreis der Gemeinde Jork. Die heutige Wahrnehmung des kulturellen Erbes des Alten Landes ist in großem Maße seiner Arbeit zu verdanken. Teile seiner privaten Sammlung wertvoller Bücher und Schriften gingen nach seinem Tod an das →Altländer Archiv. *cr*

Rosengarten Die von einem Sommerdeich umschlossene Flur R. ist im Hamburger Stadtteil →Neuenfelde in der →Dritten Meile des Alten Landes gelegen. Die Flur ist dem Saschenfeld (→Saschen) nördlich vorgelagert. Der Name dürfte sich aus Ross = Pferd erklären. Die Ersterwähnung datiert ins Jahr 1456 und damit wohl in die Zeit der Neueindeichungen in der zweiten Hälfte des 15. Jh. Ein in der Literatur genannter sächsischer Ringdeich ist nach archäologischem Befund genauso auszuschließen wie bezüglich der Sedimentationshöhe. Wurtschichten sind archäologisch in das erste Drittel des 14. Jh. zu datieren, ein →Deich auf um 1300. In Folge der Verlängerung der Airbus-Landebahn wurde nicht nur zwischen 2001 und 2004 ein Teil der Bebauung abgerissen und der nördliche

Teil des R. entsprechend überformt, sondern es gingen auch wertvolle Obstbauflächen und Grünland verloren. *bf*

Rübke Als südlichster Ort des Alten Landes ist R., seit 1972 Teil der Gemeinde Neu Wulmstorf und damit die einzige Siedlung des Alten Landes im →Landkreis Harburg, zu dem es seit 1932 gehört. Ebenso ungewöhnlich ist ihre Lage unmittelbar am →Hinterdeich, 5 km von der →Elbe entfernt, im →Sietland der →Dritten Meile. R. gilt als eine der jüngsten Siedlungen im Alten Land, gegründet nach der →Hollerkolonisation an der →Este und →Nincop und wahrscheinlich unter großem Einfluss der adligen Familie →Schulte aus Horneburg, mit einer ersten urkundlichen Erwähnung 1321 als *Retbeke.* Erste Hinweise auf Gerichtsrechte gab es 1356, die Gerichtsbarkeit der Schulten ist 1422 belegt. Nach Fertigstellung der →Esteburg 1609–11 fand das →Patrimonialgericht R. dort seinen Sitz, bis zu seiner Auflösung im Jahr 1849.

Historisch war der Ort R. immer eng mit der Esteburg verbunden gewesen und bestand aus R., dem im →Moor liegenden Rübker Bruch (10 Häuser) – die heutige Buxtehuder Straße verläuft auf dem alten Hinterdeich –, Nincoper Deich Westseite und den 82 ha des Gutes Esteburg. Im Zuge der Umgemeindungen von 1926 kam die Esteburg zur →Gemeinde →Moorende und die Ostseite des Nincoper Deiches von der Gemeinde Nincop zur Gemeinde R., einschließlich der →Piepe. Der Ostteil von →Finkenreich wurde zum 1. April 1929 an R. angegliedert. Kirchlich gehört R. der Kirchengemeinde →Estebrügge an; lediglich die Ostseite des Nincoper Deichs ist nach →Neuenfelde eingepfarrt.

Das einschneidende Ereignis jüngerer Zeit war für R. die →Sturmflut von 1962, durch die im ganzen Dorf über drei Wochen lang bis zu 2 m hoch das Wasser stand. Es gab ein Todesopfer und Hunderte ertrunkener Tiere sowie hohen Sachschaden. Ungeachtet der großen Hilfe von überall waren die Folgen noch lange zu spüren.

Straßenzug in
Rübke um 1930

Die Einwohnerzahl von R. entwickelte sich von 387 (1812) über 399 (1933) auf 580 (2016). R. umfasst 400 ha, zur Hälfte südlich des →Hinterdeichs im Moor, wo sich durch den 2013 begonnenen Bau der →Autobahn A 26 und die Ausweisung der Naturschutzgebiete „Moore bei Buxtehude" und „Moorgürtel" sehr viel verändert hat, die Nordhälfte ist in der →Marsch im Alten Land gelegen. 1965 gab es 31 Hofstellen im Vollerwerb, 2015 waren es noch sieben. Nicht nur die relativ nahe gelegene S-Bahn von Stade nach →Hamburg hat die Zahl der Berufspendler in R., in dem →Tourismus bislang keine Rolle spielt, deutlich erhöht.   *he*

Rute →Maße

Sachsen Bei den S. handelt es sich um einen frühgeschichtlichen Stammesverband, der ab dem 4. Jh. n. Chr. bis in das Mittelalter an der Niederelbe nachweisbar ist. Der Name S. stammt wahrscheinlich vom altgermanischen Wort *sahs* (Dolch oder Schwert). Die *Sáxones* werden erstmalig um 150 n. Chr. durch den griechischen Geographen Ptolemäus für Germanien überliefert, allerdings ist die Zuordnung zu den S. umstritten. In antiken Quellen tauchen die S. ab dem 4. Jh. häufiger auf und können im niedersächsischen Nordseeküstengebiet auch mit archäologischen Funden in Verbindung gebracht werden. Von hier aus erfolgte nach dem Zusammenbruch der römischen Herrschaft in Britannien die Migration eines Teiles der S. nach England, wo die S. ihre Herrschaft und Sprache etablieren konnten. In der Folgezeit dehnte sich das Gebiet der S. weit nach Süden bis zu den Mittelgebirgen aus. Im Zuge der Sachsenkriege Karls des Großen (772–804) wurde es erobert, in das Frankenreich eingegliedert und christianisiert.

Zahlreiche Siedlungs- und Grabfunde belegen seit dem 4./5. Jh. eine dichte Besiedlung des Niederelbegebiets durch S. Im Alten Land wurden entsprechende Spuren im Bereich des →Hochlandes bei →Twielenfleth, →Grünendeich und →Borstel entdeckt. Die meisten Siedlungsrelikte wurden jedoch vermutlich durch die Landverluste des Mittelalters vernichtet. Das sächsische Altsiedelland ließ sich teilweise noch bis in die Neuzeit durch das sassische (sächsische) Recht (→Altländer Recht) sowie die besonderen Flurformen und Ortsnamen von den neu erschlossenen Hollerkolonien (→Hollerkolonisation) unterscheiden.   *dn*

Saisonarbeiter →Erntehelfer, →Ziegeleien

Samtgemeinde Lühe Die S. ist ca. 58 km² groß und liegt im →Landkreis Stade in der →Ersten Meile und zum kleineren Teil in der →Zweiten Meile des Alten Landes zwischen Stade, →Jork und der Samtgemeinde Horneburg. Die sechs Mitgliedsgemeinden →Hollern-Twielenfleth (damals noch →Hollern), →Grünendeich, →Steinkirchen, →Guderhandviertel, →Mittelnkirchen und →Neuenkirchen schlossen sich im Rahmen der niedersächsischen

Wappen der
Samtgemeinde
Lühe

S

Rathaus der
Samtgemeinde
Lühe bis 2018,
ehem. Schule

Gebietsreform mit Wirkung vom 1. Januar 1971 unter Beibehaltung der Selbständigkeit zur heute einzigen Samtgemeinde des Alten Landes zusammen.

Zentrum der S. sollte die Gemeinde Steinkirchen werden und das künftige Rathaus die alte Grünendeicher Schule von 1848 (Huttfleth Nr. 18 und Nr. 20) sein. Zu diesem Zweck wurden die Grundstücke 1971 von Grünendeich nach Steinkirchen umgemeindet. 2016 wurde der Bau eines Rathaus-Neubaus in der Ortsmitte von Steinkirchen beschlossen, der Ende 2018 fertig gestellt sein soll.

Der im Rahmen der Gebietsreform gefasste Entschluss der Mitgliedsgemeinden auf Umstrukturierung entsprang der damals berechtigten Sorge, dass Teile des Alten Landes an die benachbarten Städte fallen könnten. Weitergehende Bestrebungen zur Schaffung einer Einheitsgemeinde, vergleichbar Jork, oder gar mit Jork zusammen, sind seither immer wieder gescheitert.

Die Einwohnerzahl der S. ist seit ihrer Gründung von 7.899 (31.12.1972) auf 10.379 (10.1.2017) deutlich angewachsen. *dm*

Sand Wasser kann in Abhängigkeit von der Strömungsstärke unterschiedlich große Gesteinsbruchstücke transportieren. In starker Strömung werden Steine verlagert. Nimmt die Strömungsstärke ab, bleiben zuerst große, dann kleine Steine liegen, darauf Grobsand, Feinsand, Schluff und Ton. Das hat Bedeutung für die Wirtschaft, denn man kann diverse Baustoffe in sehr reiner Form in unterschiedlichen Materialentnahmegruben abbauen.

S. lagert sich an flachen Küsten ab, wo die zurückweichende Strömung noch ausreicht, um feine Bodenbestandteile (Schluff und Ton) zu bewegen. Fällt der S. der Strände trocken, kann er vom Wind bewegt werden, so dass Dünen entstehen. Von Pflanzen bewachsene Dünen erreichen eine hohe Stabilität und werden kaum noch verlagert. S. bleibt auch seitlich von Flussströ-

mungen liegen, so dass langgestreckte Flussinseln (Werder oder Sande, z.B. →Hahnöfersand, →Lühesand) entstehen können. Und S. wird dort abgelagert, wo verschiedene Strömungen aufeinandertreffen. Dies ist im Ästuar der →Elbe der Fall: An immer wieder anderen Stellen stoßen die Flussströmung sowie die von der Nordsee ausgehenden Flut- und Ebbströmungen aufeinander. Weil sowohl vom Fluss als auch vom Meer aus immer neue Sandmengen in das Ästuar getragen werden, kann dieses im Extremfall völlig versanden. Folglich finden sich im Alten Land als Teil des →Elbe-Urstromtals auf den eiszeitlichen Ablagerungen von Sanden und Kiesen neuere Ablagerungen von Ton, Schluff und S. in unterschiedlichen Anteilen und Konzentration, wobei S. im Alten Land lediglich in der Sanddüne in →Neuenfelde (→Höppel) und im Außendeichbereich an die Oberfläche tritt. Bei den nach der →Sturmflut von 1962 neu errichteten →Deichen ist der Deichkern aus S. *hk*

Sandhörn Ortsteil am Elbdeich in der →Ersten Meile gegenüber von →Lühesand. Politisch gehört S. teilweise zu →Twielenfleth, →Steinkirchen und – als Exklave – zu →Grünendeich. Die ehemalige geschlossene Landverbindung zu Grünendeich ging im 15. Jh. durch Sturmfluten (→Sturmfluten im Mittelalter) in der →Elbe verloren. In S. ging dabei ein kleiner Rest des versunkenen Ortes →Halstenfleth auf, der erstmals Mitte des 12. Jh. erwähnt wurde. Durch den Verlust des →Hochlandes stößt das →Sietland hier direkt auf den Elbdeich.

Vom Fähranleger S. hinter dem Elbdeich ist die Elbinsel Lühesand mit einer Personenfähre zu erreichen. S. lebt überwiegend von →Tourismus und →Obstbau. 2017 zählten von den Einwohnern S. 61 zu Twielenfleth, 3 zu Steinkirchen und 75 zu Grünendeich. *dm*

Saschen, Sassen Verschiedene Orts- und Flurnamen in allen drei →Meilen weisen auf die ehemals sächsische Besiedlung (→Sachsen) hin,

zur Unterscheidung von Gebieten holländischer Einwanderer (→Hollerkolonisation).

In →Twielenfleth, einer sächsischen Siedlung, kommt in der Feldmark die Bezeichnung *Im Saschen* (1640: *Im Saßeschen*) vor und wurde verwendet, wenn Einwohner von →Hollern, einer holländischen Siedlung, Besitz in Twielenfleth hatten.

Im Saschen, *Sassen* oder *Im Saßischen* sind Ortsteil- und Flurbezeichnungen im sächsischen →Grünendeich. Dazu gehörte auch das *Sassensiel* von 1751 sowie das 1825 entstandene und später aufgefüllte →Brack, zudem der *Sassenhof* (um 1600 erbaut, 1992 abgebrannt) mit seinen ursprünglich großen Ländereien. Statt seiner entstanden am westlichen Lüheufer moderne Wohnhäuser, so dass *Sassenhof* als Straßenbezeichnung erhalten blieb.

Dat Sasseghe Feld, das *Saschefeld* (*Sassische Feld*), nach Hans Peter →Siemens ein Teil der sächsischen Siedlung →Borstel, wurde im 14. Jh. in der Hollerkolonie →Jork erwähnt, nördlich der Osterjorker Straße nach Borstel, im Süden begrenzt durch den *Saschenminnerweg* (Osterminnerweg), der nördlich der heutigen Straße Osterjork von der Moorender →Wettern bis →Osterjork 39 verlief. Am *Sassischen Feld* liegt heute der *Sassenweg*, bei dem sich die historische Flurbezeichnung im heutigen Straßennamen erhalten hat.

Im Sassen, Sassfeld oder *Saschenfeld* waren Siedlungs- und Flurbezeichnungen im sächsischen →Hasselwerder (später →Neuenfelde) (1404 erwähnt als *uppe deme Sassischen felde*). *Im Sassen, Sassfeld* oder *Saschenfeld* umfasste die gesamte „Hasselwerder Flur" zwischen →Liedenkummer, →Rosengarten und dem Nincoper Neuen Felde. Heute steht *Im Sassen* für einen Teil Hasselwerders östlich des Arp-Schnitger-Stieges entlang des alten Elbdeichs sowie der Hasselwerder Straße. Es grenzt südlich an das *Saschenfeld*, dem sich das Neuenfelder Binnenland anschließt. Die aus einer kleinen Häusergruppe bestehende Siedlung *Im Sassen* ist postalisch in die Hasselwerder Straße in Neuenfelde aufgegangen. *Im Sassen* und *Saschenfeld* sind im Volksmund noch immer lebendig. *dm*

Schardeich Ein S. ist ein →Deich, dessen Fuß direkt am Flussufer liegt und der über kein →Vorland verfügt. Oft hat der Fluss an Schardeichlagen eine besonders starke Strömung, die das Flussufer weiter aushöhlt und für den Deichkörper eine besondere Gefährdung darstellt. Während ein S. früher mit „Flecken" (Faschinen aus Weiden oder Erlenbusch) oder durch Bestickung mit Stroh oder Reet geschützt und besonders gefährdete Stellen mit Feldsteinen oder Steinkästen mit →Stackwerken versehen wur-

Schardeich
an der
Lühemündung

den, sorgt heutzutage der Werkstoff Beton bei Schardeichlagen für unfehlbaren Schutz gegen Ausspülungen. Die Unterhaltung von S. war teuer: Fleckendeiche kosteten im Jahr 1826 jährlich pro Rute (→Maße) 7 Reichstaler – das Vierzehnfache einer Rute mit Gras bedeckten Sodendeichs. Eine seit der Frühen Neuzeit bekannte effiziente wasserbautechnische Maßnahme, um den Fluss vom Deich abzuleiten und gleichzeitig Vorland zu gewinnen, besteht im Bau von Buhnen, d. h. künstlichen Dämmen, die vom Ufer aus in bestimmter Richtung, Länge und Stärke in den Fluss gelegt wurden und die so die Strömung gezielt hemmten und vom Deich ableiteten.

S. sind in allen drei →Meilen des Alten Landes anzutreffen.   *me*

Scheefbeenshörn   S. ist die Bezeichnung für den einstigen Deichvorsprung im alten Elbdeich zwischen →Sandhörn und →Mojenhörn, unmittelbar am Ufer der Lühesander Süderelbe in der Huttflether Schauung der →Ersten Meile des Alten Landes. Am S. entstand durch die Sturmflut vom 3./4. Februar 1825 (→Sturmfluten der Neuzeit) ein schwerer Grundbruch, der ein tiefausgekolktes →Brack von 20,44 m Tiefe zur Folge hatte. Der Deichvorsprung S. ging dabei verloren, der →Deich wurde hinter das Brack zurückverlegt. Hunderte Stück von Großvieh ertranken in der Flut, fast 100 Gebäude waren in der Ersten Meile zerstört, darunter große Teile des Hofes von Johann Köpcke im Außendeich von S.
In Goethes Auftrag informierte sich 1826 dessen Sekretär Eckermann über die Deichbauarbeiten bei Sandhörn und schilderte dem Dichter seine Eindrücke, die dieser im *Faust II* am Ende des 4. Aktes verarbeitet haben soll und die so in die Weltliteratur eingegangen sind.
Das längst verfüllte und schilfbewachsene Brack liegt im Außendeich auf Höhe der angrenzenden Marina, zugehörig zum Steinkirchener Ortsteil →Wetterndorf.   *dm*

Schiffbau   Da das Alte Land erst relativ spät über befestigte Straßen und Wege verfügte (→Straßen- und Wegebau), wurden die Flüsse →Elbe, →Este und →Lühe seit vielen Jahrhunderten intensiv als Transportwege für Obst, Getreide und andere Frachten genutzt. Die hölzernen →Ewer und →Lühejollen mussten laufend instand gehalten und repariert werden. Daher gab es seit langem in den Elbhäfen →Borstel, →Neuenschleuse und →Wisch sowie an den Flüssen Lühe und Este eine Vielzahl kleiner →Werften, die fast ausschließlich für die im Ort lebenden Schiffer arbeiteten. Um die Mitte des 19. Jh. waren im Alten Land elf Werften tätig. Es handelte sich um kleine Handwerksbetriebe, die nur Säge, Hobel, Hammer und Stemmeisen benötigten. Der Bau eines hölzernen Ewers dauerte etwa ein Jahr. Als etwa um 1910 der Stahl als Schiffbaumaterial Verwendung fand, mussten die Werften größere Maschinen wie Stanzen, Ständerbohrmaschinen und Blechscheren anschaffen. Diese Investitionen und die Ausbildung der Werftarbeiter im Umgang mit dem neuen Material schafften nur ganz wenige Werften im Alten Land. An der Este entwickelte sich die angeblich 1635 erstmals erwähnte →Sietas-Werft im Laufe der Jahrhunderte vom kleinen Handwerksbetrieb zu einer großen Werft für Küstenmotorschiffe, die – bis 2014 im Familienbesitz – im Jahr 1980 1800 Mitarbeiter beschäftigte. Heute existieren im Alten Land nur noch zwei Werften. Die im Jahr 1800 gegründete Sietas-Werft in →Grünendeich betreibt heute ein kleines Winterlager für Sportboote. Die Sietas-Werft (seit 2014 Pella Sietas GmbH) in →Neuenfelde baut als industrieller Großbetrieb Feeder- und Spezialschiffe. An dem Wandel der Werften im Alten Land wird die Entwicklung des S. vom kleinen hölzernen Ewer bis zum modernen Containerschiff sichtbar.   *vm*

Schifffahrt   Durch die →Elbe, →Schwinge, →Lühe und →Este waren die Bedingungen für S. im Alten Land günstig. Die durch Fährverpachtungen eingerichteten →Elbübergänge sowie der für den im Alten Land aufkommenden →Obstbau lebenswichtige →Obsthandel nach →Hamburg sind seit dem 14. Jh. nachweisbar. Mit →Ewern und zunehmend den →Lühejollen wurden in den kommenden Jahrhunderten landwirtschaftliche Erzeugnisse, außer Obst auch Getreide, Flachs, Meerrettich u. a., auf die Märkte in Hamburg und entlang der Nordseeküste verfrachtet. Auf dem Rückweg brachten sie in wachsendem Maße Eisen, Kohle, Holz, Teer u. a. im Alten Land benötigte Materialien mit sich. Im 18. Jh. werden mit steigendem Wohlstand auch weitere Fahrten über Nord- und Ostsee üblich. Um Nachfrage und Bedarf zu decken, wurden nicht mehr allein eigene Produkte, sondern oftmals außerhalb des Alten Landes eingekaufte Waren auf die Märkte gebracht, und neben den →Obstfahrten und Getreidefahrten entwickelte sich ein eigenständiger Handel. 1774 gab es in →Borstel 59 Fahrzeuge, in →Cranz acht, in →Hasselwerder fünf, in →Moorende drei, in →Mittelnkirchen ein, in →Steinkirchen neun und in →Twielenfleth zwölf. 1790 wurden bereits 347 Altländer Schiffer gezählt. Sie fuhren eigene Produkte nach Holstein, Dänemark und Mecklenburg, kauften aber auch Korn an der Eider, im Land Handeln, im Land Wursten und von der Oste sowie Fische von den Blankenesern und aus Helgoland und brachten diese auf eigene Rechnung in alle Häfen an der Elbe. Nach einer Zählung von 1824 gab es im Alten Land 328 See-, Fluss- und Wattfahrzeuge, von denen keines über 20 Last Tragfähigkeit besaß. Sie waren im Obst-, Korn- und Torftransport tätig. In den 1830er Jahren kam als neues Gewerbe der Muschelimport für die Kalkbrennerei auf. 1824 wird erstmals der Russlandhandel mit Äpfeln erwähnt. 1845 gab es 474 Schiffe im Alten Land, darunter 20 Seeschiffe. Die zweite Hälfte des 19. Jh. wurde dann die Blütezeit der Altländer S. In Cranz waren zwischen 1860 und 1875 rund 40 Kapitäne „auf großer Fahrt" ansässig. Sie fuhren ins Mittelmeer, an die Westküste Afrikas sowie an die Ostküsten Nord- und Südamerikas,

bis seit den 1880er Jahren die Konkurrenz durch Hamburger Großreedereien und die Dampfschifffahrt übermächtig wurde.

Aber der Wandel hatte sich bereits angekündigt. Mit dem Aufkommen der Dampfschifffahrt nahm der Fähr- und Ausflugsverkehr über die Elbe und speziell von und nach Hamburg bislang nicht gekannte Ausmaße an (→Elbfähren). Die meisten Altländer →Werften – außer der →Sietas-Werft – konnten den technologischen Wandel nicht mitmachen, beschränkten sich auf den Bau von hölzernen Kleinschiffen und gaben schließlich nacheinander fast alle auf. Zwar versuchte Cranz in der →Hochseefischerei noch bis ins 20. Jh. mitzuhalten, doch 1969 kam das endgültige Aus. Zu diesem Zeitpunkt hatte der LKW längst die Obstfahrten zum Hamburger Großmarkt und den übrigen Absatzmärkten abgelöst, und die noch bestehenden Häfen wurden in Sport- und Freizeitanlagen umgewandelt. Als Letztes wurde dann 2002 die →Seefahrtschule in →Grünendeich geschlossen, während im Alten Land ansässige →Reedereien sich neue Geschäftsfelder erschlossen.   *op*

Schifffahrtskontor Altes Land (SAL) Die Vorgeschichte des S. kann bis 1838 zurückverfolgt werden. Der Kapitän Johann Heinrich aus →Cranz begann die geschäftlichen Unterfangen

Amoenitas des SAL-Reeders Heinrich

Schleuse am
Großen Brack

mit dem Segelschiff *Amoenitas*. Gebaut in der
→Sietas-Werft in →Neuenfelde, hatte das Schiff
eine Tragekapazität von bis zu 140 Tonnen.

Das erste maschinenbetriebene Schiff wurde im
Jahre 1911 von Johann Heinrichs Sohn, Wilhelm,
bei Sietas in Auftrag gegeben. Auch die nächste
Generation der Familie Heinrich war in der See-
fahrt tätig. So entschloss sich Paul Heinrich nach
dem →Zweiten Weltkrieg, mit der *Pirat* ein Ma-
rineschiff von der Sietas-Werft umbauen zu lassen. Der *Pirat* folgten schon bald zwei weitere
Schiffe.

Schließlich war es Pauls Sohn, Hans →Heinrich,
der bislang für das Schifffahrtsunternehmen Peter Döhle Schiffahrts-KG gearbeitet hatte, der
1980 zusammen mit seinem Bruder Claus Heinrich das heutige S. gründete. Sie übernahmen
die Schiffsflotte ihres Vaters und eröffneten ihr
Büro in →Steinkirchen. Von Anbeginn gehörten unkonventionelle Ladungen zum Reper-
toire ihrer Aufträge, darunter von 1988–1998
der Transport der Ariane IV nach Kourou, für
den eigens ein spezielles Trägerschiff bei Sietas
in Auftrag gegeben wurde. So begann das S. eine
Nische in der Schwergutschifffahrt zu bedienen
und seine Schiffe den Gegebenheiten von der

Sietas-Werft entsprechend anpassen zu lassen.
Heute gehört die Firma im Schwerguttransport
zu den weltweiten Marktführern.

2011 wurde das S. an die japanische K- Line verkauft, worauf sie 2013 nach →Hamburg umzog
und nun in der Hafencity mit über 500 Mitarbei-
tern an Land und auf Schiffen weitergeführt
wird. 2017 wurde sie dann an die Bremer →Ree-
derei Harren & Partner veräußert, die das S. als
eigenständiges Hamburger Schwerguttrans-
portunternehmen betreiben will. Das Unternehmen tritt weltweit auf als SAL Heavy Lift. *ah*

Schleuse   Im Alten Land versteht man unter
→Sielen eintorige Klappen, unter S. hingegen
zweitorige Durchlässe. Deichtore bilden von ihrer technischen Beschaffenheit her neuralgische
Punkte im Deichkörper, da sie den Erdwall hier
auf zwei schmale Tore reduzieren. Wenn eine S.
oder ein Siel infolge einer →Sturmflut austreibt,
hat das fast immer einen Grundbruch zur Folge.
Weil S. wasserbautechnisch aufwendiger als Siele sind, kamen sie erst später als Siele im Alten
Land auf. Wahrscheinlich importierten niederländische Wasserbautechniker das Prinzip der
Balkenschleuse mit zwei Stemmtoren in die

Marschen an der Niederelbe. Die S. waren bis weit in das 19. Jh. hinein aus Holz konstruiert. Da solche Deichtorwerke vom Wasser angegriffen wurden, mussten sie in der Regel alle 30 Jahre ausgewechselt werden. Erst seit Beginn des 19. Jh. ging man allmählich dazu über, robustere und dauerhaftere Steinschleusen zu bauen.   *me*

Schleusenverbände →Hauptentwässerungsverband (HEV) der Dritten Meile Altenlandes, →Unterhaltungsverband Altes Land, →Wasser- und Bodenverbände

Schlick Wo Wasser feinen Ton absetzt, aus dem sich eine →Marsch entwickeln kann, hat der Boden eine besondere Konsistenz. Das ist vor allem im Watt der Fall, wo sich der Wasserstand mit den Gezeitenströmungen unaufhörlich verändert. Zwischen Tonteilchen setzen sich auch einzellige Algen ab, vor allem Kieselalgen (*Diatomeen*). Sie sind von einer Schleimhülle umgeben, die Wasser für die Dauer einer Tide festhält. Auf diese Weise steht den Algen auch dann Wasser für die Fotosynthese zur Verfügung, wenn sie nicht überflutet sind. Bei Niedrigwasser liegen die Algen in der vollen Sonne und leisten dann eine besonders hohe biologische Produktion. Ein Teil der biologischen Substanz sammelt sich im S. an. An die Schleimhüllen der Algen binden sich auch weitere feine Tonteilchen. Weil sich Substanzen aus der biologischen Produktion der Algen und die Tonteilchen im Schlickboden ansammeln, wächst er allmählich in die Höhe. Schlickboden ist sehr feinkörnig; sein „glitschiger" Überzug, auf dem man leicht ausrutschen kann, besteht aus den schleimigen Ausscheidungen der Algen. Aus entwässertem S. entsteht →Kleierde.   *hk*

Schmuck Ein kostspieliger Bestandteil der Altländer →Tracht war vor allem der zur Festtagskleidung gehörende Silberfiligranschmuck, dessen Herstellungszentrum die Stadt Buxtehude war. Von herausragendem Wert und nur im Besitz wohlhabender Familien war der *Sölber'n Bossen* (oder *Lievstück*) aus 40 bis 44 fein gearbeiteten Silberhaken, die besonders der Brautjacke oder Weste angenäht und mit einer mehrere Meter langen Silberkette über dem Bruststück verschnürt wurden.

Typische Bestandteile des Trachtenschmucks waren außerdem verschiedene Arten von Silberketten. Am wertvollsten waren die meist fünf- oder sechsreihigen Ketten aus Silberfiligran (*Drohtgod'n* oder *Drohtparln*). *Goden* wurden die kleinen massiven Silberperlen genannt, die auf sieben- bis zehnreihige Ketten aufgefädelt wurden. Eine günstigere Variante bildeten die sogenannten *Blinkern*, größere und kleinere silberne Hohlperlen, die in fünf bis acht Reihen getragen wurden. Bernsteinketten, die zur Konfirmation und in Trauer angelegt wurden, nannte man *de Krall'n*. Die Ketten besitzen prächtige Filigranschlösser aus vergoldetem Silber, häufig noch verziert mit farbigen Steinchen und teilweise mit eingraviertem Namen und Jahreszahl. Mit Inschriften auf der Rückseite sind oft auch die herzförmigen Hemdspangen (*Bruthart*) aus silbervergoldetem oder echtem Goldfiligran versehen, die am Halstuch (*Wuss*) getragen wurden.

Altländer Schmuck

Markante Bestandteile der Altländer Frauentracht stellten außerdem die großen kugelförmigen Silberfiligranknöpfe dar, die zu je sechs an den Jackenärmeln getragen wurden. Später wurden sie zum Teil in andere Schmuckstücke wie zum Beispiel flache Broschen umgearbeitet. Filigrankugeln zieren auch die langen Nadeln, mit denen die Umschlagtücher befestigt wurden, und beidseitig die Haubennadeln, bei denen einer der Knöpfe abgeschraubt werden kann. Mantelschließen (*Mantelslött*) und Schuhschnallen weisen ebenfalls reiche Verzierung aus Silberfiligran auf. Die Frauenschuhschnallen sind auffallend groß, die Schuhschnallen der Männerkleidung viel kleiner und ohne Filigranschmuck, aber ebenfalls sehr kunstvoll aus Silber gearbeitet. *fs*

Schnitger, Arp, get. 9.7.1648 in Golzwarden, begr. 28.7.1719 in der →St.-Pankratius-Kirche in →Neuenfelde   S. entstammte einer Tischler/*Schnitcker*-Familie aus Schmalenfleth und erlernte den Orgelbau bei seinem Cousin Berend Huss, dessen Betrieb er nach seinen Tod 1676 übernahm. In seinen Werkstätten u. a. in Stade, →Hamburg, Groningen und Neuenfelde (→Orgelbauerhof) entstanden ca. 150 Neu- und Umbauten für die Küstenregion von Groningen bis Nordfriesland und Mecklenburg, für Berlin und Magdeburg, England, Spanien, Portugal und Russland.

Heute sind noch etwa 30 seiner →Orgeln weitgehend erhalten, viele andere waren um 1900 dem Zeitgeschmack zum Opfer gefallen. Erst die in den 1920er Jahren aufkommende „Orgelbewegung" (u. a. Albert Schweitzer, Hans Henny Jahnn) entdeckte die barocken Schätze neu, war andererseits aber durch die Annahme falscher Parameter bei Restaurierungen für entstellende Veränderungen verantwortlich. Dies machte aufwendige Rerestaurierungen notwendig, um das originale Klangbild wiederzugewinnen. Im Alten Land trifft das auf die Schnitgerorgeln in →Steinkirchen (1687; r. 1989/2012), →Hollern (1690; r. 2011) und Neuenfelde (1688; r. 2017) zu. Von der Orgel in →Jork (1709) blieb der Prospekt (Gehäuse und Frontpfeifen, r. 1978) erhalten. Auch die Orgeln in →Mittelkirchen (1753) und →Borstel (1771), die einige Register S. enthalten, wurden rerestauriert. In →Estebrügge (1702) steht nur noch das Gehäuse der Schnitgerorgel. S. war der bedeutendste nordeuropäische Orgelbauer der Wende vom 17. zum 18. Jh. Er vollendete die klassische norddeutsche Barockorgel, die reichere klangliche Möglichkeiten aufwies als im seinerzeitigen mittel- und süddeutschen Orgelbau üblich. J. S. Bach erwarb seine Fähigkeiten als Orgelspieler u. a. durch das Studium der Schnitgerorgeln in St. Nicolai und St. Jakobi in Hamburg sowie der Kompositionen der „norddeutschen Orgelschule". *pg*

Schöpfwerk   Ein S. ist eine wasserbautechnische Vorrichtung, die überschüssiges Binnenwasser durch den →Deich nach außen pumpt, wenn der natürliche Sielzug nicht ausreicht. Die S. des vorindustriellen Zeitalters waren die in den Niederlanden entwickelten windgetriebenen Schöpfmühlen, deren Einführung in den kurhannoverschen Marschen an der Niederelbe im letzten Jahrzehnt des 18. Jh. von Fachleuten diskutiert wurde. Dabei sprach sich der Oberdeichgräfe →Benzler wegen der hohen Kosten für die Schöpfmühlen gegen diese Baumaßnahme aus. Im 18./19. Jh. befand sich eine Schöpf-

Schöpfwerk
Wetterndorf

mühle auf dem →Hinterdeich bei Gut →Vogelsang.

Das erste maschinenbetriebene S. mit Dampfantrieb wurde 1890 in →Twielenfleth erbaut. Zwischen 1926 und 1933 folgten acht weitere, ausnahmslos mit Diesel angetriebene S. in allen drei →Meilen. 1936 wurde in →Francop das erste elektrisch betriebene S. errichtet und seit den 1940er Jahren wurden nach und nach die bestehenden S. auf Elektrobetrieb umgerüstet bzw. neue S. wie 1951 bei →Wetterndorf mit dieser Technologie erstellt. Heute betreut der →Unterhaltungsverband Altes Land zahlreiche Pumpen und S.   *me*

Schuback, Johannes, *16.9.1732 in →Hamburg, †31.3.1817 ebd.   S. war Sohn des aus →Jork stammenden Hamburger Bürgermeisters Nicolaus →Schuback. Er wurde in Lissabon zum Kaufmann ausgebildet, wo er 1755 das verheerende Erdbeben erlebte, und gründete 1757 in Hamburg das bis heute in Besitz der Nachkommen (Familie Amsinck) bestehende Handelshaus „Johannes Schuback & Söhne", das sich vor allem dem internationalen Fernhandel mit Portugal und dessen Kolonien widmete. Als gebildeter, reicher Großkaufmann gehörte er zur führenden Gesellschaftsschicht der Stadt und galt als einer der einflussreichsten Hamburger Bürger seiner Zeit. Er gehörte der „Monatlichen Gesellschaft" an, einem Kreis führender Vertreter der Aufklärung in Hamburg und Altona. Der von einem Verwalter bewirtschaftete Familienhof in Jork blieb bis 1783 in seinem Besitz und wurde als Sommerwohnung genutzt. Hier heiratete auf seine Einladung der Schriftsteller, Wolfenbütteler Hofrat und Bibliothekar Gotthold Ephraim →Lessing im Oktober 1776 Eva König, die mit seiner Frau befreundet war. Nach der Familie S. wurde 1910 die Schubackstraße in Hamburg-Eppendorf benannt.   *rg*

Schuback, Nicolaus, *22.1.1700 in →Jork, †28.7.1783 in →Hamburg   Als Sohn des wohl-

habenden Handelsmanns und Hofbesitzers Johann S. in Jork geboren, kam S. mit 15 Jahren zu seinem kinderlosen Onkel Claes S., der als Kaufmann in Hamburg lebte und 1709 den Altar in der →St.-Matthias-Kirche in Jork gestiftet hatte. Er besuchte das Akademische Gymnasium in Hamburg, studierte anschließend in Jena und Leipzig Rechtswissenschaft und erwarb 1725 in Gießen den juristischen Licentiatengrad. Er ließ sich als Advokat in Hamburg nieder und wurde schon 1737 zum Senator gewählt. Nachdem er sich in vielfältigen Staatsgeschäften bewährt hatte, wurde er 1754 auf Lebenszeit zu einem der vier Hamburger Bürgermeister gewählt. Er übte dieses Amt fast dreißig Jahre aus, ab 1774 als Rangältester in der Funktion des Regierenden Bürgermeisters und damit als Staatsoberhaupt der freien Reichsstadt Hamburg. Persönlicher Mut, Einsatzfreudigkeit, Umsicht, starkes soziales Empfinden und ein ausgeprägtes Rechtsgefühl sollen ihn ausgezeichnet haben. Eine führende Rolle spielte er bei den Verhandlungen mit dem Königreich Dänemark, die zum Gottorper Vergleich von 1768 führten, der die hamburgisch-holsteinischen Grenzstreitigkeiten beendete und die dänische Anerkennung der Reichsunmittelbarkeit Hamburgs erreichte. S. hielt die Verbindung zu den Verwandten in Jork und nutzte den von einem Verwalter bewirtschafteten väterlichen Hof als Sommersitz. Ein Sohn war der Kaufmann Johannes →Schuback.   *rg*

Schulte (Familie)   Ehemalige Adelsfamilie der Ritterschaft des →Erzstifts bzw. des Herzogtums Bremen aus der Ministerialität der Erzbischöfe von Bremen, ursprünglich der Grafen von Stade. Der Name S. geht zurück auf das Schulten- bzw. Richteramt des →Lokators der Siedlung →Lu, die um 1140 von Holländern an der →Lühe in der →Grafschaft Stade angelegt wurde. Vermutlich gehört der *Bertolt villicus*, der an der Spitze der Liste der Stader Ministerialen von 1219 steht, zur Familie. Die sichere Stammfolge der Familie beginnt 1256 mit den Brüdern

Wappen der
Familie Schulte

Gerlach und Johann S., die auch als *Scultetus de Lu*, bezeichnet sind. Johann, der ohne Kinder blieb, stiftete 1270 die Kirche von →Neuenkirchen an der Lühe, bei der er 1274 mit seiner Frau Hildeburg ein Benediktinerinnenkloster gründete, das 1286 nach Bredenbeck (Neukloster) bei Buxtehude verlegt wurde und stattete es mit Besitz in Lu und →Francop aus. Sein Bruder Gerlach wurde Stammvater aller späteren S. Dieser war Burgmann der 1255 vom Erzbischof auf dem Grundbesitz des Klosters Harsefeld errichteten Horneburg, musste aber auf das Gericht in Lu zugunsten des Klosters Harsefeld verzichten. Doch wurde ihm und seinen Nachkommen das →siedeste Gericht an der Lühe im →Kirchspiel →Steinkirchen vom Kloster bis in das 16. Jh. zur Verwaltung überlassen. Ab 1276 nannte sich die Familie nur noch *Scultetus* bzw. S., erst im 19. Jh. von S. Unter dem Namen S. von der Lühe blieb sie literarisch präsent. Bereits um 1300 verlagerten die S. den Schwerpunkt ihres Altländer Besitzes an die →Este und in die →Dritte Meile. An der Este sind sie 1304 im Besitz des siedesten Gerichtes (→Eschete) bezeugt. Sie besaßen auch das Gericht in →Nincop und spätestens 1321 das →Patrimonialgericht →Rübke. Zu dieser Zeit besaßen sie auch die Vogtei in Buxtehude mit der *cometia Veteris Terre* (→Gräfen), die bald darauf wieder an die von →Zesterfleth überging. Ihr Herrschaftsmittelpunkt war aber der Rittersitz an der Horneburg bis zur Auflösung der Burgmannschaft Anfang des 17. Jh. Ihre Hauptpartner waren hier bis 1502 die von Borch, mit denen sie 1347 einen Burgfrieden schlossen. Zeitweise waren auch Stiftsadlige aus anderen Familien in die Burgmannschaft aufgenommen, dauerhaft seit Ende des 14. Jh. die von Zesterfleth und 1503 die von Düring als Erben der von Borch. Die Horneburger Burgmannen waren im 15. Jh. wegen ihrer Fehden auf der Geest bis in das Herzogtum Lüneburg gefürchtet. Aus der Familie S. kamen von 1360–1440 drei Äbte des Klosters Harsefeld (Werner, Gerlach und Johann) hintereinander. Seit dem 15. Jh. suchten sich die

S. weitere Rittersitze. Der Landdrost Garlich S. errichtete um 1500 in Vierden (Kirchspiel Sittensen) einen Bergfried, wurde aber 1508 zur Übergabe gezwungen. Sein Sohn Detlef war 1548–85 Gräfe des Alten Landes. Dessen Sohn Bartolt (†1613) erbaute das Gutshaus in Daudieck bei Horneburg. Ein anderer Zweig der Familie errichtete Sitze in Burgsittensen und Kuhmühlen (Kirchspiel Sittensen). Aus ihm stammt Dietrich S. (1550–1616), Gräfe des Alten Landes 1601–16, der 1609–11 die →Esteburg erbauen ließ und sie mit dem Patrimonialgericht Rübke verband. Sein Sohn Caspar (1590–1657) folgte ihm 1612–21 als Gräfe und war 1635–45 Landdrost. Im 18. Jh. trennten sich zwei Linien mit Sitzen in Burgsittensen und Esteburg. Aus Burgsittensen stammt der hannoversche Finanzminister von 1831–46 Caspar Detlef von S. (1771–1846). Das Gut Burgsittensen, wo ein Erbbegräbnis an die S. erinnert, wurde 1880 verkauft. Die Linie auf Esteburg endete 1899 mit Alexander von S. (1844–99).   *aeh*

Schulwesen Erste Schulen wurden im Alten Land nach der →Reformation im 16. Jh. eingerichtet. Es entstanden zunächst in den Kirchorten, oft unmittelbar neben der Kirche, die Kirchspiel- oder Hauptschulen, die bis ins 19. Jh. in der Regel vom Organisten oder Kantor betrieben wurden. Daneben bildeten sich seit dem 17. Jh. in zahlreichen Dörfern und Ortsteilen sogenannte Nebenschulen, die oft unzureichend untergebracht waren. Unterrichtet wurde Lesen, Schreiben, Rechnen, Religion und Gesang. Schon um 1700 war die Lese- und Schreibfähigkeit im Alten Land verbreitet. Eine berufliche Ausbildung erhielten die Lehrer erst im 19. Jh., als seit den 1820er Jahren der Besuch des Stader Lehrerseminars zur Regel wurde. Wurde damit schon eine Professionalisierung des Schulwesens erreicht, konnten in der →preußischen Epoche durch zahlreiche Schulneubauten und durch die Hebung der Lehrergehälter die Rahmenbedingungen deutlich verbessert werden. Im 19. Jh. konn-

te auch der ganzjährige Schulbesuch – nicht nur im Winter – allgemein durchgesetzt werden. 1908 wurde die Schulträgerschaft der Volksschulen von den bisherigen Schulgemeinden, also den Einwohnern des jeweiligen Schulbezirks, auf die politischen Gemeinden übertragen. 1919 endete die geistliche Schulaufsicht des örtlichen Pastors und ging in staatliche Verantwortung über.

Ansätze zu einem Ausbau des S. zeigen sich bereits mit der auf private Initiative 1890 erfolgten Gründung der Rektorschule in →Jork (später „Volksschule mit gehobenen Abteilungen"), die 1925 zur Mittelschule erhoben wurde. An der →Lühe genoss die Privatschule von Carl Clasen in →Steinkirchen, die bis 1923 bestand, einen guten Ruf. Aufgrund der spezifischen Wirtschaftsstruktur des Alten Landes etablierten sich als berufliche Fachschulen die →Seefahrtschule Grünendeich und die →Obstbauschule Jork.

Mit dem Bau von großen Mittelpunktschulen und Schulzentren (Steinkirchen/Grünendeich 1961, →Königreich 1966, Jork 1975) ging nach dem →Zweiten Weltkrieg ein spürbarer Modernisierungsschub durch die Schullandschaft. Viele kleinere Schulen wurden geschlossen, was

mit dem notwendigen Ausbau des Schulbusverkehrs einherging. Heute bestehen Grundschulen in →Hollern-Twielenfleth, Steinkirchen, →Guderhandviertel, Jork (mit Außenstelle in →Ladekop), Königreich, →Cranz und →Neuenfelde sowie – als Zusammenschluss der früheren Haupt- und Realschulen – Oberschulen in Steinkirchen und Jork. Der Erwerb des Abiturs ist weiterhin nur in den umliegenden Gymnasien in Stade, Buxtehude, Neu Wulmstorf und Finkenwerder möglich, doch bietet die Oberschule Jork seit 2011 einen gymnasialen Zweig bis zur 10. Klasse an.   rg

Schützenvereine   →Estebrügge,   →Feste, →Kirchspiel, →Vereinswesen

Schwedenzeit (1645–1712)   Im Westfälischen Frieden von 1648, mit dem der →Dreißigjährige Krieg endete, wurde die drei Jahre zuvor erfolgte militärische Eroberung des Elbe-Weser-Raums durch die schwedische Krone reichsrechtlich legitimiert. Die schwedische Großmacht erhielt die geistlichen Reichsterritorien als weltliche Herzogtümer Bremen und Verden. Gemeinsam wurden sie von einer Provinzialregierung unter

Anlegebrücken
der Symphonie
mit Ausflugs-
dampfern auf
der Schwinge
um 1930

Leitung des Gouverneurs verwaltet, erster Gouverneur war der schwedische Feldherr Hans Christoph von Königsmarck. Stade wurde zur Residenz, Landesfestung und zum Verwaltungsmittelpunkt, damit rückte das Alte Land dicht an das Machtzentrum heran. Im Großen Nordischen Krieg verlor Schweden die Herzogtümer 1712 an Dänemark, drei Jahre später wurde Bremen-Verden an das Kurfürstentum Hannover verkauft.

Durch Verleihung seitens der schwedischen Krone (Donation), Verpfändung und Kauf kamen etliche bisher landesherrliche oder klösterliche Güter, Ländereien und Rechte in den Besitz schwedischer Beamter und Offiziere, was die Strukturen im Alten Land veränderte. Dazu gehörten der Diplomat Johan Adler Salvius (→Adlersburg), der Regierungsrat Nicolaus von Höpken – sein gleichnamiger Sohn wurde 1672 →Gräfe im Alten Land – und die Familie von Königsmarck.

Die althergebrachten Rechte, Gewohnheiten und Organisationsformen des Alten Landes blieben zwar bewahrt, allerdings wurden der staatliche Einfluss verstärkt und Reglementierungen durchgeführt. Dies gilt u. a. für das Deichwesen, wo das Amt eines Oberdeichgräfen entstand. Ein staatliches Konsistorium wurde eingerichtet, Bremen-Verden in Kirchenkreise eingeteilt. Das Alte Land bildete einen eigenen, von einem Propst geleiteten Sprengel. Während der S. entstanden drei Kirchenneubauten (→Jork, →Neuenfelde, →Estebrügge) und fünf →Orgeln von Arp →Schnitger (→Steinkirchen, Neuenfelde, →Hollern, Estebrügge, Jork), die bis heute das Alte Land prägen. Entscheidend waren die hohen Lasten, die durch die nahe gelegene Stader Landesfestung, durch die Kontribution als Landessteuer und durch Kriegszüge entstanden. Das Alte Land musste den sechsten Teil der gesamten Kontribution Bremen-Verdens und damit die höchste Steuerlast tragen. Hinzu kamen →Sturmfluten, Wasserschäden und Deichbrüche.

Insgesamt war das Alte Land für die schwedische Krone von großer Bedeutung. Durch die wirtschafts- und militärstrategisch günstige Lage an der →Elbe zwischen Stade und →Hamburg und die vergleichsweise hohe Finanzkraft nahm es eine Sonderstellung ein. *bcf*

Schwinge Die S. ist ein 29 km langer Nebenfluss der →Elbe, deren Unterlauf die nordwestliche Grenze des Alten Landes zum Land Kehdingen hin bildet. Die Quelle der S. liegt im Hohen
Moor bei Bremervörde-Elm. Von dort aus fließt
sie in nordöstliche Richtung zum Geestrand bei
Stade, wo es eine natürliche Geländestufe am
Rand des →Elbe-Urstromtals gibt. Von dort
fließt sie in mehreren Armen durch die Stadt
und stellt schließlich die Verbindung zur Elbe
her. In diesem unteren Teil bis zum in der Stadt
künstlich angelegten Hafenbecken ist die S.
schiffbar.

Seit dem Spätmittelalter bildete die Verschli-
ckung der großen Elbbucht im Mündungsbe-
reich der S., die an den alten Elbdeichen bis heute
ablesbar ist, ein großes Problem für die →Schiff-
fahrt. Die heutige Schwingemündung wurde
1819/20 durch den Durchstich des Stadersandes
geschaffen. An der Schwingemündung befand
sich in Brunshausen die Zollstätte für den be-

deutenden Stader Elbzoll. Von 1840 bis in die
1950er Jahre wurde Stade regelmäßig von
Dampfschiffen angelaufen (→Elbfähren); für
Ausflugsdampfer gab es später eine eigene Anlegebrücke an der →Symphonie. Für den Ausbau
des Stader Industriegebietes wurden die Außendeichsflächen in Stadersand und an der Schwingemündung in den 1960er Jahren in den Deichschutz einbezogen, so dass aufgrund der modernen Ausdehnung der Stadt mit ihren aus-
greifenden Wohn- und Industriegebieten und
einem veränderten Unterlauf die aktuelle tat-
sächliche Grenze zum Alten Land kaum noch
exakt zu bestimmen ist.					*hk*

Seefahrtschule Grünendeich Die seit 1845
von dem Steuermann Peter Porath in den Win-
termonaten in →Cranz betriebene private Navigationsschule wurde 1850 nach →Grünendeich
verlegt. Aufgrund des guten Zulaufs und Erfol-
ges der Privatschule wurde diese 1856 in die Rei-

Seefahrtschule
Grünendeich

Seehof

he der Königlichen Navigationsschulen aufgenommen. Zwei Jahre darauf konnte die Schule bereits ein eigenes, noch heute bestehendes Gebäude beziehen; die Prüfungen mussten aber weiterhin vor einer Prüfungskommission in Stade abgelegt werden. Mit der 1879 ins Leben gerufenen Navigationsschule in Geestemünde entstand eine gewichtige Konkurrenz; die Herabstufung zur Navigationsvorschule war Ausdruck der neuen Lage. Der Unterricht verlagerte sich daher immer mehr hin zur Vorbereitung der jungen Seeleute auf die Prüfungen zum Seeschiffer auf Küstenfahrt und zum Schiffer auf kleiner Fahrt. In den Jahren unmittelbar vor dem →Ersten Weltkrieg nahm die Zahl der Schüler sehr stark ab (1912 nur noch neun Schüler), im Jahr 1919 kam schließlich im Zuge der allgemeinen Modernisierung des Seefahrtschulwesens in Preußen das vorläufige Ende der Grünendeicher Einrichtung. Erst 1925 konnten nach wiederholten Anträgen der Gemeinde Grünendeich und des →Kreises Jork zunächst wieder Winterlehrgänge zur Vorbereitung auf die Prüfungen zum Seeschiffer und zum Steuermann auf kleiner Fahrt abgehalten werden. Aus der

Vorschule wurde 1931 wieder eine Seefahrtschule, die dem Direktor der Seefahrtschule Altona unterstellt war. Die Trägerschaft der Schule hatte seit 1931 der Kreis Jork und bereits ein Jahr später aufgrund der Kreisreform der Kreis Stade inne. Nach dem →Zweiten Weltkrieg wurde die Seefahrtschule 1946 von den Engländern geschlossen. Erst im Herbst 1949 konnte der Unterricht wieder aufgenommen werden. 1974 gab es in Grünendeich 140 Teilnehmer, die Kurse für die kleinere und mittlere Fahrt belegten, doch die Zeiten der zunehmenden Konkurrenz in der Weltschifffahrt und ihre Auswirkung auf die deutschen →Reedereien waren schon erkennbar. Aufgrund mangelnder Auslastung wurde die S. zum 1. Februar 2002 geschlossen, und das Gebäude und seine Einrichtungen werden seither von der →Maritimen Landschaft Unterelbe genutzt.   tb

Seehof Der S. (Domänenweg 5 in →Hove) ist ein Einzelhof in der →Dritten Meile zwischen Hove und →Neuenfelde. 1388 wurde er erstmals urkundlich erwähnt, als Gerd Wepel seinen 18 Morgen (→Maße) großen *hof geheten tho deme zee*

an das Alte Kloster verkaufte. Im 16. und 17. Jh. diente er auch als Zehnthof, auf dem die Naturalabgaben der Zehntpflichtigen des Alten Klosters gesammelt und gelagert wurden. Bis zur Säkularisation des Klosters blieb der S. als sogenanntes Vorwerk im Besitz des Klosters, seit dem 17. Jh. war er als Domäne in Staatsbesitz. Bei der Sturmflut zu Sylvester 1720 (→Sturmfluten der Neuzeit) brach der Estedeich, der bis dahin in einer weiten Krümme unmittelbar am S. vorbeiführte, und es entstand das noch bestehende große →Brack. Der →Deich wurde darauf 1721 umgelegt und bekam seinen heutigen Verlauf näher an der →Este. Im Januar 1834 brannten Wohnhaus, Scheune und Schweinestall des S. ab. Das damals neu errichtete Wohnhaus mit schmuckem Fachwerkgiebel ist eines der größten Gehöfte der weiteren Umgebung und weithin zu sehen. Im 18. Jh. war der Hof rund 27 Morgen groß, später wurden andere herrschaftliche Ländereien dazugelegt, so dass 1922 zur Domäne 52 ha in Hove und →Liedenkummer gehörten. Davon trennte man in jenem Jahr 22 ha für Siedlungszwecke ab (Seehofsiedlung). 1943 verkaufte der preußische Domänenfiskus den S. an Barthold Dehde, den Sohn des damaligen Pächters. Der S. zählte seit jeher zur →Hauptmannschaft →Hasselwerder. Seit dem Inkrafttreten des →Groß-Hamburg-Gesetzes von 1937 gehörte er politisch zur Gemeinde Hove, somit seit 1972 zur Einheitsgemeinde →Jork. Kirchlich gehört der S. weiterhin zum →Kirchspiel Neuenfelde.　　rg

Seltenfriede　S. bezeichnete mehrere Häuser ganz im Süden von →Hove in der Vogtei →Hove-Leeswig, die 1879 zumindest teilweise nach →Estebrügge (heute →Moorende) umgemeindet wurden. Der Name ist nur vereinzelt im 19. Jh. belegt und heute vergessen. Laut dem Verzeichnis der Wohnplätze des Königreichs Preußen von 1880 gehörten dazu neun Wohnhäuser. Die Bedeutung ist ungeklärt.　　rg

Seuchen　→Krankheiten und Seuchen

Siebenhöfen　Ortsteil von →Hollern und seit 1984 eine Straßenbezeichnung von →Hollern-Twielenfleth (inoffiziell →Obstmarschenweg) zwischen →Sietwende und →Hollernstraße, der an →Sandhörn und →Bachenbrook grenzt. Zur Zeit der →Hollerkolonisation im 12. Jh. soll S. aus sieben →Hufen bestanden haben. 1341 wurde S. *supra Zevenhove* genannt, 1399 *op den Zevenhoven*. Schwere →Sturmfluten im Mittelalter führten in S. nicht nur zu Landverlusten, sondern veränderten auch die vormals mittige Fahrrinne der →Elbe, die 1593 nunmehr direkt unter dem →Deich verlief. 1657 wurden in S. insgesamt 74 Landstücke (→Stück) gezählt.

Unverändert prägen eine Reihe traditioneller Altländer →Fachhallenhäuser der Obstbaubetriebe den Ortscharakter. Im Innendeichsgelände wurde 1984 das aus rund 150 Ferienhäusern bestehende „Feriendorf Altes Land" gebaut, so dass neben dem →Obstbau heute der →Tourismus ein wichtiger Wirtschaftszweig von S. geworden ist. 1959 hatte S. 46 Einwohner; 2017 waren es 196.　　dm

Siedeste Gerichte　Als S. wurden Gerichte mit niederer Gerichtsbarkeit, d. h. mit Zuständigkeit für minder schwere Fälle, bezeichnet (mittelniederdeutsch *sit* bzw. *side* = niedrig, →Sietland). Im Alten Land hatten sieben S. eine besondere Geschichte und Bedeutung. Es handelt sich um die Gerichte →Hollern, →Huttfleth, →Steinkirchen, →Mittelnkirchen, →Jork, →Eschete und →Nincop. Sie lagen sämtlich im Sietland, im Gebiet der →Hollerkolonisation, „im Hollerschen", wie es noch in der frühen Neuzeit hieß. Hollern (früher *Ditkerskop*) hat daher seinen Namen. Ihre Entstehung als Siedlungsgerichte der holländischen Kolonisten lässt sich auf das 12. Jh. zurückführen. Der →Lokator der Siedlung wurde in der Regel vom Landesherrn mit der Gerichtsbarkeit belehnt und fungierte als Schulte (lateinisch *scultetus*), ihm zur Seite standen drei Schöffen (*scabini*) aus den Siedlern als Urteiler. Die Bezeichnung des Richters als

Schulte, die sich in anderen Elbmarschen lange erhalten hat, kam hier schon in der 2. Hälfte des 13. Jh. außer Gebrauch und hielt sich nur im Namen der Adelsfamilie →Schulte von der →Lühe. Den Gerichtsvorsitz hatte nun der Richter (*iudex*) und später, ab ca. 1400, ein vom Gerichtsherrn eingesetzter →Vogt. Die Gerichte wurden im Laufe des Mittelalters vererbt oder zum Teil an Klöster verkauft. Das Gericht in Hollern, das auch als *Litgericht* bezeichnet wurde, gelangte im 15. Jh. von den von der Lieth an das Stader Marienkloster. Das Gericht in Huttfleth, das auch →Siebenhöfen und →Bachenbrock einschloss, blieb im Besitz der Familie Schulte. Das Gericht in Steinkirchen (→Lu) gelangte schon im 13. Jh. an das Kloster Harsefeld, das jedoch den Schulte die Ausübung der Gerichtsbarkeit weiter überließ. Das Gericht in Mittelnkirchen (mit Neuenkirchen) kaufte das Kloster Harsefeld 1256 als Freigericht in Lu und belehnte damit 1286 die von der Osten, die das Gericht 1325 an die von →Zesterfleth verkauften, die jedoch nicht belehnt wurden, sondern das Gericht für das Kloster verwalteten. Das Gericht in Jork (mit Ladekop) hatten die von Borch und seit dem 16. Jh. die von Düring als ihre Erben zu Lehen. Das Gericht in Eschete an der →Este war um 1300 im Besitz der Schulte, die es nach der Mitte des 14. Jh. dem Kloster Harsefeld verkauften. Im 17. Jh. war es wieder im Besitz der Schulte. Das Gericht in Nincop stand ebenfalls den Schulte zu; sie übten hier durch ihre Vögte zugleich die Verwaltung aus, es galt daher auch als →Patrimonialgericht. Die

sechs anderen S. hatten keine Verwaltungsaufgaben, dafür waren die →Hauptmannschaften zuständig. Die Gerichtsbarkeit der S. beschränkte sich auf Schläge und Wunden, die nicht bluteten, auf die Bestellung von Vormündern, auf Versäumnis der Abgabenzahlung an den Gerichtsherrn, auf Beispruchssachen (Retrakte) bei Grundstücksveräußerungen und auf das Notgericht bei Leichenfunden. Zahlreiche Urkunden belegen, dass auch Grundstücksveräußerungen früher vor den S. erfolgten. Appellationen von den S. gingen an das →Landgräfting, das über die schweren Kriminalfälle in erster Instanz urteilte. Vögte und Schöffen der sieben S. nahmen am Landgräfting als Urteiler teil. Die S. wurden bei der Justizreform von 1832 ebenso wie das Landgräfting aufgehoben und ihre Aufgaben auf das Gräfengericht (→Gräfen) übertragen.   *aeh*

Siel Im Alten Land versteht man unter S. eintorige Klappen, unter →Schleusen zweitorige Durchlässe zur Abführung des Binnenwassers durch den →Deich. Ein S. bildet von seiner technischen Beschaffenheit her einen neuralgischen Punkt im Deichkörper. Wenn ein S. austreibt, hat das fast immer einen Grundbruch zur Folge. Technisch entwickelten sich die S. von primitiven, röhrenartigen Durchlässen über einfache Klappsiele hin zu größeren Torsielen (um 1500). Während der →Hollerkolonisation des Alten Landes im Mittelalter wurde das Wasser durch →Gräben und einfache hölzerne S. (ausgehöhlte Baumstämme, die außen mit einer hölzernen Klappe versehen waren) in die Flüsse außerhalb der Deiche geleitet. Die S.klappe öffnete sich selbsttätig bei Ebbe, wenn das Binnenwasser höher stand als außendeichs, schloss sich dann aber bei Flut, so dass kein Wasser von außen in den →Polder eindringen konnte.   *me*

Sielverbände   →Hauptentwässerungsverband (HEV) der Dritten Meile Altenlandes, →Unterhaltungsverband Altes Land, →Wasser- und Bodenverbände

Altes Baumsiel

Sietas-Werft
Neuenfelde

Siemens, Hans Peter, *5.9.1879 in Garding, †26.10.1961 in →Jork Als Sohn eines Goldschmiedemeisters wuchs der Schleswig-Holsteiner S. in Garding, Kr. Eiderstedt, auf. Nach dem Besuch des Seminars in Tondern war er zunächst als Volksschullehrer in Gaarden bei Kiel, dann als Präparandenlehrer in Tondern und Segeberg tätig. 1910 bewarb er sich erfolgreich auf die Stelle des Rektors der „Volksschule mit gehobenen Abteilungen" in →Jork, wo er dauerhaft blieb. 1925 wurde er Rektor der neugegründeten Mittelschule in Jork, an der er bis zur Pensionierung 1946 tätig war.

Seit den späten zwanziger Jahren widmete sich S. intensiv der Erforschung der Geschichte des Alten Landes. Zur Sicherung des privaten und kommunalen Archivguts gründete er das →Altländer Archiv. Dank seiner gründlichen Quellenstudien war er über drei Jahrzehnte der führende Heimatforscher des Alten Landes und bester Kenner der Altländer Geschichte. Er verfasste zahlreiche regionalgeschichtliche Aufsätze und Bücher, darunter grundlegende Arbeiten zur Geschichte des Obstbaus und des Deichwe-

sens im Alten Land, Ortsgeschichten von Jork, →Borstel und →Twielenfleth sowie 1951 die bis heute einzige umfassende Gesamtdarstellung der Altländer Geschichte. 1953 wurde S. zum Mitglied der Historischen Kommission für Niedersachsen und Bremen gewählt. Am 8. Februar 1955 wurde ihm das Bundesverdienstkreuz verliehen.   *rg*

Hans Peter
Siemens

Sietas-Werft Die von Carsten Sietasch als Schiffbauer an der Mündung der →Este in →Neuenfelde gegründete Werft wurde angeblich 1635 erstmals erwähnt, ist aber möglicherweise noch älter. Wie die meisten anderen →Werften im Alten Land beschränkte sie sich zunächst auf die Herstellung von kleinen Bootstypen für die heimische Wirtschaft und Bevölkerung, während das 19. Jh. die Blütezeit des Holzschiffbaues im Elberaum brachte und nun auch größere Segelschiffe, Schoner und Briggs auf der S. gebaut wurden. Angesichts des Konkurrenzdrucks aus →Hamburg zog man sich gegen Ende des Jh. aus dem Segelschiffbau zurück, so dass ab 1874 mit dem Bau von →Ewern oft kleine und kleinste Schiffe dominierten. 1902 wurde das erste Stahlschiff auf der S. gebaut, auch wenn der ausschließliche Stahlschiffbau erst ab 1937 erfolgte. Nach dem →Zweiten Weltkrieg setzte ein rasanter technischer und betrieblicher Wandel ein, der u. a. zum Aufkauf der Holst-Werft (1958), Rancke-Werft (1968) und Norder-werft (1972), alle in Hamburg, führte und bewirk-te, dass die S. 1966 als weltweit eine der ersten in den Containerschiffbau einstieg. Auf dem Höhe-punkt (1980) beschäftigte die S. 1.800 Mitarbeiter und war damit der größte industrielle Arbeitge-ber im Alten Land. Mit der 2009 einsetzenden Schifffahrtskrise und dem Rückgang des Contai-nerschiffbaus suchte sich die S. mit dem Schwer-guttransport ein neues Betätigungsfeld, und zu-mal das →Schifffahrtskontor Altes Land ließ hier seine Spezialschiffe bauen. Doch die Krise war nicht mehr abwendbar. Nach neun Generatio-nen im Familienbesitz musste die älteste deut-sche Werft und die einzige im Alten Land verblie-bene Ende 2011 den Insolvenzantrag stellen. Der Gesamtbetrieb wurde zerschlagen und die S. im März 2014 von der St. Petersburger Pella-Werft übernommen, die nun als Pella Sietas GmbH den Betrieb in Neuenfelde weiterführt. *kk*

Sietland Wie die →Marschen an der südli-chen Niederelbe generell, so teilt sich auch das Alte Land in das ufernahe so genannte →Hoch-land und das tiefer gelegene S. (→Landschafts-profil). Wenngleich die Höhenunterschiede höchstens wenige Meter ausmachen, so haben sie doch gravierende Folgen für die →Entwässe-rung und landwirtschaftliche Nutzung. Entstan-den sind die Unterschiede zwischen Hochland und S. durch Aufschlickungsprozesse der ufer-nahen Zonen in der Zeit vor dem Bau geschlos-sener Deichlinien. Die Eindeichung führte dann durch Austrocknungsprozesse zu einer allge-meinen allmählichen Absackung in den Mar-schen. Heute liegt das Hochland im Alten Land noch 1–2 m über NN, das S. großenteils unter NN. Dabei zeigt sich die typische Dreifach-Glie-

derung: parallel zur →Elbe ein schmaler Streifen Hochand – sofern dieser nicht wie in Teilen der →Ersten Meile aufgrund von →Sturmfluten ver-loren gegangen ist –, binnenwärts folgt der brei-tere Sietlandstreifen und dann der Moorgürtel und der zwischen Stade und Neugraben abfal-lende Geestrücken. Durch diese landschaftliche Gliederung wirkt das S. entwässerungstech-nisch wie eine „Badewanne": In ihm sammelt sich das von Geest bzw. →Moor, also aus dem höhergelegenen Hinterland, kommende Wasser. Dadurch waren in früheren Zeiten häufig die Flä-chen des S. vor allem im Winter überschwemmt und konnten nicht ackerbaulich oder obstbau-lich, sondern nur extensiv als Weideland bewirt-schaftet werden. Verkehr war nur mit Booten möglich. Während das Hochland spätestens seit dem frühen Mittelalter besiedelt war (→Sach-sen), war eine Besiedlung des S. erst durch die →Hollerkolonisation im 12./13. Jh. und ihre Ent-wässerungsmaßnahmen möglich. Mit den heu-tigen Möglichkeiten der technischen Entwässe-rung (unter anderem →Schöpfwerke) erschei-nen diese Probleme grundlegend gelöst. *nf*

Sietwende Ortsteil zwischen →Siebenhöfen und →Wetterndorf, auf der Südseite zu →Stein-kirchen, auf der Nordseite zu →Grünendeich gehörig. Dabei ist der Sietwender Teil mit →Sandhörn als Exklave von der eigentlichen Gemeinde Grünendeich getrennt.

Der aus dem holländischen entlehnte Begriff S. bedeutet „niedriger →Deich im Binnenland zwischen den Gemarkungen zweier Orte". Eine S. gewährleistet während eines Deichbruchs Schutz vor von hinten ins Land einfließendem Wasser. Bei Erneuerungen des Elbdeichs nach schweren →Sturmfluten wurde in S. das Erd-reich zwischen Straße und Deich abgegraben. Zurück blieben tiefe →Gräben sowie „schlech-tes Land", das niedrige sogenannte *Spottgout* oder *Spadegutland*.

2017 zählte S. in Steinkirchen acht Einwohner, in Grünendeich 61. *dm*

Somfleth Ehemaliges Dorf am Elbufer des Alten Landes in der →Zweiten Meile im →Kirchspiel →Zesterfleth bzw. →Borstel (1256 *de Swumvlete*, Personenname; 1297 *Sumvlete*). Das Dorf wird noch 1434 bei einem Verkauf im Kirchspiel Borstel erwähnt. Das Andreasstift in Verden besaß hier seit dem 13. Jh. den Zehnten. Wegen Deichrücknahmen musste der Ort ins Hinterland verlegt werden. Im 17. und 18. Jh. erinnerte noch die Somflether Wisch an den alten Ortsnamen. Daraus entstand der Name für den Borsteler Ortsteil →Wisch. Nach S. nannte sich im 13. und 14. Jh. ein mit den von →Zesterfleth verwandtes Adelsgeschlecht.   *aeh*

Somfleth, Hein, *15.9.1865 in →Mittelnkirchen, †1.1.1944 ebd. Nach dem Besuch einer Privatschule in →Steinkirchen und einer landwirtschaftlichen Lehre in →Jork übernahm der Bauernsohn aus Mittelnkirchen von 1892 bis 1906 eine Verwalterstelle auf einem Gut im Kreis Neutomischel in der Provinz Posen. Dort heiratete er 1895 die Tochter eines Lehrers; aus der Ehe gingen neun Kinder hervor. Im Jahre 1906 kehrte S. mit seiner Familie zurück ins Alte Land und übernahm den väterlichen Betrieb, der sich seit 1637 im Familienbesitz befindet. Seine Erfahrungen als landwirtschaftlicher Verwalter und das Streben nach größerer ökonomischer Sicherheit bewogen S. dazu, federführend mit weiteren Mitstreitern am 27. Juni 1907 die Gründung der Landwirtschaftlichen Bezugs- und Absatzgenossenschaft Schmalenbrücke eG (LBAG) in →Guderhandviertel zu initiieren. Der Ideengeber übernahm bis 1915 die Geschäftsführung der Genossenschaft mit Schwerpunkt im →Obstbau. Auch an späteren Genossenschaftsgründungen in den Nachbargemeinden sowie an den Gründungen der Spar- und Darlehnskassen Guderhandviertel und →Ladekop war S. maßgeblich beteiligt. Für die nach dem →Ersten Weltkrieg gegründete Altländer Bezugs- und Absatzgenossenschaft übernahm S. ebenfalls die Geschäftsführung. Den Themengebieten des

Hein Somfleth

Obstbaus und der landwirtschaftlichen →Genossenschaften sowie allgemein der sozioökonomischen Entwicklung des Alten Landes widmete S. sich ab 1924 vielfach schriftstellerisch, am bekanntesten ist die Broschüre *Die wirtschaftliche Entwicklung des Altenlandes von 1860–1900* von 1935. Im Jahre 1906 schloss sich S. politisch der Völkischen Bewegung an. Während der Novemberrevolution 1918/19 gehörte er dem Arbeiter- und Bauernrat für den →Kreis Jork an. In den zwanziger Jahren engagierte S. sich für die Deutschvölkische Freiheitspartei und hatte deren Kreisleitung inne. Im Mai 1928 kandidierte S. vergeblich auf der Listenverbindung der Landvolk- und Mittelstandsliste (Völkisch-Nationaler Block) für den Reichstag sowie für den Preußischen Landtag. Im Sommer 1932 trat er der NSDAP bei. Auch wenn er seinen Hof 1937 an seinen einzigen noch lebenden Sohn übergeben konnte, musste S. kriegsbedingt die Verwaltung des Betriebes bis zu seinem Tode fortführen. *hkm*

Sparkassen und Banken Bis ins 19. Jh. war das Kreditwesen im Alten Land rein privat zwischen Gläubigern und Schuldnern organisiert, wobei eine hypothekarische Absicherung größerer Darlehen üblich war. Die im frühen 19. Jh. aufgekommene Idee der Sparkasse war ursprünglich sozialpolitisch intendiert, indem auch den Besitzern geringer Vermögen die Möglichkeit einer verzinslichen Geldanlage geboten werden sollte. In der zweiten Hälfte des 19. Jh. trat daneben die Aufgabe der Kreditversorgung von Privatkunden und Unternehmen in den Vordergrund. Die ersten kleinen Gründungen im Alten Land waren nicht langlebig. Eine 1840 gegründete private S. in →Borstel wurde 1865 wieder aufgelöst, und die 1849 in →Francop unter Garantie eines dortigen Gutsbesitzers gegründete S. ging schon sechs Jahre später wieder ein. Von dem Fehlen einer leistungsfähigen S. im Alten Land profitierten die S. in Stade, Buxtehude und →Harburg.

JORK im Altenlande

Ehem.
Sparkassen-
gebäude
in Jork

Erst in der →preußischen Epoche wurde am 1. Mai 1873 die *Spar- und Leih-Casse des Alten Landes* in der Trägerschaft der Gemeinden des →Amtes Jork gegründet, die umgangssprachlich schon früh, seit 1963 auch offiziell als *Altländer Sparkasse* bezeichnet wurde. Infolge der hohen Wirtschaftskraft des Alten Landes wuchs die Sparkasse kräftig. Schon vor dem →Ersten Weltkrieg wurden in mehreren Orten Filialen eingerichtet, die in den zwanziger Jahren in selbständige Zweigstellen umgewandelt wurden. Gemessen an der Einlagenhöhe war die *Altländer Sparkasse* 1930 die zweitgrößte S. des Regierungsbezirks Stade. Selbst in den schweren Jahren der Wirtschaftskrise nach 1929, als andere S. sich am Rande der Illiquidität befanden, konnte sie stets gute Gewinne verbuchen. Einen nicht unerheblichen Verlust erlitt die *Altländer Sparkasse*, die 1935 in eine Zweckverbandssparkasse umgewandelt wurde, nach dem →Groß-Hamburg-Gesetz, als 1944 die Zweigstellen →Cranz und →Neuenfelde abgegeben werden mussten. Gewinne konnte die leistungsstarke S. in soziale und kulturelle Projekte investieren. Am 1. Januar

2000 fusionierte die *Altländer Sparkasse* mit der *Stadt-Sparkasse Stade* zur *Sparkasse Stade-Altes Land*. Die *Hamburger Sparkasse* schloss 1981 und 2017 die Filialen in Cranz und Neuenfelde und ist nicht mehr im Alten Land vertreten.

Während die *Altländer Sparkasse* von vornherein das ganze Alte Land umfasste, hatte das genossenschaftliche Bankwesen mehrere lokale Ursprünge, die sich unterschiedlich entwickelten. Die Spar- und Darlehnskassen →Guderhandviertel (gegr. 1908) und →Ladekop (gegr. 1918) verschmolzen 1967 zur *Spar- und Darlehnskasse Altes Land* (später *Volksbank Altes Land*), die 1987 mit der *Volksbank Stade* fusionierte, welche wiederum 2000 in der *Volksbank Stade-Cuxhaven* aufging, die heute zwei Filialen in →Jork und →Steinkirchen betreibt. Die Spar- und Darlehnskasse →Twielenfleth-Hollern wurde 1916 gegründet und 1944 aufgelöst. Die ebenfalls 1916 gegründete Spar- und Darlehnskasse Neuenfelde verschmolz 1970 mit der Spar- und Darlehnskasse Elstorf. Nach mehreren Fusionen ist ihr Rechtsnachfolger die heutige *Volksbank Lüneburger Heide* mit Sitz in Winsen (Luhe), die eine Geschäftsstelle in Neuenfelde betreibt. Private Geschäftsbanken, namentlich die *Westholsteinische Bank*, die später zur *Vereins- und Westbank* fusionierte, waren nur vereinzelt mit Filialen im Alten Land vertreten.   *rg*

Spätfrost   S. ist ein besonders gefürchtetes Wetterphänomen im →Obstbau. Durch das nächtliche Absinken der Temperaturen unter 0° C während der Blütezeit im April/Mai werden die frostempfindlichen Blüten geschädigt. Im Alten Land hat man früher das Absinken der Nachttemperaturen in dieser kritischen Wachstumsphase durch das sogenannte →Spieren zu verhindern gesucht, indem man durch Volllaufenlassen der →Gräben die Temperatur zu erhöhen suchte. Nachdem die Gräben vielfach zugeschüttet sind, sorgen heute Beregnungsanlagen (→Beregnungsbecken) weit effektiver für den Schutz der Blüten in Nächten mit S.

Auch wenn es zunächst widersprüchlich erscheinen mag, ist durch den →Klimawandel die Gefahr von S. im Alten Land ebenso gestiegen wie durch die kleinklimatischen Veränderungen aufgrund des Verschwindens der Gräben seit den 1960er Jahren.   *hk*

Speersort   S. ist der westlichste Ortsteil von →Hollern in →Hollern-Twielenfleth. In der Hollerner Höferolle wurde 1524 der Hof von Hein von Bremen genannt. Elf Hausstellen gab es nach einem Verzeichnis des der Familie →Schulte zustehenden →siedesten Gerichtes 1580 in S. Die Hauptstraße in S. nennt sich seit 1984 ebenfalls „Speersort" als Fortsetzung der →Hollernstraße. Der Name S. bedeutet die Sperrstelle eines stillgelegten Priels, eines abgedämmten Wasserlaufs. Die genaue Position dieser Sperrstelle ist nicht mehr bekannt.

S. lebt von →Obstbau, Pferdezucht, →Tourismus, Handel, Gewerbe, Speditions- und Transportunternehmen u. a.

1968 hatte S. 65 Einwohner, 2017 waren es 204.   *dm*

Beregnung von Apfelbäumen bei Spätfrostgefahr

Schwinge-
sperrwerk

Sperrwerk Ein S. ist ein in einen Fluss gelegtes, mit Stemmtoren versehenes Wasserbauwerk, das im Normalfall geöffnet ist und dem Fluss seinen ungehinderten Lauf lässt. Im Fall einer →Sturmflut wird es jedoch geschlossen, so dass kein Flutwasser in den Fluss eindringen kann. Das S. wird so zu einem Bestandteil der Hauptdeichlinie. S. sind technisch aufwendige Wasserbauwerke, deren Herstellung erst mit den maschinellen Möglichkeiten der zweiten Hälfte des 20. Jh. ausführbar war. Die drei in die Nebenflüsse des Alten Landes →Schwinge, →Lühe und →Este gelegten S. gewährleisten, dass die flussparallelen Nebendeiche an Schwinge, Lühe und Este bei Sturmfluten nicht mehr gefährdet sind. Das zwischen 1969 und 1971 errichtete Schwingesperrwerk und das zwischen 1964 und 1966 erbaute, 1968 in Betrieb genommene Lühesperrwerk werden von der Betriebsstelle Stade des Niedersächsischen Landesbetriebs für Wasserwirtschaft, Küsten- und Naturschutz (NLWKN) betrieben. Das alte oder Innere Estesperrwerk wurde bereits 1958/59 errichtet, mit der Verlegung der Hauptdeichlinie an das Elbufer nach der →Sturmflut von 1962

wurde 1964–1968 das Äußere Estesperrwerk erbaut, das 1996–2000 durch einen Neubau ersetzt wurde und von der Hamburg Port Authority betrieben wird, während für das Innere Estesperrwerk das Wasserstraßen- und Schifffahrtsamt Hamburg Außenbezirk Stade zuständig ist.   *me*

Spieren Mit S. bezeichnet man das Absperren der →Fleete und →Wettern und gegebenenfalls das Hereinlassen von Wasser aus der →Elbe und ihren Nebenflüssen, um einen höheren Wasserstand in den Obstanlagen zu erreichen. In der Vergangenheit nutzte man das S. und das Fluten der →Gräben, um kleinklimatisch geringe Temperaturerhöhungen zu bewirken, die das Risiko von →Spätfrost verringern sollten. Die Methode war wegen ihrer offensichtlichen Nachteile, darunter Vernässung der Böden, vermehrtes Auftreten der Schermaus, Kosten für das Abpumpen des Wassers, umstritten. Heute wird das S. gelegentlich und je nach Satzung des jeweiligen Entwässerungsverbandes (→Unterhaltungsverband Altes Land) zur Bereitstellung von Wasser für die Beregnung (→Beregnungsbecken) genutzt. Einschränkungen für diese Wassernutzung könnten sich künftig aus möglicherweise zunehmender Versalzung (→Elbvertiefungen) ergeben.   *cr*

Sprache Die spätestens ab den 1130er Jahren zugewanderten Holländer (→Hollerkolonisation) trafen auf sächsische Nachbarn (→Sachsen) auf dem →Hochland und auf der Geest, die altniederdeutsch sprachen, eine S., die sich direkt auf das Altsächsische zurückführen lässt. Da sich die →Zuwanderung über einige Generationen hinzog, dürfte sich die S. der Zuwanderer der S. der Sachsen angeglichen haben. Einige wasserbauliche Fachbegriffe wie →Schleuse (Sluis) oder →Wettern (Wateringe) fanden sofort Eingang in die örtliche Umgangs-S. Die aus dem Hochmittelalter überlieferten Urkunden des Alten Landes wurden dagegen zumeist in Latein als offizieller Kanzlei-S. verfasst, im Spätmittelalter zunehmend auf Mittelniederdeutsch.

Auch als Folge der →Reformation begann eine stärkere Trennung des Niederdeutschen vom Hochdeutschen, wobei das Hochdeutsche als Gelehrtensprache und in der amtlichen Verwaltung an Bedeutung gewann. Bei diesen Schriftzeugnissen ist oft durch typische Grammatik- und Rechtschreibbesonderheiten Nie-

derdeutsch als Umgangs-S. der Verfasser zu erkennen. Bis in die Mitte des 20. Jh. blieb das Niederdeutsche (Plattdeutsche) trotz Luther-Bibel Umgangs-S. Nachdem sich in den umliegenden Städten die sozialen Differenzierungen in der verwendeten S. widerspiegelten, begann der Niedergang des Plattdeutschen auch im Alten Land.

In einigen Berufen und Familien fanden bis in die 1950er Jahre beide S. (Hoch- und Niederdeutsch) gleichrangig nebeneinander Verwendung. Plattdeutsche Muttersprachler des Alten Landes können heute noch an kleinen Unterschieden relativ genau den Herkunftsort der Sprechenden ermitteln, der sich daraus ergibt, dass es innerhalb des Alten Landes subtile Unterschiede in der Aussprache sowie für einige Begriffe (z. B. Leiter) unterschiedliche Bezeichnungen gibt, wobei die →Este vielfach als interne Sprachgrenze wirkt und die größere Nähe der →Dritten Meile zu →Hamburg und seinem Hafen ursächlich gewesen sein dürfte. Heute wird durch etliche Aktivitäten auch in den Schulen (Schulzentrum →Lühe) die Rettung der plattdeutschen S. versucht.   *cr*

Stackwerk Bei S. (auch kurz als Stacks bezeichnet) handelt es sich um Uferschutzwerke, die zumeist aus Pfählen, Buschwerk bzw. Stei-

Stack

nen bestanden. Sie wurden quer oder schräg in die tideabhängigen Ströme hineingebaut, um die Strömung von Ufer und →Deich abzulenken. Damit sollte die gefürchtete Erosion des →Vorlandes und das so genannte „Schar"-Liegen der Deiche (→Schardeich) verhindert werden. Für das Alte Land liegen erste Nachrichten über den Bau von S. an der →Este für das Jahr 1585, an der →Elbe für 1635 vor. In der Folge entstanden weitere S. unter anderem vor →Twielenfleth, →Wöhrden, →Bassenfleth und Kolstershörn.   *nf*

Stade →Grafschaft Stade, →Landkreis Stade

St.-Bartholomäus-Kirche   Mittelnkirchen
Auf einer Kirchhofswurt steht die 1221 erstmals erwähnte Kirche in →Mittelnkirchen. Feldsteine und Backstein unterschiedlichen Formats zeigen, dass das alte Mauerwerk der aus dem 13. Jh. stammenden Kirche immer wieder repariert wurde. Die reizvollen Fachwerkvorbauten im Norden wie Süden bergen die Kirchentüren und die Treppen zu den auf schmalen Metallstützen erhöht angebrachten Kirchenstühlen an den

Längsseiten. Der hölzerne Glockenturm von 1721 vor dem Westgiebel erreicht nach einem Blitzeinschlag nur noch die Höhe des Kirchendachs.
Innen prägen verputzte Wände und Brettertonne den schlichten Eindruck. Der Mittelgang lenkt – wie in den Nachbarkirchen an der →Lühe – durch seine leichte Erweiterung den Blick nach Osten, wo er sich zum Altarraum öffnet. Dort trifft er auf den Kanzelaltar von 1800/02. Die Anordnung von Altar und Kanzel übereinander betont die Symmetrieachse des Raumes. Über dem Altarblock befindet sich – für das Alte Land einmalig – eine nachreformatorische Darstellung des Abendmahls als farbig gefasstes Relief aus Holz, übernommen aus dem Vorgängeraltar (1651). Darüber die Kanzel, auf deren Schalldeckel steht eine Figur des Auferstandenen, darüber – gegen die Abfolge der Szenen – der Gekreuzigte mit Maria und Johannes. Über allem wacht das seit der Aufklärung beliebte Bildnis des Auges Gottes. Die „Hohen Stühle", Priechen auf Höhe der Kanzel, und darunter angeordnete Kirchenstühle verleihen dem Raum nach Osten eine große Geschlossenheit.
Die mittelalterliche Granittaufe wurde erst 1934

St.-Bartholomäus-Kirche, Mittelnkirchen

aus ihrer profanen Nutzung in die Kirche zurückgeholt. 1991 schuf der polnische Künstler Jemzmyk für den ursprünglich schmucklosen Stein Reliefs des Kirchenpatrons Bartholomäus, des Täufers Johannes und des Apostels Paulus und eine Taufschale aus Bronze.

Beim Betreten der Kirche fällt der Blick auf ein großes Bild vom Weltgericht nach Matth. 25,31ff. Das auf Bretter gemalte Werk von 1651 war bis ca. 1970 hinter der →Orgel verborgen. Die kraftvollen Farben und die dramatische Darstellung von Teufeln und Hölle sind Zeugen einer ganz anderen Frömmigkeit, die ebenso in dieser Kirche Raum hat wie gegenüber der fast genauso alte, aber reich verzierte Kirchenstuhl des →Gräfen Rolff, gleich daneben zwei Schnitzwerke der spätgotischen Passionsfrömmigkeit und ein großes Bild der Auferweckung des Jünglings von Nain (Lukas 7,11–17) im Stil der Nazarener.

Die Orgel wird erstmals um 1600 erwähnt. An ihr haben viele angesehene Orgelbauer gearbeitet, am bekanntesten 1688 Arp →Schnitger und 1750/53 Johann Matthias Schreiber, der die Orgel auf für eine Dorfkirche ungewöhnliche 32 Stimmen ausbaute.

Hingewiesen sei ausdrücklich auf die große Zahl steinerner Grabplatten des 16.–18. Jh. (→Grabmäler) inner- wie außerhalb der Kirche, darunter viele außergewöhnlich gut erhalten. *hr*

Stechmann, Johannes Jacob, *7.2.1896 in →Steinkirchen, †10.9.1967 ebd. Der Landwirtssohn S. besuchte von 1902–1910 eine Privatschule in Steinkirchen und von 1910–1912 die Landwirtschaftsschule in Hildesheim. Den →Ersten Weltkrieg erlebte er als Soldat von 1915–1918 an der Westfront in Frankreich. Im Jahr 1920 übernahm er den elterlichen Hof in Steinkirchen. Politisch engagierte sich S. bis August 1932 in der Deutschnationalen Volkspartei und trat dann zur NSDAP über. Damit einher ging seine Ernennung zum ersten Kreisleiter der NSDAP im →Kreis Jork. Dieses Ehrenamt legte S. im Zuge der Neustrukturierung der Parteior-

Johannes Jacob
Stechmann

ganisation der NSDAP und der bevorstehenden Einsetzung eines hauptamtlichen Kreisleiters im Januar 1934 wieder nieder. Die Ortsgruppenleitung der NSDAP führte er fort, und er gehörte weiteren NS-Organisationen als nominelles Mitglied an. Am 12. März 1933 wurde er in den Hannoverschen Provinziallandtag gewählt und zählte dort zur parlamentarischen Arbeitsgemeinschaft aus NSDAP, Zentrum und Deutsch-Hannoverscher Partei. Als NS-Funktionär wurde er nach der deutschen Kapitulation am 25. Mai 1945 verhaftet und bis zum 9. April 1947 in den Lagern Westertimke und Neumünster interniert. Im Entnazifizierungsverfahren sprachen sich die angehörten Zeugen, darunter der Landrat von Stade und spätere niedersächsische Ministerpräsident Heinrich →Hellwege, positiv für S. aus, der aus „idealistischen Gründen" der NSDAP beigetreten sei und sich als NS-Amtsträger „anständig gegenüber politischen Gegnern" gezeigt habe. Am 15. September 1947 wurde S. vom Deutschen Entnazifizierungsausschuss in Stade in die Kategorie IV, Mitläufer, eingestuft.

hkm

Stechmann, Rudolf, *9.2.1899 in Dollern, †15.10.1989 in →Jork Nach Notabitur (1917) und Kriegsdienst studierte der Sohn des inzwischen verstorbenen Landwirts Johannes Stechmann 1918/19 an der TH Hannover Bauingenieurwesen und nach einer Unterbrechung von 1920–24, jeweils mit Unterbrechungen zur Arbeit auf dem Hof des Onkels in →Borstel, in Halle und Hamburg Landwirtschaft, wo er im März 1924 mit einer Arbeit über „Untersuchungen über Keimschwankungen einiger Gräser und ihre Bedeutung für die praktische Samenprüfung" promoviert wurde (erschienen im *Botanischen Archiv* 1925). Eine weitere kleine Schrift *Ein Profil durch das Alteland* folgte 1925 (→Landschaftsprofil). 1926 erwarb er zusätzlich einen universitären Abschluss als Diplomagrarwirt. Ab 1930 bewirtschaftete er den vom Onkel ererbten Borsteler Betrieb. Mit Ausbruch des

Rudolf
Stechmann

→Zweiten Weltkriegs wurde er eingezogen und befehligte eine Flakbatterie, zum Kriegsende als Fortkommandant in Cuxhaven.

1948 gründete er mit Hein Somfleth jun. (Sohn des Hein →Somfleth) und einigen Landwirten den bis 1980 bestehenden „Bund der Niederelbischen Obstbauern" (→Fachgruppe Obstbau im Landesbauernverband Niedersachen). 1951 entsandte ihn der Deutsche Bauernverband nach Paris, um an den ersten Verhandlungen zur Liberalisierung des Obst- und Gemüsemarktes teilzunehmen. In mehreren Ehrenämtern war er für örtliche Vereine und Verbände tätig. Auf weiten Reisen, u. a. 1951 in die USA, gewann er berufliche Erkenntnisse, die er an seine Berufskollegen in ausführlichen Berichten weitergab. 1955–59 war er für die Deutsche Partei, die mit der CDU eine gemeinsame Fraktion bildete, Abgeordneter des Niedersächsischen Landtages. Durch das Erbe seiner Frau war er Mitinhaber und Geschäftsführer einer →Ziegelei in Brunshausen/Stade. *cr*

Wappen
der Gemeinde
Steinkirchen

Steinkirchen Nach dem Auseinanderfallen der Großsiedlung →Lu, die beiderseits der →Lühe lag, etablierte sich für den Kirchort links der Lühe aufgrund der Bauweise der Kirche der Name S. (1377 *tho der stenenen kerken*). Das →Kirchspiel S. war in das sogenannte →Kirchviertel (S.) und →Guderhandviertel unterteilt. An der Breiten Brücke entwickelte sich die →Bürgerei als Brückensiedlung und gewerbliches Zentrum. S. war bis Mitte des 19. Jh eine der zwölf →Hauptmannschaften des Alten Landes.

Der historische Hauptort S. ist ein →Deichhufendorf innerhalb der 9,56 km² großen politischen Gemeinde S. In Elbnähe umfasst Letztere partiell die Ortsteile →Bachenbrook, →Sandhörn, →Lühesand, →Elbdeich und →Wetterndorf (vollständig), zwischen →Elbe und Lühe partiell →Huttfleth und im historischen Hauptort Bürgerei, →Hohendeich, Am Deichweg und Alter Marktplatz. Südlich der 1328 erstmals erwähnten Breiten Brücke gehören →Bergfried

(bis zur Grenze von Guderhandviertel) und die →Halbfehrden dazu.

Der ökonomisch-soziale Wandel des 19. und 20. Jh. und zumal nach der →Sturmflut von 1962 mit der weitgehenden Aufgabe der →Tierhaltung und der massiven Ausweitung des →Obstbaus in ihrer Folge ist in S. überall ablesbar. Noch gibt es die kleinen Deichhäuser und →Katen auf dem Lühedeich und eine Reihe prächtiger →Fachhallenhäuser. Hans →Heinrich, der verstorbene Besitzer des bis 2011 in S. beheimateten →Schifffahrtskontors Altes Land hat sich große Verdienste um die Erhaltung einer Reihe von Fachwerkhäusern und des Ortsbildes am alten Marktplatz erworben. Von der mittelalterlichen bis ins 19. Jh. bestehenden →Mühle zeugt heute nur noch der Mühlenweg, während der moderne, doch Anfang der 1970er Jahre aufgegebene Nachfolgebau am Hohendeich in der Nähe der →Hogendiekbrück(e) heute noch steht. Neben der →St.-Martini-et-Nicolai-Kirche mit ihrer Arp →Schnitger-→Orgel erinnert seit 1993 die →Priester-Heinrich-Skulptur an die →Hollerkolonisation des Alten Landes. Während →Hafen und →Schifffahrt deutlich an Bedeutung verloren haben, haben sich einige bis mindestens in die Zeit vor dem →Dreißigjährigen Krieg zurückreichende landwirtschaftliche Besitzstrukturen bis heute erhalten. Obstbau, →Tourismus und Einzelhandel, wenn auch nicht mehr in seinem vormaligen Umfang, sind tragende Säulen der Wirtschaft in S., das zusammen mit →Grünendeich neben →Jork eines der beiden Grundzentren im Alten Land ist. Seit 1971 ist S. Teil und Sitz der →Samtgemeinde Lühe, deren neues Rathaus Ende 2018 am alten Marktplatz in S. eröffnet wird.

1964 zählte S. 1.318 Einwohner; 2017 waren es 1.720. *dm*

St.-Johannis-Evangelista-Kirche Neuenkirchen Wo einst ein Kloster am Ostufer der oberen →Lühe stand, das nach wenigen Jahren bereits 1286 ins heutige Neukloster verlegt wurde,

St.-Johannis-
Evangelista-
Kirche, Neuen-
kirchen

steht nun die S. in →Neuenkirchen. Der heutige Bau, Fachwerk mit Ausfachungen in Backstein, ist von 1925/31. Wie schon 1845 wurde der marode Vorgängerbau abgerissen und getreu dem Vorbild von 1615 neu errichtet. Der hölzerne Glockenturm ist der Kirche westlich vorgesetzt. Seit 1925/31 das Brauthaus im Norden nicht wieder aufgebaut wurde, tritt der Besucher durch das dunkle Untergeschoss des Turmes in einen lichten wie schlichten Kirchenraum. Ein umlaufendes Band aus großen rechteckigen Fenstern statt der schmalen, rundbogigen Fenster des 19. Jh. gibt viel Licht. Ein Mittelgang weitet sich fast unmerkbar und führt den Blick durch das Kastengestühl zum Altar.

Dieser wurde 1615 aus mittelalterlichen Spolien zusammengestellt: im alten Schrein vor himmlischem Goldgrund ein thronender Christus (die gekrönte Maria dazu fehlt), elf Jünger und ein weiterer Heiliger. Besonders reizvoll ist in der Sockelzone des Schreins mit Goldschrift auf schwarzem Grund das apostolische Glaubensbekenntnis in plattdeutscher →Sprache von 1615. Von einer gotischen Kreuzigungsgruppe, die jetzt auf der Mensa steht, fehlen die Assistenzfiguren. An der Südwand des Altarraums ist

eine Kanzel (ebenfalls von 1615?) geschickt der Wand angepasst. Die Füllungen der Brüstung zeigen die vier Evangelisten. Gegenüber auf der Nordseite hält ein kniender Jüngling die Taufschale. Im späten 20. Jh. hat der Bildhauer Carsten Eggers mit dieser Messingskulptur eine Sonderform des Taufengels aus dem frühen 19. Jh. aufgegriffen.

Als Besonderheit sind in die klaren Fenster 24 Kabinettscheiben wohl aus dem 16./17. Jh. verteilt. Mit biblischen Szenen, vor allem aber mit →Wappen und Stifternamen aus dem Großbauerntum, →Adel und den Erzäbten des hier reich begüterten Klosters Harsefeld erinnern sie an Menschen, die die lokale Kirchengeschichte prägten. Und noch etwas lehrt diese bescheidene Kirche: selbst in der so reich mit →Orgeln gesegneten Musiklandschaft Altes Land war es nicht selbstverständlich, dass jede Dorfgemeinde von einer Orgel musikalisch begleitet wurde: die erste Orgel für Neuenkirchen baute Paul Ott aus Göttingen 1937. Das Programm der 13 erhaltenen Brüstungsbilder von Figuren des Alten Testaments scheint beim Wiederaufbau durcheinandergeraten.   *hr*

St.-Marien-Kirche Grünendeich Die jetzige Kirche, vermutlich der dritte Kirchbau von →Grünendeich, dem vormaligen →Bardesfleth, steht auf einer flachen →Wurt. Der Baugrund gehörte ursprünglich zur nahen →Adlersburg. Die Prinzipalstücke der Ausstattung Altar, Kanzel und Taufe stiftete Oswald von →Zesterfleth, dem ein anderer großer Besitz am Ort, der Sassenhof, gehörte. Der einschiffige Saal wurde 1608 in verriegeltem Fachwerk erbaut mit Ausfachungen aus Backstein. Ein durchgehendes Fensterband im oberen Fach gab helles Licht. Als Emporen an den Längsseiten mit Treppenanbauten von außen den Lichteinfall hemmten, kamen weitere Fenster hinzu. Sie stören die klare Gliederung. Ein verbretterter Holzturm steht dicht vor dem Westgiebel auf eigenem Fundament. Den Spitzhelm mit roten und grünen Schindeln krönt eine Wetterfahne mit der Jahreszahl 1625.

Innen zieren unter der Brettertonne →Wappen der Besitzer die langen Fronten der Emporen; die anderen Fächer tragen Rocaillen von geübter Hand. Das Kastengestühl darunter wurde 1959 tiefgreifend verändert. Das alte Aufmaß zeigt einen Mittelgang, der deutlicher noch als in den Nachbarkirchen an der →Lühe sich nach vorn weitet und um den Altar einen kelchförmigen Freiraum für die Kommunikanten bildet.

Das Altarretabel von 1616 zeigt ein erstaunliches Fortleben spätgotischer Formen: im Schrein eine geschnitzte Kreuzigung, auf den Flügeln vier gemalte Szenen vom Leidensweg Christi. 1763 wurde die Kanzel den liturgisch-theologischen Vorstellungen der Zeit folgend in einen Kanzelaltar eingebaut. Das Retabel, für das darin kein Platz war, stand auf dem Zugbalken über dem Kanzelaltar. Für das 18. Jh. hatte das Wort Vorrang vor dem Sakrament. Wie vielerorts wurde diese Verbindung zum Kanzelaltar 1959 wieder gelöst. Seither steht das Retabel wieder über dem Altarblock auf einer Predella, deren Gemälde Jesus und die Jünger beim Abendmahl „zu Tische liegend" zeigt. Die Kanzel von 1616 steht fast ebenerdig im Süden. Vier Felder des sechseckigen Korbes zeigen die Evangelisten mit Namen.

Taufe und Taufdeckel von 1618 haben ihren Platz jetzt gegenüber auf der Nordseite des Altars. Wie die Kanzel in freundlichen, hellen Farben

St.-Marien-Kirche, Grünendeich

St.-Marien-
Kirche,
Twielenfleth

gehalten trägt ein hölzerner Ständer die tiefe Schale; die acht Ecken zieren Hermen. Auf der Unterseite des hölzernen Deckels grüßt ein Bild der Taufe Jesu im Jordan mit dem geöffneten Himmel den Täufling. So bilden Taufe, Altar und Kanzel heute einen klaren Abschluss im Osten. Die →Orgel von Nicolaus Gloger von 1766 gilt, jüngst renoviert, als sehr seltenes Instrument. *hr*

St.-Marien-Kirche Twielenfleth Über die mittelalterliche Kirchengeschichte →Twielenfleths ist wenig Genaues bekannt. Der Ort gehörte bis ins Spätmittelalter, als eine hier bestehende Kapelle zur Pfarrkirche erhoben wurde, zum →Kirchspiel St. Wilhadi in Stade. Kirchenpatron soll ursprünglich St. Georg gewesen sein. Sicher ist, dass der Vorgängerbau an dieser Stelle vom Anfang des 17. Jh. um 1800 so baufällig war, dass 1820 nach dem Abriss auf dem alten Fundament und neuem Backsteinsockel ein unverriegelter Fachwerkbau entstand. Große Fenster machen den Raum hell. Einzig der hölzerne Turm von 1615 vor dem Westgiebel blieb stehen. Zur Ausstattung wurden viele Stücke des Vorgängerbaus verwandt, ohne dass ein harmonisches Gesamtbild entstand. Der liturgischen

Vorliebe der Zeit (→St.-Marien-Kirche Grünendeich) entsprechend baute man unter Verwendung der Kanzel von 1603 einen Kanzelaltar, in dem aber für den spätgotischen Marienaltar kein Platz war. So stellte man diesen auf den östlichen Zugbalken unter die flache Brettertonne und bekrönte ihn mit einem vollplastischen Kruzifix aus dem 14. Jh. Das wirkte sehr gedrückt. Im Zuge einer gründlichen Neuordnung 1963 wurde der Kanzelaltar – der Zeitströmung folgend – aufgelöst. Der Marienaltar steht nun auf einem neuen Altarblock aus Ziegelstein: im Schrein die stehende Muttergottes, links kündigt der Engel Gabriel ihr die Geburt Jesu an, rechts die Anbetung des Kindes durch die Könige. In neu gefertigten Flügeln zwölf alte Apostelfiguren aus Holz. Das Kruzifix kommt an der Stirnwand über dem Zugbalken besser zur Geltung. Die Kanzel von 1603 steht jetzt, nur vier Stufen hoch, auf neuem Stiel nördlich des Altars. Von den fünf Füllungen des achteckigen Korbes zeigen vier die Evangelisten, Öl auf Holz; die fünfte ist leer. Gegenüber im Süden die alte Taufe. Eine Inschrift berichtet, dass sie 1606 vom Juraten Johan zum Velde und seiner Frau gestiftet wurde, während 1650 der Jurat Paul zum Vel-

St.-Martini-et-
Nicolai-Kirche,
Steinkirchen

de und seine Frau sie restaurieren ließen. Der Taufdeckel von 1592 zeigt die ungewöhnliche Form eines spitzen Kegels auf runder Grundplatte.

Das einfache Kastengestühl weist keinerlei Verzierungen oder Namen auf. Den Mittelgang ziert ein schöner Kronleuchter in Gelbguss, gestiftet 1673 von der Witwe des Regierungsrates Nicolaus von Höpken auf Gut →Melau. Eine inzwischen um ihren Nordflügel verkürzte dreiteilige Empore wurde 1861 im Westen für die →Orgel von Philipp Furtwängler errichtet. *hr*

St.-Martini-et-Nicolai-Kirche Steinkirchen

In die Zeit der →Hollerkolonisation weisen Reste des Feldsteinmauerwerks der Kirche. In der steinlosen Marsch war Holz der natürliche Baustoff, so dass die Kirche in →Lu zu ihrem späteren Namen kam: Steinkirche. Die Feldsteinkirche, mit Backsteinen in vier verschiedenen Formaten immer wieder repariert, wurde um 1500 zu einem gewölbten Backsteinbau.

Der mit doppelter welscher Haube und dem hohen, achteckigen Helm (47 m) elegante Turm vor dem Westgiebel wurde 1696 auf eigenem Granit-Sockel gebaut, neigt sich jedoch deutlich nach Westen. Die Umwandlung der Kirche zum barocken Saalbau geschah in den hundert Jahren von 1685 bis 1787. Wie in →Mitteln-, →Neunkirchen und →Grünendeich (bis 1959) wird der Mittelgang des Kastengestühls nach Osten breiter, wo er in eine geräumige Freifläche vor dem Altar übergeht. An beiden Längswänden geben von außen zugängliche, erhöhte Kirchenstühle dem Raum einen Rahmen. Elegante Rocaillen in Grisaille-Technik auf den Füllungen der Kirchenstühle zeugen von der Wirtschaftskraft der bäuerlichen Oberschicht. Große Rundbogenfenster machen den Raum hell.

Der Kanzelaltar von 1784/85 gibt dem Raum auch im Osten einen klaren Blickpunkt. Die Kanzel von 1605 und der Altar von 1512 sind seither verschollen. Die Kanzel flankierend erinnern Mose mit den Gesetzestafeln und Johannes

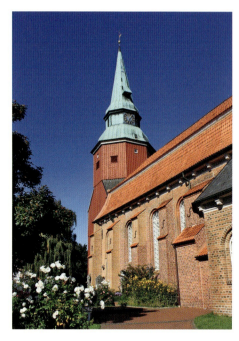

mit dem Evangelienbuch an Altes und Neues Testament als Grundlage der Predigt. Auf dem Gebälk über der Kanzel weisen die personifizierten christlichen Tugenden von Glaube (Kreuz), Liebe (Kind) und Hoffnung (Anker) auf das Ziel der Verkündigung. Der Aufbau gipfelt in einer Kreuzigungsgruppe, über der das Auge Gottes im gleichseitigen Dreieck (Dreifaltigkeit) wacht. Der schlanke Aufbau betont die Symmetrieachse des Raumes. Dazu tragen die hölzernen Schranken beiderseits der Altarstufe bei; sie trugen in ihren verzierten Pfosten einst die Taufschale und den Opferstock. Die stuckierte Decke schließt den Raum nach oben ab und schafft zugleich die Verbindung zu dem lichtblau gestrichenen Vorhang, ebenfalls aus Stuck, der seit 1773 die →Orgel im Westen bühnenartig rahmt. Schon um 1510 gibt es Hinweise auf eine Orgel, die älteste im Alten Land, 1581 erweitert durch Dirk Hoyer (aus der Werkstatt Scherer). 1685/87 baute Meister Arp →Schnitger die neue, große Orgel.

Inner- wie außerhalb der Kirche gibt es viele gut erhaltene Grabsteine und -platten (→Grabmäler). *hr*

St.-Martini-Kirche Estebrügge Schon von weitem ist der Turm der S. in →Estebrügge unverkennbar – sein Helm ist in sich um 36° gedreht, Folge einer Senkung im weichen Marschboden. Der laut dendrochronologischer Untersuchung um 1508 erbaute Turm hat diese Störung überstanden. Die heutige Kirche ist jünger, ein weiter Saalbau aus Backstein, 1700-02 errichtet auf den Grundmauern der ruinösen Vorgängerin, deren erste Erwähnung von 1221 datiert. Wie alle Kirchen hatte Estebrügge schwer unter dem →Dreißigjährigen Krieg gelitten. Nach einer unbewiesenen Legende sollen die Engelköpfe an den Bankwangen, die in den Neubau übernommen wurden, ihre Nasen durch einen wüsten Soldatensäbel verloren haben.

Zunächst versuchte man, die im Krieg verlorene Ausstattung zu ersetzen: Kanzel und Altar 1656/57 von Meister Johann Tamke aus Buxtehude, auf die viele Kanzeln im weiten Umkreis zurückgehen (→St. Matthias in →Jork); ein großer Kronleuchter aus Messing von 1681; für die mittelalterliche Bronzetaufe des Meisters Eglert, von dem um 1340/50 auch Taufen in Ebstorf und Lüneburg erhalten sind, schuf man 1656 eine neue Taufbekrönung. Als die alte Kirche nicht zu halten war, übernahm man diese Ausstattungsstücke in den Neubau. Man spürt, dass sie nicht für den neuen Raum geschaffen wurden, obwohl man sich mit der Anpassung Mühe gab. So verbindet eine lange Laufbrücke den neuen Pastorenstuhl mit der (alten) Kanzel. Der Pastorenstuhl und etliche Priechen und Emporen versuchen, den weiten Gemeinderaum zusammenzubinden.

Die →Orgel, die Arp →Schnitger 1702 baute, ist hingegen deutlich für diesen Raum geschaffen: von der Höhe der oberen Westempore prägt sie mit ihrem „Hamburger Prospekt" den Anblick. 1906 wurde Schnitgers Orgel durch eine zeitgenössische ersetzt, an deren Stelle wiederum 1959 ein Neubau trat. Nur der Prospekt blieb erhalten. Die Emporenbrüstungen boten Raum für ein umfangreiches Bildprogramm.

Die S. steht seit alters auf einer →Wurt, umgeben von einem breiten Graben, der im 20. Jh. verfüllt und mit einem roten Ziegelpflaster versehen wurde. Das erklärt die heute etwas unmotivierte Stellung der mächtigen Ehrenpforte, die 1895 das alte Kirchhoftor ersetzte (zugleich

St.-Martini-Kirche, Estebrügge

Denkmal für den Krieg 1870/71): der Weg von der Estebrücke führt den Besucher durch dieses Tor direkt auf die Kirche zu.   *hr*

St.-Matthias-Kirche Jork Die 1221 erstmals erwähnte Kirche in →Jork war nach dem →Dreißigjährigen Krieg in ruinösem Zustand. So drängten 1662 die →Gräfen bei den Jorker Juraten auf Abhilfe. Daraus wurde ein Neubau in drei Phasen: 1664 wurde der Westteil, 1709 der Ostteil neu errichtet, dazwischen 1685 im Südwesten der Glockenturm, wie in der →Marsch üblich mit eigenem Fundament. Der einschiffige Saalbau aus Backstein beeindruckt durch seine Weite. Das überraschend farbige Kastengestühl zeigt nicht nur die Freude der Jorker an ihrer Kirche (heute unterpolstert durch handgestickte Sitzkissen); es lenkt auch den Blick beim Eintritt durch den breiten Mittelgang nach vorn zum Altar – und vermittelt zugleich den Eindruck eines umschlossenen Raumes.

Die Kanzel fast in der Mitte der Südwand schuf 1664 Johann Tamke aus Buxtehude. Sieben Kanzeln von ihm sind im weiteren Umkreis bekannt. Die Jorker zeigt klar das geistliche Pro-

gramm: Die Bilder von Mose und Christus an der Tür zur Kanzeltreppe erinnern daran, dass diese Gesetz und Evangelium Gottes brachten, dazu das Wort des guten Hirten: „Ich bin die Tür …" (Joh. 10,9). An der Kanzeltreppe die Erzväter Abraham, Isaak und Jacob, hier ergänzt durch Noah als Zeugen des Alten Gottesbundes. Die vier Füllungen des sechseckigen Kanzelkorbes zeigen die Evangelisten, die das Evangelium von Jesus Christus überlieferten, das als lebendiges Wort von der Kanzel die Gemeinde erreicht. Wie die Kanzel ist auch der Altar das Geschenk eines dankbaren Gemeindegliedes. Ihn stifteten 1709 der aus Jork stammende Kaufmann Claes Schuback (Nicolaus →Schuback) und seine Frau Anna, die in →Hamburg zu Wohlstand gekommen waren (dafür bekam das Stifterpaar den wohl schönsten Kirchenstuhl gleich neben dem Pastorenstuhl südöstlich des Altars).

Das Taufbecken, eine schlichte Kelchform aus Sandstein vom Ende des 18. Jh., gibt keinerlei Hinweis auf das, was bei der Taufe geschieht. Die Aufklärung sah die Ausstattung einer Kirche vor allem als ästhetische Aufgabe. Die Westwand der Kirche wird ausgefüllt von zwei Em-

St.-Matthias-Kirche, Jork

poren, auf der oberen wurde 1709 eine →Orgel
aus der Werkstatt Arp →Schnitgers errichtet.
Von ihr sind der Prospekt und die Prospektpfei-
fen vollständig erhalten, als ein verändertes Mu-
sikverständnis 1914 und 1982 neue Orgeln forderte. Die 36 Gemälde in zwei Reihen an der
Brüstung (auch die Emporen der Schnitger-Or-
geln in →Steinkirchen, →Neuenfelde und →Es-
tebrügge zeigen große Bildfolgen) spiegeln ein
durchdachtes Programm. Es folgt nicht nur der
biblischen Heilsgeschichte und deren Kurzfas-
sung im Glaubensbekenntnis, sondern nimmt
auch Stellung in theologischen Streitfragen jener Zeit des Umbruchs von Orthodoxie und Pie-
tismus. So führt die äußere Gestalt einer Kirche
bis heute hin auf den Glauben, dem sie sich verdankt.   *hr*

St.-Mauritius-
Kirche, Hollern

St.-Mauritius-Kirche Hollern   →Hollern ist
das älteste →Kirchspiel im Alten Land, und der
mächtige runde Kirchturm mit seinem wehr-
haften Eindruck passt dazu, dass dieser Turm
aus dem 13. Jh. das älteste erhaltene Bauwerk im
Alten Land ist. Der schwere Turm fand im Boden der →Wurt nicht genügend Halt, so dass
ihn im 17. Jh. Strebepfeiler stützen sollten, die bei
den letzten Sanierungen 1963 und 1984 wieder
entfernt wurden. Dabei wurde der ganze Turm
neu mit Ziegeln verblendet. Nur an der Innen-
wand sind noch Reste des ursprünglichen Mau-
erwerks aus Feldsteinen sichtbar. Ob eine feste
Verbindung mit den Kirchenmauern bestand,
ist ungeklärt, da auch das gesamte Außenmau-
erwerk der im Kern spätmittelalterlichen Kirche
1901 erneuert wurde. Dabei behielt der eingezo-
gene Chor seine für eine evangelische Kirche un-
gewohnte Länge gegenüber dem Gemeindeteil.
Damit erinnert er an die größere Bedeutung des
Chores im mittelalterlichen Messgottesdienst.
Der Altar, im Zuge der →Reformation mehrfach umgestaltet, ist ein einmaliges Zeugnis des
kirchlichen Umbruchs seit 1540. Zunächst wurden die Schnitzwerke ausgeräumt, die Flächen
schwarz gestrichen und darauf in goldener

Schrift der Gemeinde der Text des lutherischen
Katechismus vor Augen gestellt – ein typischer
„protestantischer Schriftaltar". Die seitlichen
Bilder der Predella zeigen die Austeilung des
Abendmahls „in beiderlei Gestalt" (Brot und
Wein), wozu die Inschrift im Mittelfeld, dem alten Ort des Tabernakels, einlädt. Die jetzt im geöffneten Zustand des Altars sichtbaren Bilder
gehören stilistisch ins frühe 17. Jh., sind also ein
Ersatz für die im Zuge der Reformation entfern-
ten plastischen Figuren, während außen auf den
Flügeln die Zeilen des Katechismus noch durch-
schimmern. Seitliche Anschwünge am späteren
Aufsatz zeigen Porträts der Reformatoren Luther und Melanchton. Von den vielen Heiligen
der Ausstattung des Mittelalters steht nur der
Kirchenpatron, der schwarzhäutige Ritter Mau-
ritius, bis heute in einer Nische neben der Kanzel.
Diese stammt wie so viele aus der Zeit nach dem
→Dreißigjährigen Krieg (um 1670) und zeigt die
Evangelisten mit ihren Attributen. Der Schalldeckel trägt die Parole der Reformation: VERBUM

DEI MANET IN AETERNUM (Gottes Wort bleibt in Ewigkeit).

Die Bronzetaufe aus der Mitte des 14. Jh. steht jetzt der Kanzel gegenüber auf der Nordseite. Nur hier ist im Alten Land eine hölzerne Taufschranke erhalten. Sie nimmt 1572 mit dem Achteck die „heilige" Grundform der alten Taufkirchen (Baptisterium) auf. Der Engel, der heute über dem Mittelgang funktionslos unter der Decke hängt, soll einmal das Gegengewicht zu dem hochziehbaren Taufdeckel gewesen sein.

Schon gut hundert Jahre vor der berühmten →Orgel von Arp →Schnitger (1690) stattete Dirk Hoyer 1575 die Kirche in Hollern mit einer Orgel aus.   *hr*

St.-Nicolai-Kirche Borstel Der heutige Standort der Kirche von →Borstel landeinwärts vom Borsteler Hafen ist eine Folge von Naturkatastrophen. Die im späten 14. Jh. von Sturmfluten (→Sturmfluten im Mittelalter) zerstörte Vorgängerkirche in →Zesterfleth stand im Bereich der heutigen Elbinsel →Hahnöfersand. 1400 wird eine neu errichtete Kirche in Borstel erstmals urkundlich erwähnt. Es handelt sich um ei-

nen spätgotischen Backsteinbau, dessen Mauerwerk vielfach repariert bzw. erneuert wurde, daher die unterschiedlichen Steinformate. Der alte Westgiebel mit der Gliederung aus spitzbogigen Blendarkaden zeugt vom Stolz der Altländer auf ihre Kirche. Der Glockenturm von 1695 zeigt schöne Zimmermannskunst, stört aber den freien Blick auf den Westgiebel. Er wurde wegen des unsicheren Marschbodens ca. 1 m davor auf eigenem Fundament errichtet. Die Schlagglocke von ca. 1200 ist eines der ältesten Ausstattungsstücke in Altländer Kirchen.

Der Innenraum ist geprägt von der einheitlich erhaltenen Ausstattung der großen Renovierung 1770/72: eine hohe Brettertonne mit tiefblauem Himmel und Engelsfiguren wölbt sich über dem Kastengestühl auf Nord- und Südseite. Es lenkt den Blick fest auf den hohen, schmalen Kanzelaltar. Die Bankwangen tragen z.T. die Namen der Eigentümer. Um mehr Sitzplätze in dem schmalen Kirchenschiff zu schaffen, wurden an beiden Längswänden durchgehende Emporen errichtet mit Zugang von außen.

Manches alte Ausstattungsstück, z.T. aus vorreformatorischer Zeit, erinnert an die lange Tradition der Gemeinde: eine Triumphkreuzgruppe auf dem östlichen Zugbalken, eine stehende Madonna mit Kind auf der Mondsichel, ein Christus in einem Kreuz, dessen Enden die Symbole der vier Evangelisten zeigen, heute unter dem Kanzelkorb. Schon um 1325 entstand die bronzene Taufe in klaren, einfachen Formen.

Eine →Orgel wird schon früh, 1584 anlässlich einer Reparatur, erwähnt; sie stand auf der Nordseite. Sie war der Gemeinde im 17. Jh. den Einsatz so angesehener Meister wie Gottfried Fritsche und Arp →Schnitger wert – dessen Reparatur 1677 sein erstes Werk als selbständiger Orgelbauer war –, bevor sie bei der großen Umgestaltung des Raumes 1770/72 von Paul Geycke 1771 auf ihren heutigen Platz im Westen versetzt und dort immer wieder sorgsam gepflegt wurde. Die sorgfältig erhaltene alte Farbigkeit des Innenraums, die 1924 durch den Hamburger Künstler

Hans Förster behutsam erneuert wurde, und die Emporen, die die großen Fenster halb verdecken, machten den Raum recht dunkel, was durch eine neue Lichtanlage 2016/17 gemildert wird, die seither den Gottesdienstbesuchern ausreichend Licht bietet und unterschiedlichste Veranstaltungen ermöglicht.   *hr*

Stockfleth Ehemals Dorf im →Hochland des Alten Landes in der →Zweiten Meile im →Kirchspiel →Zesterfleth (1313 *de Stocvlet*, Personenname). Das Alte Kloster Buxtehude beurkundete 1346 und 1386 Stiftungen aus S. für Altargründungen in der Buxtehuder Petrikirche. Nach dem Untergang der Kirche von Zesterfleth rechnete das Dorf 1435 zum Kirchspiel →Borstel, die genaue Lage des im 15. Jh. durch Deichrückverlegungen untergegangenen Ortes ist unbekannt. Möglicherweise lag sie im Bereich des heutigen →Neuenschleuse. Namenskundlich dürfte die Gründung in das 7.–11. Jh. zu datieren sein. Nach S. nannte sich im 14. Jh. eine auf dem Stader Immobilien- und Rentenmarkt aktive Familie in Stade.   *bf/aeh*

St.-Pankratius-Kirche Neuenfelde Nicht auf einer →Wurt, sondern auf einer natürlichen Düne (→Höppel) wurde die Kirche in →Neuenfelde errichtet, die erstmals Ende des 12. Jh. bezeugt ist. Der heutige Bau entstand 1682 aus Platzmangel: zur Kirche von →Hasselwerder gehörten nach der Wiedereindeichung der →Dritten Meile auch die Bewohner des um 1400 untergegangenen (→Sturmfluten im Mittelalter) →Kirchspiels Nincop.

Die straffe Leitung durch den Propst Johann Hinrich von Finckh schaffte es, dass der Neubau nach knapp sieben Monaten benutzbar war. Der Glockenturm von 1674 südlich der Kirche stand bis zu einem Blitzschlag 1786; der jetzige Kirchturm wurde erst 1841 und nun in festem Mauerverband mit dem Westgiebel errichtet. Der Zielstrebigkeit von Finckhs ist auch die einheitliche Ausstattung zu verdanken, die der Kirche bis heute ihren Reiz gibt. Das Kastengestühl war, anders als üblich, bis 1971 in drei Bankblöcke mit zwei Gängen gegliedert. Der Mittelgang entstand erst, nachdem der Haupteingang vom Norden zum Turmeingang im Westen verlegt worden war. Dadurch bekam die Taufe einen eigenen Platz im Süden. Der Taufstein von 1685 hat ein fast identisches Gegenstück in Brunsbüttel, „Serienarbeit" einer Hamburger Werkstatt. Die schlichte Granittaufe aus der alten Kirche stand von 1685 bis 1954 als Blumenschale im Pfarrgarten, seither im Kircheneingang. Der Taufaufsatz, der obere Renaissance-Teil durch einen Kranz von barocken Putti mit Musikinstrumenten ergänzt, krönte bis 1954 den Schalldeckel der Kanzel.

Wohl schon während des Kirchbaus geplant, baute Arp →Schnitger 1684/88 eine →Orgel mit 34 Registern und Hamburger Prospekt. Die besondere Verbindung Arp Schnitgers mit Neuenfelde (→Orgelbauerhof) kommt auch im Bereich des Kanzelaltars zum Ausdruck. Zu beiden Seiten der Kanzel hatten der Propst von Finckh und der Orgelbauer Schnitger ihren (prominenten) Kirchenstuhl. Die großen, geschnitzten Supraporten darüber weisen mit den Hausmarken auf die Besitzer hin: im Norden der

St.-Pankratius-Kirche, Neuenfelde

„Fink", im Süden die Hausmarke Schnitgers, auf der ein Arm aus dem Himmel den Zirkel, Handwerkszeichen der Orgelbauer, reicht, Bekenntnis des inzwischen berühmten Meisters. Der Kanzelaltar mit diesen seitlichen Kirchenstühlen betont durch seine leichte Vorwölbung die Zentralstellung der Kanzel. Die künstlerische Gestaltung der ganzen Kanzelfront übernahm der Bildschnitzer Christian Precht aus →Hamburg.

Nördlich des Altars bieten seit 1729 die sogenannten „bunten Stühle" weiteren Platz; die vier antiken (Mäßigkeit, Tapferkeit, Weisheit, Gerechtigkeit) und drei geistlichen Tugenden (Glaube, Liebe, Hoffnung) sind ergänzt um die Geduld. Gegenüber im Süden befindet sich ein Beicht- und Pastorenstuhl von 1730 (die sonst unbekannte „S. Orthodoxie" verdankt sich einem Katechismusstreit der 1720er Jahre). Daneben ist der Platz für die Ältesten, deren Selbstverständnis die Sprüche in den Kartuschen spiegeln. Über die gesamte Decke verbindet eine von den Hamburger Malern Berichau und Wördenhoff reichende Bemalung mit Bibelsprüchen, Engeln und Blumen die eindrucksvolle Ostseite (Kanzelaltar) und Westseite (Orgel) zu einem einheitlichen Raum. Unter den nur zwei Grabplatten aus älterer Zeit ist die des Priesters Johannes von 1503 die älteste erhaltene im Alten Land (→Grabmäler).   *hr*

Straßen- und Wegebau Bis weit ins 19. Jh. waren insbesondere bei nasser Witterung und zur Winterzeit die Marschwege im Alten Land häufig nahezu grundlos und so aufgeweicht, dass sie mit Fuhrwerken kaum zu passieren waren. Deshalb hatten die Wasserwege für den Verkehr im Inneren, für die Ausfuhr der Landeserzeugnisse und die Versorgung mit benötigten Waren eine viel größere Bedeutung. Weit stärker als auf der Geest bedeutete daher der Bau von gepflasterten Kunststraßen – Chausseen und Landstraßen –, der Anfang des 19. Jh.s aufkam, im Alten Land eine Revolutionierung des Verkehrswesens, da

damit erstmals zuverlässig ganzjährig befahrbare Straßen geschaffen wurden. Wegen der enormen Kosten wurde an einzelnen Straßen nicht selten viele Jahre lang gebaut.

Die erste Chaussee im Alten Land von →Jork nach Neukloster, die die Verbindung zur Geest herstellte, wurde 1844 fertiggestellt und 1857–1859 bis nach →Borstel ausgebaut. Bedeutender war der Bau der Stade-Francoper Chaussee, der 1847 bei →Hollern begonnen und mit der Fertigstellung der Brücke in →Hove 1875 abgeschlossen wurde. Sie knüpfte innerhalb der Ortslagen an bestehende Wegeverbindungen an, enthielt zwischen →Mittelnkirchen und Jork sowie Hove und →Nincop aber auch Neubaustrecken und stellt als durchgehende Ost-West-Verbindung bis heute das Rückgrat des Verkehrs im Alten Land dar. Weitere wichtige Landstraßenbauten waren der Straßenneubau von Dollern nach Mittelnkirchen (ab 1857), die Landstraßen Mittelnkirchen–Horneburg (1868–1872) und →Cranz–Buxtehude (1873–1882). Ende des 19. Jh. wurde die Befestigung von Straßen, teilweise auch in einfacherer Form mit Schotterungen oder mit Ziegelsteinpflaster, auch bei Gemeindewegen allgemein üblich.

Mit der Ausbreitung des Autoverkehrs setzte sich in der zweiten Hälfte des 20. Jh. die Asphaltierung der Straßen durch, gleichzeitig wurde der breitere Ausbau vorhandener Straßen und der Bau von Fuß- und Fahrradwegen notwendig, der 1961/62 in Jork zur Zuschüttung der →Wettern führte. Der Bau der →Sperrwerke an der →Lühe und →Este und die Verlegung des alten Elbdeichs ermöglichten in den 1960er Jahren den Ausbau der Elbdeichstrecke (K 39) zu einer zweiten Ost-West-Verbindung, die mit der Fertigstellung der Ortsumgehung Finkenwerder im ehemaligen Außendeich von →Francop (2012) zusätzliche Bedeutung für den Pendlerverkehr nach →Hamburg gewonnen hat. Ortsumgehungen in →Estebrügge (Anfang der 1970er Jahre) und Jork (2016) trugen zur Entlastung der Ortskerne bei. Seit der Jahrtausendwende wurden manche Kreuzungen durch Kreisel ersetzt, was den Verkehrsfluss fördert, aber die lineare Struktur des Alten Landes stört. Mit dem Bau der →Autobahn A 26 entlang des →Hinterdeiches hält eine neue Qualität des Straßenbaues in der Region Einzug, die den Durchgangsverkehr von und nach Hamburg bündeln und das Alte Land entlasten soll.   *rg*

Stück   Als S. wird im Alten Land die langstreifige Parzelle („Beet") zwischen den (heute vielfach verrohrten oder verfüllten) →Gräben bezeichnet, besonders in den Marschhufenfluren der Hollerkolonien (→Hollerkolonisation). Ein S. (lateinisch *petia*), das sich hier der Länge nach durch die ganze Flur zog, war meist 4 bis 5 Altländer Morgen (→Maße) groß; im Idealfall war es 2,25 km lang und ca. 16 m breit, enthielt also etwa 3,7 ha (ohne die Gräben). Die Form war ursprünglich für die →Entwässerung und für den →Ackerbau mit dem Beetpflug günstig. Für den →Obstbau gilt das enge Grabensystem als nachteilig und weicht zunehmend der Entwässerung von größeren Flächen durch Dränung und →Polderung. Zwei nebeneinander liegende S. wurden Viertel (= $^1/_4$ →Hufe, latein. *quadrans*) genannt, acht S. bildeten eine Hufe. Von S. leitet sich der Ortsname →Vierzigstücken ab.   *aeh*

Sturmfluten im Mittelalter   S. waren in ihren Auswirkungen am nachhaltigsten, da sie Landrücknahmen im großen Stil bewirkten. Dazu hatten offenbar sowohl die in dieser Epoche stärker und häufiger auftretenden Sturmfluten als auch die noch höchst unvollkommene Deichbautechnik geführt. Für mittelalterliche Katastrophen liegen allerdings quantitativ und qualitativ nur wenige Quellen vor.

Als ernsthafte Bedrohung für die zu diesem Zeitpunkt noch junge Bedeichung an der Niederelbe gilt die *Julianenflut* vom 17. Februar 1164, über die unter anderem der Chronist Albert von Stade berichtet. Drei Tage lang soll eine schwere Sturmflut aus Nordwest die Nordseeküste von

Friesland bis Hadeln und die Marsch an Weser und →Elbe erfasst und viele tausend Menschen getötet haben. Von der *Allerkindleinsflut* vom 28. Dezember 1248 wusste Abt Albert von Stade aus eigener Anschauung zu berichten. Durch Nordwind kam eine große Überschwemmung aus der Nordsee über die Marschen beiderseits der Elbe, wobei viele Menschen ums Leben kamen.

Am 16. Januar 1362 wurde die Nordseeküste von der *groten Mandränke* betroffen. Nachweise für dieses Ereignis speziell für die Stader Elbmarschen liegen nicht vor. Eine Sturmflut im Jahre 1396 ist in ihren Auswirkungen auf die Stader Elbmarschen hingegen eindeutig belegt. Möglicherweise sind auf diese Katastrophe Deichrücknahmen in allen drei →Meilen des Alten Landes zurückzuführen.

Am 21. November 1412, dem Tag der heiligen Cäcilie, ereignete sich eine weitere folgenreiche Sturmflut, auf die wahrscheinlich die gravierendsten mittelalterlichen Veränderungen der Siedlungsstruktur und der Deichlinien an der Niederelbe zurückzuführen sind. Bei dieser Flut brach ein Großteil des →Kirchspiels →Zesterfleth von der →Zweiten Meile ab, wohingegen die dortige Kirche bereits zuvor untergegangen und nach →Borstel verlegt worden war. Die →Dritte Meile wurde von der Katastrophe so stark getroffen, dass vermutlich alle →Deiche restlos zerstört wurden; sie blieb für mehrere Jahrzehnte wüst. In einer Verdener Bischofsurkunde vom 10. September 1481 wird die Neubedeichung in der Dritten Meile angesprochen. Der Buxtehuder Bürgermeister Garlef Langenbeck hatte dem Verdener Bischof Barthold berichtet, *dass in der wüsten Meile des Alten Landes im Stift zu Verden, die man gegenwärtig wieder aufs Neue bedeicht,* noch 25 Morgen enthalten seien, die dem Pfarrer und der Kirche zu →Nincop gehört hatten, *ehe dieselbe Meile in Wassersnot verging.*   *me*

Sturmfluten der Neuzeit   Während der „kleinen Eiszeit" zwischen dem 14. und Mitte des 19. Jh. kamen in Mitteleuropa vermehrt strenge

Winter, nasse Sommer und häufige Sturmfluten an der Nordseeküste vor (→Klimageschichte). Zwischen 1650 und 1670 wurden die Elbmarschen sogar beinahe jährlich von Sturmfluten betroffen. Die schlechten klimatischen Bedingungen führten zu einer Verstärkung der ökonomischen Krisensituation nach Sturmfluten und Deichbrüchen. Besonders nachhaltige Folgen in der Neuzeit hatten im Alten Land die Sturmflutkatastrophen von 1570, 1625, 1685, 1736, 1751, 1756 und 1825 sowie die in einem gesonderten Artikel behandelte →Sturmflut von 1962.

Ein Augenzeugenbericht der *Allerheiligenflut* von 1570 zeigt die Not auf, der die Altländer bei einer S. unterworfen waren: *Im Alten Lande trieben sieben Häuser weg mit allen, so darinne war. Da verdarb viel lebendiges Vieh. Das andere Haußgerath an Kisten, Kasten, Bedden etc. trieb in die Elbe hinein. In den Häusern, die bestehen blieben, litten die Leute große Noth, saßen auf den Balcken und riefen umb Hülffe, denn sie sahen nichts als den Todt vor Augen. Eine Frauwe ergriff zwey kleine Kinder unter die Arme und wollte damit auf den Balcken steigen, da entfiel ihr das eine, und vertrunck vor ihren Augen.* Die →Zweite Meile war nach der Sturmflut vom 26. Februar 1625 über

zwanzig Jahre lang nur mit einem Notdeich gesichert. Bei der *Katharinenflut* vom 25. November 1685 brachen zahlreiche Elbdeiche im Alten Land. Da es nicht gelang, die Brüche zu schließen, war die Zweite Meile bis 1687 überflutet und das Land dauerhaft unbrauchbar. Für das Alte Land hatte die am 24. und 25. November 1736 eingegangene *Zweite Katharinenflut* weitaus schlimmere Konsequenzen als die *Weihnachtsflut* von 1717, weil sie einen riesigen Grundbruch beim →Großen Brack in der Zweiten Meile verursachte. Bei der Flut vom 11. September 1751, bei der sieben Menschen starben, waren die →Deiche noch nicht winterfest, so dass die Auswirkungen der Flut umso stärker ausfielen. Bei der *Markusflut* am 7. Oktober 1756 ertranken im Alten Land 20 Menschen, und eine große Anzahl von Vieh verendete. In →Hinterbrack sowie am Estedeich der Zweiten Meile wurde beobachtet, dass *die Leute auf den Bodens sitzen, Kisten und Kasten stehen auf dem Deiche, imgleichen das Vieh und Pferde, item [ebenso] der wenige aufgefischte Flachs und Hampf [Hanf]. Das Obst schwimmt in unglaublicher Anzahl auf dem Wasser, und allein von Buxtehude bis Estebrügge liegen über 70 Stück toten Viehs an Pferden und Kühen am Deiche.* Bei der Sturmflut in der

Deichbruch in Borstel 1756

Nacht vom 3. auf den 4. Februar 1825 ertranken im Alten Land 64 Menschen, darunter allein in der →Dritten Meile 57. Auch hier waren die Deiche fast vollständig zerstört worden.   *me*

Sturmflut von 1962   Die S. vom 16./17. Februar 1962 war die verheerendste Sturmflutkatastrophe des 20. Jh. Ein über 38 Stunden anhaltender starker Nordweststurm übte ungeheuren Winddruck auf den Elbmündungstrichter aus. Am Abend des 16. steigerten sich die in rascher Folge über die Küste hereinbrechenden Böen. Windgeschwindigkeiten von rund 150 km/h wurden gemessen. Das Wasser der →Elbe stieg vor dem Alten Land auf 5,73 m über NN an. Die Bevölkerung wurde relativ unvermittelt von der Katastrophe getroffen, weil die Warnsysteme wenig ausgereift waren. Bei →Twielenfleth wurde die Deichkappe auf 300 m Länge überspült. Von der →Lühe wurden mehrere Deichbrüche gemeldet, einige der Häuser wurden von den Wassermassen völlig zerstört. Bei →Cranz wurde nach einem Deichbruch eine Gastwirt-

schaft weggeschwemmt. Insgesamt hatte die →Zweite Meile sieben Grundbrüche und einen Toten zu beklagen. Noch viel schlimmer traf es die →Dritte Meile mit 48 Grundbrüchen und dem Verlust von 13 Menschleben. Bei →Francop wurde der →Deich auf 80 m weggerissen (Hohenwischer →Brack; →Flutdenkmäler). Die →Erste Meile wurde nicht so stark getroffen, weil hier bereits mit Deicherhöhungsarbeiten in den späten 1950er Jahren begonnen worden war – eine Folge der Erfahrungen aus der so genannten Hollandflut 1953. Im →Landkreis Stade entstand ein Schaden von 78 Millionen DM, insgesamt belief sich der Schaden an Niederelbe und in →Hamburg auf 1,5 Milliarden DM. Als Lehre aus den Ereignissen von 1962 wurden die Altländer Deiche nach 1976 auf die Sollhöhe von 8 m über NN gebracht. Außerdem wurden für die Fluss- und Elbarmmündungen →Sperrwerke gebaut. Es hatte bereits ein inneres Estesperrwerk aus dem Jahre 1958/59 gegeben, das zwar beschädigt wurde, doch die →Este vor großen Schäden bewahrt hatte. Nach 1962 wurde an der

Deichbruch in Neuenfelde, im Hintergrund das verendete Vieh

Mündung zusätzlich ein äußeres Sperrwerk errichtet. 1964–1968 kam das Lühesperrwerk und
1969–1971 das Schwingesperrwerk hinzu. Nicht
zuletzt sorgten die S. und die in der Folge errichtete neue Deichlinie für einen grundlegenden
Strukturwandel im Alten Land: Da bei den
Überschwemmungen sehr viel Vieh verloren gegangen war, wurde die →Tierhaltung weitgehend aufgegeben, und es kam zu einer Konzentration auf den →Obstbau. Darüber hinaus
wurde das gesamte Deichwesen (→Deichrecht)
von Grund auf neu organisiert.   *nf*

Sturmfluten seit 1976   Nach dem Trauma der
→Sturmflut von 1962 wurde im Alten Land wie
an der ganzen Tideelbe der Hochwasserschutz
auf eine neue Grundlage gestellt, die Deichlinien
neu festgelegt und die →Deiche neu konzipiert
und deutlich erhöht. Wie begründet diese Maßnahmen waren, zeigte die Sturmflut vom 3. Januar 1976, die am Pegel →Cranz auf 6,32 m über
Normalnull (NN) und damit über einen halben
Meter höher als 1962 auflief und den höchsten
Stand erreichte, der bislang je im Alten Land gemessen wurde, jedoch ohne größere Schäden zu
verursachen. Auch die Sturmfluten vom 28. Januar 1994, 10. Januar 1995, 3. Dezember 1999 und
6. Dezember 2013 sollten höher auflaufen als

1962, blieben aber alle unter der 6,00-m-Marke
und richteten keine Schäden an. Dennoch haben Untersuchungen zum Einfluss des →Kli-
mawandels auf die Sturmflutverhältnisse in der
Tideelbe gezeigt, dass sich die Sturmflutcharak-
teristik bis zum Ende des Jahrhunderts nicht än-
dern dürfte. Es können also zukünftig Sturmfluten auftreten wie 1976, aber auch zusammen
mit größeren Abflüssen, höheren Windgeschwindigkeiten und einem Meeresspiegelanstieg zu noch höheren Wasserständen führen.
Durch einen Meeresspiegelanstieg erhöht sich
der Sturmflutscheitelwasserstand in erster
Näherung um den Betrag des Meeresspiegelanstiegs in der Deutschen Bucht, wodurch sich
auch die Dauer hoher Wasserstände verlängern
wird. Dies wird die →Entwässerung des Alten
Landes beeinträchtigen, insbesondere dann,
wenn höhere lokale Niederschläge zu höheren
Abflüssen von →Este und →Lühe führen werden. Eine Erhöhung des Abflusses der →Elbe
oder der lokalen Windgeschwindigkeit wird
ebenfalls zu einer Erhöhung des Scheitelwasser-
stands am Pegel Cranz führen.   *nw*

Süderelbe   Die Bunthäuser Spitze im Südos-
ten →Hamburgs teilt die →Elbe für etwa 15 km
in Norder- und S. Die untere S. ab dem Köhl-

Alte Süderelbe

brand wurde im Zuge der Verlegung des Hauptdeiches zwischen →Neuenfelde und Finkenwerder nach der →Sturmflut von 1962 im Bereich Mühlenberger Loch abgedeicht und die
Verbindung zur oberen S. abgeschnitten
(→Deiche und Deichwesen in der Dritten Meile). Damit wurde das Altgewässer der Elbe zum
jetzt 5,7 km langen und bis zu 150 m breiten See:
der mit dem Rückgang der Nutzung durch die
Schifffahrt bereits im 19. Jh. so genannten Alten
S., die ab →Hohenwisch die →Dritte Meile des
Alten Landes nach Norden begrenzt. Gelegen
zwischen Finkenwerder und →Francop, ist dieser ehemalige Flussarm der S. mit einer Fläche
von 60 ha nach der Außenalster der zweitgrößte
See auf Hamburger Stadtgebiet. Die Wassertiefe
liegt zwischen 1,5 und 3,5 m. Die Alte S. ist nicht
mehr den Gezeiten ausgesetzt, beherbergt selte-
ne Pflanzen- und Tierarten sowie eine reiche
Fischfauna und wird vom Angelsportverband
Hamburg bewirtschaftet. Durch das Storchen-
nestsiel mit →Schöpfwerk am Auedeich kann
der Wasserstand reguliert werden. Ein Teil der
Alten S. ist als Naturschutzgebiet ausgewiesen.
Außerdem dient sie notfalls als Wasserreservoir
für die Frostschutzberegnung in den Obstan-
baugebieten Finkenwerders und des Alten Landes (→Bewässerung). Auf dem →Blumensand
an seinem Südufer vor dem Francoper Außendeichsland wird seit 1991 die →Francoper
Schlickdeponie errichtet.   *nf*

Symphonie Historisches Ausflugslokal, wohl
benannt nach den Stader Ratsmusikanten, die
zum Wirtshaus am Schwingedeich in →Wöhr-
den (Wöhrden 74,), einem Ortsteil von →Twie-
lenfleth, zogen, um zu musizieren. 1236 als *Crog-
he* (Krug) erwähnt, taucht es 1685 als Wirtshaus
zur Sempffe Nyhe auf.

Die S. steht auf einem rund 8.000 m² großen
Areal (die Straße zählt zu Stade, das Gelände
zum Alten Land) und findet häufig Erwähnung,
z. B. im Zusammenhang mit dem →Dreißigjäh-
rigen Krieg oder verheerenden →Sturmfluten
(u. a. 1685, 1717 und 1962).

Schiffstouren führten seit dem 19. Jh. zum eigenen Anleger der S., deren Besitzer 1903 Adolf Eckhoff wurde. Unzählige Arbeiter und Angestellte
der Hamburger Großbetriebe auf Betriebsaus-
flug kamen wöchentlich mit Raddampfern zur
S., dem gepflegten Garten und der beliebten
Tanzfläche unter freiem Himmel (→Gastwirt-
schaften). Zum Kriegsende Lazarett, nach 1945
Flüchtlingsunterkunft, fiel die S. 1954 in Teilen
Flammen zum Opfer. Ein Jahr später wieder aufgebaut, konnte die S. mit den sich wandelnden
Zeiten nicht Schritt halten. Nach verschiedenen
Nutzungen als Asylbewerberheim, für Vermie-
tung von Gästezimmern und seit 2010 als Heim
eines Motorradclubs ging es mit dem Gebäude
bergab. Ein Besitzerwechsel 2017 könnte eine
gastronomische Wiederbelebung nach sich zie-
hen.   *dm*

T

Tagelöhner In der Zeit der traditionellen →Landwirtschaft waren T. verheiratete Männer, die im eigenen Haushalt lebten und tagsüber auf dem Bauernhof arbeiteten. Je nach Größe des Hofes beschäftigten Höfe meist einen bis drei T. Auch wenn einige Tagelöhnerfamilien im eigenen Haus lebten, war es üblich, dass der Hof ihnen ein Häuslingshaus mit etwas landwirtschaftlicher Fläche zur Verfügung stellte. Dessen Nutzung und mindestens das Mittagessen auf dem Hof wurden mit dem Lohn verrechnet, dessen Rest ausgezahlt wurde. Der Anstieg der Zahl von T. in wirtschaftlich guten Zeiten (1933–38, Nachkriegszeit bis 1960) spiegelt sich im Bau neuer Häuslingshäuser – oft handelte es sich dabei aber inzwischen auch um Arbeiterhäuser mit Mietwohnungen –, die z.T. auf dem Deich errichtet wurden, wider. Für die Obsternte bildeten T. und ihre Familien eine wichtige Arbeitsressource (→Erntehelfer). *otn*

Thitgerscop →Hollern

Weidendes Vieh unter Obstbäumen mit Maulkorb

Tierhaltung T. und Tierzucht waren jahrhundertelang ein wesentlicher Teil der →Landwirtschaft des Alten Landes gewesen. Von den etwa 11–12.000 ha landwirtschaftlicher Nutzfläche des Alten Landes entfielen vom ausgehenden

19. Jh. bis zur →Sturmflut von 1962, ungeachtet des dramatischen Wandels in dieser Zeit vom →Ackerbau zum →Obstbau, etwa ein Drittel der Fläche auf Wiesen und Weiden. Diese dienten vor allem der Rinderhaltung, bei der die Rotbunte in den hannoverschen Elbmarschen des 19. und 20. Jh. dominierte. Die Rinderhaltung ließ sich zudem lange Zeit sehr gut mit dem Obstbau kombinieren: Die Tiere weideten unter den Bäumen. Dort fanden sie auch geschützte Plätze zum Wiederkäuen. Von zunehmend überregionaler Bedeutung wurde jedoch die Pferdezucht. Deckstationen befanden sich z. B. in →Jork und →Hollern. Dem berühmtesten Deckhengst *Champion* wurde schließlich sogar ein Denkmal gesetzt, das sich heute noch im →Museum Altes Land in Jork befindet. Seine Nachfahren lassen sich auch jetzt noch nachweisen. Hingegen setzte die Konjunktur der Schweinehaltung erst in den Jahren vor dem →Ersten Weltkrieg ein und lässt sich bis heute an zahlreichen einstigen Schweineställen ablesen.

Das sich anbahnende Ende der T. im Alten Land kam mit der Sturmflut von 1962, der zumal in der →Dritten Meile ein großer Teil des Viehstands zum Opfer fiel. Aufgrund des technischen Fortschritts, durch den Tiere zur Bewirtschaftung der Obstbauflächen und zum Transport von Waren nicht mehr benötigt wurden, und der größeren Rendite im Obstbau kam damit das Ende einer jahrhundertealten Tradition, die heute ihren modischen Nachklang in der vereinzelten Pensionshaltung von Pferden und Ponys findet. *hk*

Tourismus Mit der Aufnahme regelmäßiger Dampferverbindungen (→Elbfähren) begann in der Mitte des 19. Jh. ein lebhafter Ausflugsverkehr von →Hamburg ins Alte Land, der jährlich zur Obstblüte seinen Höhepunkt hatte. Es entstanden zahlreiche →Gastwirtschaften, die an →Elbe, →Schwinge, →Lühe und →Este vielfach über eigene Anlegestellen (→Häfen und

Touristen am
Lühe-Anleger

Anlegestellen) für Schiffe verfügten. Vergnügliche Schiffsfahrten auf der Elbe, Spaziergänge auf den →Deichen und das Einkehren in den Gartenwirtschaften im Alten Land gehörten zu den beliebten Wochenendaktivitäten der Bevölkerung im Großraum Hamburg. 1882 erschien der erste gedruckte Reiseführer über das Alte Land, und der Name „Kirschenland" etablierte sich als touristischer Werbebegriff für die Region. Nach dem →Zweiten Weltkrieg trat an die Stelle des Schiffsverkehrs zunehmend der individuelle Autoverkehr sowie die Anreise von Reisegruppen in Reisebussen. Weiterhin bevölkerten insbesondere zur Blütezeit im April und Mai tausende von Tagestouristen das Alte Land.

Vor dem Hintergrund der damaligen Krise im →Obstbau begann um 1970 die systematische Förderung des Fremdenverkehrs, um in der Region ein zweites wirtschaftliches Standbein zu schaffen. 1969 wurde der Fremdenverkehrsverein „Zwischen Lühe und Este e.V." in →Jork gegründet, der 1975 mit dem „Fremdenverkehrsverein Lühe – Niederelbe" zum „Fremdenverkehrsverein Altes Land e.V." fusionierte. Als „Tourismusverein Altes Land e.V." vertritt er heute das gesamte Alte Land einschließlich des

Hamburger Teils. 1981 trat daneben der „Tourismusverband Landkreis Stade/Elbe e.V.", der inzwischen die überregionale Bekanntheit des Alten Landes nutzt und den ganzen Landkreis mit der Dachmarke *Altes Land am Elbstrom. Natürlich vor Hamburg* bewirbt. Mit finanzieller Förderung durch den Aufbaufonds Hamburg-Niedersachsen wurde die touristische Infrastruktur verbessert, etwa mit dem Ausbau von Wanderwegen und der Schaffung von Freizeitangeboten wie Obstlehrpfaden oder dem Bau des Freibades →Hollern-Twielenfleth. Seit 1980 werden Gästeführungen in Altländer →Tracht angeboten. Hatte der eintägige Ausflugsverkehr eine lange Tradition, gelang es seit den achtziger Jahren erfolgreich, den Übernachtungstourismus zu verstärken, wozu der Ausbau der Übernachtungsmöglichkeiten mit dem Bau des Feriendorfes Altes Land in Hollern-Twielenfleth 1984 und die Schaffung zahlreicher Ferienwohnungen nachhaltig beigetragen haben. Das heutige touristische Angebot umfasst neben den Gästeführungen u. a. Besichtigungen der regionalen Museen, Rundfahrten mit Bussen, Ausflugsfahrten mit Flachbodenschiffen auf Elbe und Lühe sowie die Vermittlung einzelner touristisch relevanter

Angebote, wie z. B. Obsthofführungen, geführte Fahrradtouren und kulinarische Erlebnisse.
Der Tourismus hat sich – mit Höhepunkten zur Blüte und Erntezeit – zu einem ganzjährig wichtigen Wirtschaftszweig im Alten Land entwickelt. Von den 8,4 Millionen Tagesgästen bzw. geschätzt 1 Million Übernachtungen im →Landkreis Stade im Jahr 2017 entfiel ein großer, allerdings statistisch nicht genauer erfasster Teil auf das Alte Land.   rg

Tracht   Erst im Laufe des 18. Jh. bildete sich die Vielfalt der regionalen historischen Kleidungsstile unter ständigem Wandel und kulturellem Austausch – vor allem mit der Stadt – heraus. Die Altländer T. war vergleichsweise lange, zu Beginn des 20. Jh. aber schließlich nur noch bei älteren Frauen in Gebrauch. Um 1850 bezogen Altländer Wiederverkäufer und -verkäuferinnen Gold- und Silbertressen sowie Mützenbänder unter anderem bei einer Händlerin am Alten Steinweg in →Hamburg, die besonders auf den Altländer Geschmack eingestellt war. Überliefert ist auch, dass die Inhaberin eines Geschäftes in →Mittelnkirchen Stoffe in Leipzig einkaufte. Die Ausgestaltung, Qualität und Farbigkeit der Elemente der Frauentracht variierten nach den Ereignissen im Jahres- und Lebenslauf der Trägerin und ihrer sozialen Stellung. Die Oberbekleidung bestand im Allgemeinen aus Jacke, Brusttuch, Halswulst, Rock, Schürze, Mütze,

Kinder in
Tracht

Stirnband und dem →Schmuck. Die mit Bändern verzierten Mützen und Tücher, zuweilen auch ein zusätzliches Stirnband, bewirkten, dass das Haar nicht sichtbar war. Einen früheren Kopfschmuck stellt das *Scheiddok* dar, eine gestärkte, zu einem Dreieck aufgestellte weiße Stirnbinde.
Zu festlichen Anlässen trugen die Frauen über dem weißen Oberhemd (unter der Jacke) eine verzierte Weste, den sogenannten *Bossdok-Rump*, bestehend aus Tuch oder Samt, der üblicherweise mit farbigen Tressen bestickt war. Zur →Hochzeit legten sie unter einem reich verzierten Brusttuch einen weißen Latz aus Batist (*Hilschen/Börden*) mit feiner Klöppelspitze (*Knübbels*) an. An diesem trugen sie dann die herzförmige, *Bruthart* genannte Hemdspange. Ein markanter Bestandteil der Brauttracht war außerdem die Krone mit Brokatflügeln (*Flunkkranz*). Zur Festtracht gehörte ein aufwändiger Schmuck aus Silberfiligran.
Die Männertracht, zu der als Kopfbedeckung ein Zylinderhut gehörte, war insgesamt weniger regionaltypisch ausgeprägt und schlichter. Zu festlichen Anlässen kleideten sich aber auch die Männer mit wertvollen Stoffen. Unter der Jacke trug man über dem leinenen Oberhemd mit einem schlipsartig verknoteten Seidentuch eine seidene Weste oder einen Brustlatz aus Seide (*Swattvördool*). Die T. der Männer wurde schon einige Jahrzehnte früher als die Frauentracht durch Kleidung städtisch-bürgerlicher Prägung abgelöst.   fs

Twielenfleth   Der Name T. rührt her von der Gabelung zweier Priele an der ursprünglichen Schwingemündung. T. liegt auf dem →Hochland der →Ersten Meile des Alten Landes an →Schwinge und →Elbe, angrenzend an Stade, →Hollern und →Grünendeich. T. wurde erstmals 1059 in der sogenannten Rikquur-Urkunde erwähnt und gehörte zum sächsischen →Fünfdörfergericht und zur →Hauptmannschaft T. Mit seinen Ortsteilen →Bassenfleth, →Melau

und →Wöhrden – Bredenfleth und Brunshausen sind dagegen allein durch die Verlegung des Flusslaufs der Schwinge zu kleinen Teilen zum Alten Land und damit zu T. gekommen – hat T. eine im Alten Land unübliche, weder an →Deiche noch Schutzdämme angelehnte Siedlungsform. Die Basis für erste Siedlungen werden zunächst die hohen Uferränder der Priele gewesen sein. Die Wirtschaftsstruktur T. spiegelt sich deutlich wider in Lotsen- und Kapitänshäusern am Elbdeich und in Obstbaubetrieben, mit den dazugehörenden Altländer →Fachhallenhäusern mit ihrem für sächsische Siedlungen üblichen Wirtschaftsteil zur Straße.

Bedeutend sind die →St.-Marien-Kirche, die →Twielenflether Windmühle *Venti Amica* sowie der vom Elbdeich zurückversetzte Bakenleuchtturm von 1883, der mit Schiffsmodellen, Gemälden und Karten das kleinste Industriemuseum Norddeutschlands ist. Aus Anlass der 1975 abgeschlossenen Errichtung des neuen Deiches in Folge der →Sturmflut von 1962 erinnert ein Findling neben dem neuen Leuchtfeuer von 1984 an die hier 1675/76 angelegte und 1803–1805 in der →Franzosenzeit erweiterte sogenannte Schwedenschanze. Der Schiffsanleger unterhalb des Deiches (→Elbfähren) wird heute nur noch eher selten genutzt. Seit 1974 befindet sich ein Freibad im Außendeich. Zu T. gehört der nordwestliche Teil der in der Elbe gelegenen Insel →Lühesand.

Wirtschaftlich wird T. heute von →Obstbau

und -handel und →Tourismus geprägt. Daneben sind Handwerk, Schifffahrt, Industrie und Pferdezucht bedeutend.

Am 1. Januar 1967 wurde durch den Zusammenschluss der bis dahin selbständigen Gemeinden Hollern und T. die „Gemeinde Hollern" gebildet, die zum 1. Juli 1984 in →Hollern-Twielenfleth umbenannt wurde und Teil der →Samtgemeinde Lühe ist.

T. hatte 1959 1.527 Einwohner; 2017 waren es 1.771.   *dm*

Twielenflether Windmühle   Die schon 1331 genannte T. scheint immer eine Privatmühle gewesen zu sein. Sie wurde mehrfach verkauft. 1818 kam der Besitzer beim Umsturz der Mühle ums Leben. Wieder aufgebaut, brannte sie bereits 1822 und nach mehreren Besitzerwechseln erneut 1849 ab. Danach wurde sie in der heutigen Gestalt als Galerieholländer-Windmühle (mit umlaufender Galerie zur Bedienung der Flügel) wiedererrichtet. 1851 kaufte sie der Müller Noodt aus Schwarzenbek, in dessen Familie sich die Mühle noch heute befindet. Damit ist die Mühle längst zu einer Touristenattraktion geworden und kann besichtigt werden. Die *Venti Amica* (Freundin des Windes), wie die Mühle heute heißt, ist eine der letzten noch mit Windkraft betriebenen Mühlen in Norddeutschland. Bei einem Unwetter am 22. Juni 2017 wurde sie schwer beschädigt.   *gt*

Elbdeich bei Twielenfleth

Twielenflether Windmühle *Venti Amica*

U

Unterhaltungsverband Altes Land Der U. ist der Dachverband der →Wasser- und Bodenverbände des niedersächsischen Teils des Alten Landes einschließlich →Cranz und seiner Wassereinzugsgebiete im Moor und auf der angrenzenden Geest. Beitragspflichtig ist eine Fläche von 19.758 ha mit etwa 170 km Gewässer. Die Flüsse →Lühe und →Este (Gewässer I. Ordnung) und Außendeichsflächen sind nicht beitragspflichtig. Er ist eine Körperschaft des öffentlichen Rechts. Aufsichtsbehörde ist der →Landkreis Stade.

Unterschiede der Satzungen der einzelnen Wasser- und Bodenverbände, die sich historisch entwickelt hatten, erforderten Straffungen und Vereinheitlichung. Außerdem musste zur Herstellung einer Kostengerechtigkeit die Beitragsbasis und damit die satzungsgemäße Beitragsfläche erweitert werden. Dies führte 1960 zur Gründung des U., zum Teil gegen den Widerstand der Einzelverbände.

Der U. betreibt 21 Mündungs- und Stufenschöpfwerke und 67 Polderschöpfwerke. Ihm obliegt in seinem Verbandsgebiet die Unterhaltung der Gewässer und der Bau und die Unterhaltung von Anlagen in und an diesen Gewässern, um die →Entwässerung und gegebenenfalls →Bewässerung in diesem Gebiet zu gewährleisten. Mindestens einmal im Jahr werden die Anlagen „geschaut". Die Einzelverbände führen die Unterhaltungsaufgaben im Auftrag des U. aus. Die Arbeit des U. finanziert sich analog zu den Deichverbänden aus Beiträgen und Zuschüssen des Landes Niedersachsen. Die Bemessung der Beiträge errechnet sich nach Fläche plus Erschwernissen, die sich z.B. aus Flächenversiegelungen oder Nutzungen ergeben. Ziele der Arbeit des U. sind die Förderung der Zusammenarbeit zwischen →Landwirtschaft und Wasserwirtschaft, die Landschaftspflege und die Verbesserung von Gewässer-, Boden- und →Naturschutz. Zur Parallelentwicklung im Hamburger Teil des Alten Landes →Hauptentwässerungsverband (HEV) der Dritten Meile Altenlandes.

Mitglieder sind 19 Einzelverbände, Stade, Apensen, Neu Wulmstorf und rund 8000 Einzelmitglieder. Die Pflichtmitgliedschaft aller Grundeigentümer im Verbandsgebiet ergibt sich aus dem Niedersächsischen Wassergesetz (§ 64). Geleitet wird der U. von dem Verbandsvorsteher, der wie weitere sechs Vorstände vom 26-köpfigen Ausschuss gewählt wird. Der Ausschuss setzt sich nach Beitragsaufkommen zusammen. *hst/cr*

Urenfleth →Cranz

Urstromtal der Elbe →Elbe-Urstromtal

Vegetation →Flora/Vegetation

Velthusen Die in den großen Sturmfluten um 1400 (→Sturmfluten im Mittelalter) untergegangene Siedlung V. in der →Dritten Meile des Alten Landes war Teil des alten →Kirchspiels →Nincop, gelegen im westlichen Teil des heutigen →Francop. Diese Lokalisierung lässt eine Kolonisierung Anfang des 13. Jh. (→Hollerkolonisation) wahrscheinlich erscheinen. Die urkundliche Ersterwähnung datiert von 1367. Die spärlichen Nachweise lassen wenige, aber größere Höfe vermuten.   *bf*

Vereinswesen Das Vereinswesen als bürgerlich geprägte, organisierte Form der Freizeitgestaltung, der Interessenvertretung, des gemeinnützigen Engagements und der Geselligkeit fand im Alten Land nach vereinzelten frühen Gründungen (1844 Gesangverein, 1864 Turnverein, beide in →Mittelnkirchen) erst in der zweiten Hälfte des 19. Jh. größere Verbreitung. Wohl zeitigte die 1848er-Revolution hier Spuren, indem 1848 der liberale „Volksverein im Alten Land" gegründet wurde, der in einer großen Versammlung an der →Lühe die politische Gleichstellung der kleineren Grundbesitzer und der Nichtgrundbesitzer mit den →Hausleuten forderte.

Zu zahlreichen Vereinsgründungen als Ausdruck des Wunsches nach mehr Geselligkeit, sportlicher Ertüchtigung und berufsständischen Zusammenschlüssen kam es erst in der →preußischen Epoche. Als erster Reitsportverein wurde 1890/91 der „Estebrügger Reitclub" gegründet. 1898 folgte der „Reitclub →Neuenfelde". 1894 wurde der Turn- und Sportverein (TuS) →Jork gegründet. In →Cranz erschienen 1903 die Statuten des Radfahrer-Vereins „Fahr wohl". Unter den Rubriken Landwirtschaftliche Vereine, Versicherungsvereine, Kriegervereine wurden im Adressbuch des →Kreises Jork von 1905 insgesamt 32 Vereine genannt. Um 1900 gab es

V

Turnverein Jork 1896

im →Kirchspiel Neuenfelde nicht weniger als sieben Gesangvereine, sechs Männerchöre und einen gemischten Chor.

In fast jeder Gemeinde wurden Schützenvereine gegründet – als besonders frühe Gründung gilt die Schützengilde von →Estebrügge von 1612 – und die als Vereine entstandenen Freiwilligen Feuerwehren als Nachfolger der früheren Spritzenmannschaften (→Brände/Brandschutz). Sie sind heute Träger der örtlichen Dorfgemeinschaft und nicht zentralisiert

Nach dem →Ersten Weltkrieg bildeten sich zahlreiche berufsständische Vereinigungen, so der „Kreislandbund", „Kreishandwerksbund", „Verein für Handel, Schiffahrt und Gewerbe". Die wohl bis heute nachwirkendste Gründung war die des →Obstbauversuchsringes des Alten Landes e.V. mit Sitz in Jork im Jahr 1929.

Viele Vereinsaktivitäten waren zur Zeit des →Nationalsozialismus zwar nicht direkt verboten – auch diese Fälle gab es –, wesentlicher war, dass durch Gleichschaltung und Führerprinzip das demokratische Element in den Vereinen beseitigt wurde.

So stellte die Zeit nach 1945 vielfach einen Neuanfang dar. Viele Vereine übernahmen gesellschaftliche Aufgaben etwa in Form von Fördervereinen, Serviceclubs, Selbsthilfegruppen, Bürgerinitiativen und Protestvereinen. Das wieder aufkommende Bewusstsein, in einer wertvollen Kulturlandschaft zu leben, führte zur Gründung von Heimat- und Kulturvereinen (Heimatverein →Francop 1957), Trachtenvereinen (1970 Altländer Trachtengruppe), Tourismusvereinen (1969 als Fremdenverkehrsverein zwischen Lühe und →Este). Seit 2008 setzt sich der Welterbeverein für die Anerkennung des Alten Landes als →Welterbe der UNESCO ein.

Dennoch erweist sich der Höhepunkt des Vereinswesens als überschritten. Im Laufe der letzten Jahrzehnte ist ein deutlicher Rückgang des traditionellen Vereinswesens und seiner gesamtgesellschaftlichen Bedeutung zu verzeichnen.   *shs*

Verein zur Förderung und Erhaltung Altländer Kultur Jork e.V. Der V. wurde auf Initiative von Carl →Röper und Heinrich Hauschild am 6. März 1970 ins Leben gerufen mit dem Ziel, Brauchtum und Kultur im Alten Land zu erhalten. Vorhandene private Sammlungen, Schrifttum und Überlieferungen der Region sollten gesichert und für die Nachwelt aufbewahrt werden. Erfolgreiche Veranstaltungen in den Jahren 1970 bis 1973 lenkten den Blick der Öffentlichkeit auf diese Ziele und führten zu einem Bewusstseinswandel in Politik und Gesellschaft, so dass überliefertes Kulturgut neue Wertschätzung erfuhr. Es folgte die Gründung einer Trachtengruppe, die sich mit der historisch vorhandenen →Tracht und Volkstänzen befasste. Mit Unterstützung von Wissenschaftlern, Verwaltung und Öffentlichkeit gelang 1985–1990 die Erstellung der vier *Urkundenbücher (Urkunden – Regesten – Nachrichten über das Alte Land und Horneburg)*, 1988 der *Bilder und Nachrichten aus dem Alten Land und seiner Umgebung* (drei Bände plus einem Band mit Landkarten). Die Herausgabe und die Förderung von Publikationen ist seither eine wesentliche Aufgabe des Vereins. In der Nachfolge Röpers hat Claus Ropers als Vereinsvorsitzender, zusammen mit dem Vorstand eine Reihe von für das Alte Land wichtigen Projekten mit angestoßen, dazu gehören u.a die Wiederauflage und Erweiterung der *Chronik der Kirchengemeinde Jork* von Hans Peter →Siemens 2013, die Ausstellung und Publikation *Stumme Zeugen großer Katastrophen. Die Bracks im Alten Land & Buxtehude* 2017 sowie das Engagement für dieses Lexikon. Mit diesen Ausstellungen und Vortragsveranstaltungen zu seinen Themen erreicht der Verein große Teile der Bevölkerung. Ausflüge zu Orten von historischem und kulturellem Interesse werden jährlich organisiert. In unregelmäßigen Abständen tagt ein „Kulturtisch", der sich aus Altländer Kulturinteressierten zusammensetzt und dessen Mitbegründer der V. ist, der ebenfalls mit seinen Möglichkeiten die Bestrebungen des Alten Landes auf dem Weg zum UNESCO-Welterbe unterstützt.*cr*

Verfassung Von einer eigenständigen V. des Alten Landes kann erst seit der Bildung der →Landesgemeinde Altes Land im 13. Jh. die Rede sein. Beeinflusst wurde sie von Anfang an durch die unterschiedlichen Besiedlungsphasen der alten „sassischen" Bewohner (→Sachsen) am Elbufer, die nach sächsischem Recht lebten, und der Neusiedler der →Hollerkolonisation des 12. Jh. im →Sietland, denen holländisch-fränkisches Recht zugestanden worden war. Die Teilung des Landes in der Gerichtsverfassung blieb in den „sassischen" Gerichten und den „hollerschen" →siedesten Gerichten bis in das 19. Jh. bestehen. Auch die Kirchspieleinteilung, die durch die geistliche Sendgerichtsbarkeit und die Zerschneidung des Landes durch die Diözesangrenze an der →Lühe zwischen dem →Erzbistum Bremen und dem →Bistum Verden relevant war, wurde im Wesentlichen aus dem 12. Jh. übernommen und wirkte bis zur →Reformation auf die V. ein. Verbunden wurden die Siedlungsgerichte und →Kirchspiele durch das gemeinsame Interesse an dem Deichschutz und der →Entwässerung, das zur einheitlichen Bildung von Deichgerichten mit →Deichrichtern und Geschworenen in den drei →Meilen führte und konstituierend für das Land wurde.

Die Autonomie des Landes äußerte sich 1306 in der Beteiligung an einem Aufstand der Länder der Elbmarschen und Mitte des 14. Jh. in der Bildung von →Hauptmannschaften mit gewählten Hauptleuten, die das Land auch nach außen vertraten und Verträge unter dem Landessiegel abschlossen. Die landesherrlichen Rechte des →Erzstifts Bremen vertraten im 14. Jh. →Vögte, die ihren Sitz zunächst in der 1285 gegründeten Stadt Buxtehude hatten. Um 1400 wurden vom Erzbischof für das Alte Land eigene →Gräfen eingesetzt, die zunehmend Einfluss auf die Gerichtsverfassung nahmen, indem sie den Vorsitz sowohl in den „Gräftingen" der sassischen Gerichte führten als auch in dem →Landgräfting, dem Kriminal- und Appellationsgericht für die hollerschen →siedesten Gerichte, in dem zwei-

mal im Jahr die Vertreter der Hauptmannschaften, der siedesten Gerichte und der Deichgerichte (Dreigeschworenenrat) urteilten.

In der *Ordeninge* des Alten Landes von 1517 ließ der Bremer Erzbischof das Landrecht (→Altländer Recht) schriftlich fixieren und die Einsetzung von zwei Gräfen, die Rechnungslegung der Hauptleute und des Landschreibers und ihre Vereidigung festschreiben. Die Position der Gräfen wurde gestärkt, die Autonomie des Landes wurde auf die inneren Angelegenheiten beschränkt, die besondere V. in Justiz und Verwaltung blieb aber im Wesentlichen erhalten. Dazu gehörten die Einteilung in zwölf Hauptmannschaften und sechs Vogteien für Polizei und Steuereintreibung, die Gerichtsverfassung mit dem Landgräfting, den sassischen und siedesten und den →Patrimonialgerichten sowie den Deichgerichten. Appellationen vom Landgräfting gingen an das Botting in Stade.

Nach wie vor kam der →Landesversammlung in →Jork eine wesentliche politische Funktion zu, bei der die Vertreter der Hauptmannschaften und Vogteien zusammenkamen, um über Landesangelegenheiten zu beraten und zu beschließen, die Landesrechnung entgegenzunehmen und aus den Hauptleuten den →Oberbürgermeister zu wählen. Als Exekutivausschuss wurde etwa 1600 die →Landesstube mit vier gewählten Deputierten gebildet.

Mitte des 17. Jh. hatte sich das Gräfengericht etabliert, das nur aus den Gräfen und dem Landessekretär bestand mit Zuständigkeit für Zivilgerichtsbarkeit und Polizei im ganzen Land, soweit sie nicht siedesten Gerichten, Hauptmannschaften oder Patrimonialgerichten zukam. Appellationen gingen an das Landgräfting.

Erst durch Gesetz von 1821 wurde eine Reform der Gerichtsverfassung eingeleitet und 1832 mit der Durchsetzung des Gräfengerichts Alten Landes als allein zuständigem Gericht abgeschlossen. Das Gräfengericht wurde 1852 im Zuge der Trennung von Verwaltung und Justiz im Königreich Hannover in das →Amt und das →Amtsgericht Jork geteilt. Die Hauptmannschaften und Vogteien wurden durch die Landgemeindeordnung von 1852 zu Landgemeinden. *aeh*

Verkehrserschließung Die ersten Siedler im Alten Land hatten kein Bedürfnis nach Landwegen; sie wohnten an den Ufern der schiffbaren Flüsse, die es ihnen ermöglichten, die umliegenden Ortschaften zu erreichen. Bis zur Mitte des 19. Jh. spielte sich der meiste Verkehr auf Flüssen, →Wettern und →Gräben ab, denn die Landwege waren von schlechter Qualität und bei regnerischem Wetter oft tagelang nicht passierbar. Häufig wurden die →Deiche befahren – das aber gefährdete deren Sicherheit und wurde deswegen schließlich eingeschränkt. Der Handel mit landwirtschaftlichen Erzeugnissen, insbesondere Obst, erfolgte ebenfalls über die Wasserwege und war deswegen stark nach →Hamburg und in andere über See erreichbare Gebiete (bis nach England, Norwegen und St. Petersburg) orientiert (→Obstfahrten, →Schifffahrt). Mit dem Binnenland bestand dagegen wenig Austausch. Erst in der 2. Hälfte des 19. Jh. erschloss der Eisenbahnbau, hier v. a. die Anbindung an die 1881 am Geestrand eröffnete Strecke Harburg–Stade–Cuxhaven, neue Absatzmärkte innerhalb des Deutschen Reiches wie z. B. Hannover, Braunschweig oder das Ruhrgebiet, und reduzierte die Abhängigkeit von Hamburg. Der →Straßen- und Wegebau ab Mitte des 19. Jh. erleichterte den Transport über Land zu den Bahnstationen; es gab auch →Eisenbahnplanungen für das Alte Land, die aber nicht realisiert wurden. Im 20. Jh. verloren die Schiffsverbindungen (→Elbfähren) aufgrund der verbesserten Landverkehrsmittel (→Busverkehr für Personen und Lastkraftwagen für den Warentransport) allmählich an Bedeutung. Die schnelleren Verkehrsverbindungen ermöglichten vielen Einwohnern des Alten Landes nun auch eine Erwerbstätigkeit außerhalb der Landwirtschaft in Hamburg, Buxtehude oder Stade. Als sich ab den 1950er Jahren immer mehr Menschen ein

Auto leisten konnten und der Verkehr stark anstieg, wurden Durchgangsstraßen wie die Landesstraße 140 (→Obstmarschenweg) und die Kreisstraße 39 ausgebaut, was häufig die Ortsbilder (z.B. in →Oster- und Westerjork sowie um den Borsteler →Hafen) nachhaltig veränderte. Außerdem entsteht seit 1998 entlang der Südgrenze des Alten Landes die →Autobahn A 26 – ebenfalls mit nicht unproblematischen Folgen für Landschaftsbild und Natur. Der zunehmende Verkehr gefährdet jedoch insgesamt den Bestand von historischer Bausubstanz, die Qualität der Grundlagen des Obstbaus und die Sicherheit von Anwohnern und Touristen. *km*

Viersielen V. ist ein Schleusenverband (→Wasser- und Bodenverbände) in der →Dritten Meile in →Neuenfelde und heute Teil des →Hauptentwässerungsverbandes (HEV) der Dritten Meile Altenlandes. Darüber hinaus bezeichnet V. eine Häusergruppe an der Tiefenstraße. Er umfasst und entwässert die Flure →Vierzigstücken, das *Saschfeld* (→Saschen) etwa östlich des Arp-Schnitger Stiegs sowie das Neue Feld östlich des Nincoper Moorwegs. Namengebend waren vier Baumsiele, die zur →Entwässerung nötig waren. Sie wurden 1772 durch eine →Schleuse in der Nähe der Tiefenstraße ersetzt. *bf*

Vierzigstücken Der östliche, unmittelbar an den Elbdeich grenzende Teil →Nincops wird V. genannt. Der Name ist selbsterklärend (→Stück) und datiert aus der Zeit der Wiedereindeichung der →Dritten Meile, Ende des 15. Jh. Im Westen grenzt es an das Neue Feld, im Osten schließt →Francop an. In V. (Vierzigstücken Nr. 85) befindet sich der →Orgelbauerhof. *bf*

Visiten V. (von französisch *visite* „Besuch") waren ein Zusammenkommen der →Bäuerlichen Familien innerhalb der Verwandtschaft. Sie stellten die wichtigste soziale Institution innerhalb der eigenen Gruppe dar. Bei V. wurde über

politische, wirtschaftliche und private Angelegenheiten gesprochen, Ehen zwischen den jungen Menschen abgesprochen und vorbereitet,
Erfahrungen ausgetauscht und viel getratscht.
Die Visitenzeit war die arbeitsarme Winterzeit
ab November bis zum Frühjahr. Während die
Bauern zur V. fuhren, kümmerte sich das →Ge-
sinde um die täglichen Arbeiten auf dem Hof.
Zur V. zog man das Beste an, was man hatte. Entsprechend wurde das Tischsilber und Tischpor-
zellan in der *Döns* (→ Wohnkultur) aufgetischt.
Serviert wurden Kaffee mit Kranz- und Butter-
kuchen mit Guss und ohne, die auf eine besondere Art und Weise geschnitten und auf dem
Teller serviert wurden. Das Repräsentationsver-
halten diente zur Stärkung und Bestätigung der
Altländer Identität als selbständige und wohlha-
bende Bauern und unterstützte dadurch das
„Wir-Gefühl". Heute werden statt der traditionellen V. Kaffeekränzchen organisiert, in denen
sich sozial und wirtschaftlich gleichgestellte
Frauen treffen. Wie bei V. spielen die repräsentativen Elemente des Treffens eine zentrale
Rolle.   Visite

otn

Vogelsang   V. ist ein unmittelbar südlich von
Westmoorende liegender Einzelhof, der etwa
800 m abseits der Straße am →Hinterdeich
liegt. V. gehört geographisch und siedlungsge-
schichtlich zum Alten Land, auch wenn es in der
Neuzeit nicht mehr zum Gräfengericht →Jork
und zum →Kirchspiel →Estebrügge zählte.
Ehemals gab es hier zwei Höfe: Den Hof *Lütken
Vogelsang* hatte das Alte Kloster 1317 von den von
Borch gekauft. 1380 ist auch der andere Hof, *mai-
or Vogelsang*, im Besitz des Klosters erwähnt. Das
Kloster Scharnebeck verzichtete damals im
Tausch zugunsten des Alten Klosters auf den
Zehnten über die Ländereien von *maior V.*, ein
Indiz dafür, dass V. zu →Eschete gehörte, wo
das Kloster Scharnebeck Zehnten erworben
hatte. Die →Entwässerung der niedrig gelege-
nen Vogelsanger Ländereien bot immer wieder
Konfliktstoff. So wurde der Kajedeich zwischen

Westmoorende und V. erst 1417 nachträglich auf Beschwerde der Moorender über das trotz des Hinterdeiches einströmende Moorwasser eingezogen. Seit der Säkularisation des Klosters im 17. Jh. war das Vorwerk V. eine staatliche Domäne in der Verwaltung des Amtes Altkloster (ab 1823 des Amtes Harsefeld) und wurde verpachtet. Im Jahr 1880 wurde V., das damals eine Größe von 95 ha hatte (davon 76 ha Weiden, 15 ha Ackerland), vom Königreich Preußen an Claus Friedrich Köster, den Sohn des bisherigen Pächters, verkauft. Das historische Wohn- und Wirtschaftsgebäude steht unter →Denkmalschutz.

aeh/rg

Vögte/Vogteien Der V. (vom lateinischen *advocatus*) war im Wortsinn eigentlich der Rechtsbeistand. Da bis Mitte des 19. Jh. Gericht und Verwaltung nicht getrennt waren, wurden ihm auch Verwaltungsaufgaben, z. B. die Steuererhebung, überlassen. Im Alten Land wurden V. zuerst in den 1370er Jahren als Beamte genannt, die die Rechte des →Erzstifts Bremen im Lande wahrzunehmen hatten. Soweit sie bekannt sind, waren es Buxtehuder Bürger. Anfang des 15. Jh. traten an ihre Stelle die →Gräfen.

Etwa zur gleichen Zeit kam auch für die Richter in den →siedesten Gerichten der Hollerkolonien des Alten Landes (→Hollerkolonisation) die Bezeichnung V. auf. Anders als die zuerst genannten wurden diese V. von den adligen oder klösterlichen Gerichtsherren eingesetzt; sie stammten wie die beigeordneten Schöffen aus der Schicht der ortsansässigen Hofbesitzer. In den sassischen Gerichten der Elbufersiedlungen (im →Fünfdörfergericht, →Borstel, →Cranz und →Hasselwerder) setzten die Gräfen ebenfalls Hofbesitzer als V. ein. Schließlich bedienten sich auch die Besitzer der sogenannten →Patrimonialgerichte besonderer V. als Richter und Einnehmer.

In Gebieten, die von den zwölf →Hauptmannschaften wegen starker adeliger oder klösterlicher Herrschaftsrechte nicht oder nur unzurei-

chend erfasst wurden, besorgten die V. in ihren Vogteien auch Polizei und Verwaltung. Es sind dies 1. die Vogtei →Hove-Leeswig (bis ins 17. Jh. das sogenannte Brobergengericht), 2. das →Altklostergericht in →Groß Hove und →Finkenreich, 3. die sassische Vogtei Cranz, 4. die Vogtei →Rübke, 5. die Vogtei →Nincop und 6. die Vogtei →Francop. Infolge der hannoverschen Reformgesetzgebung Mitte des 19. Jh. verloren die V. ihre gerichtlichen Befugnisse. Die sechs Vogteien wurden 1852 zu Landgemeinden und damit den →Hauptmannschaften gleichgestellt. Die Vogteien Hove-Leeswig und Altklostergericht an der →Este wurden 1879 unter die →Gemeinden →Königreich, →Hove und →Moorende aufgeteilt.

aeh

Vorgeschichte →Archäologie und Vorgeschichte

Vorland Der →Deich teilt die →Marsch in geschütztes und ungeschütztes Land, das als Binnendeich und Außendeich oder – in der niederdeutschen Terminologie – als *Butendiek* bezeichnet wird, im Alten Land auch als *Schallen*. Das V. war zwar den Gezeiten unterworfen und wurde regelmäßig überschwemmt; das Wasser führte jedoch fruchtbaren →Schlick heran, der sich auf dem V. absetzte und düngte.

Die fetten Außendeichsweiden im V. (Borsteler Schallen, Cranzer Hohenwisch) befanden sich in Gemeinschaftsbesitz und waren ein entscheidender landwirtschaftlicher Faktor der Altländer →Landwirtschaft. Vor allem Kleinbauern waren auf diese fruchtbaren Allmendeflächen angewiesen. Deicherde wurde aus dem V. entnommen, da die dortigen *Püttgruben* durch den Schlick, den die Gezeiten mit sich führten, wieder gefüllt wurden, so dass das Reservoir an Deicherde sich hier stets erneuern konnte.

Im Zusammenhang mit Tod, Sterben und Bestattung hatte das V. in der Mentalität der Altländer früher eine deutlich negative Konnotation. Seinen Grund hatte die ins Mythische gehende

Bewertung des V. in seiner Benutzung als Richt-
stätte, die für die Zeit des beginnenden 16. Jh. belegt ist. In der Borsteler Schallen stand bis in die
Frühe Neuzeit hinein ein Galgen, an dem die
Hingerichteten nach der damaligen Gepflogen-
heit so lange hingen, bis sie abfielen, und unter
dem ihre Überreste dann verscharrt oder den
Gezeiten überlassen wurden.   *me*

Deichvorland

Wanderung →Abwanderung, →Zuwanderung

Wappen Als Erkennungs- und Identifikationszeichen zunächst des Adels entstanden W. in der ersten Hälfte des 12. Jh. und wurden in der Folge zu bleibenden Abzeichen von Personen, Personengemeinschaften, politischen oder kirchlichen Gemeinwesen.
Die Kommunalheraldik entwickelte sich maßgeblich durch das Gemeindeverfassungsrecht von 1935, setzte sich im Alten Land in den einzelnen Gemeinden jedoch erst nach der Niedersächsischen Gemeindegebietsreform von 1972 verstärkt durch. So führt die →Samtgemeinde Lühe seit 1981 ein offizielles W. (silberne Blüte als Symbol für den →Obstbau und die →Lühe als Namensgeber für die Samtgemeinde). Die Mitgliedsgemeinden führen seit 1988 (→Hollern-Twielenfleth und →Grünendeich) bzw. 1989 (→Mittelnkirchen, →Guderhandviertel und →Neuenkirchen) eigene offizielle W.; →Steinkirchen erst seit 2000/2001. Das seit 1972 offizielle W. der Einheitsgemeinde →Jork übernimmt mit den gekreuzten Giebelbrettern ein Symbol der Gemeinden →Estebrügge, →Hove, →Königreich und →Moorende und mit dem Spaten auf dem →Deich ein weiteres aus dem alten W. von →Borstel, während die Schwurhand →Jork symbolisiert. Das inoffizielle W. von →Rübke von 1978 erinnert an den Deich und den einstigen Torfabbau. Das in der Süderelberegion weiter verwandte inoffizielle W. des damaligen Ortsausschusses Süderelbe (→Ortsdienststelle Neuenfelde) von 1988 weist an seinem Rand auf die anderen Ortsteile im Ortsamtsbereich Süderelbe hin. →Cranz, →Neuenfelde und →Francop haben keine eigenen Wappen. *dm*

Wasser- und Bodenverbände Im Gegensatz zu anderen Landschaften sind →Deichverbände und W. im Alten Land organisatorisch voneinander getrennt. Letztere beruhen auf dem Gesetz über die Wasser- und Bodenverbände von 1991, zu dem Niedersachsen wie →Hamburg jeweils 1994 Ausführungsgesetze erlassen haben. Diese W. – vielfach historisch bedingt als Schleusenverband, Sielverband, Entwässerungsverband oder unter ähnlichem Namen organisiert – sind für die Unterhaltung der Gewässer II. Ordnung (→Wettern, →Fleete, →Gräben) und der zugehörigen Anlagen (→Schöpfwerke, →Siele) zur Oberflächenentwässerung zuständig, während die Regenwasserkanalisation in geschossenen Ortschaften Gemeindeangelegenheit ist. Die heute 19 W. im niedersächsischen Teil des Alten Landes – hinzu kommen fünf Schleusenverbände, ein Sielverband und drei Sommerdeichverbände im hamburgischen Teil der →Dritten Meile – entstanden parallel zu den Deichverbänden aus lokalen Interessengemeinschaften und staatlichen Anordnungen seit dem Mittelalter zur →Be- und →Entwässerung, beim Bau und bei Veränderungen an Fleeten, Wettern und Gräben, bei Sielen und →Schleusen, der Durchführung der →Polderung sowie der Anlage von →Beregnungsbecken. Es galt dabei bis heute stets der Grundsatz, dass der Tieferliegende dem „Oberlieger" das Wasser abzunehmen hatte. Gemeinsames Handeln ergab sich aus technischen Notwendigkeiten, verhandelten Vereinbarungen und Entscheidungen des Landesherrn, später der Aufsichtsbehörden. Konflikte, die sich aus der Verteilung der Wasserlasten oder Beeinträchtigungen von Rechten ergaben, wurden häufig gerichtlich geklärt. Um Konflikte zwischen den einzelnen Verbänden und ihren Mitgliedern zu vermeiden und aus staatlichem Interesse an einer übersichtlichen Selbstverwaltung wurden 1960 der →Unterhaltungsverband Altes Land und 1964 der →Hauptentwässerungsverband (HEV) Dritte Meile Altenlandes als jeweilige Dachorganisationen der W. gegründet.
Die W. im Alten Land sind heute öffentlich-rechtliche Körperschaften. Im Bereich ihrer in den Satzungen festgelegten Aufgabenstellung

handeln sie autonom, unterstehen allerdings der Kontrolle der jeweiligen Aufsichtsbehörde. *hd*

Wehrtscher Hof Der W. ist ein Bauernhof in der Ortsmitte von →Borstel (Große Seite 8a) nördlich der →St.-Nicolai-Kirche, mit einem bedeutenden Wohn- und Wirtschaftsgebäude aus dem 17. Jh. Ob der Hof identisch ist mit einem 1275 erwähnten Hof des Bremer Erzbischofs Giselbert in Borstel, wie →Siemens vermutet, lässt sich nicht nachweisen. Eine sichere historische Überlieferung setzt erst im 16. Jh. ein, als 1541 das Kloster St. Georg in Stade seinen Hof in Borstel an Barthold Dehmel verkauft. Wann das Kloster in den Besitz gekommen war, lässt sich nicht mehr feststellen. Der Besitz konnte von der Familie Dehmel laufend vergrößert werden; 1555 gehörten 29 Morgen (→Maße) zu dem Hof, 1603 35¹/₂ Morgen, um 1630 besaß der Enkel Nikolaus Dehmel schließlich 58 Morgen in Borstel, →Jork und →Ladekop.

Obwohl aus einer bäuerlichen Familie stammend, konnte dieser Nikolaus Dehmel (um 1600–1670/71), der in Erfurt Jura studiert hatte, eine einem Adligen vergleichbare Stellung erlangen. Von 1628 bis 1637 bekleidete er das Amt eines →Gräfen des Alten Landes. 1635 erlangte er gar die Würde eines Domherrn in Lübeck, von der er 1670 zurücktrat. In späteren Jahren lebte er zeitweise in Hamburg. 1633 gestattete Erzbischof Johann Friedrich ihm, die verfallene →Borsteler Windmühle wieder aufzubauen – ein deutliches Indiz seiner wirtschaftlichen Möglichkeiten.

Um 1665 trat Dehmel den Hof in Borstel wegen einer Schuldforderung an den Stader Generalgouverneur Hans Christoph von Königsmarck ab, der ihn an mehrere Pächter verpachtete. In der ersten Hälfte des 18. Jh., als noch immer die Bezeichnung „Dehmelscher Hof" üblich war, ging der Hof in staatlichen Besitz über und wurde weiterhin verpachtet. Seit 1790 ist der Hof im

Wehrtscher Hof in Borstel

Besitz der Familie Wehrt, die im 19. und 20. Jh. auch mehrere →Ziegeleien betrieb.

Der Vorgängerbau des Gehöftes brannte 1632 beim Einfall der Pappenheimer im →Dreißigjährigen Krieg ab. Das bald nach diesem Brand von dem Gräfen Nikolaus Dehmel in der Form eines adligen Herrenhauses in Fachwerk errichtete Hauptgebäude hat (wie der →Gräfenhof) einen T-förmigen Grundriss mit einem zweigeschossigen, traufenständigen Wohnteil und direkt anschließenden, als Zweiständerbau mit Kübbungen errichteten Wirtschaftsteil. Die straßenseitige Fassade wurde im 20. Jh. im Erdgeschoss massiv erneuert. Im Inneren sind eine großartige, reichgeschnitzte Wendeltreppe, Türen und Holzschnitzereien aus der Barockzeit bemerkenswert. *rg*

Weimarer Republik In den ersten Tagen nach der Revolution wurde in →Jork ein „Arbeiter- und Bauernrat" gebildet, der am 19. November 1918 zusammentrat. Von den 56 Mitgliedern – darunter vier Frauen – waren 49 vorher auf Volksversammlungen in →Grünendeich, →Neuenfelde und Jork gewählt worden, sieben wurden auf der ersten Sitzung bestimmt. Er arbeitete eng mit dem seit 1917 amtierenden Landrat Dr. Karl Schwering zusammen. Bei der Schaffung von Arbeitsplätzen für die zurückgekehrten Soldaten suchte der Rat Druck auf Arbeitgeber auszuüben. Nach den ersten demokratischen Wahlen löste sich der Rat bis zum Frühsommer 1919 auf.

In der Verwaltung hatte die Revolution keine personellen Veränderungen hervorgerufen. Von den „Weimarer Parteien" konnte in den Wahlen, bei denen Frauen erstmals das aktive und passive Wahlrecht besaßen, nur die SPD einen größeren Stimmenanteil zwischen 25 und 30 % gewinnen. Fast gleich stark waren jeweils die Deutsch-Hannoversche Partei und die Deutsche Volkspartei, die Deutsch-Nationalen erhielten zunächst noch unter 10 %. In den Kreistagswahlen überwogen die konservativen Kräfte.

Der Einbruch der NSDAP in die konservative Dominanz vollzog sich im →Kreis Jork etwas langsamer als auf der benachbarten Geest. In der Juliwahl 1932 gewann die NSDAP in →Borstel, Grünendeich und vor allem →Twielenfleth mehr als 50 %. Von den bürgerlichen Parteien konnten nur die Deutsch-Nationalen, die sich stark nach rechts bewegten, seit 1930 Stimmen gewinnen.

Die Versorgung der fast 1.000 Kriegsgeschädigten war auch im Kreis Jork eine der wichtigsten Aufgaben, die durch die wachsende Inflation bis 1923 noch verschärft wurde. Außerdem war der Kreis durch die Kriegswohlfahrtsanleihen ohnehin stark belastet. Kreis- und Gemeindehaushalte waren bis 1924 nur noch durch Kredite zu finanzieren. Durch die Fürsorgepflichtverordnung von 1924 wurde die allgemeine Fürsorge nun eine Pflichtaufgabe der Selbstverwaltung. Der Kreis Jork hatte im Jahr 1925 allein etwa 1.200 Fürsorgeempfänger zu versorgen.

Die wirtschaftliche Lage war aber auch in der Folge prekär. Seit dem →Ersten Weltkrieg arbeiteten nur noch wenige →Ziegeleien. Der →Obstbau war durch Schädlinge und Marktüberschwemmung durch Importware in eine tiefgreifende Krise geraten, was 1929 zur Gründung des →Obstbauversuchsrings in Jork führte.

Die allgemeine landwirtschaftliche Krise in Verbindung mit der Weltwirtschaftskrise traf das Alte Land heftig. In der Folge wurde auch hier die Schwarze Fahne als Symbol der Ablehnung der Republik spätestens 1930 aufgezogen. Die Auflösung des Kreises Jork durch die Bildung des →Landkreises Stade zum 1. Oktober 1932 traf auf entschiedenen Widerspruch wegen seiner Sonderinteressen, auch wenn der bisherige Jorker Landrat Schwering dem neuen Landkreis vorstand. *jb*

Wellenstraße Die W., an der mehrere Obsthöfe liegen, stellt im Norden von →Königreich eine Verbindung vom Estedeich nach →Hinterbrack

dar. Ihr geschwungener Verlauf folgt einem ehemaligen, verlandeten Marschpriel. Der Name
wird bereits 1412 erstmals urkundlich erwähnt
(*Wellinghstrate*) und bezieht sich offensichtlich auf
einen Vorgänger des →Großen Bracks in Hinterbrack (Wehl = Brack). *rg*

Welterbe Altes Land Das Alte Land repräsentiert eine einzigartige im 12. und 13. Jh. gestaltete,
lineare Kulturlandschaft, die planmäßig und
überwiegend durch niederländische Siedler
(→Hollerkolonisation) angelegt wurde und aufgrund dieser niederländischen Prägung auch als
Cope- oder Hollerlandschaft bezeichnet wird.
Die Hollerkolonie Altes Land ist eine von mehreren „Tochterlandschaften" holländischer
Siedlungskultur in Europa. Ihr heutiger Erhaltungszustand ist jedoch nicht nur besser als in
den übrigen europäischen Gebieten, sondern
auch als in den niederländischen Mutterland-
schaften selbst.
Die auf europäischer Ebene eindeutig abgrenz-
bare historische Kulturlandschaft von besonderer Eigenart, die geschützten Denkmäler und die
Kulturlandschaftselemente bilden die charakte-
ristischen Strukturen des Alten Landes und damit letztlich die Unverwechselbarkeit des Landschaftsbildes in seiner Eigenart. Gleichzeitig
stellt das Alte Land einen eigenen Wirtschafts-
raum dar, dessen Struktur sich bis heute in allen
Bereichen (Bewirtschaftung, Siedlung, Infrastruktur) der ursprünglichen, im Hochmittelalter angelegten, linearen Struktur unterordnet.
D. h., die Struktur der planmäßig angelegten
Landschaft prägt bis heute die Wirtschafts- und
Lebensweise.
Angesichts dieser Einzigartigkeit entstanden
2002 die ersten Ideen, das Alte Land könnte
Welterbepotential bergen. Seither propagiert ein
eigens dazu gegründeter Verein die Bewerbung
als Welterbe, die als organisch entwickelte, an-
dauernde Kulturlandschaft und als serielle trans-
nationale Nominierung zusammen mit den Niederlanden und Polen verfolgt werden soll. *shs*

Sietas-Werft in
Grünendeich

Werften Die vielen →Ewer und →Lühejollen
der Altländer Schiffer wurden auf kleinen W. gebaut und gepflegt. Im Jahr 1860 gab es an der
→Lühe sechs und an der →Este drei Werft-
betriebe. Im Hafen von →Borstel arbeiteten
zwei W. Es handelte sich meistens um kleine
Handwerksbetriebe. Nur die →Sietas-Werft in
→Neuenfelde entwickelte sich später zu einem
mittelgroßen Industriebetrieb. Für eine Holz-
schiffwerft genügten zwei bis drei Helgen. Diese Helgen waren etwa 50 cm hoch und bestanden aus einem mächtigen Holzbalken, dessen
Oberseite halbrund, ähnlich einer Rinne, gearbeitet war. In diese Rundung passte der hölzerne
„Schuh", der mit einer Leine am Vorsteven des
Schiffes befestigt wurde. Damit wurde das seitliche Abrutschen des Schiffes vom Helgen verhindert. Die wenigen Gerätschaften, wie Hobel,
Sägen und Stemmeisen, konnten in einem kleinen Schuppen gelagert werden. Viele W. betrieben nebenher auch noch eine →Gastwirtschaft.
Die um 1910 erfolgte Umstellung vom Holz-
zum Stahlschiffbau bedeutete für einen kleinen
Werftbetrieb eine enorme Kraftanstrengung.
Der Umgang mit dem ungewohnten Material erforderte nicht nur neue Kenntnisse, sondern
auch größere Investitionen in den Betrieb. Holz-
schiffbau war reine Handarbeit, für die Stahlbe-
arbeitung benötigte man aber Maschinen. Eine
Stanze für die vielen Nietenlöcher, eine Ständer-

Steinkirchener
Neue Wettern

bohrmaschine, eine Richtplatte und eine Schmiedeesse zum Erhitzen der Nieten waren erforderlich. Für die Maschinen musste eine Halle gebaut werden. Viele W. konnten sich die hohen Kosten für diese Maschinen nicht leisten und mussten den Betrieb einstellen. Von den vielen W. haben sich nur die Sietas-Werft, nachdem diese 1958 die Holst-Werft und 1968 die Rancke-Wert aufgekauft hatte, in →Cranz, die Ritscher Werft in Borstel – wo allerdings das letzte Schiff 1934 vom Stapel gelaufen war – und die Sietas-Werft in →Grünendeich mit dem Stahlschiffbau beschäftigt. Große Küstenmotorschiffe wurden im Alten Land nur in Neuenfelde gebaut. Mit den steigenden technischen Anforderungen an den modernen →Schiffbau und der gleichzeitig zunehmenden Verlagerung des regionalen Güterverkehrs auf Straße und Schiene kam das Aus für die W. Allein die Sietas-Werft in Neuenfelde überlebte. Die Werft von Helmut Sietas in Grünendeich betreibt heute ein Winterlager für Sportboote. *kk/vm*

Westerjork →Oster- und Westerjork

Westerladekop →Oster- und Westerladekop

Westmoorende →Moorende

Wettern W. sind künstlich angelegte Gewässer, die der →Be- und →Entwässerung dienen. Über sie wird das Wasser aus den →Gräben in die →Elbe oder ihre Nebenflüsse abgeleitet. Durch das allmähliche Absacken des Marschlandes wurde es im Lauf der Zeit immer schwieriger, Wasser durch die traditionellen →Schleusen und →Siele in die Elbe abfließen zu lassen. Daher wurden seit den 1920er Jahren →Schöpfwerke gebaut, um das Wasser anfangs mit Dieselmotoren – in der →Dritten Meile kamen auch für einige Jahre Dampfmaschinen zum Einsatz –, später mit elektrischem Antrieb künstlich auf ein höheres Niveau zu pumpen. *hk*

Wetterndorf Ortsteil und Straßenbezeichnung (inoffiziell →Obstmarschenweg) entlang des Elbdeiches in →Steinkirchen, dessen Name von der Steinkirchener Neuwettern rührt, die hier in die →Elbe entwässert. Während der

Sturmflut von 1751 (→Sturmfluten der Neuzeit) brach in W. der →Deich so heftig, dass der größte Teil des Ortes verloren ging und der Deich um 200 m zurückgenommen werden musste, noch heute dokumentiert durch die scharfe Doppelkurve der Hauptstraße.

W. war von jeher ein günstiger Verladeplatz an der Außendeichswettern. In W. (Wetterndorf 13) ist der Abwasserzweckverband Untere Elbe mit einer Kläranlage ansässig, zuständig für die Abwasserbeseitigung in der →Samtgemeinde Lühe, der Samtgemeinde Horneburg und der Einheitsgemeinde →Jork. Zudem befindet sich in W. der Bauhof der Samtgemeinde Lühe.

2017 zählte W. 23 Einwohner. *dm*

Windmühlen →Mühlen, →Borsteler Windmühle, →Twielenflether Windmühle

Wisch Der Ort liegt in →Borstel im →Hochland der →Zweiten Meile des Alten Landes. W. schließt östlich – die Grenze ist allein an den wechselnden Straßennamen ablesbar – an →Neuenschleuse an. Im Süden und Westen wird die Flur durch den →Gehrden Weg gegen →Mittelnkirchen, →Höhen und →Lühe be-

grenzt. Die unregelmäßige Flur wird zudem durch den Burweg geteilt. An dessen Abzweig vom Elbdeich liegt das Ausflugslokal „Fährhaus Kirschenland", einstmals mit Anlegestelle des Borsteler Dampfers und der Hamburg-Blankenese-Este-Linie (→Elbfähren). Auf Höhe der Einmündung des Gehrden Weges in den Elbdeich lag der →Hafen von W. mit einer Anlegebrücke der Stader Dampfer. W. (ehemals Somflether Wisch) ist ein Rest des im 15. Jh. untergegangenen →Somfleth. *bf*

Wischgericht Das W. war ein →Patrimonialgericht, zu dem um 1820 ca. 20 →Katen an der →Lühe im Außendeich gehörten. Sie lagen teils rechts der Lühe bei →Neuenkirchen, teils links bei →Guderhandviertel. Die Horneburger Burgmannen →Schulte, die hier Grundherren waren, beanspruchten 1580 die hohe und niedere Gerichtsbarkeit über sie; zugestanden wurde ihnen nur die niedere. Nachdem Bartold Schulte 1609 einen Wohnsitz in Daudieck (bei Horneburg) errichtet hatte, war das W. mit den Gutsherren von Daudieck verbunden; das waren bis 1743 die Schulte. Von ihnen gelangte das W. über die von Rönne 1803 an die von Holleuffer, die

Fährhaus Kirschenland in Wisch

den Anspruch nach der →Franzosenzeit erneuerten, jedoch Anfang der 1820er Jahre aufgeben mussten. *aeh*

Witterungsverlauf Im Alten Land dominiert unbeständige Witterung mit wechselndem Einfluss von Tiefausläufern und Hochdruckgebieten. Bei vorherrschend südwestlicher bis westlicher Luftströmung wird überwiegend feuchte Meeresluft herangeführt. Typisch sind dadurch relativ milde, schneearme Winter und meist nur mäßig-warme Sommer. Bei Hochdruckwetterlagen können sich während der Sommermonate längere sonnenscheinreiche Witterungsperioden einstellen. Im Spätherbst und Winter neigen Hochdruckwetterlagen allerdings zu dem neblig-trüben, sonnenscheinarmen „Schmuddelwetter" mit einer zähen Hochnebeldecke, Nebelnässen (leichtem Sprühregen) und kühlen Temperaturen. Liegt das Zentrum der Hochdruckgebiete jedoch über Skandinavien oder Nordosteuropa, resultieren auch im Winterhalbjahr oft sonnige, wenn auch sehr kalte Witterungsabschnitte. Durch die Küstennähe ist es in dem recht flachen Gelände oft windig, im Winterhalbjahr sogar gelegentlich stürmisch. Niederschlag fällt zu allen Jahreszeiten, ist jedoch zwischen Juni und Dezember im Mittel er-

Julius Wohlers, Selbstbildnis

giebiger. Im Sommer kommt es gelegentlich zu kräftigen Schauern. Einen Anhalt für den mittleren Witterungsverlauf im Zeitraum 1986 bis 2015 gibt die Datentabelle der Klimastation Hamburg-Neuwiedenthal. Der weltweit zu beobachtende →Klimawandel führte auch im Alten Land bereits zu einem deutlich messbaren Temperaturanstieg. *gr*

Wohlers, Julius, *31.10.1867 in →Hamburg, †4.9.1953 in →Königreich Ab 1886 studierte W. an der Berliner Akademie, um dann von 1892 an als Maler in Hamburg tätig zu sein. Eine lebenslange Freundschaft verband ihn mit dem Bildhauer Ernst Barlach (1870–1938). Nachdem seine Eltern 1899 nach Himmelpforten gezogen waren, verbrachte W. dort häufig sommerliche Malaufenthalte. 1901 wurde er als Lehrer einer Malklasse an der Kunstgewerbeschule in Hamburg berufen und 1926 zum Professor an der Hamburger Landeskunstschule ernannt. Seine eigene malerische Produktion stellte er während seiner Lehrtätigkeit bis zur Pensionierung 1931 zurück. Neben Himmelpforten weilte W. in den dreißiger Jahren häufig an der →Este, wie er sich ohnehin während der →nationalsozialistischen Jahre unauffällig verhielt, so dass er ungehindert weiter künstlerisch tätig sein konnte. Im Juli

Klimatabelle Wetterstation Hamburg-Neuwiedenthal (53,4777° N, 9,8957° E, 3 m über NN)

Bezugsperiode 1986–2015

	Jan	Feb	Mrz	Apr	Mai	Jun	Jul	Aug	Sep	Okt	Nov	Dez	Jahr
Mitteltemperatur (°C)	2,2	2,5	5,1	9,3	13,4	16,1	18,5	17,9	14,3	10,1	5,8	3,0	9,9
Zahl der Sommertage	0,0	0,0	0,0	0,6	2,8	5,2	10,6	8,8	2,0	0,0	0,0	0,0	30,0
Zahl der heißen Tage	0,0	0,0	0,0	0,0	0,1	1,0	2,7	1,6	0,1	0,0	0,0	0,0	5,5
Zahl der Eistage	5,5	3,2	0,6	0,0	0,0	0,0	0,0	0,0	0,0	0,0	0,5	4,1	13,8
Zahl der Frosttage	13,4	12,8	9,2	2,9	0,1	0,0	0,0	0,0	0,0	2,1	6,0	12,3	58,8
Niederschlagshöhe (mm)	65	49	57	39	58	69	82	82	60	57	59	70	748

Sommertag: Tägl. Temperaturmaximum ≥ 25 °C
Heißer Tag: Tägl. Temperaturmaximum ≥ 30 °C
Eistag: Tägl. Temperaturmaximum < 0 °C
Frosttag: Tägl. Temperaturminimum < 0 °C

1943 verlor er seine Wohnung samt 240 Bildern bei einem Bombenangriff auf Hamburg, worauf er 1944 mit seiner Frau nach Königreich in eine kleine Wohnung bei dem Bauern Heinrich Quast (heute Estebrügger Straße Nr. 16) zog. Wegen seines Augenleidens malte W. in der Folge nur noch kleinformatige Stillleben, bis er 1948 das Malen ganz aufgeben musste und in seinen letzten Lebensjahren fast erblindet war.

W. war einer der bedeutendsten Hamburger Maler und einflussreichsten Kunsterzieher in der ersten Hälfte des 20. Jh., der in der naturverbundenen Hamburger Kunst stilbildend gewirkt hat und von seinen Schülern geschätzt wurde. Gemeinsam mit seinen Kollegen des „Hamburgischen Künstlerclubs von 1897" entdeckte er die landschaftlichen Schönheiten des Alten Landes. Farbintensive Bilder aus Himmelpforten und dem Alten Land machen den größten Anteil seines Schaffens aus.   *cmt*

Wohnkultur   Im →Fachhallenhaus einer →bäuerlichen Familie waren Menschen, Vieh und Wirtschaften unter einem riesigen Reetdach untergebracht. Der zentrale Raum war das Flett, das als Ess- und Tagesraum sowie als Arbeitsbereich der Frauen diente. Von dort aus gab es einen freien Blick auf die Diele, wo das Vieh in Kübbungen untergebracht war. Die Herdstelle stand anfangs mitten im Flett, wo eine Holzbedachung den Funkenflug auffangen sollte. Um das Haus besser vor Feuer zu schützen, wurde die Herdstelle an die Wand gerückt, wo sie seitlich hochgemauert und mit einem Feuerrähm versehen wurde. Der Schwibbogen diente demselben Zweck. Das mit Lehm und Natursteinen gepflasterte Flett war feucht, kalt und mit Qualm gefüllt. Eine Verbesserung der Wohnqualität brachte seit dem 17. Jh. der Einbau eines oft zweiarmigen Schornsteins. Dieser ermöglichte zwei offene Herdstellen: eine größere für die Betriebsfamilie und eine kleinere für das

→Altenteil. Die *Blangendör* führte zum Graben, wo das *Schöttelbörd* oder *Schöttelheck* zum Trocknen des Geschirrs diente. Die unbeheizten Kammern für das Gesinde sowie Räume für Milchwirtschaft, Werkzeug, Geräte u. a. m. befanden sich im oberen Teil der Diele. Der täglichen Körperhygiene diente eine Schüssel mit Wasser. Als Toilette wurde der Kuhstall benutzt, erst im 18. Jh. wurde der Abort bekannt und setzte sich allmählich durch. Die rauchfreien und warmen Räume der Betriebsfamilie und der Altenteiler befanden sich im Kammerfach. Die Zimmer der Altenteiler wurden vom Flett aus mit Kachelöfen bzw. mit heißen Eisenplatten (*Bileggern*), geheizt. Geschlafen wurde im Alkoven. Die mit Holzfußboden belegte *Dönz* (Wohnstube) war ein Repräsentationsraum, dessen Gestaltung schon früh infolge des regen Austausches mit →Hamburg durch die Übernahme bürgerlichurbaner Elemente beeinflusst wurde. In der

Dönz befanden sich u. a. bunte Kacheln, Geschirr aus feinem Porzellan, bestickte Kissen, Silberbesteck und wertvolle Einrichtungsgegenstände (→Möbel). Hinter der →Brauttür befand sich die unbeheizte Kofferkammer, wo Textilien und Wertgegenstände in Truhen und Koffern aufbewahrt wurden. Aus Feuerschutzgründen fing man im 19. Jh. an, das Flett durch eine Wand von der Diele zu trennen. Das führte zum Abbau der offenen Herde und zur Teilung des Fletts, wo nun eine Küche mit geschlossenem eisernem Sparherd errichtet wurde. Das änderte die →Esskultur. Zeitgleich wurden das Flett und die mit diesem nunmehr zur Wohndiele (Vorderdiele) verbundene Kofferkammer mit beiderseitigen Kammern umgebaut. In der Mitte bis zur Brauttür entstand ein Flur, von wo aus die Kammern einzeln zu begehen waren. Nach dem Übergang zum →Obstbau und der Auflösung der Haushaltsfamilie wurde der Wohnraum

Dönz im Altländer Haus im Freilichtmuseum auf der Insel in Stade

Ansichtskarte
Gut Wöhrden,
gelaufen 1948

häufig in Richtung der leergebliebenen Diele erweitert. Demzufolge verlor das Haus immer mehr seine ursprünglichen wirtschaftlichen Funktionen zu Gunsten von Wohnqualität. *otn*

Wöhrden (Gut) Das Gut W. (Wöhrden 19), am Schwingedeich in der Siedlung →Wöhrden, einem Ortsteil von →Twielenfleth, gelegen, wird erstmals 1333 mit Johann von Wöhrden als Besitzer erwähnt (*curia Johannis de Worden*). Von 1402 bis 1727 war das Gut W. in Händen der Familie Schacht. 1829 erwarb Jacob von Stemmen das benachbarte, 31 ha umfassende Rittergut →Melau. Seine Nachfahren, die Familie Kolster, vereinigten 1878 und 1907 einen Teil beider Güter mit Weidewirtschaft, Rinder- und Pferdezucht und →Obstbau. Zu Gut W. zählten auch die →Ziegeleien →Symphonie und Außendeich mit eigenem Schiffsanleger. Anfang 2000 erforderte der Ostumgehungsbau in Stade die Aufgabe des landwirtschaftlichen Betriebes; die Pferdezucht wurde 2008 eingestellt.
Bis ins 19. Jh. lag das Gutshaus noch jenseits des Schwingedeiches zwischen der Symphonie und →Bassenfleth auf einer →Wurt. Es wurde 1845 abgebrochen und Teile davon 1855 zum Bau des heutigen zweigeschossigen Gutshauses verwendet. Zwischen altem Baumbestand, trauf-

seitig zur Straße, trägt das hellverputzte Gutshaus mittig im Zwerchgiebel des gaubenversehenen Ziegelwalmdachs das historische →Wappen der Familie Kolster.   *dm*

Wöhrden (Siedlung) Die Siedlung W. ist ein Ortsteil von →Twielenfleth, *Wrthen, Worten, Worden* oder *Wurden* als Pluralform von →Wurt genannt und urkundlich erstmals 1185/89 erwähnt. Die Siedlung W. zählte zu den sächsischen →Fünfdörfern und gehörte bis ins 19. Jh. zur →Hauptmannschaft Twielenfleth, heute Teil der →Gemeinde →Hollern-Twielenfleth. Die unregelmäßige Flfeaufteilung Wöhrdens weist auf die frühe sächsische Besiedlung hin, in der dann im 12. Jh. die Flurformen der →Hollerkolonisation übernommen wurden. Die Siedlung W. grenzt an →Melau, →Bassenfleth, →Hollern und Stade. Heute sind noch einige Altländer →Fachhallenhäuser z. T. aus dem 18. Jh. sowie der aus dem 19. Jh. stammende Bau des Gutes →Wöhrden erhalten. Anstelle von →Ackerbau, →Tierzucht, →Ziegelei u. a. dominieren heute →Obstbau und →Tourismus. 1959 verfügte die Siedlung W. über 185 Einwohner; 2017 waren es 275.   *dm*

Wurt Als W. bezeichnet man vom Menschen aus Abfällen und →Kleierde errichtete Wohnhügel, die in den →Marschen vor dem Bau der →Deiche dem Schutz vor Hochwassern dienten. Die W. sind zu Tausenden im gesamten südlichen Nordseeküstengebiet verbreitet und entstanden insbesondere in Phasen des Meeresspiegelanstiegs. An der →Elbe begann der Bau von W. im 1. Jh. n. Chr. Im Alten Land sind W. allerdings selten und außerdem fehlen bislang Belege für frühgeschichtliche W. Vermutlich ließ die in zahlreiche Arme gegliederte Elbe die →Sturmfluten weniger hoch auflaufen als in den Seemarschen. Der Ortsname →Wöhrden deutet beispielsweise auf eine W.Siedlung hin. Gehöft-W. wurden insbesondere in der →Dritten Meile auch noch nach dem Deichbau angelegt. Archäologisch untersucht wurde eine spätmittelalterliche W. in →Rosengarten. *dn*

Wüstungen W. im Sinne von verschwundenen Siedlungen können total, partiell, temporär oder als „Ortsnamen-W." (bei Namenwechsel) nur scheinbar sein. Die Ursachen sind vielfältig: Kriege, Seuchen, Agrarkrisen, Siedlungskonzentrationen, Überschwemmungen etc. – oft greifen mehrere Ursachen ineinander. In historischer Zeit gilt in Mitteleuropa das 14./15. Jh. als Wüstungsperiode, in der die Zahl der aufgegebenen Siedlungen die der Neugründungen deutlich übertraf. Das gilt auch für das Alte Land, das in dieser Zeit von Überflutungen und Landverlusten besonders betroffen war. Im Hintergrund dürften nicht nur klimatische Ursachen stehen, sondern auch eine Bevölkerungsabnahme, die

zu Defiziten bei der Deichverteidigung führte. Am hohen Elbufer der →Ersten und →Zweiten Meile gingen um 1400 und später bedeutende Teile des altsächsischen Siedlungsgebietes dauerhaft verloren und mit ihnen ganze Siedlungen wie →Halstenfleth zwischen →Twielenfleth und →Grünendeich und →Zesterfleth vor →Kohlenhusen. Andere Siedlungen mussten infolge der Rücknahme der Elbdeiche verlegt werden und verloren einen großen Teil ihrer Flur, oft auch ihren alten Namen. So wurde aus →Bardesfleth →Grünendeich, aus →Querenfleth →Höhen, aus →Somfleth (→Borstel) →Wisch, aus Urenfleth →Cranz. Manche Orte im alten →Kirchspiel Zesterfleth, dessen Kirche nach Borstel verlegt werden musste, sind so verschollen, dass heute sogar ihre Lage ungewiss ist, wie →Stockfleth und →Obertwielenfleth. Die →Dritte Meile wurde um 1400 so stark überflutet, dass nur noch auf dem Hochland um die Kirche von →Hasselwerder Siedlungsreste überdauerten. Das →Kirchspiel Nincop ging ein, aus der Dritten Meile wurde die „Wüste Meile" und nach der Wiedereindeichung um 1460 die „Neue Meile". Die Ortsnamen →Nienhusen, Achterhusen, →Velthusen verschwanden, der Name →Neuenfelde entstand neu. →Hove, →Ostmoorende, →Nincop, →Francop und →Rübke lagen temporär wüst. Eine „Ortsnamen-Wüstung" liegt z.B. bei →Ditkerskop vor: Da es im „hollerschen" Siedlungsgebiet der Ersten Meile lag, wurde der Name durch →Hollern verdrängt. *aeh*

Zeitung →Altländer Zeitung

Zesterfleet (Gewässer) Z. oder Zester ist eine moderne, wenn auch nicht unumstrittene Bezeichnung für das →Fleet in →Jork und →Borstel, ein kleiner Bach, der aus Neukloster kommend im Mittelalter verbreitert und zur →Entwässerung genutzt wurde. In das Z. münden die →Wettern aus dem Gebiet von →Ladekop ein – die in →Oster- und Westerjork wurden Anfang der 1960er Jahre zugeschüttet – und in ihm gelangt das Wasser aus Jork und Umgebung zur →Elbe. Im alten Elbdeich befand sich ein →Siel, um das Wasser in den vor dem →Deich angelegten alten Borsteler →Hafen zu lassen. Hingegen war das mittelalterliche, heute längst verschwundene Gewässer Z., das dem einstigen Ort →Zesterfleth den Namen gab, ein natürlicher Marschpriel im Bereich von →Kohlenhusen und →Hinterbrack.   *hk*

Zesterfleth (Familie) Ehemalige Adelsfamilie der Ritterschaft des →Erzstifts bzw. Herzogtums Bremen, hervorgegangen aus der Ministerialität der Erzbischöfe von Bremen. Ihren Namen führte sie nach dem um 1400 untergegangenen Ort →Zesterfleth an der →Elbe. Urkundlich ist sie zuerst 1312 mit dem Ritter Johann von Z. (*Zestersvlete*) nachweisbar, der erzbischöflicher →Vogt in Buxtehude war; ihr Adel reicht aber in das 13. Jh. zurück. Ihren Stammsitz hat sie früh aufgegeben. Marquard I. von Z., Ritter Johanns Neffe, legte in den Jahren 1317–1343 durch zahlreiche Erwerbungen von Höfen, Land, Zehnten und Hörigen (*Liten*), besonders im Alten Land, in Kehdingen und im →Kirchspiel Selsingen, die Grundlage für eine ausgedehnte Grundherrschaft der Familie im Erzstift Bremen. In →Lu erwarb er 1325 ein →siedestes Gericht (das sogenannte Freigericht) und Land, mit dem die Familie ihren neuen Adelssitz begründete, den 1377 zuerst erwähnten befestigten Hof →Bergfried. Marquard ist 1332 und 1340 auch als →Gräfe und Vogt von Buxtehude bezeugt. Das prominenteste Familienmitglied ist Marquards Sohn Johann V. (bezeugt 1339–1388), der die geistliche Laufbahn einschlug, Domherr in Bremen wurde und 1374 Domdekan. Daneben war er seinem Vater in das Gräfenamt in Buxtehude gefolgt (bezeugt 1350), das der Bremer Erzbischof Albrecht 1368 mit der Vogtei Bremervörde an die Herzöge von Braunschweig-Lüneburg verpfändete. 1376 löste der Domdekan einen Skandal aus, als er Erzbischof Albrecht beschuldigte, ein Zwitter (und damit amtsuntauglich) zu sein. Vor dem Zorn des Erzbischofs flüchtete Johann nach Verden, wo er 1380 zum Bischof gewählt wurde. Er blieb dort in guter Erinnerung, u. a. wegen des Rückkaufs der von seinen Vorgängern verpfändeten Burg Rotenburg. Bestattet wurde er 1388 auf seinen Wunsch im Neuen Kloster Buxtehude, dem er Güter im Alten Land übertragen hatte, die allerdings bald darauf durch Überflutung verloren gingen. Johanns Neffe Marquard IV. kaufte 1377 von einem Vetter den Hof Bergfried in →Guderhandviertel, der bis zum Ende des Geschlechts der Hauptsitz blieb. Dessen Sohn Helmerd (Hilmar), Stammvater aller späteren von Z., wurde 1400

Zesterfleet
in Borstel

Z

Grabkammer
des Oswald von
Zesterfleth,
1605, Kirche
Steinkirchen

in die Burgmannschaft von Horneburg aufgenommen. Sein Enkel Claus I. (1459–1540) wurde 1503 mit dem Gericht in Zesterfleth (bzw. →Hinterbrack) und (zusammen mit den von Düring) mit Anteilen an dem Gericht →Francop und →Velthusen aus dem Erbe der von Borch belehnt. Heinrich VII. (erwähnt 1528–76) war Stadthauptmann in →Hamburg; er wurde 1566 vom Erzbischof u. a. mit der Fähre von →Cranz nach Blankenese belehnt, die bis 1848 in der Familie blieb. Sein Sohn Oswald II. (1555–1618) erwarb 1607–14 einen Hof in Francop und Land in →Hohenwisch, wo die von Z. später einen Gutshof (→Francoper Güter) errichteten. Ihm gehörte der Sassenhof in →Grünendeich, er stiftete dort die Ausstattung der 1608 neu gebauten →St.-Marien-Kirche. Gräfen des Alten Landes waren Joachim Diedrich 1712–16 (unter dänischer Herrschaft) und der Drost Carl Ludwig 1817–25. Diedrich Christian Arnold (1750–1820) war Richter am Oberappellationsgericht in Celle und Präsident der Bremischen Ritterschaft. Sein Sohn Heinrich

Christian (1781–1848) war hannoverscher Oberamtmann (in Lauenau) und Oberhauptmann (in Medingen) und auch Verfasser einer Landesbeschreibung des Alten Landes (gedruckt 1847). Mit ihm endete das Geschlecht. Das verschuldete Gut Bergfried erbte sein Schwiegersohn Eduard Graf Kielmannsegg. Das bis ins 13. Jh. zurückreichende Gutsarchiv übergab dessen Sohn dem Staatsarchiv in Hannover (heute im Niedersächsischen Landesarchiv in Stade). Die Urkunden sind jetzt im *Urkundenbuch der Herren von Zesterfleth* im Druck zugänglich.   aeh

Zesterfleth (Siedlung)   Ehemaliges Dorf und →Kirchspiel in der altsächsischen Siedlungszone an der →Elbe in der →Zweiten Meile (1221 *Sestersvlete*). Das Kirchspiel Z. reichte von der Mündung der →Lühe bis fast an die →Este. Zu ihm gehörten die Dörfer →Querenfleth (→Höhen), →Obertwielenfleth, →Somfleth (→Wisch), →Stockfleth, →Borstel, Z. und Bockfleth. Kirche und Dorf Z. lagen am Elbdeich, die Dorfflur reichte nach Süden bis an die

Grenze (Landscheidung) von →Jork. 1400 ist erstmals von der neu errichteten Kirche von Z. in Borstel die Rede und 1407 von der alten Kirche in Z. Das Dorf Z. bestand noch weiter. 1435 heißt es von Z., dass es im Kirchspiel Borstel lag. Einwohner von Z. gab es noch 1482 und 1497. Im 16. Jh. sah man noch Überreste des alten Dorfes und der Kirche außerhalb des zurückverlegten Deiches vor →Kohlenhusen. Wo früher das Elbufer war, bildete sich die Elbinsel →Hahnöfersand. Die Fischereirechte im Wasserlauf zwischen dem neuen Elbdeich und dem Sand von Z. bis Somfleth besaß 1407 die Adelsfamilie von Z., die ihren Familiensitz bereits im 14. Jh. an die Lühe verlegt hatte. Das Gericht zu Z. war 1366 im Besitz der von Borch. Von ihnen gelangte es nach 1502 an die von Z., die es als Gericht in →Hinterbrack bis zur Aufhebung der →Patrimonialgerichte im 19. Jh. behielten.   *aeh*

Ziegeleien Im Verlauf des 19. Jh. nahm die Ziegelindustrie an →Elbe und Oste einen bedeutenden Umfang an und erreichte um 1877 mit mehr als 260 Werken ihren Höhepunkt. Zum größten Teil wurden die Z. als landwirtschaftliches Nebengewerbe betrieben. Voraussetzung waren die Tonvorkommen auf eigenem Land und die Verfügbarkeit qualifizierter Arbeitskräfte aus dem bis 1918 bestehenden Fürstentum Lippe in Ostwestfalen, die vom Frühjahr bis zum Herbst jedes Jahr zuwanderten. Im Alten Land entwickelte sich erst infolge des Wiederaufbaus von →Hamburg nach dem großen Stadtbrand von 1842 die Ziegelproduktion. 1845 existierten insgesamt acht Ziegeleien in →Cranz, →Hove, Ostmoorende (→Moorende) und →Hasselwerder, auf denen mehr als 120 Lipper tätig waren. Das vermutlich größte Ziegelwerk wurde in Hasselwerder von der Firma

Ziegelei an der Esteburg

Menke & Co. mit mehr als 40 Wanderarbeitern aus dem Lippischen betrieben. Den Übergang zur industriellen Produktion markierte 1858 die Patentierung des Ringofens, der einen kontinuierlichen Brand und eine hohe Produktivität ermöglichte. Die von dem 1828 geborenen Johann Jacob Wehrt in →Borstel gegründete Z., die schon in den 1860er Jahren für den Ringofenbetrieb eingerichtet wurde, nahm in technischer Hinsicht eine Vorreiterrolle ein. Eine größere Verbreitung fand der neue Ofentyp erst seit etwa 1880. 1881 wurden im →Amt Jork 32 Steinbrennereien gezählt. Zu Beginn der 1920er Jahre gab es noch acht Ziegelwerke in Cranz, →Neuenfelde, →Königreich, →Bassenfleth, →Wöhrden, →Twielenfleth und →Estebrügge. Für den steten Rückgang der Ziegelindustrie wurde schon seit der Jahrhundertwende vor allem die zunehmende Verwendung anderer Baustoffe wie Kalksandstein oder Beton für Fundamente verantwortlich gemacht. Mit der Hanseaten-Stein Ziegelei in Neuenfelde schloss Ende 2000 die letzte Z. im Alten Land. Heute existiert lediglich eine Z. in Kehdingen, die noch immer mit einem historischen Ringofen produziert.   *hs*

Zuwanderung Menschliche Spuren sind im heutigen Gebiet des Alten Landes vereinzelt seit der Mittelsteinzeit nachweisbar (→Archäologie und Vorgeschichte). Im frühen Mittelalter dürften sich →Sachsen auf dem →Hochland niedergelassen haben, während im 12./13. Jh. durch eingewanderte Holländer das →Sietland kolonisiert wurde (→Hollerkolonisation). Größere gezielte Z. sind für die folgenden Jahrhunderte zwar nicht bekannt, doch ist davon auszugehen, dass aufgrund von Bevölkerungsverlusten und →Abwanderungen aufgrund von Naturkatastrophen (→Sturmfluten im Mittelalter), Kriegen und Seuchen (→Wüstungen) es immer wieder zu Z. aus der Geest und aus anderen Gebieten in der Folge gekommen ist, da der reiche Marschboden und die Lage an der →Elbe, aber auch das Fehlen von den Arbeitsmarkt regle-

mentierenden Zünften (→Handwerk) und die freiheitliche Ordnung der →Landesgemeinde anziehend wirkten. Die →Schwedenzeit hat diese Entwicklung nicht unterbrochen, vielmehr wissen wir von der dauerhaften Ansiedlung einiger Familien in dieser Zeit.

Da Industrialisierung und Eisenbahnerschließung (→Eisenbahnplanung) im Alten Land ausblieben – sieht man einmal von den lippischen Wanderarbeitern in den →Ziegeleien ab –, kam es im Laufe des 19. und frühen 20. Jh. nicht zu der anderenorts erlebten stürmischen Bevölkerungsentwicklung durch massenhafte Z. von außen. Diese setzte erst aufgrund des →Zweiten Weltkriegs und seiner Folgen in einer kleineren Welle nach der Bombardierung →Hamburgs nach 1943 und dann in bislang nicht gekanntem Ausmaß durch die Vertriebenen ab 1945 ein. So zählte →Borstel im Dezember 1946 1.659 Einheimische. Hinzu kamen 172 ausgebombte Hamburger und 1.232 Vertriebene. Während die Zahl der ausgebombten Hamburger Anfang der fünfziger Jahre auf einen Bruchteil zusammengeschmolzen war, lag die Zahl der Vertriebenen und Flüchtlinge im Juli 1952 bei 1.180 und damit lediglich um 250 Personen unter dem Höchststand vom Juli 1949 und sank auch in den folgenden Jahren nur langsam ab, da viele von ihnen dauerhaft blieben.

Eine neue Welle der Z. setzte ab den siebziger Jahren mit der wirtschaftlichen Entwicklung im Alten Land und Hamburg – darunter dem Aufschwung der →Sietas-Werft und des Airbus-Werkes auf Finkenwerder als großen industriellen Arbeitgebern –, der Ausweisung von Neubaugebieten und den verbreiteten Tendenzen der Stadtflucht aufgrund größerer Mobilität ein, von dem saisonalen Phänomen der →Erntehelfer ganz abgesehen. Die Verlängerung der Hamburger S-Bahn bis Stade (2007), aber auch der voranschreitende Bau der →Autobahn A 26 haben nicht nur die Pendlerströme nach Hamburg anwachsen lassen, sondern damit auch zur Entwicklung neuer Wohngebiete im Alten Land

beigetragen. Heute leben von den 12 789 Einwohnern der Einheitsgemeinde →Jork lediglich
25% seit ihrer Geburt hier, wobei der Siedlungs-
druck aus Hamburg angesichts der Entwicklung des dortigen Wohnungsmarktes weiterhin
anhält. Großflächiges Siedlungsland steht allerdings nicht zur Verfügung, solange der Betrieb
rentabel ist und für Obstbauern Preise und Rendite für gutes Obstland attraktiver sind als Erlöse
aus dem Verkauf geeigneten Baulandes. →Be-
völkerungsentwicklung.   *hd*

Zweite Meile   Lühe und →Este begrenzen die
Z. im Westen bzw. Osten. Während die Lühe bis
zur Schaffung der Kirchengemeinde →Lühekir-
chen und der →Samtgemeinde Lühe 1971 nicht
nur Meilengrenze war, sondern auch für sämtliche Binnenstrukturen im Alten Land, war es an
der Este –außer im Bereich der Mündung – nahezu umgekehrt. Hier wurde die Este erst mit dem
Neuzuschnitt der Gemeinden 1879 zwischen
→Hove und →Leeswig bzw. →Königreich zur
Grenze, mit der Kreisreform 1932 dann auch im
Raum →Moorende und →Estebrügge. Mit der
Gemeindereform 1972 wurden diese Grenz-
strukturen wieder aufgelöst. Seit dem →Groß-
Hamburg-Gesetz von 1937, mit dem u. a.
→Cranz in →Hamburg eingegliedert wurde,
verläuft auch eine Staatsgrenze in der Z. Im Süden begrenzt der →Hinterdeich die Z., im Norden die →Elbe. Ihr historischer Verlauf ist nur
ansatzweise rekonstruierbar. Eine Folge von
Sturmfluten um 1400 (→Sturmfluten im Mittelalter) führten zur Ausdeichung des heutigen
→Hahnöfersandes, zur Verlegung der Kirche
von →Zesterfleth nach →Borstel und erklären
die sehr schmale Flur in →Kohlenhusen. In der
Z. findet das Alte Land mit 6–7 km seine größte
Nord-Süd-Ausdehnung. Auf etwa 8–10 km
durchfließen Lühe und Este das Land. Die Flur
ist ausgerichtet auf die Flüsse, im Zentrum auf
zwei Siedlungsreihen im →Sietland (→Lade-
kop und →Jork) sowie einer im Hochland (Zesterfleth / Borstel). Der Ablauf der →Hollerkolo-

nisation des Sietlandes ist nachvollziehbar. Die
→Neuenkirchener und →Mittelnkirchener Flur
wurde vor der in Westerjork bzw. -ladekop abgesteckt, während die Fluren von →Osterlade-
kop und →Osterjork etwa gleichzeitig wie jene
von Westmoorende und Königreich abgesteckt
wurden. 1196 ist der Vorgang beiderseits der Este
bezeugt. Kirchlich gehörte die Z. bis zur →Re-
formation zum →Bistum Verden, weltlich zum
→Erzstift Bremen. Damit war die Lühe nicht
nur Diözesangrenze, sondern Kirchenprovinz-
grenze zwischen Mainz und Bremen.   *bf*

Zweiter Weltkrieg   Direkte militärische Bedeutung hatte das Alte Land nicht. Es war vor allem agrarisches Versorgungsgebiet mit →Obst-
bau und anderen Produkten insbesondere für
→Hamburg und das Ruhrgebiet.
Der im Laufe des Krieges einsetzende Mangel
war auf dem Land weniger ausgeprägt als in den
Städten, auch wenn genaue Ablieferungsquoten
beachtet werden mussten. Die landwirtschaftlichen Erträge gingen deutlich zurück, bei Getreide um etwa 40 %. Die Obsternte sank 1944 um
25 % gegenüber dem langjährigen Durchschnitt.
Durch die Einberufung der Männer zum Kriegs-

Nach einem
Bombenangriff
im Breiten Ort
in Jork 1943

dienst fehlten zunehmend Arbeitskräfte. Daher forderten die Landwirte als Ersatz in großem Umfang Kriegsgefangene und Zwangsarbeitskräfte für die Arbeit auf den Höfen an. Schon im September 1939 wurden in den Gemeinden →Hollern und →Steinkirchen Kriegsgefangene eingesetzt, die in Gasthäusern untergebracht waren. Im Frühjahr/Sommer 1940 wurden weitere 645 Kriegsgefangene in Obstscheunen des Alten Landes untergebracht, die bei der Obsternte eingesetzt werden sollten. Auch in den Folgejahren wurden weitere „westliche" wie „östliche" Kriegsgefangene zur Arbeit verpflichtet und in Lagern untergebracht, Ende 1944 waren in →Grünendeich 115 Gefangene und in Steinkirchen, →Guderhandviertel und →Mittelnkirchen 168 Gefangene. Darüber hinaus mussten auf den Höfen zahlreiche sogenannte „Zivilarbeiter" Zwangsarbeit leisten.

Ab 1940 tauchten britische Bomber auch über dem Alten Land auf, wobei durch Bombenabwürfe in diesem Jahr zwei Menschen ums Leben kamen, 1941 war es einer. Zwei schwere Luftangriffe trafen →Jork und →Borstel im Februar und März 1943. Etliche Wohngebäude und Schuppen wurden zerstört oder beschädigt, mindestens 20 Menschen starben. Nach einem Flugblatt im März 1943 wurden auch 9 Zwangsarbeiter getötet.

Rund 1.400 Soldaten aus dem Alten Land fielen im Krieg oder wurden seither vermisst, was schmerzhafte Lücken in viele Familien riss und die Versorgung der hinterbliebenen Witwen und Waisen ebenso wie der Kriegsversehrten zur öffentlichen Aufgabe machte.

Mit dem Beginn der großen Luftangriffe im Juli 1943 musste das Alte Land Hunderte Ausgebombte aus →Hamburg aufnehmen, unter ihnen Julius →Wohlers. In den letzten Kriegsmonaten 1945 setzten die großen Flüchtlingsströme aus den östlichen Gebieten Deutschlands ein, aufgrund derer sich die Einwohnerzahl des Alten Landes um etwa zwei Drittel erhöhte (→Zuwanderung).   *jb*

Zwetschenanbau   →Pflaumen- und Zwetschenanbau

Weiterführende Literatur zur Landeskunde und Geschichte des Alten Landes

Zusammengestellt von Robert Gahde

Bibliographie

Gahde, Robert: Altländer Bibliographie. Literaturverzeichnis zur Landeskunde und Geschichte des Alten Landes. Erscheinungsjahre 1617 bis 1998 mit Nachträgen bis 2001. Jork 2006, 320 S. (Beiträge zur Kultur und Geschichte des Alten Landes, Bd. 2)

Landeskunde

Bilder und Nachrichten aus dem Alten Land und seiner Umgebung. Hrsg. von Carl Röper. Bearb. von Carl Röper, Irmgard Carstens, Lothar Zupp. Mit einer Einführung in die Geschichte des Alten Landes und seiner Bauernhäuser und einem Anhang Bäuerliche Kulturgüter im Alten Land von Gerhard Röper. 3 Bände. Jork 1988, 608, 672, 640 S. (Schriftenreihe des Vereins zur Förderung und Erhaltung Altländer Kultur Jork e.V., 4–6)

Buxtehude und das Alte Land. Herausgegeben im Auftrage des Kreisausschusses Jork und des Magistrats Buxtehude. Hauptschriftleiter: H. P. Siemens. Kiel [1929], 95 S., Anzeigen-Anhang.

Einzig – nicht artig … eine Tochter wird erwachsen: Die Hollerkolonie Altes Land. Jork 2009, 114 S.

Köhler, Bernd; Hans Riediger: Das Alte Land. Hamburg 1970, 380 S. (Landschaften um Hamburg, 2)

Kühnke, Gerda: Das Alte Land. Geographische Studie über eine niederelbische Marsch. Masch.-schr. Diss. Hamburg 1958, IV, 175 Bl., Anh.

Länderübergreifende Kulturlandschaftsanalyse Altes Land. Endbericht. Bearb.: Klaus-Dieter Kleefeld, Peter Burggraaff, Beate Lange. Köln 2007, 139 S.

Stumme Zeugen großer Katastrophen. Die Bracks im Alten Land & Buxtehude. [Hrsg.:

Susanne Höft-Schorpp, Daniel Nösler, Claus Ropers. Überarbeitete Fassung. Nach Hans Peter Siemens „Die Deichkolke des Kreises Jork als Naturdenkmäler, Jork 1932.] Jork 2017, 97 S. (Schriftenreihe des Vereins zur Förderung und Erhaltung Altländer Kultur e.V.)

Witt, Werner: Der Landkreis Stade (Regierungsbezirk Stade). Kreisbeschreibung und Kreisraumordnungsplan. 2. Aufl. Bremen-Horn 1951, 333 S. (Die Landkreise in Niedersachsen, 3)

Obstbau und Obsthandel

Kaiser, Wolfgang: Obstland im Norden. Die Geschichte des Obsthandels im Alten Land. Bearb. von Thomas Schürmann. Husum 2009, 463 S. (Publikationen der Kulturstiftung Altes Land, 3)

Quast, Herbert: In Haus und Hof. Erinnerungen eines Landwirts. Ehestorf 2007, 344 S. (Schriften des Freilichtmuseums am Kiekeberg, Bd. 53)

Reich, Hans: Obstland – Altes Land. Jork 1974, 55 S.

Tiemann, Karl-Heinz: Der Erwerbsobstbau an der Niederelbe mit dem Zentrum Altes Land. Voraussetzungen durch Standortfaktoren, Organisationsstrukturen und anbautechnische Entwicklungen. Jork 2012, 463 S. (Publikationen der Kulturstiftung Altes Land, 5)

Volkskunde, Kulturgeschichte, Baudenkmale

Die Altländer Tracht. Zsgest. u. bearb. von Hinrich Behr, Elisabeth Lemke, Gerd Matthes. Jork 1985, 60 S.

Bohlmann, Dieter-Theodor: Museum Altes Land Jork. Braunschweig 1991, 130 S. (museum, März 1991)

Cordes, Johann Jacob: Altes Land – alte Kultur. Stade 1966, 96 S.

Golon, Peter: Historische Orgeln im Landkreis Stade. Photographiert von Karl-Wilhelm Kröncke. Stade 1983, 135 S. (Beiträge des Landkreises Stade zu regionalen Themen, 3)

Gott allein die Ehre – Der Orgelreichtum im Alten Land. Katalog zur Ausstellung im Museum Altes Land in Jork vom 7. Juni – 26. August 2007. Hrsg. von Konrad Küster und Hans Tegtmeyer im Auftrag der Altländer Kirchengemeinden. Jork 2007, 80 S.

Die Kunstdenkmale des Landkreises Stade. Bearb. von Carl-Wilhelm Clasen, Dieter Großmann, Gottfried Kiesow, Reinhard Wortmann unter Mitarbeit von Hans Wohltmann. Textband und Bildband. München/Berlin 1965, 675 S. (Die Kunstdenkmale des Landes Niedersachsen. Regierungsbezirk Stade)

Landkreis Stade ohne die Städte Stade und Buxtehude. Bearb. von Heike Albrecht. Hameln 1997, 278 S. (Denkmaltopographie Bundesrepublik Deutschland. Baudenkmale in Niedersachsen, Bd. 26.1).

Schlichting, Frank: Traditionelle Möbel des Alten Landes vom Ende des 17. bis zum Ende des 19. Jahrhunderts. Werkstätten – Überlieferung – Funktion. Husum 2012, 583 S. (Publikationen der Kulturstiftung Altes Land, 2)

Tuomi-Nikula, Outi: Der Altländer Hof im Wandel. Veränderungen der sozialen Strukturen und des Alltagslebens im Alten Land bei Hamburg im 20. Jahrhundert. Husum 2006, 262 S. (Publikationen der Kulturstiftung Altes Land, 1)

Geschichte

Bei der Wieden, Brage; Jan Lokers: Fremdbestimmung, Mitbestimmung, Selbstbestimmung. Bürger und Politik in der Geschichte des Landkreises Stade und seiner kommunalen Selbstverwaltung vom 18. Jahrhundert bis zur Gegenwart. Stade 1999, 288 S.

Bohmbach, Jürgen: Sie lebten mit uns. Juden im Landkreis Stade vom 18. bis zum 20. Jahrhundert. Stade 2001, 64 S. (Veröffentlichungen aus dem Stadtarchiv Stade, 21)

Borstelmann, Heinrich: Familienkunde des Alten Landes. Hamburg 1927, 302 S. (Veröffentlichungen der Zentralstelle für Niedersächsische Familiengeschichte e. V., Bd. 2; Familienkunde der Stader Elbmarschen, Bd. 1)

Diffusion oder Kolonisation. Holländische Wege durch die Jahrhunderte in Mitteleuropa. 3. Öffentliches europäisches Symposium. Tagung am 19. Januar 2013, Museum Altes Land, Jork. Tagungsband. Red.: Susanne Höft-Schorpp. Jork 2013, 98 S.

Drei Meilen Altes Land. Geschichte und Geschichten. Hrsg. von Doris Marks. 4 Bände. Grünendeich: 1993–1997, 168, 184, 208, 208 S.

Ehrhardt, Michael: „Ein guldten Bandt des Landes." Zur Geschichte der Deiche im Alten Land. Stade 2003, XII, 609 S. (Schriftenreihe des Landschaftsverbandes der ehemaligen Herzogtümer Bremen und Verden, 18; Geschichte der Deiche an Elbe und Weser, 1)

FundSache. Archäologie zwischen Oste und Elbe. Hrsg. von Daniel Nösler und Andreas Schäfer. Drochtersen 2013, 192 S.

Gahde, Robert: Brände im Alten Land von 1647 bis 1881. Mit einer Einleitung zur Geschichte des Feuerlöschwesens und der Feuerversicherung. o. O. 1996, 185 S.

Geschichte des Landes zwischen Elbe und Weser. Hrsg. von Hans-Eckhard Dannenberg und Heinz-Joachim Schulze. Bisher 3 Bände. Band I: Vor- und Frühgeschichte. Band II: Mittelalter. Band III: Neuzeit. Stade 1995–2008, 360 S., 534 S., 567 S. (Schriftenreihe des Landschaftsverbandes der ehemaligen Herzogtümer Bremen und Verden, 7, 8, 9)

Hauschildt, Hinrich: Zur Geschichte der Landwirtschaft im Alten Land. Studien zur bäuerlichen Wirtschaft in einem eigenständigen Marschgebiet des Erzstifts Bremen am Beginn der Neuzeit (1500–1618). 2 Bände. Diss. Hamburg 1988, 709, 79, 527 S.

Het Groene Hart. Dat Ole Land. Steinkirchen 2013, 208 S. (Drei Meilen Altes Land)

Hofmeister, Adolf E.: Besiedlung und Verfassung der Stader Elbmarschen im Mittelalter. 2 Teile. T. I: Die Stader Elbmarschen vor der Kolonisation des 12. Jahrhunderts. T. II: Die Hollerkolonisation und die Landesgemeinden Land Kehdingen und Altes Land. Hildesheim 1979–1981, 263 und 447 S. (Veröffentlichungen des Instituts für Historische Landesforschung der Universität Göttingen, 12. 14).

Kappelhoff, Bernd: Die 125jährige Geschichte der als „Spar- und Leihkasse des Altenlandes" gegründeten Altländer Sparkasse. 1873–1998. Jork 1998, 360 S.

Linderkamp, Heike: „Auf Ziegelei" an der Niederelbe. Zur saisonalen Wanderarbeit lippischer Ziegler im 19. und beginnenden 20. Jahrhundert. Stade 1992, 247 S. (Einzelschriften des Stader Geschichts- und Heimatvereins, Bd. 31)

Lohmann, Hartmut: „Hier war doch alles nicht so schlimm." Der Landkreis Stade in der Zeit des Nationalsozialismus. Stade 1991, 485 S. (Beiträge des Landkreises Stade zu regionalen Themen, Bd. 8)

Mangeljahre. Lebensverhältnisse und Lebensgefühl im Landkreis Stade 1945–1949. Eine Dokumentation. Bearb. von Christa Keller-Teske. Stade 1989, 335 S. (Veröffentlichungen aus dem Stadtarchiv Stade, 10)

Schlichting, Heike; Jürgen Bohmbach: Alltag und Verfolgung. Der Landkreis Stade in der Zeit des Nationalsozialismus, Bd. 2. Mit einem Beitrag von Barbara Burmeister. Stade 2003, 254 S. (Veröffentlichungen aus dem Stadtarchiv Stade, 23)

Schlichtmann, Hans-Otto: Zwischen Oste und Este. Häfen an der Unterelbe. Band II. Stade 1998, 239 S.

Siemens, Hans Peter: Das Alte Land. Geschichte einer niederelbischen Marsch. Stade 1951, 351 S. (Einzelschriften des Stader Geschichts- und Heimatvereins, 2)

Somfleth, Hein: Die wirtschaftliche Entwick-

lung des Altenlandes von 1860–1900. Stade [1935], 32 S.

Strehlow, Günther: Die holländischen Einwanderungen des 12. und 13. Jahrhunderts und ihr Einfluß auf die Rechtsentwicklung des Alten Landes. Ein rechtshistorischer Beitrag zur Siedlungsgeschichte des Alten Landes. Masch.-schr. Diss. Hamburg, 1952, X, 147, 23 Bl., 3 Taf.

Urkunden – Regesten – Nachrichten über das Alte Land und Horneburg. Bearb. von Richard Drögereit, Jörg Leuschner, Carl Röper, Gerhard Röper, Irmgard Carstens, Lothar Zupp. Band 1–4. Jork 1985–1990 (Schriftenreihe des Vereins zur Förderung und Erhaltung Altländer Kultur Jork e. V., Bd. 2, 3, 7, 8)

Urkundenbuch der Herren von Zesterfleth. 1232–1677, bearb. von Hans Georg Trüper. Göttingen 2017, 410 S. (Veröffentlichungen der Historischen Kommission für Niedersachsen und Bremen, 291; Schriftenreihe des Landschaftsverbandes der ehemaligen Herzogtümer Bremen und Verden, 51)

Wendowski, Marlies: Vom Einzelhof zum Reihendorf. Landschaftsentwicklung und Besiedlungsgeschichte im Raume Jork. Jork 1994, 166 S. (Beiträge zu Kultur und Geschichte des Alten Landes, 1)

Ortsgeschichte

850 Jahre Steinkirchen 1148–1998. Altes Land. Redaktion und Gestaltung: Elisabeth Lemke. Grünendeich [1998], 91 S.

Finkler, Heinrich: Altes und Neues über das Alte Land. Mit besonderer Berücksichtigung des Kirchspiels Steinkirchen. Heft 1: Denkwürdige geschichtliche Ereignisse. Jork 1924, 58 S.

Francop und seine Graft im Alten Land 1266–1966, hrsg. von Wilhelm Mohr. Hamburg-Francop 1966, 224 S.

Genz, Monika: Der Baum Neuenfelde. Geschichte und Geschichten von Menschen. 1059–2009. Moisburg 2010, 729 S.

Gerdes, Friedrich: Chronik des Kirchspiels an

der Este. Rotenburg/Wümme 1969, 287 S. (Rotenburger Schriften, Sonderheft, 9)

Herrmann, Margarete: Kleine Chronik des Dorfes Neuenkirchen. Neuenkirchen 1986, 40 S.

Hollern-Twielenfleth. Hrsg. von der Altländer Sparkasse. Jork 1984, 329 S.

Jahrbuch des Altländer Archivs. Beiträge zur Ortsgeschichte. Jork 1994 ff.

Künnicke, Gustav A.: Versuch einer Orts-Chronik Hollern im Alten Lande. Jork 1940, 138 S. [Nachdruck in: Hollern-Twielenfleth, Jork 1984, S. 133–261.]

Lemke, Elisabeth: Grünendeich. Ein Dorf an der Elbe im Wandel der Zeiten. Freiburg/Elbe 1989, 205 S.

Marquardt, Wilhelm: Chronik der Gemeinde Neu Wulmstorf. 4 Bände. Neu Wulmstorf 1978–1986, 295, 324, 147, 270 S. [auch zu Rübke]

Merz, Wilhelm: Die Kirchengemeinde Neuenkirchen im Alten Lande, nebst einem Vortrage: Neuenkirchen um die Jahrhundertwende 1800. Jork 1901, 88 S.

900 Jahre Neuenfelde, vormals Hasselwerder. Im Auftrage des Ausschusses für die Gestaltung der 900-Jahrfeier hrsg. von Gustav Fock. Hamburg-Neuenfelde 1959, 221 S.

Quast, Jacob: Unser Cranz. Eine kleine Heimatgeschichte. Hamburg 1955, 58 Bl.

Röper, Carl: 750 Jahre Jork-Borstel 1221–1971. Ein Beitrag zur Geschichte des Alten Landes. Jork [1971], 272 S. (Veröffentlichungen des Vereins zur Erhaltung und Förderung Altländer Kultur, 1)

Rübke – zwischen Marsch und Moor. Geschichte eines lebendigen Dorfes. Materialien zur Ausstellung des Gemeindearchivs Neu Wulmstorf und der Arbeitsgemeinschaft zur Regionalgeschichte. Auswahl und Zusammenstellung von Texten und Fotos: Dagmar Müller-Staats. Neu Wulmstorf 2000, 162 S.

750 Jahre Francop im Alten Land 1235–1985. Ein Hamburger Landschaftsbild. Hrsg. vom Heimatverein Francop e. V., Vorsitzender Wilhelm Mohr. Hamburg-Francop 1984, 184 S.

Siemens, Hans Peter: Twielenfleth 1059–1959. Twielenfleth 1959, 127 S., Abb. [Nachdruck in: Hollern-Twielenfleth, Jork 1984, S. 9–131.]

Verzeichnis der Autorinnen und Autoren und ihrer Artikel

Kulturstiftung Altes Land, Landkreis Harburg, Landkreis Stade, Leeswig, Eduard Christian von Lütcken, Märkte, Maße, John Henry Mohrmann, Moorende, Münchhof, Obstmarschenweg, Johannes Schuback, Nicolaus Schuback, Schulwesen, Seehof, Seltenfriede, Hans Peter Siemens, Sparkassen und Banken, Straßen- und Wegebau, Tourismus, Vogelsang, Wehrtscher Hof, Wellenstraße)

Gold, Catrin, Dipl. Bibl., Landschaftsverband Stade (*Bibliotheken*)

Golon, Peter, Pastor i. R., Stade (*Christoph Wolfgang Druckenmüller, Gustav Fock, Orgeln, Reformation, Arp Schnitger*)

Haaker, Heinz, Dipl. Ing., Maschinenbauer i. R., Lübeck (*Peter Rehder*)

Heinrich, Adrian, Filmemacher, Hamburg (*Schifffahrtskontor Altes Land*)

Heinrich, Petra, H. H. Shipping GmbH & Co. KG, Jork (*Reederei*)

Heyne, Peter, ÖON e.V., Jork (*Ökologischer Obstbau*)

Hoffmann, Dr. Christian, Archivar, Niedersächsisches Landesarchiv – Standort Hannover (*Hannoversche Zeit*)

Hoffmann, Manfred, Sprecher der Bürgervertretung Neuenfelde-Francop-Canz von 1976, Hamburg-Neuenfelde (*Blumensand, Brackenburg, Bürgervertretung Neuenfelde-Francop-Cranz, Deiche und Deichwesen in der Dritten Meile, Fachgruppe Obstbau im Hamburger Bauernverband, Francoper Schlickdeponie, Hahnöfersand, Hauptentwässerungsverband (HEV) der Dritten Meile Altenlandes, Wilhelm Mohr, Ortsdienststelle Neuenfelde, Regionalausschuss Süderelbe*)

Hofmeister, Dr. Adolf E., Archivdirektor a.D., Verden (*Adel, Altes Land, Altländer Recht, Bardesfleth, Bistum Verden, Erzbistum Bremen, Eschete/Este (Siedlung), Finkende, Fünf Dörfer/Fünfdörfergericht, Gräfen, Grafschaft Stade, Halstenfleth, Hauptleute/Hauptmannschaften, Hollerkolonisation, Hufe, Kirchviertel, Landesgemeinde, Landesstube, Landesversammlung, Landgräfting, Lokatoren, Lu, Nienhusen, Oberbürgermeister, Ort, Patrimonialgerichte, Priester Heinrich, Schulte (Familie), Siedeste Gerichte, Somfleth, Stockfleth, Stück, Verfassung, Vogelsang, Vögte/Vogteien, Wischgericht, Wüstungen, Zesterfleth (Familie), Zesterfleth (Siedlung)*)

Höft-Schorpp, Susanne, Leiterin, Altländer Archiv, Jork (*Altländer Archiv, Altländer Zeitung, Luise Cooper, Johannes Christian Dittmann, Gehrden, Handwerk, Harmshof, Jork, Jork (Einheitsgemeinde), Jorkerfelde, Claus Köpke, Ladekop, Minnerweg, Oster- und Westerjork, Oster- und Westerladekop, Politische Parteien, Vereinswesen, Welterbe Altes Land*)

Isensee, Dr. Klaus, Realschullehrer i. R., Harsefeld (*Franzosenzeit*)

Krummlinde, Klaus, Schiffbaumeister i. R., Jork-Königreich (*Sietas-Werft, Werften*)

Kunze, Dieter, Stader Stiftung für Kultur und Geschichte, Stade (*Richard Eggers*)

Küster, Prof. Dr. Hansjörg, Institut für Geobotanik, Universität Hannover (*Ackerbau, Apfelanbau, Baumschulen, Beregnungsbecken, Birnenanbau, Elbvertiefungen, Ewer, Kirschenanbau, Kleiere, Klimageschichte, Landschaftsprofil, Landwirtschaft, Lühe (Fluss), Lühejolle, Marsch, Moor, Obstbau, Obstlagerung, Pflaumen- umd Zwetschenanbau, Polder, Polderung, Sand, Schlick, Schwinge, Spätfrost, Tierzucht, Wettern, Zesterfleet (Gewässer)*)

Marks, Doris, Kulturverein Steinkirchen und Umgebung e.V., Grünendeich (*Adlersburg, Altenschleuse, Altona, Bachenbrock, Bassenfleth, Bullenhof, Elbdeich, Finkende, Elisabeth Flickenschildt, Grünendeich, Guderhandviertel, Halbfehrden, Hessbögel, Hinterdeich (Siedlung), Hogendiekbrück(e), Hohendeich, Hohenfelde, Hollern, Hollernstraße, Hollern-Twielenfleth, Huttfleth, Katteshusen, Kirchviertel, Kochshof, Kulturverein Steinkirchen und Umgebung e.V., Elisabeth Lemke, Lühedeich, Lühekirchen, Lühesand, Martfleth, Melau (Gut), Melau (Siedlung). Mittelnkirchen, Mojenhörn, Muddweg, Neßhof (Gut), Neßstraße, Neuenkirchen, Neuhof (Gut), Neuhof (Siedlung), Ort, Priester-Heinrich-Skulptur, Samtgemeinde Lühe, Sandhörn, Saschen/Sassen, Scheefbeenshörn, Siebenhöfen, Sietwende, Speersort, Steinkirchen, Symphonie, Twielenfleth, Wappen, Wetterndorf, Wöhrden (Gut). Wöhrden (Siedlung)*)

Meinke, Dr. Insa, Institut für Klimaforschung, Helmholtz-Zentrum, Geesthacht (*Klimawandel*)

Meyer, Dieter, Obstbauer, Hamburg-Francop (*Fachgruppe Obstbau im Hamburger Bauernver-*

band, Hauptentwässerungsverband (HEV) der Dritten Meile Altenlandes)

Meyer, Vicco, Lehrer i. R., Buxtehude (Ewer, Lühejolle, Obstfahrten, Schiffbau, Werften)

Meyer-Tönnesmann, Dr. Carsten, Kunsthistoriker, Hamburg (Julius Wohlers)

Möllers, Dr. Sebastian, Museumsdirektor Stade (Freilichtmuseum auf der Insel in Stade, Alice Osse, Prunkpforten, Ilse Rahm, Otto Rahm)

Müller, Henning K., M. A., Kreisarchiv des Landkreises Rotenburg (Wümme) in Bremervörde (Peter Olters, Hein Somfleth, Johannes Jakob Stechmann)

Müller, Klaus, Sprecher des Fahrgastbeirats des Landkreises Stade, Jork (Autobahn, Busverkehr, Eisenbahnplanungen, Elbfähren, Verkehrserschließung)

Nösler, Daniel, Archäologische Denkmalpflege und Kultur, Landkreis Stade (Archäologie/Vorgeschichte, Großes Brack, Hochland, Höppel, Sachsen, Wurt)

Otte, Prof. Dr. Hans, Archivdirektor i. R., Hannover (Johann Hinrich Pratje)

Pelc, Dr. Ortwin, Museum für Hamburgische Geschichte, Hamburg (Schifffahrt)

Ropers, Claus, Verein zur Förderung und Erhaltung Altländer Kultur Jork e.V., Steinkirchen (Elbe-Obst, Esteburg-Obstbauzentrum Jork, Familiennamen, Fruchthandelsverband Nord, Gräben, Hans Heinrich, Ernst Ludwig Loewel, Marktgemeinschaft Altes Land (M.AL.), Obsthandel, Johannes Pape. Julius Quast, Carl Röper, Spieren, Sprache, Rudolf Stechmann, Unterhaltungsverband Altes Land, Verein zur Erhaltung und Förderung Altländer Kultur Jork e.V.)

Roscher, Dr. Helmut, Pastor i. R., Buxtehude (Grabmäler, Kirchspiel, St.-Bartholomäus-Kirche Mittelnkirchen, St.-Johannis-Evangelista-Kirche Neuenkirchen, St.-Marien-Kirche Grünendeich, St.-Marien-Kirche Twielenfleth, St.-Martini-et-Nicolai-Kirche Steinkirchen, St.-Martini-Kirche Estebrügge, St.-Matthias-Kirche Jork, St.-Mauritius-Kirche Hollern, St.-Nicolai-Kirche Borstel, St.-Pankratius-Kirche Neuenfelde)

Rosenhagen, Dipl. Met. Gudrun, Hamburg (Klimageschichte, Witterungsverlauf)

Schlichting, Dr. Frank, Volkskundler, Stade (Brauttür, Feste, Gerd Matthes, Möbel, Museum Estebrügge, Schmuck, Tracht)

Schlichting, Dr. Heike, Landschaftsverband Stade (Ziegeleien)

Schubert, Prof. (em.) Dr. Dirk, Wohnen- und Stadtteilentwicklung, HafenCity Universität Hamburg, Hamburg-Altona (Groß-Hamburg-Gesetz)

Stechmann, Hinrich, Vorsitzender des Unterhaltungsverbandes Altes Land Jork, Mittelnkirchen (Unterhaltungsverband Altes Land)

Stechmann, Jens, Vorsitzender Obstbauversuchsring des Alten Landes e.V., Lühe (Hans Feindt, Norddeutsche Obstbautage)

Tiedemann, Gisela, Wingst (Borsteler Windmühle, Mühlen, Twielenflether Windmühle)

Tuomi-Nikula, Prof. (em.) Dr. Outi, Cultural Heritage Studies, Universität Turku/Finnland, Rostock (Altenteil, Bäuerin, Bäuerliche Familie, Deichhufendorf, Erntehelfer, Esskultur, Gesinde, Hochzeit, Hochzeitsbitter, Hochzeitsuppe, Hofanlage, Göpel, Marschhufendorf, Tagelöhner, Visiten, Wohnkultur)

Ulferts, Wilhelm, Oberdeichrichter, Deichverband der II. Meile Alten Landes, Buxtehude (Deichverbände, Kabeldeichung)

Wesselhöft, Bernd, Elblotse i.R., Jork (Lotsenwesen, Hein Mehrkens)

Winkel, Dr. Norbert, Bundesanstalt für Wasserbau, Hamburg-Rissen (Sturmfluten seit 1976)

Nachweis der Abbildungen

Altländer Archiv Jork: S. 16 unten, 19, 20 unten, 21, 27 oben, 32, 34 oben, 37, 43, 44, 45, 49 (Jebramek), 50, 51 (Jebramek), 55 (Strey), 61 (Sammlung Bösche), 66 unten, 72 unten (Jebramek), 75, 78 oben (Sammlung Mohr), 83 (Strey), 90 (Sammlung Mohr), 97, 99 (Jebramek), 100 oben, 102, 103, 104 oben, 105 (Jebramek), 106 (Jebramek), 108, 110, 111 oben, 111 unten (Jebramek), 115, 116 Mitte, 120, 121, 122, 132, 136, 137 (Strey), 143, 144 oben (Zupp), 144 unten (Jebramek), 149 (Jebramek), 150 (Strey), 151, 158 oben, 160 oben (Sammlung Mohr), 162, 163, 168, 170 oben, 174, 175, 176 (Jebramek), 179, 180, 183 unten, 184, 188, 192 (Strey), 193 (Jebramek), 198, 205, 214, 215 Mitte, 217, 218, 228 (Strey), 230 (Strey), 237, 238 (Sammlung Mohr), 240, 241 (Jebramek), 243 oben 234 unten (Strey), 245, 249, 251 (Strey), 253, 257, 263, 265, 267

Altländer Tageblatt: S. 157 oben

Altonaer Museum: S. 161 (Inv.-Nr. 1977-905, Foto Elke Schneider)

Bolle, Arved (Der Generalplan für den Ausbau des Hamburger Hafens im Wandel der Zeiten, in: Jahrbuch der Hafenbautechnischen Gesellschaft 1950/51, Berlin / Göttingen / Heidelberg 1953, S. 34-49.): S. 25

Bremer-Verdischer Ritter-Sahl, Bremen 1720: S. 207

Ehrhardt, Michael: S. 236

Ellmers, Helmut: S. 186

Elsen, Martin: S. 114

Familiennachlass Jürgen Rahm Museen Stade: S. 194 oben

Friedrich, Boy: S. 57, 203

Gahde, Robert (Sammlung): S. 41, 63, 66 oben, 95, 107, 112 unten, 117, 124, 131, 134 (Handkarte des Regierungsbezirks Stade und des Bremer und Hamburger Gebietes [Ausschnitt], 7. Aufl. (um 1925)), 155, 170 unten, 172, 210, 261

Gemeinde Jork: S. 242

Hamburger Kunsthalle: S. 100 unten (Inv.-Nr. 36804, © Hamburger Kunsthalle / bpk, Foto Christoph Irrgang)

Hotopp-Prigge, Silvia: S. 33, 67, 127, 186 oben, 219

Kaiser, J.: S. 148 (Sammlung)

Köhler, Bernd; Riediger, Hans: Das Alte Land, Hamburg 1970, S. 168 (Grundriss): S. 70

Die Kunstdenkmale des Landkreises Stade, 1965, S. 412: S. 40

Landkreis Stade: S. 139

Marks, Doris: S. 53, 92 links, 94 links, 113, 116 unten („Drei Meilen Altes Land", Bd. 1, 1993, S. 38 und 39.): 159, 169, 199 Mitte, 224

Mehrkens, Bärbel: S. 157 unten

Meyer, Vico (Sammlung): S. 69, 178 oben, 255

Meyer-Tönnesmann, Carsten: S. 258

Mitteilungen des Stader Geschichts- und Heimatvereins 60. Jg. 1985, Heft 2/3 : S. 183 Mitte, 194 unten

Möllers, Dr. Sebastian: S. 260

Museen Stade, Foto: Michael Hensel: S. 80

Niedersächsisches Landesarchiv, Standort Stade: S. 20 oben (Karten, Mappe 194 Blatt 16), 30 (Karten Neu Nr. 11509, Ausschnitt), 34 links (Rep. 150 Acc. 2014007 Nr. 80), 36 (Dep 10 Nr. 1684), 43 rechts (Dep 10 Nr. 1689), 125 oben (Karten, Mappe Nr. 1403 Blatt 14 [Ausschnitt]), 140 (Neu Nr. 4378 Landkreis Stade 1964), 171 (Karten, Neu Nr. 11602), 211 (Rep. 1006 Nr. 125)

Niedersächsisches Landesamt für Denkmalpflege Hannover, Fotosammlung: S. 158 unten

Nösler, Daniel: S. 24

Privat: S. 27 unten, 104 unten, 196, 223

Quast, Herbert: S. 86

Ropers, Claus: S. 16 oben, 22, 23, 26, 29, 35, 38, 39, 42, 47, 56, 68, 73, 77, 78 Mitte, 79, 82, 85, 87, 89, 91, 94 rechts, 108 unten, 112 Mitte, 125 unten, 130, 147, 152, 153, 165, 166, 173, 178 unten, 181, 182, 187, 190, 191, 199, 201, 204, 206, 209, 212, 215 oben, 220, 221, 222, 225, 226, 227, 229, 231, 232, 233, 256, 259, 264

Schlichting, Dr. Frank: S. 160

Seemann, Guido: S. 72 oben

Stadtarchiv Buxtehude, Sammlung „Martin Jank". Fotos: Martin Jank: S. 76 (1977), 142 (1982)

Stadtarchiv Stade, Fotosamml. Pickenpack: S. 93

Stechmann, Rudolf: S. 141 (Ein Profil durch das Alte Land)

Wesselhöft, Bernd: S. 92 oben, 145

Wilkens, Henning: S. 118

Übersicht über die behandelten Themen mit den ihnen zugehörigen Artikeln

Da zahlreiche Artikel nicht ausschließlich einem Themenfeld zugeordnet werden können, finden sich diese in der Folge mehrfach aufgeführt.

Bauten und Denkmäler
Adlersburg, Altona, Bergfried, Borsteler Windmühle, Baustile, Brackenburg, Brauttür, Brook (Gut), Denkmalschutz, Esteburg, Fachhallenhaus, Flutdenkmäler, Francoper Güter, Freilichtmuseum auf der Insel in Stade, Göpel, Grabmäler, Gräfenhof, Harmshof, Hofanlage, Hof zum Heck, Hogendiekbrück(e), Hove (Gut), Katen, Kirchspiel Nincop, Kochshof, Melau (Gut), Münchhof, Museum Altes Land, Museum Estebrügge, Neßhof (Gut), Neuhof (Gut), Orgelbauerhof, Orgeln, Priester-Heinrich-Skulptur, Prunkgiebel, Prunkpforten, Seehof, St.-Bartholomäus-Kirche Mittelnkirchen, St.-Johannis-Evangelista-Kirche Neuenkirchen, St.-Marien-Kirche Grünendeich, St.-Marien-Kirche Twielenfleth, St.-Martini-et-Nicolai-Kirche Steinkirchen, St.-Martini-Kirche Estebrügge, St.-Matthias-Kirche Jork, St.-Mauritius-Kirche Hollern, St.-Nicolai-Kirche Borstel, St.-Pankratius-Kirche Neuenfelde. Twielenflether Windmühle, Vogelsang, Werthscher Hof, Wöhrden (Gut)

Bevölkerung
Abwanderung, Adel, Altenteil, Bäuerin, Bäuerliche Familie, Bevölkerungsentwicklung, Eigenwohner, Erntehelfer, Gesinde, Hausmann, Hollerkolonisation, Juden, Krankheiten und Seuchen, Sachsen, Tagelöhner, Zuwanderung

Böden
Kleierde, Lamdschaftsprofil, Marsch, Moor, Sand, Schlick

Flüsse und Gewässer
Beregnungsbecken, Brack, Elbe, Elbe-Urstromtal, Este, Fleet, Gräben, Großes Brack, Hessbögel, Lühe, Schwinge, Süderelbe, Wettern, Zesterfleet

Geschichte
Altes Land, Archäologie/Vorgeschichte, Bistum Verden, Dreißigjähriger Krieg, Entwicklung seit 1945, Erster Weltkrieg, Erzbistum Bremen, Erzstift Bremen, Franzosenzeit, Grafschaft Stade, Graft, Hannoveersche Zeit, Nationalsozialismus, Preußische Epoche, Reformation, Schwedenzeit, Weimarer Republik, Zweiter Weltkrieg

Handel, Transport, Gewerbe, Tourismus
Altländer Zeitung, Apotheken, Elbfähren, Elbfischerei, Elbübergänge, Feste Feuerversicherung, Francoper Schlickdeponie, Gastwirtschaften, Genossenschaften, Graft, Häfen und Anlegestellen, Hamburg, Handwerk, Hochseefischerei, Landesbote, Lotsenwesen, Lühejolle, Lühe-Schulau-Fähre, Maritime Landschaft Unterelbe, Märkte, Mühlen, Norddeutsche Obstbautage, Obstfahrten, Obsthandel, Post, Reederei, Schiffbau, Schifffahrt, Schifffahrtskontor Altes Land (SAL), Seefahrtschule Grünendeich, Sietas-Wert, Sparkassen und Banken, Tourismus, Werften, Ziegeleien

Klima und Wetter
Klimageschichte, Klimawandel, Spätfrost, Sturmfluten im Mittelalter, Sturmfluten der Neuzeit, Sturmflut von 1962, Sturmfluten seit 1976, Witterungsverlauf

Kultur, Volkskunde
Altes Land, Altländer Zeitung, Bäuerin, Bäuerliche Familie, Esskultur, Familiennamen, Feste, Hochzeit, Hochzeitsbitter, Hochzeitssuppe, Kulturstiftung Altes Land, Kulturverein Steinkirchen und Umgebung e.V., Märkte, Möbel, Poltische Parteien, Schmuck, Sprache, Tracht, Vereinswesen, Verein zur Förderung und Erhaltung Altländer Kultur Jork e.V., Visiten, Welterbe Altes Land, Wohnkultur

Landschaftsbau und -struktur
Beregnungsbecken, Bewässerung, Deich, Dei-

che und Deichwesen in der Dritten Meile, Deichlasten, Deichrecht/Deichordnung/Deichverfassung, Deichrichter/Deichgeschworene, Deichverbände, Elbvertiefungen, Entwässerung, Fauna, Fleet, Flora/Vegetation, Gräben, Halbfehrden, Hauptentwässerungsverband (HEV) der Dritten Meile Altenlandes, Hinterdeich, Hochland, Höppel, Hufe, Kabeldeichung, Lamdschaftsprofil, Maße, Marschkamper Deich, Naturschutz, Polder, Polderung, Schardeich, Schleuse, Schöpfwerk, Siel, Sietland, Sperrwerk, Spieren, Stackwerk, Stück, Unterhaltungsverband Altes Land, Vorland, Wasser- und Bodenverbände, Wettern, Wurt

Landwirtschaft und Obstbau

Ackerbau, Apfelanbau, Baumschulen, Birnenanbau, Elbe-Obst, Erntehelfer, Esteburg-Obstbauzentrum Jork, Fachgruppe Obstbau im Hamburger Bauernverband, Fachgruppe Obstbau im Landesbauernverband Niedersachen, Fruchthandelsverband Nord, Gesinde, Hamburg, Kirschenanbau, Kreisbauernverband Stade e.V. im Landvolk Niedersachsen, Landwirtschaft, Marktgemeinschaft Altes Land (M.AL), Norddeutsche Obstbautage, Obstbau, Obstbauschule Jork, Obstbauversuchsanstalt (OVA), Obstbauversuchsring (OVR), Obsthandel, Obstlagerung, Ökologischer Obstbau, Pflaumen- und Zwetschenanbau, Spätfrost, Spieren, Tagelöhner, Tierhaltung

Persönlichkeiten

Georg Samuel Benzler, Heinrich Borstelmann, Luise Cooper, Johann Jacob Cordes, Johannes Christian Dittmann, Christoph Wolfgang Druckenmüller, Richard Eggers, Hans Feindt, Christian Daniel von Finckh, Elisabeth Flickenschildt, Gustav Fock, Gerdt Hardorff, Matthäus von Haren, Hans Heinrich, Heinrich Hellwege, Claus Köpcke, Elisabeth Lemke, Gotthold Ephraim Lessing, Ernst Ludwig Loewel, Eduard von Lütcken, Gerd Matthes, Hein Mehrkens, Wilhelm Mohr, John Henry Mohrmann, Peter Olters, Alice Osse, Johannes Pape, Johann Hinrich Pratje jun., Priester Heinrich, Julius Quast, Ilse Rahm, Otto Rahm, Peter Rehder, Carl Röper, Arp

Schnitger, Johannes Schuback, Nicolaus Schuback, Schulte (Familie), Hans Peter Siemens, Hein Somfleth, Johannes Jakob Stechmann, Rudolf Stechmann, Julius Wohlers, Zesterfleth (Familie)

Siedlungen

Abthof, Altes Land, Altenschleuse, Altona, Bachenbrook, Bardesfleth, Bassenfleth, Bergfried, Blumensand, Borstel, Bullenhof, Bürgerei, Cranz, Deichhufendorf, Elbdeich (Siedlung), Eschete/Este, Estebrügge, Finkende, Finkenreich, Francop, Francoper Schlickdeponie, Fünf Dörfer/Fünfdörfergericht, Gehrden, Gräfenland, Graft, Grünendeich, Guderhandviertel, Hahnöfersand, Halbfehrden, Halstenfleth, Hasselwerder, Hinterbrack, Hinterdeich (Siedlung), Höhen, Hohendeich, Hohenfelde, Hohenwisch, Hollern, Hollernstraße, Hollern-Twielenfleth, Hove, Huttfleth, Jork, Jork (Einheitsgemeinde), Jorkerfelde, Katteshusen, Kirchspiel Nincop, Kirchviertel, Kohlenhusen, Königreich, Ladekop, Leeswig, Liedenkummer, Lu, Lühedeich (Siedlung), Lühesand, Lühe (Siedlung), Marschhufendorf, Marschkamper Deich, Martfleth, Melau (Siedlung), Mittelkirchen, Mojenhörn, Moorende, Neßstraße, Neuenfelde, Neuenfelder Cranz, Neuenkirchen, Neuenschleuse, Neuhof (Siedlung), Nienhusen, Nincop, Obertwielenfleth, Ort, Oster- und Westerjork, Oster- und Westerladekop, Piepe, Querenfleth, Rosengarten, Rübke, Samtgemeinde Lühe, Sandhörn, Saschen/Sassen, Scheefbeenshörn, Seltenfriede, Siebenhöfen, Sietwende, Somfleth, Speersort, Steinkirchen, Stockfleth, Symphonie, Twielenfleth, Velthusen, Viersielen, Vierzigstücken, Vogelsang, Wellenstraße, Wetterndorf, Wisch, Wöhrden (Siedlung), Wüstungen, Zesterfleth (Siedlung)

Verfassung, Verwaltung und Gerichte

Altes Land, Altklostergericht, Altländer Archiv, Altländer Recht, Amt Jork, Amtsgericht Jork, Archiv der Samtgemeinde Lühe, Bibliotheken, Brände/Brandschutz, Bürgervertretung Neuenfelde-Francop-Cranz, Deichlasten, Deichrecht/Deichordnung/Deichverfassung, Deichrichter/Deichgeschworene, Dritte Meile, Erste Meile, Feuerversicherung, Fünf Dörfer/Fünfdörfergericht, Gemeinden, Gräfen, Groß-Hamburg-Gesetz, Hahnöfersand, Halbfehrden, Hamburg, Hauptleute/Hauptmannschaften, Hove-Leeswig, Kirchspiel, Kreis Jork, Landesgemeinde, Landesstube, Landesversammlung, Landgräfting, Landkreis Harburg, Landkreis Stade, Lokatoren, Lühekirchen, Marschländer Prozess, Meilen, Oberbürgermeister, Ortsdienststelle Neuenfelde, Patrimonialgerichte, Regionalausschuss Süderelbe, Schulwesen, Siedeste Gerichte, Verfassung, Vögte/Vogteien, Wappen, Wischgericht, Zweite Meile

Verkehrswesen

Autobahn, Busverkehr, Eisenbahnplanungen, Elbfähren, Elbübergänge, Ewer, Häfen und Anlegestellen, Karten, Lotsenwesen, Lühejolle, Lühe-Schulau-Fähre, Minnerweg, Muddweg, Obstfahrten, Obstmarschenweg, Schifffahrt, Straßen- und Wegebau. Verkehrserschließung